百衲本二十四史

北齊書

上海涵芬樓借北平
圖書館藏宋蜀大字
本影印闕卷以涵芬
樓藏元明遞修本配
補原書板匡高二十
三公分寬十九公分

《百衲本二十四史》新版刊印序

《百衲本二十四史》是近百年來校考最精良、版本最珍貴、蒐羅最廣泛的二十四史，先父王雲五先生於一九七六年〈重印補校百衲本二十四史序〉中已有論證。

一八九七年商務印書館在上海創立，創館元老張元濟先生於一九○二年正式主持商務印書館編譯所，將商務帶入「出版好書、匡輔教育」的出版之路。一九二一年(民國十年)王雲五先生經胡適先生推薦，接替主持商務印書館編譯所，並於一九三○年兼任總經理，與張元濟先生共同為商務印書館的百年大業作出貢獻。

張元濟先生入館後，積極蒐購民間珍貴藏書，一方面用來印製、廣泛發行，另一方面也為成立「涵芬樓」藏書室(後來開放為「東方圖書館」)預作準備。當年他並積極向各公私立圖書館商借影印各種版本的二十四史，逐一比較補正缺漏，然後在一九三○年開始付印，至一九三七年全部出齊。校印工程之艱鉅與可貴，從他所撰寫的《校史隨筆》可以了解。

商務涵芬樓所珍藏的二十四史及各種珍貴版本，可惜在一九三二年日本發動淞滬戰爭時，被日軍炸毀，化為灰燼。《百衲本二十四史》的傳印，就顯得格外有意義。

王雲五先生於一九六四年在臺重新主持臺灣商務印書館，與當時總編輯楊樹人教授，依據臺北故宮博物院和中央圖書館珍藏的宋元版本，修補校正《百衲本二十四史》，並於一九七六年重版印行。

《百衲本二十四史》初印至今，已經八十年，雖經在臺補正重版，舊書均已售完，而各界索購者絡繹不絕，不得已先以隨需印刷供應，但仍然供不應求。

為了適應讀者的需要，本公司由副董事長施嘉明先生、總編輯方鵬程先生和舊書重印小組一起規劃，決定放大字體，以十八開精裝本重印《百衲本二十四史》，每種均加印目錄頁次，讓讀者方便查考，也讓我們與《百衲本二十四史》共同邁向百年大慶。值此付印前夕，特為之序。

臺灣商務印書館董事長王學哲謹序

二○一○年三月二十五日

北齊書五十卷

蓋承其父德林之業，纂輯成書，猶姚思廉之繼姚察也，大致仿《後漢書》之體，卷後各繫論贊。然其書自北

宋以後，漸就散佚，故晁公武《讀書志》已稱殘闕不完。今所行本，蓋後人取《北史》以補亡，非舊帙矣。

今核其書，本紀則文襄紀舂集冗雜，文宣紀、孝昭紀論辭重複。列傳則九卷、十卷、十一卷、十四卷、十五

卷、二十六卷、二十七卷、二十九卷至四十卷，俱無論贊，二十八卷有贊無論。十二卷、四十六卷、四十七卷、

四十八卷、四十九卷有論無贊。

又《史通》引李百藥《齊書》論魏收云，若使子孫有靈，竊恐未挹高論。又云，足以入相如之室，游尼父之

門。志存實錄，詆訐姦私。今〈魏收傳〉無此語，皆掇拾者有所未及也。至如〈庫狄干傳〉之連及其子士文，

〈元斌傳〉之稱齊文襄，則又掇拾者刊削未盡之辭矣。

北齊立國本淺，文宣以後，綱紀廢弛，兵事俶擾，既不及後魏之整飭疆圉，復不及後周之修明法制。其倚任

為國者，亦鮮始終貞亮之士，均無奇功偉節，資史筆之發揮。觀〈儒林文苑傳〉敘，去其已見《魏書》及見《周

書》者，寥寥數人，聊以取盈卷帙，是其文章萎苶，節目叢脞，固由於史材史學不及古人，要亦其時為之也。然

一代興亡，當有專史，典章之沿革，政事之得失，人材之優劣，於是乎有徵焉，未始非後來之鑒也。（本文引自

景印《文淵閣四庫全書》總目史部卷四十五，頁二之三二五）

重印補校百衲本二十四史序

百衲本者何？彙集諸種善本，有闕卷闕頁，復多方蒐求，以事配補，有如僧衣之補綴多處者也。

我國正史彙刻之存於今者，有汲古閣之十七史，有南北監之二十一史。清高宗初立，成明史，命武英殿開

雕，至四年竣工；繼之者二十一史。其後又詔增劉昫唐書，與歐宋新唐書並行，越七年遂成武英殿二十三史。及

四庫開館，諸臣復據永樂大典及太平御覽、冊府元龜等書，裒輯薛居正舊五代史，得旨刊布，以四十九年奏進；

於是二十四史之名以立。

武英殿本以監本為依據。清高宗製序，雖有監本殘闕，併勅校讎之言，始意未嘗不思成一善本也。惟在事諸

臣，既未能廣蒐善本，復不知慎加校勘，佚者未補，譌者未正，甚或彌縫缺乏，以譌真，誠可惜也。

本館前輩張菊生先生，以多年之時力，廣集佳槧，審慎校讎，自民十九年開始景印，迄二十六年甫竟全功。

雖中經一二八之劫，抱書而走，亂定掇拾需時，然景印之初，海宇清寧，亦緣校讎精審，多費時日。嘗聞菊老葺

印初稿，悉經手勘，朱墨爛然，盈幅溢幅，點畫纖細，鈎勒不遺，與同人共成校勘記，多至百數十冊，文字繁

冗，尚待董理。爰取原稿若干條，集為校史隨筆，而付梓焉。

就隨筆所記，殿本訛闕殊多。分史言之，則史記正義多遺漏，漢書正文注文均有錯簡，三國志卷第淆亂，宋

書誤註為正文，南齊書地名脫誤，北齊書增補字句均據北史，而仍與北史有異同。魏書考證有誤，舊唐書有闕

文，訂正錯簡亦有小誤，唐書有衍文，舊五代史遂於嘉業堂劉氏刊本，元史有衍文及闕文，且多錯簡，重出之

傳，亦未刪盡。綜此諸失，殿本二十四史不如衲史遠矣，況善本精美，古香古色，尤非殿本所能望其項背。

茲將百衲本二十四史據以景印之版本列述於後：

史　記　宋慶元黃善夫刊本。

漢　書　北宋景祐刊本，瞿氏鐵琴銅劍樓藏。

後漢書　宋紹興刊本，原闕五卷半，以北平國立圖書館元覆宋本配補。

三國志　宋紹熙刊本，日本帝室圖書寮藏，原闕魏志三卷，以涵芬樓藏宋紹興刊本配補。

晉　書　宋本，海寧蔣氏衍芬草堂藏，原闕載記三十卷，以江蘇省立圖書館藏宋本配補。

三

宋　書　宋蜀大字本，北平國立圖書館吳興劉氏嘉業堂藏，闕卷以涵芬樓藏元明遞修本配補。

南齊書　宋蜀大字本，江安傅氏雙鑑樓藏。

梁　書　宋蜀大字本，北平國立圖書館及日本靜嘉堂文庫藏，闕卷以涵芬樓藏元明遞修本配補。

陳　書　宋蜀大字本，北平國立圖書館及日本靜嘉堂文庫藏。

魏　書　宋蜀大字本，北平國立圖書館江安傅氏雙鑑樓吳興劉氏嘉業堂及涵芬樓藏。

北齊書　宋蜀大字本，北平國立圖書館藏，闕卷以涵芬樓藏元明遞修本配補。

周　書　宋蜀大字本，吳縣潘氏范硯樓及自藏，闕卷以涵芬樓藏元明遞修本配補。

隋　書　元大德刊本，闕卷以北平國立圖書館江蘇省立圖書館藏本配補。

南　史　元大德刊本，北平國立圖書館及自藏。

北　史　元大德刊本，北平國立圖書館及自藏。

舊唐書　宋紹興刊本，常熟鐵琴銅劍樓藏，闕卷以明聞人詮覆宋本配補。

新唐書　北宋嘉祐刊本，日本岩崎氏靜嘉堂文庫藏，闕卷以北平國立圖書館江安傅氏雙鑑樓藏宋本配補。

舊五代史　原輯永樂大典有注本，吳興劉氏嘉業堂刻。

五代史記　宋慶元刊本，江安傅氏雙鑑樓藏。

宋　史　元至正刊本，北平國立圖書館藏，闕卷以明成化刊本配補。

遼　史　元至正刊本。

金　史　元至正刊本，北平國立圖書館藏，闕卷以涵芬樓藏元覆本配補。

元　史　明洪武刊本，北平國立圖書館及自藏。

明　史　清乾隆武英殿原刊本，附王頌蔚編集考證攟逸。

上開版本之搜求補綴，在彼時實已盡最大之能事。惟今者善本時有發見，前此認為業已失傳者，漸集於一隅，尤以中央圖書館及故宮博物院在抗戰期內，故家遺族，前此秘藏不宣，因播遷而割愛者不在少數；盡量收購，寄存盟邦，以策安全。近年悉數運回，使臺灣成為善本之總匯。百衲本後漢書原據本館前涵芬樓所藏宋紹興本影印，益以北平圖書館及日本靜嘉堂文庫殘本之配備，當時堪稱人間瑰寶；且志在存真，對其中未盡完善之處

一仍其舊。然故宮博物院近藏宋福郡庠覆景祐監刊元代修補本及中央圖書館所藏錢大昕手跋北宋刊本與宋慶元間建安劉元起刊本，各有其長處。本館總編輯楊樹人教授特據以覆校百衲本原刊，計修正原影本因配補殘本而致首尾不貫者五處，其中重複者四處，共圈刪衍文三十六字，補足脫漏一處，缺文二字，原板存留墨丁四十六處，補正五十二字。另有顯屬雕刻錯誤者若干字，亦酌為改正。於是宋刊原面目，大致可復舊觀矣。又前漢書原景本闕漏目錄全份，亦據故宮博物院珍藏宋福郡庠覆景祐監刊元代修補本補印十有四頁，以成全璧。校書如掃落葉，愈掃愈落，礙難悉數掃清，然多費一番心力，對於鑽研史籍者，定可多一番裨益。區區之意，當為讀者所樂聞，亦可稍慰本館前輩張菊老在天之靈，喜其繼起有人也。

本館衲史原以三十二開本連史紙印製，訂為八百二十冊，流行雖廣，以中經多難，存者無多，臺省尤感缺乏，各國亦多訪購，爰應各方之需求，改訂為十六開大本，縮印二頁為一面，字體較縮本四部叢刊初編為大，用上等印書紙精印精裝，訂為四十一鉅冊，以便檢閱，經重版數次。茲為謀普及，再縮印為二十四開本五十八冊，字體仍甚清晰，而售價不及原印十六開本之半，莘莘學子，多有購置之力，誠不負普及之名矣。付印有日，謹述概要。

中華民國六十五年雙十節王雲五識

股東會全體股東獻禮

本公司董事長王岫廬（雲五）先生，學界巨擘，社會棟樑，歷任艱巨，功在國家。一生繫中國文化出版之命脈，惠澤士林。本公司三度罹國難而得復興。咸賴　先生之大力。每次復興，莫不聲光煥發，蔚為奇蹟。民國五十二年冬，　先生退出政壇。次年秋重主本公司，謀慮擘劃，晨夕辛勞，不取分文之酬，而甘之如飴；蓋純出於愛護本公司與宏揚文化之心願。無　先生之犧牲精神與卓越領導，不能有今日之商務書館，已為識者之定評。今歲欣逢　先生八秩華誕，社會同慶。股東會同人本崇功報德之念，群思有以祝賀。　先生謙辭至再至三，當以恭敬不如從命，爰於五十六年股東會議席上全體決議，利用重印之百衲本二十四史，作為　華誕獻禮。要不過體認先生造福文化界之功績，聊表嵩祝悃誠於萬一耳。

臺灣商務印書館股份有限公司
股東會全體股東　謹啟

中華民國五十六年四月十五日

六

11-1

北齊目錄　三　王明

二百六十五　北齊目錄　四　湛

五一

六

11-3

11-5

帝紀第一　　　　北齊書一

神武上
　　隋太子通事舍人李　百藥　撰

齊高祖神武皇帝姓高名歡字賀六渾渤海
脩人也六世祖隱晉玄菟太守隱生慶慶生泰
泰生湖三世仕慕容氏及慕容寶敗國亂湖率衆
歸魏為右將軍湖生四子第三子謐生皇考
御史坐法徙居懷朔鎮謐生皇考樹性通率不
事家業住居白道南數有赤光紫氣之異隣人
以為怪勸徙居以避之皇考曰安知非吉居之

【神武帝紀】
　　　　　　　　　　　　　　　　　　一

自若及神武生而皇妣韓氏殂養於同產姊婿
鎮獄隊尉景既累世北邊故習其俗遂
同鮮早長而深沉有大度輕財重士為士俗所
宗目有精光長頭高顴齒白如玉少有人傑表
家貧及聘武明皇后始有馬得給鎮為隊鎮
將遷西殷長常奇神武貌謂曰君有康濟才終
不徒然便以子孫為託及貴遇屬長司空擢其
子寧用之神武自隊主轉為函使嘗乘驛過建

興雲霧晝晦雷聲隨之平旦乃絕若有神應者
每行道路往來無風塵之色又嘗夢履衆星而
行覺而內喜為函使六年每至洛陽給令史麻
祥使祥嘗以肉噉神武四十及自洛陽還傾產
以結客親故怪問之答曰吾至洛陽宿衛羽林
相率焚領軍張彝宅朝廷懼其亂而不問為政
若此事可知也與財物豈可常守邪自是乃有澄
清天下之志與懷朔省事雲中司馬子如及秀

【齊書卷十七列】　北齊帝紀一
　　　　　　　　　　　　　　　　　　二

容人劉貴中山人賈顯智為奔走之友懷朔戶
曹史孫騰外兵史咸景亦相友結劉貴嘗得一
白鷹與神武及尉景蔡儁子如賈顯智等獵於
沃野見一赤兔每搏輒逸遂至迴澤濤中有狗
屋將奔入有狗自屋中出噬之鷹兔俱死神武
怒以鳴鏑射之狗斃屋中有二人出持神武襟
甚急其母兩目盲曳杖呵其二子曰何故牽大
家出責中酒烹羊以飯客因自言善暗相遍把
諸人皆貴而指歷俱由神武又曰子如歷位關

乃向非人也由　是諸人益加敬異孝昌元年柔玄鎮
人杜洛周反於上谷神武乃與同志從之醜其
行事私與尉景段榮蔡儁圖之不果而逃為其
騎所追之文襄屢墜牛神武彎弓將射之以免榮又
抱負之文襄置洛牛上神武及后皆幼武明后於牛上
后呼榮求救賴榮還下取之以決去遂奔葛榮又
云歸介朱榮於秀容先是劉貴事榮盛言神武
美至是始得見以憔悴故未之奇也貴乃為神

〈北齊帝紀〉　三　　吳吉

武更衣復求見焉因隨榮之廄有惡馬榮命
翦之神武乃不加羈絆而翦竟不踶齧已而起
曰御惡人亦如此馬矣榮遂坐神武於牀下屏左
右而訪時事神武曰聞公有馬十二谷各色別為
羣將此竟何用也榮曰但言爾意神武曰方今天
子愚弱太后淫亂孽寵擅命朝政不行以明公
雄武乘時奮發討鄭儼徐紇而清帝側霸業
可舉鞭而成此賀六渾之意也榮大悅語目日
中至夜半乃出自是每參軍謀後從榮徙據并州

抵揚州邑人龐蒼鷹止圉中每從外歸主人
遠聞行響動地若蒼鷹母數見圉焦赤氣赫然屬
天又蒼鷹嘗夜欲入有青衣人拔刀叱曰何故
觸王言訖不見始以為異竅之唯見赤蚰蟮
牀上乃益驚異因殺牛分肉厚以相奉蒼鷹每
求以神武為義子及得志以其宅為第號為南
宅雖開廣堂宇崇麗其本所住團焦既而榮以石
至塗之留而不毀至文宣時遂為宮既而榮以
神武為信都督督于時魏明帝衛鄭儼徐紇通

〈嘉靖九年衢州刊〉

〈北齊帝紀一〉　四　龍

靈太后未敢制私使榮舉兵內向鄭儼徐紇以
前鋒至上黨明帝又私詔停之及帝暴崩榮遂
入洛因將篡位神武諫恐不聽請鑄像卜之鑄
不成乃止孝莊帝立以定策動封銅鞮伯及介
朱榮擊葛榮令神武喻下賊別稱王者七人後
與行臺于暉破羊侃于泰山邕與元天穆紇破邢
杲于濟南累遷第三鎮人酋長常在榮帳內
聲問左右曰一日無我誰可主軍皆稱介朱兆
目此正可統三千騎以還堪代我　主衆者唯賀六渾

耳因誠兆曰爾非其匹終當為其子穿鼻乃
以神武為晉州刺史於是大聚歛因劉貴有榮
下要人盡得其意時州庫角無故自鳴神武
異之無幾而孝莊誅榮及尒朱兆自晉陽將舉
兵赴洛召神武神武使長史孫騰辭以絳蜀叛胡
欲反不可委去兆恨焉騰後命神武曰兆舉兵
犯上此大賊也吾不能父事之自是始有【圖】
又使孫騰偽賀兆因密覘孝莊所在將劫
兆計及兆入洛執莊帝以比神武聞之大驚
以舉義不果乃以書喻之言不宜執天子以
受惡名於海內兆不納殺帝而與尒朱世隆等
立長廣王曄改元建明封神武為平陽郡公及
費也頭絀豆陵步藩入秀容逼晉陽兆徵神武
神武將往賀拔焉過見請緩行以獎之神武乃
往逗逼辭以河無橋不得渡步藩軍盛兆乃
初孝莊之誅尒朱榮知其黨必有逆謀乃密敕
步藩令襲其後步藩既敗兆等以兵勢日
盛兆又請救於神武神武內圖兆復應步藩

後之難除乃與兆東力破之藩死深德神武誓
為兄弟時世隆度律彥伯共執朝政天光擁關
右兆據并州仲遠擁東郡各擁兵為契胡陵暴
之葛榮衆流入并肆者二十餘萬為契胡陵暴不
皆不聊生大小二十六反誅夷者半猶草竊不可
上兆患之間計於神武神武曰六鎮反殘不可
盡殺宜選王素腹心者私使統焉若有犯者直
罪其師則所罪者舉兆曰善誰可行也賀拔允
時在坐請神武神武拳歐之折其一齒曰生平天柱
時奴董伏處分如鷹犬今日天下安置在王而阿
鞠泥敢誣下罔上請殺之兆以神武為誠遂以
委焉神武以兆醉恐醒後或致疑貳遂出宣言
受統州鎮兵可集汾東受令乃建牙楊曲川
陳部分有欵軍門者絳巾袍自稱梗楊驛子願
廁左右訪之則以力聞常於并州市搭殺人者
乃署為親信兵士素惡兆而樂神武於是莫不
皆至居無何又使劉貴請兆以并肆頻上歲霜
旱降戶福黃鼠而食之皆面無殺色徒污國

土請令就八山東待溫飽而處分之兆從其議
其長史慕容紹宗諫曰不可今四方擾擾人懷
異望況高公雄略又握大兵將不可為兆曰吾
火重迸聲何所慮也紹宗曰親兄弟尚可難信荷
論香火時兆乃受神武金因諧紹宗與神
陽來馬三百匹盡奪易之兆聞乃釋紹宗而問
晉陽出溢口路逢尒朱榮妻鄉郡長公主自洛
武舊有隙兆乃禁紹宗而催神武發神武乃自
焉紹宗曰猶掌握中物也於是自追神武至襄

【北齊帝紀一】 七

垣會漳水暴長橋壞神武隔水拜曰所以借公
主馬非有他故備山東盜耳王受公主言自來
賜追今馬渡河而死不辭此眾便叛兆自陳無此
意因輕馬渡河而死不辭此眾便叛兆自陳無此
使神武斫已神武大哭曰自天柱薨背賀六渾
更何所仰願大家千萬歲以申力用今旁又構
開至此大家何忍復出此言兆投刀於地遂刑
白馬而盟誓言為兄弟留宿夜飲尉景伏壯士欲
執兆神武齧臂止之曰今殺之其黨必奔歸聚

結兵饑馬瘦不可相支若英雄屈起則禍響
瀠甚不如且置之兆雖勁捷而兇狡無謀不足
圖也旦日兆歸營又召神武神武將上馬詣之
孫騰牽衣乃止隔水肆罵馳還晉陽兆心
腹念賢領降尸家累別為營神武偽與之
者奏言上黨有天子氣云在亶關大王山武
於是士衆咸悅佩刀倍顧附從初魏真君
善觀其佩刀因取以殺其從者從者盡散之
帝於是南巡以厭當之累石為二封斬其北鳳

【北齊帝紀一】 八

皇山以毀兵形後上黨人居晉陽者號上黨
坊神武寶居之及是行舍大王山六旬而進將
出溢口倍加約束繼毫之物不聽侵犯將過
麥地神武軛步牽馬遠近聞之皆稱高儀同
將兵整肅益歸心焉遂前屯鄴求糧相州
剌史劉誕誕不供有車營租米神武自取
魏普泰元年二月神武自軍次信都高乾封
隆之開門以待遂據冀州是月尒朱度律廢
元曄而立節閔帝欲羅為廓神武三月乃白節

閔帝封神武爲渤海王徵使入觀神武辭四月
癸巳又加授東道大行臺第一鎮人酋長龐蒼
鷹爲首太原來奔神武以爲行臺郎尋以爲安州
刺史神武自向山東養士繕甲禁侵掠百姓
歸心乃詐爲書言介朱兆將以六鎮人配契
胡爲部曲衆皆愁怨又爲介朱腾執景爲別駕
步落稽發萬人將遣之孫騰尉景爲請留
五日如此者再神武親送之郊雪涕執別皆
號慟哭聲動地神武乃喻之曰與爾俱失鄉
客義同一家不意在上乃爾徵召直向西巳
當死後軍期又當死配國人又當死奈何衆
曰唯有反耳神武曰反是急計湏推一人爲
主衆願奉神武爾鄉里難制不見萬榮
乎雖百萬衆無刑法終自灰滅今以吾爲主
當與前異不得欺漢兒不得犯軍令生死任
吾則可不爾不能爲取笑天下衆皆頓顙
生唯命神武曰若不得已明日椎牛饗士喻以
討介朱之意封隆之進曰千載一時普天幸甚

神武曰討賊大順世抃時大業也吾雖不武以
死繼之介朱兆何敢讓焉六月庚子建義於信都尚未
顯背介朱及李元忠及李元忠高乾邕建義曰今日反次矣乃以介朱
羽生首來謁神武撫膺曰今日反决矣乃以元
忠爲殷州刺史是時兵威既振乃抗表罪狀介朱
朱氏世隆等秘表不通八月介朱兆攻陷殷州
李元忠來奔孫騰以爲朝廷隔絕不權立天子
則衆望無所係十月壬寅奉章武王融子渤海
太守朗爲皇帝年號中興是爲廢帝時度律
仲遠軍次洛陽介朱兆會之神武用竇泰策綏
反間度律仲遠不戰而還神武乃敗兆於廣阿
十一月攻鄴相州刺史劉誕嬰城固守神武起
土山爲地道佳佳建大柱一時焚之城陷入地
麻祥時爲湯陰令神武呼之曰麻都祥慙而逃
永熙元年正月壬午拔鄴城擄之廢帝進神武
大丞相柱國大將軍太師是時青州建義大都
督崔靈珍大都督耿翔皆遣使歸附行汾州軍
事劉貴棄鄴城來降閏三月介朱天光自長安

兆自并州度律自洛陽仲遠自東郡同會鄴眾
號二十萬挾洹水而軍節閱以長孫承業為大
行臺惣督焉神武令封隆之守鄴自出頓紫陌
時馬不滿二千步兵不至三萬衆寡不敵乃於
韓陵為圓陣連牛驢以塞歸道於是將士皆有
死志四面赴擊之尒朱兆背已神武
日本教力者共輔王室今帝何在兆責神武以背
害天柱我報雠耳神武曰我昔日親聞天柱計
次在尸前立當得言不反邪且以君殺臣何報
之有今義絶矣乃合戰大敗之尒朱兆對慕
容紹宗曰不用公言以至於此將輕走紹宗
反旗鳴用收聚散卒成軍容而西上高歡以
七騎追奔度野馬岡與兆遇高昂望之不見尖
曰喪吾第矢夜又委式還血滿袖斛斯椿倍道
先據河橋初普泰元年十月歳星熒惑鎮星太
白聚於觜角參色甚明太史占玄當有王者興是
時神武起於信都至是而破兆等四月斛斯椿
執天光度律送洛陽長孫承業遣都督賈顯

知張歡入洛陽執世隆彥伯斬之兆奔荊州仲
遠奔梁州遠死焉時凶靈既除朝廷慶悦初未
戰之前月章武人張紹夜中忽被數騎將踰城
至一大將軍前敕紹為軍導向鄴云佐受命者
除殘賊紹迴視之兵不測整疾無聲至鄴乃
放焉及戰之日尒朱氏軍人見陣外七馬四合蓋
神助也既而神武至洛陽廢節閔及中興而
立孝武孝武即位授神武大丞相天柱大將
軍太師世襲定州刺史增封并前十五萬戸神
武辭天柱減戸五萬壬辰神武帥師北伐尒朱
山執手而別七月壬寅神武帥師北伐尒朱兆
封隆之言侍中斛斯椿挾賀拔勝賈顯智等徙事
尒朱普皆反噬今在京師寵任必撺禍隙神武
深以為然乃歸天光度律於京師斬之遂自涂
口入尒朱兆大掠晉陽北保秀容并州平神武
以晉陽四塞乃建大丞相府而定居焉尒朱兆
既至秀容分兵守險出入寇抄神武揚聲討之
師出止者數四兆意怠神武揣其歳首當宴

會遣竇泰以精騎馳之一日一夜行三百里神
武以大軍繼之二年正月竇泰奄至尒朱兆庭
軍人因宴休墮忽見泰軍驚走追破之於赤洪
嶺兆自縊神武親臨厚葬之慕容紹宗以尒朱
榮妻子及餘衆自保焉竇城降神武以義故待
之甚厚子期自滑臺歸命神武以其助亂且數反
覆皆斬之斛斯椿由是內不自安乃與南陽王
寶炬及武衛將軍元毗魏光王思政搆神武於
魏帝舍人元士弼奉神武受敕大不敬故魏
帝心貳於賀拔岳初善明之時洛下以兩拔相
擊謠言曰銅拔打鐵拔拔元家世將末好事者以
二拔謂拓拔言拔言俱將喪敗之兆時司空高
乾密啓神武言魏帝之貳神武封呈魏帝殺之
又遣東徐州刺史潘紹業密物長樂太守龐蒼
應鳥令殺其弟昂先聞其兄死以稍刺柱伏壯
士執紹業於路得敕書以袍領來本神武抱其
首哭曰天子枉害司空遣使以白武勞其家屬

時乾次弟慎在光州為政嚴猛又縱部下取納
魏帝使代之慎聞難將奔梁其屬曰公家勳重
必不兄弟相及乃獎衣推鹿車歸渤海逢使者
亦不奔於是魏帝與神武隟矣阿至羅處正光
以前常稱藩自魏朝多事皆叛神武遣使招納
便附款先是詔以冤賊平罷行臺至是以珠俗
歸降復授神武大行臺隨機處分神武遣常賚
其酋帥議者以為從費無益神武不從撫慰如初
粟帛帥吐陳等感悅皆從指麾敕紀豆陵伊利
受洛干大收其用河西費也頤厲紀豆陵伊利
居河池恃陰擁衆神武遣長史侯景屢招不從

神武下

隋太子通事舍人李 百藥 撰

北齊書二

天平元年正月壬辰神武西伐費也頭虜紇豆
陵伊利於河西滅之遷其部於河東二月永寧
寺九層浮圖災既而人有從東萊至云及海上
人咸見之於海中俄而霧起乃大雷震說者以為天意
魏帝既[?]月有異圖時侍中封隆之與孫騰私言隆
若曰永寧見災魏不寧矣飛入東海渤海雁笑
之農妻魏帝欲妻媟騰亦未之信忿害隆之泄其
言於斛斯椿椿以白魏帝又孫騰帶伏入省擅殺御
史[?]來奔稱魏帝櫝舍人粲續於前光祿少卿
元子幹攘臂擊之謂騰曰爾言高王元家見拳
正妃領軍妻昵醉疾歸晉陽魏帝於是以斛斯
椿兼領軍分置督將及河南關西諸剌史華山
王[?]為在徐州神武使邸珍奪其管籥建州剌史
韓賢濟州剌史蔡儁皆神武同義魏帝忌之
故省建州以去賢使御史中尉綦儁察儁罪

北齊書二
三十

以開府賈顯智為濟州儁拒之魏帝逾怒五月
下詔云將討句吳發河南諸州兵增宿衛守河
橋六月丁巳高祖密記神武曰宇文黑獺自平[?]
秦隴多求非分脫有異謀事涉經略但表啟未
全貝庚宸進討事涉必遂召臺臣議其可否發
言假柵南伐內外戒嚴一則防黑獺不虞二則
可威夷楚時魏帝所代神武部署將帥慮疑
故勑魏帝代神武神武部署將帥慮疑
關隴情遠將有逆圖臣今游勒兵馬三萬擬從
河東而渡又遣恒州剌史庫狄干瀛州剌史郭瓊
汾州剌史斛律金前武衛將軍彭樂擬兵四萬從
其來違津渡遣領軍將軍婁昭相州剌史竇泰
前瀛州剌史堯雄并州剌史高隆之擬兵五萬
以討荊州遣冀州剌史尉景即異州剌史高敖曹
濟州剌史蔡儁前侍中封隆之擬山東兵七萬
突騎五萬以征江左皆約所部伏聽處分魏帝
知覺其謀乃出神武表命叢官議之欲止神武
諸軍神武乃集在州僚佐令其博議遠以表聞

仍以信誓自明忠欸旨臣為壁使所間陛下一

旦賜令猖狂之罪众朱時討臣若不盡誠竭

節敢負陛下則使身受天殃子孫殄絕陛下若

垂信赤心使干戈不動使臣二人顧對皇廢

出辛未帝復錄在京文武議意以答神武使舍

人溫子昇草勅子昇遂巡未敢作帝撼胡林拔

鈞作色子昇乃勅旦前持心血遠以示王深

冀彼此共相體悉而不良之徒坐生間貳近孫

騰君色子昇乃致使聞者頗有異謀故遣御史中

尉綦儁且申朕懷今得王啟言誓懇惻反覆思

之猶所未解以朕眇身遇王武略不勞尺刃坐

為天子所謂生我者父母貴我者高王令若無

事背王規相攻討則使身及子孫還如王誓皇

天后土實聞此言近憲宇文為亂賀拔勝應之

故纂嚴欲與王俱為聲援宇文今日使者相望

觀其所為更無異迹賀拔在南開拓邊境為國

立功念無可責君君若欲分謗何以為辭東南

賓為日已久先朝已來置之度外今天下戶口

減半未宜窮兵極武朕既聞昧不知使人是誰

可列其姓名令朕知也如聞庫秋千語王云本

欲取懦弱者為主王無事立此長君使其不可駕

御今但作十五日行自可廢之更立餘者如此

之背叛今年孫騰逃走不罪不送誰不怪王騰

議論自是王間勳人豈出俊臣之口去歲封隆

既為禍始益曰無愧懼王若事君盡誠何不斬送

二首王雖啟圖西去而四道俱進或欲南度洛

陽或欲東臨江左言之者猶應自怪聞之者寧

能不疑王若守誠不貳豈安然在此雖有百

萬之眾終無圖彼之心王脫信邪棄義與庶南

指縱無匹馬隻輪猶欲奮空拳而爭死朕本冀

德王已立之百姓無知或謂實可若為他所圖

則彰朕之惡假令還為王殺幽辱齏粉了無遺

恨何者王既以德見推以義見舉一朝非德舍

義便是過有所歸本望君臣一體若合符契不

圖今日分踈到此古語云越人射我笑而道之

吾兄射我泣而道之朕既親王情如兄弟所以

投筆拊膺不覺歔欷初神武自京師將北以為
洛陽久經喪亂王氣衰盡雖有山河之固土地
褊狹不如鄴請遷都魏帝曰高祖定鼎河洛為
永永之基經營制度至世宗乃畢王既功在社
稷宜遵太和舊事神武奉詔至是復謀焉遣三
千騎鎮建興益粟運入鄴及濟州兵於白溝屬船
聽向洛諸州和糴粟運入鄴城魏帝又勑神武
曰王若厭伏人情杜絕物議唯有歸河東之兵
罷建興之戍送相州之粟追齊州之軍令總

五

受代使邸珍出徐止戈散馬各事家業脫洹糧
廩別遣轉輸則讒人結舌疑悔不生王高枕太
原朕垂拱京洛終不舉足渡河以千戈相指王
若社稷宗廟出萬死之策決在於王非朕能定
為山止簣相為惜之魏帝時以任祥為兼尚書
左僕射加開府祥棄官走至河北據郡待神武
魏帝乃勑文武官比來者任去留下詔罪狀神
武為北伐經營神武亦勒馬宣告曰孤遭介朱

把權舉大義於四海奉戴主上義貫幽明橫為
斛斯椿讒構以誠節為逆首昌趙鞅興晉陽之
甲誅君側惡人今者南邁誅椿而已高昂為前
鋒曰若用司空言當有今日之舉司馬子如答
神武曰本欲立小者正為此耳魏帝徵兵關右
召賀拔勝行在所遣大行臺長孫承業大都
督穎川王斌之斛斯椿共鎮武牢汝陽王暹鎮
右澗行臺長孫子彥帥前恆農太守元洪威鎮
陝賈顯智來預州刺史斛斯元壽代蔡儁神武
使竇泰與左廂大都督莫多婁貸文逆顯智韓
賢逆遷元壽軍降泰貸文與顯智遇於長壽津
顯智陰約降引軍司元玄覽之馳臺東顯智於
帝遣大都督侯幾紹赴之戰於滑臺東顯智於
軍降紹死之七月魏帝躬率大眾屯河橋神武
至河北十餘里再遣口申誠款或魏帝不報神武
乃引軍渡河魏帝問計於群臣或云南依賀拔
勝或云西就關中或云守洛口死戰未決而元
斌之與斛斯椿爭權不睦斌之棄椿徑還給帝

六

云神武兵至即日魏帝遜於長安己酉神武入
洛陽俟於永寧寺八月甲寅召集百官謂曰為
臣奉主匡救危亂若臣節不虧畢出不陪隨緩則
貶寵爭榮急便逃竄臣節安在遂收開府儀同
三司叱列延慶兼尚書左僕射辛雄兼吏部尚
書崔孝芬都官尚書劉欽兼度支尚書楊機散
騎常侍元士弼並殺之誅其貳也士弼籍沒家
口神武以萬機不可曠發乃與百僚議以清河
王亶太為大司馬居尚書下舍而承制決事焉王

稱警言踊神武醜之神武尋至恒農遂西別潼關
執毛洪賓進軍長城龍門都督薛崇禮降神武
退舍河東命行臺尚書長史薛瑜守潼關大都
督庫狄溫午封陵於蒲津西岸築城守華州以
薛紹宗為刺史高昂於豫州事神武自發晉陽
至此凡四十啓魏帝皆不荅九月庚寅神武還
於洛陽乃遣僧道榮奉表關中又不荅乃集百
僚四門者老議所推立以為自孝昌裘亂國統
中絕木主靡依昭穆失序求安以孝文為伯考

求熙遷於孝明於炎室業嬰祚短職此之由遂議
立清河王世子善見議定白清河王曰天子
無父苟使兒立之不惜餘生乃立之是為孝靜帝
魏於是始分為二神武以孝武既西恐逼徙陝
洛陽復在河外接近梁境如向晉陽形勢不能
相接乃議遷鄴護軍祖榮贊焉詔下三日車駕
便發戶四十萬狼狽就道神武留洛陽部分事
畢還晉陽自是軍國政務皆歸相府先是童謠
曰可憐青雀子飛來鄴城裏羽翮垂欲成化作

鸚鵡子好事者竊言崔子謂魏帝清河王子鸚
鵡謂神武也初孝昌中山胡劉蠢升自稱天子
年號神嘉居雲陽谷西土歲被其冠謂之胡荒
二年正月西魏渭州剌史可朱渾道元擁衆內
屬神武迎納之壬戌神武襲擊劉蠢升大破之
己巳魏帝褒詔以神武為相國假黃鉞劍履上
殿入朝不趨神武固辭三月神武欲以女妻蠢
升太子倏其不設備辛酉潛師襲裂之其兄部王
斬蠢升首以送其衆復立其子南海王神武進

【北齊帝紀二】

擊之文獲南海王及其弟上西海王北海王皇后
公卿巳下四百餘人胡魏五萬戶壬申神武朝
于鄴四月神武請給遷人廩各有差九月甲寅
神武以州郡縣官多乘法請出使閒人疾苦三
年正月甲子神武帥庫狄干等萬騎襲西魏靈
州身不火食四日而至縛稍彌突因而用之留都督
其剌史曹泥與其壻涼州剌史劉豐並導使請以屬
張瓊以鎮中遷其部落五千戶以歸西魏靈
剌史曹泥與其壻涼州剌史劉豐並導使請以屬

周文圍泥水灌其城不沒者四尺神武命阿至
羅發騎三萬徑度靈州磧出西軍後獲馬五十
四西師乃退神武平騎迎泥豐生拔其遺戶五
千以歸復泥官爵魏帝詔加神武九錫固讓乃
止二月神武令阿至羅通西魏秦州剌史建忠
王萬俟普撥神武以衆應之三月甲午普撥與
其子太宰受洛于豳州剌史叱于寶樂右衛將
軍破六韓常及諸將三百餘人擁部來降八月
丁亥神武請均斗尺班於天下九月辛亥汾州

九　王

【東魏孝靜帝紀二】

胡王逆綯輔貳龍聚衆反署立百官年號平都
神武討平之十二月丁丑神武自晉陽西討遣
兼僕射行臺汝陽王暹司徒高昂等趣上洛
大都督竇泰入自潼關
四年正月癸丑竇泰敗自殺神武次蒲津以
氷薄不得赴救乃班師高卬攻剋上洛四月乙
酉神武以幷肆汾建晉東雍南汾秦陜九州霜
旱人饑流散請所在開倉賑給六月壬申神武
如天池獲瑞石隱起成文曰六王三川十一月
壬辰神武西討自蒲津濟衆二十萬周文軍於
沙苑神武以地阨少却西人鼓譟而進軍大亂
棄器甲十有八萬神武跨橐駝候舡以歸元
象元年三月辛酉神武固請解丞相魏帝許之
四月庚寅神武朝于鄴壬辰還晉陽請開酒禁
并販恤宿衛官七月壬午行臺侯景司徒高
昂圍西魏將獨孤信於金墉西魏帝及周文並
來赴救大都督賀庫狄干帥諸將前驅神武摠衆
繼進八月辛卯戰於河陰大破西魏軍伴獲數

十　十一

萬司徒高昂大都督李猛宗顯死之西師之敗

獨孤信先入關周文留其都督長孫子彥守金

墉遂燒營以遁神武遣兵追奔至崤不及而還

初神武知西師來侵自晉陽帥報馳赴至孟津

未濟而軍有勝負既而神武渡河子彥亦棄城

走神武遂毀金墉而還十一月庚午神武朝於

京師十二月壬辰還晉陽興和元年七月丁丑

魏帝進神武為相國錄尚書事固讓乃止十一

月乙丑神武以新宮成朝於鄴魏帝與神武讌

射神武降階稱賀又辭渤海王及都督中外諸

軍事詔不許十二月戊戌神武還晉陽

二年十二月阿至羅別部遣使請降神武帥眾

迎之出武州塞不見大獵而還三年五月神武

恐北境使使與蠕蠕通和

四年五月辛巳神武朝鄴請令百官每月面敷

政事明楊愔側陋納諫屏邪親理獄訟襃黜勤怠

牧守有惠節級祖坐椒掖之內進御以序俊園

鷹犬悉皆棄之六月甲辰神武還晉陽九月神

武西征十月己亥圍西魏儀同三司王思政於

玉壁城欲以致敵西師不敢出十二月癸未神

武以大雪士卒多死乃班師武定元年二月壬

申北豫州刺史高慎據武牢西叛三月壬辰周

文率眾援高慎圍河橋南城戊申神武大敗之

於芒山擒西魏督將已下四百餘人俘斬六萬

計是時軍士有盜殺驢者軍令應死神武弗殺

將至并州決之明日復戰神武失馬赫連陽順下馬

西師盡銳來攻眾潰神武失馬赫連陽順下馬

以授神武與蒼頭馮文洛扶上俱走從者步騎

六七人追騎至親信都督尉興慶曰王去矣興

慶腰邊百箭足殺百人神武勉之曰事濟以爾

為懷州若死則用爾子興慶曰兒小願用兄許

之與慶關矢盡而死西魏太師賀拔勝以十三

騎逐神武河州刺史劉洪徽射中其二勝稍將

中神武段孝先橫射勝馬殪遂免豫洛二州平

神武使劉豐追奔拓地至弘農而還七月神武

貽周文書責以殺孝武之罪八月辛未魏帝詔

神武為相國錄尚書事大行臺餘如故固辭乃
止是月神武命於肆州北山築城西自馬陵戍
東至土隥四十日罷十二月己卯神武朝京師
庚辰還晉陽二年三月癸巳神武巡行冀定二
州因朝京師以冬春元皇請益縣責販窮乏宿
死罪以下又請授老人板職各有差四月景辰
神武還晉陽十一月神武討山胡破平之俘獲
一萬餘戶爾朱文暢開府司馬任胄都督鄭仲禮

中府主簿李世林前開府祭軍房子遠等謀賊
神武因十五日夜打簇懷刃而入其黨辭李孝
以告並伏誅丁未神武請於并州置晉陽宮以
處配口三月乙未神武朝鄴丙午還晉陽十月
丁卯神武上言幽安定三州此接芮蠕蠕請於
險要修立城戍以防之躬自臨履莫不嚴固乙
未神武請釋芒山俘桎桔配以人間寡婦四年
八月癸巳神武將西代自鄴會兵於晉陽殿中
將軍曹魏祖曰不可令八月西方主死氣逆生

氣為客不利主人則可兵果行傷大將軍神武
不從自東西魏搆兵鄴下每先有黃軍蝗陣鬥
占者以為黃者東魏戎衣色黑者西魏戎衣色
人間以此候勝負是驍黃蝗盡死九月神武圖
王壁以挑應西師不敢應西魏晉州刺史韋孝寬
守玉壁城中出鐵面神武使元盜射之城中無
目用本子業與孤虛術萃其比天險也乃起土
山鑿十道又於東面鑿二子道以攻之城中其
水汲於汾神武使移汾一夜而畢老子寬奪據土

山頓軍五旬城不拔死者七萬人聚為一冢有
星隕於神武營眾驢並鳴士皆且龍懼神武有疾
十一月庚子輿疾班師庚戌遺太原公洋鎮鄴
辛亥鄴世子澄至晉陽有惡鳥集亘樹世子使
斛律先射殺之己卯神武以無功表解都督中
外諸軍事魏帝優詔許焉是時西魏言神武中
弩神武聞之乃勉坐見諸貴使斛律金勑勒歌
神武自和之哀感流涕侯景素輕世子嘗謂司
馬子如曰王在吾不敢有異王無吾不能與鮮

甲小兒共事子如掩其口至是世子戒神武書
召景景先與神武約得書書背微點兀來書至
無點景不至又聞神武疾遂擁兵自固神武謂
世子曰我雖疾爾面更有餘憂色何也世子未
對又問曰豈非憂侯景耶曰然神武曰景專
制河南十四年矣常有飛揚跋扈志顧我能養
鮮甲老公斛律金勒老公並性道直終不負
汝可朱渾道元劉豐生遠來投我我必無異心賀

【北齊帝紀二】 圡

拔焉過見樓實無罪過潘相樂本作道人心
和厚汝兒弟當得其力韓軌少慧宜寬借之彭
相樂心腹難得宜防護之少堪敵侯景者唯有
慕容紹宗我故不貴之留以與汝宜深加殊禮
委以經略五年正月朔日蝕神武曰日蝕其為
我耶死亦何恨丙午陳啟於魏帝是日崩於晉
陽時年五十二祕不發喪六月壬午魏帝於東
堂舉哀三日制總衰詔凶禮依漢大將軍霍光
東平王舊故事贈假黃鉞使持節相國都督中

外諸軍事齊王璽綬輼輬車黃屋左纛前後羽
葆鼓吹輕車介士兼備九錫殊禮諡獻武王八
月甲申葬於鄴西北漳水之西魏帝臨送於紫
陌天保初追崇爲獻武帝廟號太祖陵曰義平
天統元年改諡神武皇帝廟號高祖神武性深
密高岸終日儼然人不能測機權之際變化若
神至於軍國大略獨運籌抱文武將吏罕有預
之統馭軍衆法令嚴肅臨敵制勝策出無方聽
斷昭察不可欺犯知人好士全護勳舊性周給

【嘉靖十年刊】【北齊帝紀二】 大

每有文教常殷勤懇款指事論心不尚綺靡擢
人授任在於得才茍其所堪乃至拔於廝養有
虛聲無實者稀見任用諸將出討奉行方略罔
不克捷遠失指書多致奔亡雅尚儉素刀劍鞍
勒無金玉之飾少能劇飲自當大任不過三爵
居家如官仁恕愛士始范陽盧景裕以謀逆
魯郡韓毅以工書顯咸以謀逆見擒並蒙恩置
之第館教授諸子其文武之士盡節所事見執
獲而不罪者甚多故返迺歸心皆思効力至南

威梁國北懷蠕蠕吐谷渾阿至羅咸所招納獲

其力用規略遠矣

帝紀第二　　　　　北齊書二

文襄

北齊帝紀三　　一

世宗文襄皇帝諱澄字子惠神武長子也母曰
婁太后生而岐嶷神武異之魏中興元年立為
渤海王世子就杜詢講學敏悟過人詢甚歎服
二年加侍中開府儀同三司尚書令大行臺并
長公主時年十二神情儁爽便若成人神武試
問以時事得失辨析無不中理自是軍國籌策
皆預之天平元年加使持節尚書令大行臺并
州刺史三年入輔朝政加領軍左右京畿大都
督時人雖聞器識猶以少年期之而機略嚴明
事無凝滯於是朝野振肅大象元年攝吏部尚
書魏自崔亮以後選人常以年勞為制文襄乃
釐改前式銓衡唯在得人又沙汰尚書郎妙選
人地以充之至于才名之士咸被薦擢假有未
必見招攜執射賦詩各盡其所長以為娛適興

北齊帝紀三　　二

和二年加大將軍領中書監仍攝吏部尚書自
正光已後天下多事在任群官廉潔者寡文襄
乃奏吏部郎崔㥄為權中尉糾劾權豪無所
縱捨吏部郎中崔暹始為權枉路絕於街衢具
論經國政術仍開直言之路有論事上書苦言
切至者皆優容之武定四年十一月神武西討
不豫班師文襄馳赴軍所侍衛還晉陽五年正
月丙午神武崩秘不發喪辛亥司徒侯景擁豫
南及潁州刺史司馬世雲以城應之景誘執豫
州刺史高元成襄州刺史李密廣州刺史暴顯
等遣司空韓軌率眾討之夏四月壬申文襄朝
于鄴六月已巳韓軌等自潁州班師七月戊
還晉陽乃發喪告于朝神武遺志文襄
戊魏帝詔以文襄為使持節大丞相都督中外
諸軍錄尚書事大行臺渤海王文襄啟辭位願
得王爵壬寅魏帝詔太原公洋攝理軍國道中
使敦喻八月戊辰文襄遺令請減國
邑分封將各有差辛未朝鄴固辭丞相魏帝

詔曰既朝野收憑安危所繫不得令遂本懷須
有權奪可復前大將軍餘如故議者咸云俟景
猶有北望之心但信命不至耳又景將蔡遵道
北歸稱景有悔過之心但信然謂可誘而
致乃遺景書曰先王與司從契闊夷險孤子相
依偏所眷屬義每終姻情存歲寒待為國士者
乃立漆之節讎以扶輪之效況
其重於此平常以故舊之義欲將子孫相託方
為秦晉之匹共成劉范之親況聞貝杖行歌便
以狼顧反噬不蹈忠臣之路便陷叛人之地力
不足以自彊勢不足以自保率烏合之眾為累
郊之危西取救於宇文南請援於蕭氏以孤疑
之心為首鼠之事入秦則秦人不容歸吳則吳
人不信當是一不逞之人曲為無端之說遂懷市
虎之疑乃致投杼之惑此來舉止事已可見人
相疑誤想自覺知閽門大小悉在司寇意謂李
氏未滅猶言少卿可反孤子無狀招禍丁天酷
罰但禮由權奪志在忘私聊遣偏裨前馬致討

三

南兗揚州應時剋復即欲乘機席卷縣瓴屬以
炎暑欲為後圖且令還師待時更舉今寒膠向
折白露將團方憑國靈龔行天罰噩噩精新士
馬彊盛內外感恩上下勠力三令五申可起湯
火使旗鼓相望勢如沃雪事等注熒
夫負人當危就安智者轉禍為福寧人負我不
我負人當朝垂纂遺關者即當授豫州必使終君身
世所部文武更不追攝進得保其祿位退則不
甲來朝從善之途便有改迷之路若能卷
喪功名令王思政等皆孤軍偏將遠來深入然
其性命在君掌握脫能刺…想有餘力即相加授
永保疆場君門眷屬可以無患寵妻愛子亦送
南面稱孤受制於人威名頓盡得地不欲自守
相還仍為通家共成親好君令不能東封函谷
取眾不以為疆空使身有背叛之名家有惡逆
之禍覆宗絕嗣自貽伊戚戴天履地能無愧乎
孤子今日不應遣此但見蔡遵道云司徒本無
西歸之心深有悔過之意未知此語為虛為實

四

吉凶之理想自圖之景報書曰僕鄉一布衣本
乘藝用出身為國縣歷一紀犯危復難豈避風
霜遂得富貴當年榮華身世一旦與旗旆援鼓
枹比面相抗者何哉定以畏懼危亡恐招害
故耳往年之慕尊王遄疾神不祐善祈禱莫瘳
遂使嬖倖弄權心腹離貳妻子在宅無事見圍
及迴歸長社希自陳狀簡書未遣斧鉞巳臨餓
雄旗相對咫尺不遠飛書每奏鹽果申鄙情而羣
帥恃雄眇然弗顧運戰推鋒專欲屠滅掘圍堰

水僅存于三版舉目相看命縣漏刻不忍死亡出
戰城下拘秦送地豈樂為之伯禽獸惡死人倫
好生僕實不辜相莊何罪且尊王平昔覩與此
肩勠力同心共獎帝室雖復權勢參差寒暑小
異丞相司徒鷹行而已福祿官榮自是天爵勞
而後授理不相干欲求吞歲何其謬也然窮人
之財猶謂之盜祿去公室抑謂不取今魏德雖
寰宇命未改拜恩私榮何足關言賜嘆不能東
封函谷受制於人當似教僕賢榮仲嘆而哀季氏

無主之國在禮未聞動而不法將何以訓竊以
分財養幼事歸令終舍宅存孤誰云隙末復言
僕眾不足以自彊身危如然後潁川之戰即是毅
降十亂紂之百克終自無累雖弱必彊殺
監輕重由人非鼎在德苟能忠信雖弱必彊殺
憂發聖廟危何苦況今梁道邕熙招攜以禮被
我虎文廩之好爵方欲苑五岳而池四海掃氛
穢以拯黎元東騖嶺越西道汧隴吳越悍勁必
甲十羣秦兵冀馬控弦十萬大風一振枯幹必

推凝霸斬落秋蔕自殞此而為弱誰足稱雄又
見誣兩端受疑二國斟酌物情一何太甚皆明
平背楚歸漢則彊百里出虞入秦斯霸蓋皆明
由主用舍在人奉禮而行神其吐邪書稱士馬
精新剋日齊舉誇張形勢必欲相滅切以寒膠
白露節候乃同秋風揚塵馬首何異徒知北方
之力爭未識西南之合從苟欲徇意於前途不
覺坑穽在其側委足就安今歸正朔轉禍為福
巳脫網羅彼當嗤僕之過迷此亦笑君之晦昧

今引二邦揚雄北討熊虎齊舊貤復中原荊襄
廣頡已屬關右項城縣邑亦奉江南辛自取之
何勞見援然權變非一理有萬塗爲君討者莫
若割地兩和三分鼎峙燕衛趙晉足相俥祿齊
曹宋魯慾歸大梁使僕得輸力南朝北敦姻好
東帛自行戎車不駕僕立當世之功君卒父禰
之業各保疆壘聽享歲時百姓×寧四人安堵
孰若驅農夫於龍三卧抗勁敵於三方避干戈於
首尾當鋒鏑於心腹縱太公爲將不能獲存歸

〔三コ廿五 北齊帝紀三 七 煉之〕

之高明何以克濟來書曰妻子老幼悉在司寇
以此見要庶其可反當是見疑褊心未識大趣
昔王陵附漢母在不歸太上囚楚乞養自若剄
伊妻子而可介意脫謂誅之有益欲止不能救
之無損後加阮籍家累在君何關僕也遵道所
說顏亦非虛故重陳辭更論欽曲晉與盟主事
等琴瑟讒入間之翻爲讎敵撫弦搦矢不覺傷
懷裂帛還書其何能述王尋覽書問誰爲作或
曰其行臺郎王偉王曰偉才如此何因不使我

知王欲聞景於梁又與景書而謬其辭云本使
景陽叛欲與圖西西人知之故景更與圖南爲
事漏其書於梁梁人亦不之信壬申東魏主與
王獵於鄴東馳逐如飛監衛都賢烏那羅受
工伐從後呼曰天子莫走馬大將軍怒王嘗侍
飲舉大觴曰臣澄勸陛下酒東魏主不悅王自
古無不亡之國朕亦何用如此生王怒曰朕朕
狗脚朕使崔季舒歐之三拳奮衣而出尋遣李
舒入謝東魏主賜李舒絹季舒未敢即受啟之

〔三コ廿五 北齊帝紀三 八 煉〕

於王王使取一段東魏主以四百四與之曰亦
一段耳東魏主不堪憂憤詠謝靈運詩曰韓亡
子房舊秦帝魯連恥本自江海人忠義感君子
因流涕三月辛亥王南臨黎陽濟於虎牢自洛
陽從太行而反晉陽遺書百僚以相戒勵
朝野承風莫不震肅又令朝臣牧宰各舉賢良
及虓武膽略堪守邊城務得其才不拘職業四
月王巡北邊城戍賑賜有差七月王還晉陽辛
卯王遇盜而殂時年二十九葬于峻成陵齊受

禪追諡為文襄皇帝
尺高竿摧折水底燃燈燈滅識者以為王將死
之兆也數日前崔季舒無故於北宮門外諸貴
之前誦鮑明遠詩曰將軍既下世部曲亦空存
聲甚淒斷淚不能已見者莫不怪之初梁將蘭
欽子京為東魏所虜王命以配厨欽請贖之曰
不許京再訴王使監厨薛豐洛杖之曰更
訴當殺爾京與其黨六人謀作亂時王居北城
東栢堂蒞政以寵琅邪公主欲其來往無所避

北齊帝紀三　九　樂之

忌所有侍衛皆出於外太史啟言宰輔星甚微
變不出一月王曰小人新杖之故嚇我耳將欲
受禪與陳元康崔季舒等屏斥左右署擬百官
京將進食王却謂諸人曰昨夜夢此奴斫戕宜
殺却京爾何遽來將殺汝王自投傷
京聞之實工於盤冒言進食王怒曰我未
索食爾遽來王應叱之太原公洋在城東
足入于床下賊黨應矣時太原公洋先是訛言曰
軟脫帽床下賊喘其言應矣因而見殺先是訛言曰
雙堂入而討賊爾割京等皆漆其頭祕不發喪

徐出言曰奴反大將軍被傷無大苦也

帝紀第三　　　　　　　　北齊書三

臣等詳文襄紀首與北史同而末多出於東
魏孝靜紀其間與侯景往復書見梁書景傳其
所序列尤無倫次蓋雜取之以成此書非正史也

北齊帝紀第三　十

文宣

隋太子通事舍人李　百藥　撰

顯祖文宣皇帝諱洋字子進高祖第二子世宗
之母弟后初孕每夜有赤光照室后私嘗恠之
初高祖之歸尒朱榮時經危亂家徒壁立后與
親姻相對共憂寒餧帝時尚未能言欻然應曰
得活太后及左右大驚而不敢言鱗身重踝不
好戲弄深沈有大度晉陽嘗有沙門乍愚乍智
北齊紀第四
時人不測呼為阿禿師帝曾與諸童共見之歷
問祿位至帝舉手再三指天而已口無所言見
者異之高祖嘗試觀諸子意識各使治亂絲帝
獨抽刀斬之曰亂者須斬高祖是之又各配兵
四出而使甲騎攻之世宗等怖撓帝乃勒衆
與彭樂敵樂免冑言情猶擒之以獻後從世宗
行過遼陽山獨見天門開餘人無見者內雖明
敏貌若不足世宗每嗤之云此人亦得富貴相
法亦何由可解唯高祖異之謂薛琡曰此兒意

▲北齊紀四

識過吾幼時師事范陽盧景裕默識過人景裕
不能測也天平二年授散騎常侍驃騎大將軍
儀同三司左光祿大夫太原郡開國公武定元
年加侍中二年轉尚書左僕射領軍五年
授尚書令中書監京畿大都督武定七年八月
世宗遇害事出倉卒內外震駭帝神色不變指
麾部分自斬羣賊而漆其頭徐宣言曰奴反
大將軍被傷無大苦也當時內外莫不敬異焉
乃赴晉陽親揔庶政務從寬厚事有不便者咸

蠲省焉冬十月癸未朔以咸陽王坦為太傅潘
相樂為司空十一月戊午吐谷渾國遣使朝貢
梁齊州刺史不雲寶德州刺史劉領隊南豫州
刺史皇甫等並以州內屬十二月已酉以并
州刺史彭樂為司徒太保賀拔仁為并州刺史
八年春正月庚申梁楚州哀於東堂梁安顧以州內
屬辛酉洪州刺史張顯等以州內屬戊辰魏詔
田聰能洪州刺史為世宗舉哀於東堂梁定州刺史宋安顧以州內
進帝位使持節丞相都督中外諸軍事錄尚書

事大行臺齊郡王食邑一萬戶甲戌地豆于國
遣使朝貢三月辛酉又進封齊王食並冀州之渤
海長樂安德武邑瀛州之河間五郡邑十萬戶
自居晉陽寢室夜有光如晝既為王夢人以筆
點已額旦以告館客王曇哲曰吾其退乎曇哲
再拜賀曰王上加點便成主字乃當進也夏五
月辛亥帝如鄴甲寅進相國摠百揆封冀州之
渤海長樂安德武邑瀛州之河間高陽章武定
州之中山常山博陵十郡邑二十萬戶加九錫

殊禮齊王如故魏帝遣兼太尉彭城王韶司空
潘相樂冊命曰於戲敬聽朕命夫惟天為大列
晷宿而垂象謂地蓋厚疏川岳以阜物所以四
時代序萬類駢羅庶品得性羣形不夭然則皇
王統曆深視高居拱默垂衣寄成師相此則夏
伯殷尹鶗其股肱周成漢昭無為而治頊者
天下多難國命如旒則我建國之業將隆于地
齊獻武王奮迅風雲大濟艱危爰翼朕躬國為
冊造經營庶土以至勤憂及文襄承構則廣前

日月光華天地清晏聲接響隨無思不偃此又
也肆光統前緒持衡合華戎混一風海調夷
神威行朔土引弓竄跡松塞無煙此風易俗自齊
夔魚昌此王之功也仍攝天壹摠參戎律策出若
時雨旁流下識廉恥仁加水陸移風易俗自齊
命其敬虛受全攄風初舉華旗移風易俗民立政
功妙實義絕言象標聲示迹曲禮宣令申後
惟幾惟深乃神乃聖太宗霸德定廣相猷雖賞
業康邦夷道格穹蒼王縱德應期千齡出

王之功也逃矣炎方通達正朔懷文曜武授略
申規進楚連城淮然棻落此又王之功也關崤
衿帶跨蹟蕭條腸胃之地岳立鵾跱偏師繞指
渙同冰散此又王之功也晉熙之所險薄江雷
迥隔聲教迷方未改命將鞠旅覆其窟穴威略
風騰傾懾南海此又王之功也羣蠻踦跪危世絕
南疆播盪邊垂取為塵梗懷德畏威向風請順
傾願盡世落其至如雲此又王之功也胡人別種
延嵩又山谷酉渠萬旅廣袤千里憑險不萊恣其

桀黠有樂滇風相攜叩款粟帛之調王府充積
此又王之功也茫茫涉海世敵諸華風行鳥逝
倏來忽往旣飲醇醴附同膠漆戩裘委彵奇獸
衝尾此又王之功也秦川尚阻作我仇讎髮掊
椒蘭飛書請好天動其衷辭甲禮厚區宇乂寧
遝遍單至此又王之功也江陰告禍民無適歸
蕭宗子弟尚相投庇如鳥還山猶川赴海荊江
十部俄而獻割乘此會也將混來方此又王之
功也天平地成率土咸茂禎符顯見史不停筆

旣連百木兼呈九尾素過秦嵩比周烏此又
王之功也搜揚管庫衣冠獲序禮云樂云銷沉
俱振輕徭徹賦矜獄寬刑大信外彰仁遠洽
協契錫命之行義申公道以王武徤蹈禮軌物
毛畢入佐出內之任王宜撫之人謀思謀兩儀
明文盛德宣績洪猷以左右朕言吾旦顙外分
此又王之功也王有安百下之大勳加以表光
蒼生圜首安志率心歸道是以錫王大路戎路各
一玄牡二駟王深重民天唯本是務衣食之用

榮辱所由是用錫王袞冕之服赤舄副焉王深
廣惠和易調風化神祇且格功德可象是用錫
王軒懸之樂六佾之舞王風聲振赫九域咸綏
遠人率俾奔走委賚是用錫王朱戶以居玉求
賢選衆草萊以盡陳力就列罔非其人是用錫
王納陛以登王英圖猛鷙抑揚千品毅然之節
蕭是非違是是用錫王武賁之士三百人王興亡
所繫制極幽顯紀行天討罪人咸得是用錫王
鈇鉞各一王鷹揚豹變實扶下土狼顧鴟張罔

不彈射是用錫王彤弓一彤矢百盧弓十盧天
千王孝悌之至通於神明率民興行感達區宇
是用錫王秬鬯一卣珪瓚副焉往欽哉其祇順
往冊保弼皇家用終爾休德對揚我太祖之顯
命帝以天人之望有歸景辰下詔曰三才剖
判百王代興治天靜地和神勸鬼庇民造物咸
自靈符非一人之大寶貫有道之神器昔我宗
祖應運奄一靈宇歷聖賈重光曁於九葉德之不
嗣仍離屯坆盜名字者遍於九服擅制命者非

止三公王殺朝厄人神靡繫天下之大將非魏

有賴祇獻武王奮揚靈武剋翦多難重懸日月

更綴參辰廓以掃除國由再造鴻勳巨業無德

而稱述文襄承攝世業逾廣通安遠服海內晏

如國命已康生生得性近相國齊王緯文經武

統茲大業盡敦窮幾研深測化思隨真運智與

神行恩比春天威同夏日坦至心於萬物被大

道於八方故百僚師師朝無粃政網疏澤洽率

土歸心外盡江淮風靡屈膝辟地懷人百城奔

裴齊帝紀四　七

走關隴慕義而請好瀚漠仰德而致誠伊所謂

命世應期寔撫千載禎符雜還異物同途謳頌

填委殊方一致代終之迹斯表人靈之契已合

天道不遠我不獨知朕入籤鴻休將承世祀籍

援立之厚延宗社之筭靜言大運欣於避賢遠

惟唐虞禪代之典近想魏晉揖讓之風其可昧

興替之禮稽神祇之望今便遜於別宮歸帝位

於齊國推聖與能耶符前軌主者宣布天下以

時施行又使兼太尉彭城王韶兼司空敬顯儁

奉冊曰咨爾相國齊王天命分形化物繫君長

皇王遞興與人非一姓目放勳驅世沉璧屬子重

華握歷持衡擁璇所以英賢戊實昭晢千古豈

盛衰有運興廢在時知命不得不授畏天不可

不受是故漢劉告否當塗順民曹歷不永金行

納禪此皆重規襲矩率由舊章者也我祖宗光

宅混一萬㝢迄於正光之末奸孽乘權嚴政多

辟九域離盪永安運窮人靈殄瘁羣逆滔天割

裂四海國土臣民行非魏有齊獻武王應期授

三冊　北齊帝紀四　八

手鳳舉龍驤舉廢極以立天扶傾柱而鎮地剪

滅黎毒臣我墜歷有大德於魏室被博利於蒼

生及文襄繼軌誕光前業內剪凶權外推侵叛

遐邇肅晏功格上玄王神祇協德舟梁一世體

文昭武追夔窮微自舉跡藩旗頌歌揔集入統

機衡風猷弘遠及大承世業扶國昌家相德日

躋霸風愈遠威靈斯暢則光遠本馳聲略所播

而隣敵順欵必富有之資運英特之氣顧盼之

間無思不服圖謀潛蘊千祀彰明嘉禎幽祕一

朝紛委以表代德之期用啓興邦之迹蒼蒼在
上照臨不遠朕以虛昧猶未遑巡靜言愧之坐
而待旦且時來運往為舜不暇以當陽世革命
改伯禹不容矣於北面況於寡薄而可跼蹐是以
俯協穹昊俯從百姓敬以帝位式授於王天祿
永終大命格矣於戲其祗承曆數兢兢其中對
揚天休斯年千萬豈不盛歟又致璽書於帝遣
兼太保彭城王韶兼司空敬顯儁奉皇帝璽綬
禪代之禮一依唐虞漢魏故事又尚書令高隆

之率百寮勸進戊午乃即皇帝位於南郊升壇
柴燎告天曰皇帝臣諱敢用玄牡昭告於皇皇
后帝否泰相沿廢興送用至道無親應運斯輔
上覽唐虞下稽魏晉莫不先天揖讓考歷歸終
魏氏多難年將三十孝昌已後內外去之世道
橫流蒼生塗炭賴我獻武拯其將溺二建元首
再立宗祧掃絕葦凶芟夷翦宄德被黔黎勳光
宇宙文襄嗣武剋構鴻基浹寰宇威稜海外
窮髮懷音西冠納款青丘保候丹穴來庭扶翼

危機重臣頼運是則有大造於魏室也魏帝以
卜告終上靈厭德欽若昊天允歸大命以禪
於臣諱夫四海至公天下為一揔民宰世樹之
以君既川岳啓符人神效祉羣公卿士八方兆
庶僉曰皇極乃辰乃顧於上魏朝推進以寡薄
兆民之上雖天威在顏咫尺無遠循躬自省實
可以暫虛遂遍羣議恭膺大典猥以寡薄託於
國之心永隆嘉祚保祐有齊肆類以被於無窮之作
懷祗惕敬簡元辰外壇受禪猥上帝祉於

是日京師獲赤雀獻於南郊輦車還宮御太極
前殿詔曰無德而稱代刑不言而信先春
後秋故知無愧隱之化天人一揆弘宥之道今古
同風朕以虛薄功業無紀昔先獻武王值魏世
不造九鼎行出乃驅御侯伯大號燕趙拯厥頹
墜俾二則存文襄王外挺武功內資明德篡戎
先業闢土服遠年踰二紀世歷兩都獄訟有適
謳歌斯在故魏帝俯遵曆數奠念襄遠取唐
虞終同脫屣寶命寔墜末已志在陽城而君羊公卿

士誠守愈切遂屬代終居於民上如涉深水
有聰終朝始發晉陽九尾呈瑞外壇告天赤雀
効祉惟爾文武不貳心之臣股肱爪牙之將左
右先王克隆大業永言誠節共斯休祉田思與
億兆同始茲日其大赦天下改武定八年爲天
保元年其百官進階男子賜爵鰥寡疾義夫
邑五萬戶上書不稱臣苔不稱詔載天子旌旗
節婦雄賞各有差已未詔封魏帝爲中山王食

■ 神武帝紀四　十

行魏正朔乘五時副車封王諸子爲縣公邑二
千戶奉絹萬匹錢千萬粟二萬石奴婢二百人
水碾一具田百頃園一所詔追尊皇祖文穆王
爲文穆皇帝姙爲文穆皇后皇考獻武王爲獻
武皇帝皇兄文襄王爲文襄皇帝祖宗之稱付
外速議以聞辛酉尊王太后爲皇太后乙丑詔
降魏朝封爵各有差其信都從義及宣力霸朝
者及西來人并武定六年以來南來投化者不
在降限辛未遣大使於四方觀察風俗問民疾
若嚴勤長吏屬以廉平興利除害務存安靜若

法有不便於時政有未盡於事者具條得失還
以聞甲戌遷神主於太廟六月己卯高麗遣
使朝貢辛巳詔曰頃者風俗流宕浮競日滋家
有吉凶務求勝異婚姻喪葬之費車服飲食之
華動竭歲資以營日富後又奴僕帶金玉婢妾
羅綺始以相出爲奇後以過前爲麗上下貴賤
無復等差可皇事具條式使儉而獲中又詔封
崇聖侯邑一百戶以奉孔子之祀并下魯郡以

北齊帝紀　十二

民軌物可量事具立條式至詔分遣使人致祭
於五岳四瀆甘棠堯祠舜廟下及孔父老君等載
於祀典者咸秩罔遺詔曰冀州之渤海長樂二
郡先帝始封之國義旗初起之地并州之太原
青州之齊郡霸業所在王命是基君子有作貴
不忘本思申恩洽蠲復田租齊郡渤海可並復
一年長樂二年太原復三年詔故太傅孫騰故
太保尉景故大司馬婁昭故司徒高邸故尚書
左僕射慕容紹宗故領軍万俟干故定州刺史

十三　王基

段榮故御史中尉劉貴故御史中尉竇太故殷州
刺史劉豐故濟州刺史蔡儁等並左右先帝經
綸皇甚或不幸早徂或殞身王事可遣使者就
墓致祭并撫問妻子尉遲存已又詔封宗室咸陽
為清河王高隆之為平原王高歸彥為平秦王高
思宗為上洛王高顯國為廣武王高普為武興王高
子瑗為平昌王高長弼為襄樂王高叡為趙郡王
高孝緒為循城王又詔封功臣庫狄干為章武王
斛律金為咸陽王賀拔仁為安定王韓軌為安
德王可朱渾道元為扶風王彭樂為陳留王潘
樂為河東王朱渾未詔封諸弟青州刺史潘相
王高書左僕射淹為平陽王定州刺史淯為求安
儀同三司清為襄城王儀同三司湛為長廣王
王儀同三司演為常山王冀州刺史渙為上黨王
為任城王湝為高陽王濟為博陵王凝為新平王
潤為馮翊王洛為漢陽王丁亥詔立王子殷為皇
太子王后李氏為皇后庚寅詔以太師尉狄干
為太宰王徒彭樂為太尉司空潘相樂為司徒

開府儀同三司司馬子如為司空辛卯以前太
尉清河王岳為使持節驃騎大將軍司州牧壬
辰詔曰自今已後諸有文啟論事并陳要密有
司悉為奏聞已亥以皇太子初入東宮敕幾內
及并州死罪已下餘州死降徒流已下一此原
免秋七月辛亥詔尊文襄妃元氏為文襄皇后
宮曰靜德又詔封文襄皇帝子孝瑜為河間王
孝瑜為河南王乙卯以尚書令平原王隆之錄
尚書事尚書左僕射平陽王淹為尚書令又詔
曰古人鹿皮為衣書瓦成帳有懷盛德風流可
想其魏御府所有珍奇雜綵常所不給人者徒
為畜積命宜悉出送內後園以供七日宴賜八
月詔郡國修立黌序廣延髦俊敦述儒風其國
子學生亦仰依舊詮補服膺師說研習禮經往
者文襄皇帝所建蔡邕石經五十二枚即宜移
置學館依次修立又詔曰有能直言正諫不避
罪辜寒暑若朱雲譬諤若周舍開言意沃朕心
弼于一人利兼百姓者必當寵以榮祿待以不

次又曰諸牧民之官仰專意農桑勤心勸課廣
收天地之利以備水旱之災庚寅詔曰朕以虛
寡嗣弘王業思所以贊揚盛績播之萬古雖在
官執筆有聞無墜猶恐遺美時或未書在
位王公文武大小降及民庶爰至僧徒或親奉
音旨或承傳傍說凡可載之文籍悉宜條錄封
上甲午詔曰魏世議定麟趾格遂為通制官司
施用猶未盡善可令群官更加論究適治之方
先盡要切引綱理目必使無遺九月癸丑以散
騎常侍車騎將軍領東夷校尉遼東郡開國公
高麗王成為使持節侍中驃騎大將軍領護東
夷校尉遼王公如故詔梁侍中使持節督賫鉞都
督中外諸軍事大將軍承制邵陵王蕭綸為梁
王庚午帝如晉陽拜辭山陵是日皇太子入居
涼風堂監撫國事冬十月己卯備法駕御金輅
入晉陽宮朝皇太后於內殿辛巳曲赦并州太
原郡晉陽縣及相國府四獄囚癸未如國遣
使朝貢乙酉以特進元韶為尚書左僕射并州

刺史段韶為尚書右僕射景嗣位谷渾國遣使
朝貢壬辰罷相國府留騎兵外兵曹各立二省
別掌機密十一月周文帝率眾至陝城分兵比
渡至建州甲寅梁湘東王蕭繹遣使朝貢寅
帝親戎出次城東周文帝聞帝軍容嚴盛歎曰
高歡不死矣遂退師庚午還宮十二月丁丑如
茹庫莫奚國遣使朝貢辛丑帝至自晉陽
二年春正月丁未梁湘東王蕭繹遣使朝貢辛
亥有事于圓丘以神武皇帝配癸亥親耕籍田
于東郊乙酉前黃門侍郎元世寶通直散騎侍
郎彭貴平謀逆免死配邊有事於太廟甲戌帝
汎舟於城東二月壬辰太尉彭樂謀反伏誅壬
寅茹茹國遣使朝貢三月丙午襄城王清薨巳
未詔梁承制湘東王繹為梁使持節假黃鉞相
國建梁臺揔百揆承制梁交州刺史李景盛梁
州刺史文馬高仁義州刺史夏侯珍洽新州刺史
李襄笙等萊州四附庚申司空司馬子如坐事
免夏四月壬辰梁王蕭繹遣使朝貢閏月乙丑

室章國遣使朝貢五月丙戌合州刺史斛斯顯
攻剋梁歷陽鎮于亥高麗國遣使朝貢具月侯
景廢梁簡文立蕭捒為主六月庚午以前司空
司馬子如為太尉七月壬申茹茹獲鎮城李洛文
酉行臺郎邢景遠破梁龍安戊獲鎮城李洛文
巳卯改顯陽殿為昭陽殿九月壬申詔如諸伎
作屯牧雜色役隸之徒為白戶癸巳帝如趙定
二州因如晉陽冬十月戊申起宣光建始嘉福
仁壽諸殿庚申蕭繹遣使朝貢十卯文襄皇帝
神主入于廟十一月侯景廢梁主僭即偽位於
建鄴自稱曰漢十二月中山王殂
三年春正月丙申帝親討庫莫奚於代郡大破
之復雜畜十餘萬分賚將士各有差以癸巳付
山東為民二月茹茹主阿那瓌為突厥所破
環員殺其太子菴羅辰及瓌從弟登注侯發
注子庫提立擁衆來奔如茹餘衆立注次子鐵
伐為主辛丑契丹遣使朝貢三月戊子以司州
牧清河王岳為使持節南道大都督司徒潘相

樂為使持節東南道大都督及行臺辛術率衆
南伐癸巳詔進梁王蕭繹為梁主夏四月壬申東
南道行臺辛術於廣陵送傳國璽甲申國遣使朝
尚書楊愔為尚書右僕射丙申室吾國遣使朝
貢六月乙亥清河王岳等班師丁未帝至自晉
陽乙卯帝如晉陽九月辛卯帝自并州幸離石
冬十月乙未至黃櫨嶺仍起長城北至社干戍
四百餘里立三十六戍十一月辛巳梁主蕭繹
即帝位於江陵是為元帝遣使朝貢十二月壬
子帝還宮戊午帝如晉陽
四年春正月丙子山胡圍離石戊寅帝討之未
至胡巳逃竄因巡三堆大狩而歸戊寅庫莫奚
遣使朝貢巳丑改鑄新錢文曰常平五銖二月
送茹茹主鐵伐登注及子庫提還共鐵伐登為
契丹茹茹主鐵伐復立登注為主仍為其大人阿
富提等所殺國人復立庫提為主夏四月戊戌
帝還鄴呂戊午西南有大聲如雷五月庚午帝校
獵於林慮山戊子還宮九月契丹犯塞壬午帝

比巡冀定幽州仍比計契丹冬十月丁酉帝至
平州遂從西道趣長塹詔司徒潘相樂率精騎
五千自東道趣青山辛丑至白狼城壬寅經昌
黎城後詔安德王韓軌率精騎四千道兼行掩襲契丹甲
辰帝親蹋山嶺為士卒先指麾奮擊大破之虜
獲十萬餘口雜畜數十萬頭樂又於青山大破
契丹別部所屬生口皆分置諸州是行也帝甲
頭祖腦晝夜不息行千餘里唯食肉飲水壯氣

彌厲丁未至晉州丁巳登碣石山臨滄海十一
月己未帝自平州遂如晉陽閏月壬寅梁帝遣
使來聘十二月己未突厥復攻茹茹茹茹舉國
南奔本癸亥帝自晉陽比討突厥迎納茹茹乃廢
其主庫提立阿那瓌子菴羅辰為主置之馬邑
州給其廩餼繒帛親追突厥於朔州突厥請降
許之而還於是貢獻相繼
五年春正月癸巳帝討山胡從離石道道太師
咸陽王斛律金從顯州道常山王演從晉州道

搞角夾攻大破之斬首數萬獲雜畜十餘萬道
平石樓石樓絕險自魏世所不能至於是遠近山胡
莫不懾服是月周文帝廢西魏立齊王廓具為
恭帝三月茹茹菴羅辰叛帝親討大破之辰父
子北遁太保賀拔仁坐遺節度除名夏四月茹
茹菴肆州丁巳帝自晉陽討之至恒州黃瓜堆
虜騎走時大軍已還帝率千餘騎遇茹茹如
別部數萬四面圍逼帝神色自若指畫形勢虜
眾披靡遂縱兵潰圍而出虜不退走追擊之伏

尸二十里獲菴羅辰妻子及生口三萬餘人五
月丁亥地豆干契丹等國並遣使朝貢丁未北
討茹茹大破之六月茹茹率部眾東徙將南侵
帝率輕騎於金山下邀擊之茹茹聞而遠遁秋
七月戊子蕭慎遣使朝貢庚子以司
至自比伐八月丁巳突厥遣使朝貢
州牧清河王岳為太保司空尚書令婁叡為司徒太子
太師俠莫陳相為司空尚書令平陽王淹錄高
書事常山王演為尚書令中書令上黨王渙為

尚書左僕射乙亥儀同三司元旭以罪賜死丁
丑帝幸晉陽己卯開府儀同三司錄尚書事平
原王高隆之薨是月詔常山王演上黨王渙清
河王岳平原王叚韶等率眾於洛陽西南築
代惡城新城嚴城河南城九月帝親自臨幸欲
以致周師周師不出乃如晉陽冬十月西魏伐
梁元帝於江陵詔清河王岳河東王潘相樂平
原王叚韶等率眾救之未至而江陵陷梁元帝
為西魏將于謹所殺梁將王僧辯在建康共推

〈北齊紀四〉 王

晉安王蕭方智為太宰都督中外諸軍事制置
百官十二月庚申帝比巡至達速嶺覽山川險
要將起長城
六年春正月壬寅清河王岳以眾軍渡江剋夏
首送梁郢州刺史陸法和詔以梁散騎常侍貞
陽侯蕭明為梁王遣尚書左僕射上黨王渙率
眾送之三月甲子以陸法和為使持節都督荊
雍江巴梁益湘萬交廣十州諸軍事太尉公大
都督西南道大行臺梁鎮北將軍侍中荊州刺

史宋普惠為使持節驃騎大將軍鄭州刺史甲戌
上黨王渙剋譙郡三月丙戌上黨王渙剋東關
斬梁將裴之橫傅斬數千景申帝至自晉陽封
世宗二子孝珩為廣寧王延宗為安德王戊戌
帝臨昭陽殿聽決訟夏四月庚申帝如晉陽
丁卯儀同蕭軌克梁普熙城以為江州戊寅突
厥遣使朝貢梁貞陽及人李仲品擊斬之庚山
城五月乙酉鎮城李仲品自號天子逼魯山
陽蕭明入于建鄴丁未茹如遣使朝貢六月壬

〈北齊帝紀四〉 三

子詔曰梁國遘禍主喪臣離邊彼炎方盡生荊
棘興亡繼絕義在於我納以長君拯其危弊比
送梁主巳入金陵藩禮既備分義方篤越鳥之
思豈忘南枝凡是梁民宜聽反國以禮發遣丁
卯帝如晉陽壬申親討茹如甲戌諸軍大會於
祁連池乙亥出塞至庫狄谷百餘里內無水泉
六軍渴之俄而大雨戊寅梁主蕭明遣其子章
兼侍中表沙兼散騎常侍楊裕奉表朝貢秋七
月己卯帝頓豆退留輜重親率輕騎五千追茹

茹干及於懷朔鎮帝躬督衆天石頻大破之遂至

沃野獲其俟利諢焉力婁阿帝吐頭發郁久閭

狀延等并口二萬餘牛羊數十萬頭如如俟利

郁久閭李家提率部人數百降壬辰帝還晉陽

王僧辯殺之之殿蕭明復芳蘭方智為主辛亥帝

九月乙卯帝至自晉陽冬十月梁將陳霸先襲

史徐嗣輝等南豫州刺史任約等襲據石頭城拔

以州內附壬辰大都督蕭軌率衆至江遣都督

柳達摩等渡江鎮石頭東南道行臺趙彥深獲

秦郡等五城戶二萬餘所在安緝之己亥太保

司州牧清河王岳薨是月柳達摩為霸先攻遇

以石頭降十二月戊申庫真奚道使朝首貢年

發夫二百八十萬人築長城自幽州北夏口至

恒州九百餘里

七年春正月甲辰帝至自晉陽於鄴城西馬射

大集衆庶而觀之二月辛未詔常山王演決之三月

涼風堂讀尚書奉按論定得失帝親決之三月

丁酉大都督蕭軌等率衆濟江貢夏四月乙丑儀

同婁叡率衆討郁陽蠻大破之丁亥詔造金華

戢五月景申漢陽王洽薨是月帝以肉為斷慈

遂不復食六月乙卯蕭軌等與梁師戰於鍾山

之西遇霖雨失利軌及都督李希光王敬寶等

方老寧司裴英起近沒七辛亥散還者十二三乙

丑梁湘州刺史王琳獻馴象是年修廣三臺宮

殿秋七月巳亥大赦天下八月庚申帝如晉陽

九月甲辰庫真奚道使朝貢冬十月丙戌契丹

遣使朝貢是月發山東寡婦二千六百人以配

軍士有夫而濫奪者五分之一是月周文帝殂

十一月壬子詔曰岷山作鎮歔瓴神州瀛海為

池是稱赤縣蒸民乃粒司牧存焉王者之制泝

革迭起方割成災火炎崑嶽分十二水土既平還九

州道或歌繁簡義在通時殷因於夏無所改作然

則日纏於天次王公國於地野皆所以上叶

玄儀下符川嶽逮于秦政鞭撻區寓罷侯置守

天下為家洎兩漢承基蕭馬屬統其間損益難

冰勝言魏自孝昌之季數鍾澆否祿去公室政

出多門衣冠道盡黔首淦立炭銅馬鐵脛之徒牽

出青懷之侶臬張晉趙豕突燕秦綱紀從兹而

頷彝章因此而紊是使豪家大族鳩率鄉部託

迹勤王覬自署置或外家公主女謁內成昧利

納射啓立州郡離大合小本逐時宜剖竹分符

為煩損害言公私為弊殊久既垂為政之禮徒有

驅羊之曲貝自爾因循未遑刪改朕寅膺寶曆恭

比表帝紀四

二十五

臨公苦建國經野務存簡易將欲鎮躁歸靜反

薄還浮苟失其中理從刊正傍觀舊史迹聽前

言聞日成康漢稱文景編戶之多古令為言取而

風示民軏物且五嶺內賓三江迴化拓土開疆

一口減於嶹日守令倍於昔辰非所以馭俗調

利窮南海但要荒之所舊多浮偽百室之邑便

立州名三戶之民空張郡目璧言諸木犬猶彼泥

龍徇名督實專歸烏有令所併省一依別制於

足併省三州二百五十三郡五百八十九縣二

鎮二十六戌人制刺史令盡行伍隸不給幹物十二

月西魏相宇文覺受魏禪先是自西河撨秦戌

築長城東至於海前後所築州鎮凡二十五所

率十里一戌其要害置州鎮西凡三千餘里戌

八年春三月大熱人或暍死夏四月庚午詔諸

取蝦蟆蜆蛤之類悉令停斷唯聽捕魚乙酉詔

公私鷹鷂俱禁絕以太師咸陽王斛律金為

右丞相大將軍扶風王可朱渾道元為太傅

開府儀同三司賀拔仁為太保尚書令常山王

艾齊帝紀四　三百十四

二十六

演為司空錄尚書事長廣王湛為尚書令尚書

右僕射楊愔為尚書左僕射以并省尚書右僕

射崔暹遷為尚書右僕射上黨王渙錄尚書事是

月帝在城東馬射勑京師婦女悉赴觀不赴者

罪以軍法七月乃止五月辛酉冀州民劉向於

京師謀逆當與皆伏誅秋八月己巳厙莫奚遣

使朝貢庚辰詔丘郊禘祫時祀皆仰市取少牢

不得剖割有司監視令曹備農社先蠶酒肉

而巳雩祺風雨司民祿靈星雜祀果餅酒脯

〔北齊帝紀四〕

唯當務盡誠敬義同如在自夏至九月河北六
州河南十二州畿內分郡大蝗是月飛至京師
蔽日聲如風雨甲辰詔今年遭蝗之處免租是
月周冢宰宇文護殺其主關帝而立帝弟毓是
為明帝冬十月乙亥陳霸先弒其主方智自立
是為陳武帝遣使稱藩朝貢是年於長城內築
重城自庫洛拔而東至於塢紇戍九百餘里
九年春二月丁亥降罪人巳丑詔限仲冬一月
燎野不得他時行火損昆虫草木三月丁酉帝
至自晉陽夏四月辛巳大赦是夏大旱帝以祈
雨不應毀西門豹祠掘其家山東大蝗差夫役
捕而坑之是月比豫州刺史司馬消難以城叛
入於周五月辛巳尚書令長廣王湛錄尚書事
驃騎大將軍平秦王歸彥為尚書左僕射甲辰
以前尚書左僕射楊愔為尚書令六月乙丑帝
自晉陽比巡巳巳至祁連池戊寅還晉陽秋七
月羊丑給京畿老人劉奴等九百四十三人版
職及杖帽各有差戊申詔趙燕瀛定南營五州

〔三七〕

〔北齊帝紀四〕

及司州廣平清河二郡去年螽蝗損田兼春夏
少雨苗稼薄今年租賦八月乙丑至自晉
陽甲戌帝如晉陽是月陳江州刺史沈泰以三
千人內附先是發丁匠三十餘萬營三臺於鄴
下因其舊基而高博之大起宮室及遊豫園至
是三臺成改銅爵曰金鳳金獸曰聖應冰井曰
崇光十一月甲午帝至自晉陽登三臺御乾象
殿朝燕羣臣竝命賦詩以宮成丁酉大赦內外
文武普氾一大階丁巳梁湘州刺史王琳遣使
請立蕭莊為梁主仍以江州內屬令莊居之十
二月癸酉詔梁王蕭莊為梁主進居九江戊寅
以太傅可朱渾道元為太師司徒尉粲為大尉
冀州刺史段部為司空錄尚書事常山王演為
大司馬錄尚書事長廣王湛為司徒是月起大
莊嚴寺是年殺永安王浚上黨王渙
十年春正月戊戌以司空侯莫陳相為大將軍
甲寅帝如遼陽甘露寺乙卯詔於麻城置瀛州
二月丙戌帝於甘露寺禪居深觀唯軍國大政

〔二十八〕

奏曰三月戊戌以侍中高德政為尚書右僕射

丙辰帝至自遼陽是月梁主蕭莊奔于鄴州遣使

朝貢閏四月丁酉以司州牧彭城王浟為司空

侍中高陽王湜為尚書右僕射乙巳以司空彭

城王浟兼太尉封皇子紹廉為長樂郡王五月

癸未誅姒平六月陳武帝殂立二十五

姐兄子蒨立是為文帝秋八月戊戌封皇太子

家持進元氏或元詔等十九家並令禁止

紹義為廣陽郡王以尚書左僕射河間王孝琬

為尚書左僕射癸卯詔諸軍民或有父祖改姓

冒入元氏或假託攜認安稱姓元者不問世數

遠近悉聽改後本姓九月己巳帝如晉陽是月

使鄴懷則陸仁惠使於蕭莊冬十月甲午帝暴

崩於晉陽宮德陽堂時年三十一遺詔凡諸凶

事一依儉約三年之喪雖曰達禮漢文革荊通

行自昔儉有存焉為同之可也喪月之斷限以三

十六日嗣主百寮內外退通奉制割情悉從公

除癸卯發喪斂於宣德殿十一月辛未梓宮還

京師十二月乙酉殯於太極前殿

乾明元年二月丙申葬於武寧陵諡曰文宣皇

帝廟號威宗武平初又改為文宣廟號顯祖皇

少有大度志識沉敏外柔內剛果敢能斷雅好

吏事測始知終理劇燮繁終日不倦初踐大位

留心政術以法馭下公道為先或有遺犯憲章

雖密戚舊勳必無容舍內外清靖莫不祗肅

至於軍國幾策獨決懷抱規模宏遠有人君大略

又以三方鼎跱諸夷僭繼甲兵簡練士卒左

右宿衛置百保軍士每臨行陣親當矢石鋒刃

交接唯恐前敵之不多屢犯艱危常致克捷常

於東山遊讌以關隴未平投杯震怒召魏收於

御前立為詔書宣示遠近將事西代是歲周文

帝姐西人震恐常為度隴之計既征伐四克威

振戎夏六七年後以功業自衿遂留連耽酒肆

行淫暴或袒露形體塗傅粉黛散髮胡服雜衣錦

繼書或袒露形體或躬自鼓舞謳不息從旦通宵以夜

繼燭刀張弓遊於市肆勳戚之第朝又臨幸時

乘肥馳牛驢不施鞍勒盛暑炎赫隆冬酷寒或
日中暴身去衣馳騁從者不堪帝居之自若親
戚貴臣左右近習侍從錯雜無復差等徵集淫
嫗分付從官朝夕臨視以為娛樂凡諸鬼物多
令支解或焚之於火或投之於河沉酗既父彌
以狂惑至於末年每言見諸鬼物亦云聞異音
聲情有慈孝必在誅戮諸元宗室咸加屠剿承
安上黨並致寬酷高隆政元宗咸加屠剿承
李蒨之等皆以非罪加害嘗在晉陽以稍戲刺

都督尉子耀應手即殞又在三臺大光殿上以
鑣鑣都督穆高遂至於死又嘗幸開府暴顯家
有都督韓愁無罪忽於眾中喚出斬之自餘酷
濫不可勝紀朝野惜惜各懷愁毒而素以嚴斷
臨下加之熟識彊記百寮戰慄不敢為非文武
近臣朝不謀夕又多所嘗繼百役繁興舉國騷
擾公私勞獘凡諸賞賚無復節限府藏之積遂
至於虛自皇太后諸王及內外勳舊愁懼厄怵
計無所出乃至二千末年不能進食唯數飲麴蘗

成災因而致斃
論曰高祖平定四胡威權延世還鄴之役雖主
器有人號令所加政皆自出顯祖因循遺業內
外協從自朝及野群心屬望東魏之地舉世樂
推曾未朞月玄運集已則存心政事風化蕭
然數年之間翕斯致治其後縱酒肆欲事極
狂昏邪殘暴近世未有饗國弗永實由斯疾
嗣殄絕固亦餘殃者也
贊曰天保定位受終收屬奮宅區夏愛及脣齒
勢叶謳歌情毀龜玉始存政術闔斯德音固導
克念乃肆其心窮理殘虐盡性荒淫

帝紀第四

北齊書四

廢帝

隋太子通事舍人李　百藥　撰

廢帝殷字正道文宣帝之長子也母曰李皇后
天保元年立為皇太子時年六歲性敏慧初學
反語於跡字下注云自反跡嵩非自反耶常宴近
子曰跡字足傍亦為跡嵩非自反耶常宴近臣
獨令河間王入在左右問其故太宣每言太子得漢
賊處河間王復何宜在此文宣每言太子得漢
家性質不似我欲廢之立太原王初詔國子博
士李寶鼎傅之寶鼎傅國子博士邢峙侍
講太子雖富於春秋而溫裕開朗有人君之度
貫綜經業省覽時政甚有美名七年冬文宣召
朝臣文學者及禮學子官於宮宴會令以經義相
質親自臨聽太子手筆措問在坐莫不歎美九
年文宣在晉陽太子監國集諸儒講孝經令楊
愔傳旨謂國子助教許散愁曰先生在世何以
自資對曰散愁自少以來不登孌童之床不入

北齊帝紀五　一

季女之室服膺
簡策不知老之將至平生素懷
若斯而已太子
曰顏子縮屋稱貞柳下嫗而不
亂未若此翁白首不娶者也乃資絹百匹後文
宣登鳳臺召太子使手刃囚太子惻然有難色
再三不斷其首文宣怒親以馬鞭撞太子三下
由是氣悸語吃精神時復昏擾十年十一月文
宣崩癸邪太子即帝位於晉陽宣德殿大赦內
外百官普加汎級亡官失爵聽復資廕品廣成軍
皇太后為太皇太后皇后為皇太后詔九州軍
人七十已上授以板職武官年六十已上及癃
病不堪驅使者並皆放免土木營造金銅鐵諸
雜作工一切停罷十一月乙卯以右丞相咸陽
王斛律金為左丞相以錄尚書事常山王演為
太傅以司徒尚書令平陽王淹為太尉以司空段
司徒以平陽王淹為司空高陽王湜為尚書左
僕射河間王孝琬為司州牧侍中燕子獻為右
僕射戊午分命使者巡省四方求政得失省若
風俗問人疾苦十二月戊戌改封上黨王紹仁

為漁陽王紹義為范陽王長樂王紹廣為隴西

王乞義威周武成元年

乾明元年庚辰春正月癸丑朔改元巳未詔寬

徑賦癸亥高陽王湜薨是月車駕至晉陽癸

亥以太傅常山王演為大師錄尚書事以大尉

長廣王湛為大司馬并省錄尚書事以大尉左

僕射平秦王歸彥為司空趙郡王叡為尚書左

僕射詔諸元良口配沒宮內及賜人者盡放免

甲辰帝幸芳林園親錄囚徒死罪巳下降免各

廢帝紀五
三

有差乙巳太師常山王演矯詔誅尚書令楊愔

尚書左僕射燕子獻領軍大將軍可朱渾天和

侍中宋欽道散騎常侍鄭子默戊申以常山王

演為大丞相都督中外諸軍錄尚書事以大司

馬長廣王湛為太傅京畿大都督以司徒段韶

為大將軍以前司空平陽王淹為大尉以司空

平秦王歸彥為司徒彭城王浟為尚書令又以

高麗王世子湯為使持節領東夷校尉遼東郡

公高麗王是月王琳為陳所敗蕭莊自拔至和

州三月甲寅詔軍國事皆申晉陽稟大丞相常

山王規筭壬申封文襄第二子孝珩為廣寧

第三子長恭為蘭陵王夏四月癸亥詔河南定

冀趙瀛滄南膠光青九州往因蝝水頗傷時稼

遣使分塗案贍恤是月周明帝崩五月壬子以開

府儀同三司劉洪徽為尚書右僕射秋八月壬

午太皇太后令廢帝入纂大統是日王居別宮皇建

丞相常山王演於晉陽年十七帝聰慧夙成寬厚

二年九月殂於晉陽

孝昭帝紀五
四

仁智天保間雅有令名及承大位楊愔燕子獻

宋欽道等同輔以常山王地親望重內外畏服

加以文宣初崩之日太后本欲立之故愔等並

懷猜忌心常山王憂憤乃白大后誅其黨時平秦

王歸彥已預謀焉皇建二年秋天文告變歸彥

應有後害仍白孝昭當各乃遣歸彥馳馬

至晉陽宮殺之王無冤後孝昭不豫見文宣為祟

孝昭深惡之厭勝術備設而無益也大寧二

孝昭崩大寧二年葬於武寧之西北謚曰孝昭悼王

初文宣命邢邵制帝名殷字正道帝從而尤之
曰殺家弟及正字一止吾身後兒不得也邵懼
請改焉文宣不許曰天也因謂孝昭帝曰奪但
奪慎勿殺也

帝紀第五　　　　　　北齊書五

此卷與北史同

孝昭

隋太子通事舍人李　百藥　撰

孝昭皇帝演字延安神武皇帝第六子文宣皇
帝之母弟也幼而英特早有大成之量武明皇
太后所愛重魏元象元年封常山郡公及文
襄執政遣中書侍郎李同軌就霸府為諸弟師
帝所覽文籍源其指歸而不好辭彩每歎云漢
明津之師左縣震而不勵以爲能遂篤志讀漢
書至李陵傳恒壯其所爲爲之聰敏過人所與遊
處一知其家諱終身未嘗誤犯同軌病卒又命
開府長流參軍刁柔代之性嚴褊不適訓之
宜中被遣出閤恂然斂容涕數行下左
右莫不歔欷其敬業重舊也如此天保初進爵
爲王五年除并省尚書令帝善斷割長於文理
省內畏服七年從文宣還鄴文宣以尚書奏事
多有異同令帝與朝臣先論定得失然後敷奏
帝長於政術剖斷咸盡其理文宣歎重之八年

轉司空錄尚書事九年除大司馬仍錄尚書時
文宣溺於遊宴帝憂憤表於神色文宣覺之謂
帝曰但令汝在我何爲不縱樂帝唯啼泣拜伏
竟無所言文宣亦大悲抵盃於地曰汝以此嫌
我自今敢進酒者斬之因取所御盃盡皆壞棄
後益沉湎或入諸貴戚家角力批拉不限貴賤
唯常山王至內外肅然帝又密撰事條將諫其
友王晞以爲不可帝不從因間極言遂逢大怒

順成后本魏朝宗室文宣欲帝離之陰爲帝廣

北齊帝紀第六

求淑媛望移其寵帝雖承旨有納而情義彌重
帝性頗嚴尚書郎中剖斷有失輒加捶楚令史
姦慝便即考竟帝於前以刀環擬
召被帝罰者臨以白刃求帝中後賜帝魏時宮又
見解釋自是不許簿郎中後亂箠因此致困
醒而忘之謂帝擅取遂以刀環亂築
皇太后日夜啼泣文宣不知所爲先是禁友王
晞乃捨之令侍中護喪事月餘漸瘳不敢復諫及文
宣崩帝居禁中護喪事幼主即位乃即朝班除

太傅錄尚書朝政皆決於帝月餘乃居藩邸自
是詔勅多不關帝客或言於帝曰鷙鳥捨巢必
有探卵之患今日之地何宜屢出乾明元年從
廢帝赴鄴居于領軍府時楊愔燕子獻可朱渾
天和宋欽道鄭子默等以帝威望既重內懼權
逼請以帝為太師司州牧錄尚書事長廣王湛
為大司馬錄并省尚書事解京畿大都督帝時
以尊親而見猜斤乃與長廣王期獵謀之於野
三月甲戌帝初上省旦發領軍府大風暴起壞
所御車幔帝甚惡之及至省朝士咸集坐定酒
數行於坐執尚書令楊愔右僕射燕子獻領軍
可朱渾天和侍中宋欽道等於坐帝戎服與平
原王叚韶平秦王高歸彥領軍劉洪徽入自雲
龍門於中書省前遇散騎常侍鄭子默又執之
同斬於御府之內帝至東閣門都督成休寧抽
刀阿帝帝令高歸彥喻之休寧廣聲大呼不從
歸彥既為領軍素為兵士所服悉皆弛仗休
寧歎息而能帝入至昭陽殿幼主太皇太后皇

太后並出臨御坐帝奏愔等罪求伏專檀之辜
時庭中及兩廊下衛士二千餘人皆被甲待詔
武衛娥永樂武力絕倫又被文宣重遇撫刃思
效廢帝性吃訥兼倉卒不知所言太皇太后又
為皇太后誓言帝無異志唯云爾乃高歸彥
勅勞衛士解嚴永樂內刀而泣帝乃令歸彥
引侍衛之士向華林園以京畿軍入守門閤斬
娥永樂於園門詔以帝為大丞相都督中外諸軍
錄尚書事相府佐史進位一等帝尋適晉陽有
詔軍國大政咸諮決焉帝既當大位知無不為
擇其公卿典考綜名實廢帝恭已以聽政太皇太
后尋下令廢少主命帝統大業
皇建元年八月壬午皇帝即位於晉陽宣德殿
大赦改乾明元年為皇建詔奉太皇太后還稱
皇太后皇太后稱文宣皇后詔本宮曰昭信乙酉詔
自太祖創業已來諸有佐命功臣子孫絕滅國
統不傳者有司搜訪近親以名聞當量為立後
諸郡國老人各授版職賜黃帽鳩杖又詔塞正

之士竝聽進見陳事軍人戰亡死王事者以時
申聞當加榮贈督將朝士名望素高位歷通顯
天保以來未蒙追贈者亦皆錄奏文以廷尉
丞執法所在繩違按罪不得舞文弄法其官奴
婢年六十已上免為庶人戊子以太傅長廣王
湛為右丞相以太尉平陽王淹為太傅以尚書
令彭城王浟為大司馬壬辰詔分遣大使巡省
四方觀察風俗問人疾苦考求得失搜訪賢良
甲午詔曰昔武王剋殷先封兩代漢魏二晉無

廢兹典及元氏統歷不率舊章朕纂承大業思
弘古典但二王三恪舊說不同可議定是非列
名條奏其禮儀體式亦仰國子寺可
備立官屬依舊置生講習經典歲時考試其文
祖樂所運石經宜即施列於學館外州大學亦
仰哥司勤加督課景申詔九州勳人有重封者
聽分授子弟以廣晉肉之恩九月壬申詔議定
三祖樂冬十一月辛亥立妃元氏為皇后世子
百年為皇太子賜天下為父後者爵一級癸丑

有司奏太祖獻武皇帝廟宜奏武德之樂舞昭
烈之舞世宗文襄皇帝廟宜奏文德之樂舞宣
政之舞顯祖文宣皇帝廟宜奏文正之樂舞光
大之舞詔曰可庚申詔以故太師尉景故太師
竇泰故太師太原王婁昭故太師章武王厙狄
干故太尉段榮故太師萬俟普故司徒蔡儁問故
太師高乾故司徒莫多婁貸文故太保劉貴故
太保高乾故司徒莫多婁貸文故太保劉貴故
祖廟庭故太師清河王岳故太宰安德王韓軌
祖封祖齋商故廣州刺史王懷十三人配饗太

故太宰扶風王可朱渾道元故太師高昂故大
司馬劉豐故太師万俟受洛干故太尉慕容紹
宗七人配饗世宗廟庭故太尉河東王潘相樂
故司空薛脩義故太傅故太傅故太傅
祖廟庭定月帝親戎比討庫莫奚出長城虜奚
獻分兵致討大獲牛馬括揔入晉陽宮十二月
景午車駕至晉陽

二年春正月辛亥祀圓丘壬子禘於太廟癸丑
詔降罪人各有差三月丁丑詔內外執事之官

従五品巳上及三府主簿録事叅軍諸王文學
侍御史廷尉三官尚書郎中中書舍人每二年
之内各舉一人冬十月景子以尚書令彭城王
波為太保長樂王尉粲為太尉巳酉野雉栖于
前殿之庭十一月甲辰詔曰朕嬰此暴疾奄忽
無逮今嗣子沖眇未閑政術社稷業重理歸上
德右丞相長廣王湛研機測化體道居宗人雄
之望海内瞻仰同胞共氣家國所憑可遣尚書

左僕射趙郡王叡喻旨徵王統茲大寶其喪紀
之禮一同漢文三十六日悉從公除山陵施用
務從儉約先是帝不豫而無關聽覽是月崩於
晉陽宮時年二十七大寧元年閏十二月癸卯
帝聰敏有識度深沉能斷不可窺測身長八尺
腰帶十圍儀望壯異然獨秀自居臺省所留心
政術閑明筭簿領吏人隱內無私寵外收人物雖
勳戚倖薄賦勤恤人隱内無秘寵外收人物雖
后父位亦特進無別日具臨朝務知人善惡

每訪問左右冀直言盡聞問舍人裴澤在外議
論得失澤率爾對曰陛下聰明至公自可遠侔
古昔而有識之士咸言傷細帝王之度頗為未
弘帝笑曰誠如卿言初臨萬機慮不周悉故致
爾耳此事安可久行恐後人嫌疎漏澤因被
寵遇其樂聞過也如此趙郡王叡與顯祖
侍坐帝曰須拔我同堂弟顯安不逮顯安曰
家人禮除君臣之敬可言我之不逮顯安曰

下多妄言曰若何對曰陛下昔見文宣以馬鞭
撻人常以為非而今行之非妄言耶帝握其手
謝之又使直言對曰陛下太細天子乃更似更
帝曰朕甚知之然無法來久革之以至無為似更
耳又問王晞晞答如顯安皆從容受納性至孝
太后不豫帝行不正履容色貶悴而
不解帶始將四旬殿帝行南宮五百餘步雞鳴而
去辰時方還來去徒行不乘輿輦太后所苦小
增便即寢伏閤外食飲藥物皆嘗親太后常
心痛不自堪忍帝立侍帷前以爪掐手心血流

出袖友愛諸弟無君臣之隔雄斷有謀干時國
富兵強將靈神武遺恨音在頓駕平陽為進取
之策遠圖不遂惜哉初帝與濟駕約之不相害及
興駕在晉陽武成鎮鄴望氣者云鄴城有天子
氣帝常恐濟南復興乃密行鴆毒濟南不從乃
尚書令史姓趙於鄴見文宣從楊愔進湯散時有
扭而殺之後頗愧悔初苦內熱頻進湯燕子獻等
西遂漸危篤備禳厭之事或爇油四灑或持炬
焉帝在晉陽宮與毛夫人亦見
馬帝隆而絕助太后視疾問濟南所在者三帝
容時有天狗下乃於其所講武以厭之有兇篤
燒逐諸屬方出殿梁騎棟上歌呼自若了無懼
不對太后怒曰殺去耶不用吾言死其宜矣臨
終之際唯扶服床枕叩頭求哀遺使詔追長廣
正入纂大統手書去宜將吾妻子置一好處勿
學了前人也
論曰神武平定四方威權在已遷鄴之後雖主
器有人號令所加政皆自出文宣因循鴻業內

外叶從自朝及野群心屬望東魏之地舉國樂
推曾未朞月遂登宸極始則存心政事風化肅
然數年之間朝野义安其後縱酒肆欲事極
狂昏邪殘暴近代未有饗國不永實由斯疾濟
南繼業大華其毚風敎絜然搢紳稱幸股肱輔
弼雖懷厭斁誡既不能賛弘道和睦親懿又不
能遠害防身謀深衛主應斷不斷自取其咎臣
既誅夷君尋廢辱皆任非其器之所致爾孝昭
早居臺閣故事通明人吏之間無所不委文宣
崩後大革前獎及臨尊極留心更深時人服其
明而譏其細也情好稽古率由禮度將封先代
之裔且敦學校之風徵召英賢文武畢集于時
周氏朝政移於宰臣主將相猜不無危殆乃聰
關右實懷兼并之志經謀宏遠是當代之明主
而降年不永其故何哉豈幽顯之間寶有報復
將齊之基宇止存於斯欲帝大之天不許也

帝紀第七

隋太子通事舍人李　百藥　撰

武成

世祖武成皇帝諱湛神武皇帝第九子孝昭
帝之母弟也儀表瑰傑神武尤所鍾愛神武方
招懷荒遠乃爲帝聘蠕蠕太子菴羅辰女號隣
和公主帝時年八歲冠服端嚴神情閑遠華戎
歎異元象中封長廣郡公天保初進爵爲王拜
尚書令兼司徒遷太尉乾明初楊愔等密相

踈忌以帝爲大司馬領并州刺史帝既與孝昭
謀誅諸執政遷大傅錄尚書事領京畿大都督
皇建初進位右丞相孝昭幸晉陽帝以懿親居
守鄴政事咸見委託二年孝昭崩遺詔徵帝入
統大位及晉陽宮發喪於崇德殿皇太后令所
司宣遺詔左丞斛律金率百僚敦勸三奏乃
許之

大寧元年冬十一月癸丑皇帝即位於南宮大
赦改皇建二年爲大寧乙卯以司徒平秦王歸

彥爲太傅以尚書右僕射趙郡王叡爲尚書令
以大尉綵爲太保以尚書令段韶爲大司馬
以豐州刺史婁叡爲司空以太傅平陽王淹爲
太宰以太保彭城王浟爲太師錄尚書事以冀
州刺史博陵王濟爲太尉以中書監任城王湝
爲尚書右僕射以并州刺史斛律光擢進賢良是
封孝昭皇太子百年爲樂陵郡王康申詔大
使巡行天下求政善惡問人疾苦擢進賢良是
歲周武帝保定元年

【北齊書帝紀七】 一

河清元年春正月乙亥車駕至自晉陽辛巳祀
南郊壬午享太廟景戌立妃胡氏爲皇后子緯
爲皇太子大赦內外百官普加汎級諸爲父後
者賜爵一級已亥以前定州刺史馮翊王潤爲
尚書左僕射詔斷屠殺以順春令二月丁未以
太宰平陽王淹爲青州刺史大傅領司徒以領
軍大將軍宗師平秦王歸彥爲大宰詔以領
乙卯以兼尚書令任城王湝爲司徒詔散騎常
侍崔瞻聘于陳夏四月辛丑皇太后婁氏崩乙

二

已青州刺史上言今月庚寅河濟清以河濟清
改大寧二年為河清降罪人各有差五月甲申
祔葬武明皇后於義平陵巳以尚書右僕射
斛律光為尚書令秋七月大宰冀州刺史平章
王歸彦據土反詔大司馬段韶為
之乙未斬歸彦并其三子及黨與二十人於都
市丁酉以大司馬段韶為太傳以司空妻叡為
司徒以太傳平陽王淹為太宰以尚書令斛律
光為司空以太子太傳趙郡王叡為尚書令中
書監河間王孝琬為尚書左僕射癸亥行辛晉
陽陳人來聘冬十一月丁丑詔兼散騎常侍封
孝琰使於陳十二月景辰車駕至自晉是歲
二年春正月乙亥帝詔臨朝堂策試秀才以太
子少傳魏收為兼尚書左僕射巳卯兼右僕射
魏收以阿縱除名丁丑以武明皇后配祭北郊辛
卯帝臨都亭錄見因降在京罪人各有差三月
乙丑詔司空斛律光督五營軍士築戍於軹關

壬申室韋國遣使朝貢景戌以兼尚書右僕射
趙彦琛為左僕射夏四月并汾京東雍南汾五
州蟲旱傷稼遣使賑恤戊午陳人來聘五月壬
午詔以城南雙堂閏位之苑迴造大摠持寺六
月乙巳兗州言濟河水口見八龍昇天乙卯詔
兼散騎常侍崔子武使于陳庚申司州牧河南
王孝瑜薨秋八月辛丑詔以三臺宮為大興聖
寺冬十二月癸巳陳人來聘巳酉周將軍楊忠師
突厥阿史那木可汗等二十餘萬人自恒州分
為三道殺掠吏人是時大雨雪連月南北千餘
里平地數尺霜晝下雨血於太原戊午帝至晉
陽巳未周軍遍井州又遣大將軍達奚武師眾
數萬至東雍及晉州與突厥相應是歲室韋庫
莫奚靺鞨契丹竝遣使朝貢
三年春正月庚申胡周軍至城下而陳戰於城
西周軍及突厥大敗人畜死者相枕數百里不
絕詔平原王段韶追出塞而還三月辛酉以律令
班下大赦巳巳盜殺太師彭城王浟庚辰以司空

斛律光為司徒以侍中武興王普為尚書左僕
射甲申以尚書令馮翊王潤為司空夏四月辛
卯詔兼散騎常侍皇甫亮使於陳五月甲子帝
至自晉陽壬午以尚書令趙郡王叡為錄尚書
事以前司徒婁叡為太尉甲申以太傅段韶為
太師丁亥以太尉任城王湝為大將軍壬辰行
幸晉陽六月庚子大兩晝夜不息至甲辰乃止
是月晉陽訛言有鬼兵百姓競擊銅鐵以捍之
殺樂陵王百年歸宇文媼于周秋九月乙丑封

皇子綽為南陽王儼為東平王是月歸閻媼于
周陳人來聘突厥寇幽州入長城虜掠而還閏
月乙未詔遣十二使巡行水潦州免其租調乙
巳突厥寇幽州周軍三道並出使其將尉遲迥
寇洛陽楊檦入軹關旦景旭趣懸瓠敕冬十一
甲午迥等圍洛陽代戍敕散騎常侍劉逖使
於陳甲辰太尉婁叡大破周軍於軹關擒楊檦
十二月乙卯豫州刺史王士良以城降周將權
景宣丁巳帝自晉陽南討己未太宰東陽王達

蠕蠕主菴羅辰入破尉運迥等解洛陽圍
卯帝至洛陽宛洛州經周軍處二年租賦救州
城內死罪已下因已以太師段孝先為
司徒斛律光為太尉并州刺史蘭陵王長恭為
尚書令壬申帝至武牢經滑臺次於黎陽所經
減降罪人景子車駕至自洛陽是歲高麗靺鞨
新羅並遣使朝貢山東大水飢死者不可勝計
詔發賑給事竟不行
四年春正月癸卯以大將軍任城王湝為大司

馬辛未幸晉陽二月甲寅詔以新羅國王金真
興為使持節東夷校尉樂浪郡公新羅王壬申
以年穀不登禁酤酒已卯詔減百官食禀各有
差三月戊子詔給西兗梁滄趙州之長樂渤海
陽平清河武都冀州之長樂渤海滄水潦之處
貧下戶粟各有差家別斗升而已又多不付是
月彗星見有物隕於殿庭如赤漆鼓帶小鈴殿
上石自起兩兩相對又有神見於後園萬壽堂
前山宄中其體壯大不辨其面兩齒絕白長出

於辱帝直宿嬪御巳下七百人咸見為帝又夢
之夏四月戊午大將軍東安王婁叡坐事免乙
亥陳人來聘太史奏天文有變其占當有易王
景子力使太宰段韶兼太尉持節奉皇帝璽綬
傳位於皇太子大赦改元為天統元年百官進
級降罪各有差又詔皇太子妃斛律氏為皇后
於是群公上尊號為太上皇帝軍國大事咸以
奏聞始將傳政使內參乘子尚乘驛送認書於
鄴子尚出晉陽城見人騎隨後忽失之尚未至
鄴而其言巳布矣天統四年十二月辛未太上
皇帝崩於鄴宮乾壽堂時年三十二尊曰武成
皇帝廟號世祖五年二月甲申葬於永平陵

帝紀第七　　　　北齊書七

此卷與北史同

帝紀第八　　　　北齊書八

隋太子通事舍人李百藥撰

後主

幼主

位於帝

後主諱緯字仁綱武成皇帝之長子也母曰胡皇后夢於海上坐玉盆日入裙下遂有娠天保七年五月五日生帝於并州邸帝少美容儀武成特所愛寵拜王世子及武成入簒大業大寧二年正月景戌立為皇太子河清四年武成禪位於帝天統元年夏四月景午皇帝即位於晉陽宮大赦改河清四年為天統丁丑以太保賀拔仁為太師太尉侯莫陳相為太保司空馮翊王潤為司徒錄尚書事趙郡王叡為司空尚書左僕射河間王孝琬為尚書令庚寅以瀛州刺史斛律羨為太尉僕射趙彦深為左僕射六月壬戌彗星出文昌東北其大如手後稍長乃至丈餘百日乃

後半葉第七行下九字原闕嫏嬛明北監本補

滅巳太上皇帝詔兼散騎常侍王本子高使於陳秋七月乙未太上皇帝詔增置都水使者一人冬十一月癸未太上皇帝至自晉陽巳丑太上皇帝詔改太祖獻武皇帝為神武皇帝廟號高祖獻明皇后為武明皇后其文宣諡號委有司議定十二月庚戌太上皇帝狩於北郊壬子狩於南郊乙卯狩於西郊壬戌太上皇帝幸晉陽丁卯帝至自晉陽庚午有司奏改高祖文宣皇帝為威宗景烈皇帝是歲高麗契丹靺鞨並遣使朝貢河南大疫

二年丙戌春正月辛卯祀圓丘癸巳搶蔡於太廟詔降罪人各有差景申以吏部尚書尉瑾為尚書右僕射庚子行幸晉陽二月庚戌太上皇帝至自晉陽壬子陳人來聘三月乙巳太上皇帝詔以三臺施興聖寺以旱故降禁四月夏四陳文帝殂五月乙酉以兼尚書左僕射武興王普為尚書令已亥封太上皇帝子儼為東平王仁弘為齊安王仁固為比平王仁英為高平王

仁光為淮南王六月太上皇帝詔兼散騎常侍

韋道儒聘於陳秋八月太上皇帝幸晉陽冬十

月巳卯以太保侯莫陳相為大傅大司馬任城

王湝為太保侯莫陳叡為大司馬徒馮翊王潤

為太尉開府儀同三司韓祖念為司徒十一月

大雨雪盜竊太廟御服十二月乙丑陳人來聘

是歲殺河間王孝琬突厥靺鞨國並遣使朝貢

於周為天和元年

三年春正月壬辰太上皇帝至自晉陽乙未大

北齊帝紀八一　三十三　三

雪平地二尺戊戌太上皇帝詔京官執事散官

三品巳上各舉三人五品巳上各舉二人稱事

七品巳上及殿中侍御史尚書都檢校御史主

書及門下錄事各舉一人鄴宮九龍殿炎延燒

西廊二月壬寅朔帝加元服大赦九州職人各

進四級內外百官普進二級夏四月癸丑太上

皇帝詔兼散騎常侍司馬幼之使於陳五月甲

午太上皇帝詔以領軍大將軍東平王儼為尚

書令乙未大風書晦發屋拔樹六月巳未太上

皇帝詔封皇子仁機為西河王仁約為樂浪王

仁儉為潁川王仁雅為安樂王仁統為丹陽王仁謙

為東海王閏六月辛巳左丞相斛律金薨壬午

太上皇帝詔尚書令東平王儼錄尚書事以尚

書左僕射趙彥深為尚書令并省尚書左僕射

妻定遠為僕射中書監徐之才為右僕

射秋八月辛未太上皇帝詔以太保任城王湝

為太師太尉馮翊王潤為大司馬太保侯莫陳相

左丞相太師賀拔仁為右丞相太傅段韶為

北齊帝紀第八　四　三十四

為太宰大司馬妻叡為太傅大將軍斛律光為

太保司徒韓祖念為大將軍司空趙郡王叡為

太尉尚書令東平王儼為司徒九月巳酉太上

帝詔諸寺署所綰雜保戶姓高者天保之初雖

有優勑權假力用未免者今可悉蠲雜戶任屬

郡縣淮平人丁巳太上皇帝幸晉陽是秋山

東大水人飢僵尸滿道冬十月突厥大賞妻室

韋百濟靺鞨等國各遣使朝貢十一月甲午以

晉陽大明殿成故大赦文武百官進二級免并

州屬城太原一郡來年租賦癸未太上皇帝至
自晉陽十二月巳巳太上皇帝詔以故丞相
趙郡王琛配饗神武廟庭
四年正月詔以故清河王岳河東王潘相樂十
人竝配饗神武廟庭癸亥太上皇帝詔兼散騎
常侍鄭大護隨於陳三月乙巳太上皇帝詔以
司徒東平王儼為太宰南陽王綽為司徒開
府儀同三司徐顯秀為司空開府儀同三司廣
寧王孝珩為尚書令夏四月辛未鄴宮昭陽殿

災及宣光瑤華等殿辛巳太上皇帝幸晉陽五
月癸卯以尚書右僕射胡長仁為尚書中書
監和士開為右僕射壬戌太上皇帝至自晉陽
自正月不雨至於是月六月甲子朔大雨甲申
大風拔木折樹是月彗星見于東井秋九月景
申周人來通和太上皇帝詔侍中斛斯文略報
聘于周冬十月辛巳以尚書令廣寧王孝珩為
錄尚書左僕射胡長仁為尚書令右僕射和士
開為左僕射中書監唐邕為右僕射十一月壬

辰太上皇帝詔兼散騎常侍李翁使於陳是月
陳安成王頊廢其主伯宗而自立十二月辛未
太上皇帝崩景子大赦九州職人普加一級內外
百官竝加兩級戊寅太上皇后尊號為普賢天后
甲申詔細作之務及所在百工悉罷之又詔披
庭晉陽中山宮人等及鄴下并州太官官口二
處晉年六十巳上及有癃患者仰所司簡放康寅
詔天保七年巳來諸家緣坐配流者所在令還
是歲契丹靺鞨國竝遣使朝貢

五年春正月辛亥詔以金鳳等三臺未入寺者
施大興聖寺是月殺定州刺史博陵王濟二月
乙丑詔應宮刑者普免刑為官口又詔禁網捕
鷹鷂及畜養籠放之物癸酉大莫婁國遣使朝
貢巳巳改東平王儼為琅邪王詔侍中叱列長
叉使於周是月殺太尉趙郡王叡三月丁酉以
司空徐顯秀為太尉并省尚書令妻定遠為司
空是月行幸晉陽夏四月甲子詔以并州尚書
省為大基聖寺晉祠為大崇皇寺乙丑車駕至

自晉陽秋七月己丑詔降罪人各有差戊申詔
使巡省河北諸州無雨處境內偏旱者優免租
調冬十月壬戌詔禁造酒十一月辛丑詔以太保
斛律光爲太傅大司馬馮翊王潤爲太保大將
軍琅邪王儼爲大司馬十二月庚午以開府儀
同三司蘭陵王長恭爲尚書令庚辰以中書監
魏收爲尚書右僕射
武平元年春正月乙酉朔改元太師并州刺史東
安王妻歊薨戊申詔兼散騎常侍獻之聘
干陳二月癸亥以百濟王餘昌爲使持節侍中
驃騎大將軍帶方郡公王如故巳巳以太傅咸
陽王斛律光爲右丞相并州刺史東
王賀拔仁爲錄尚書事冀州刺史任城王湝爲
太師王賀拔仁薨罪巳下因閏月戊戌錄尚書事
安定王賀拔仁薨三月辛酉以開府儀同三司
孝珩爲司空甲辰以皇子恒生故大赦內外百
徐之才爲尚書左僕射夏六月乙酉以廣寧王
官普進二級九州職人普進四級巳酉詔以開

府儀同三司唐邕爲尚書右僕射秋七月癸丑
封孝昭皇帝子彥基爲城陽王彥康爲定陵王
彥忠爲梁郡王甲寅以尚書令蘭陵王長恭爲
錄尚書事中領軍和士開爲尚書令癸亥韓轈爲
國遣使朝貢癸酉以華山王凝爲太傅八月辛
邪行幸晉陽九月乙巳立皇子恒爲皇太子冬
十月辛巳以司空封廣寧王孝珩爲司徒以上洛
王思宗爲司空封蕭莊爲梁王戊子曲降并州
死罪巳下因巳復改威宗景烈皇帝諡號爲
顯祖文宣皇帝十二月丁亥車駕至自晉陽詔
左丞相斛律光出晉州道俢城戊
二年春正月丁巳詔兼散騎常侍都督
陳戊寅以百濟王餘昌爲使持節都督東青州
刺史二月壬寅以錄尚書事蘭陵王長恭爲太
尉并省錄尚書事趙彥深爲司空尚書令和士
開錄尚書事左僕射徐之才爲尚書令右僕射
唐邕爲左僕射吏部尚書馮子琮爲右僕射夏
四月壬午以大司馬琅邪王儼爲太保甲午陳

遣使連和謀伐周朝議弗許六月詔攻汾
州剋之獲刺史楊敷秋七月庚午太尉琅邪王
儼矯詔殺録尚書事和士開於南臺即日誅領
軍大將軍庫狄伏連待書御史王子宜等尚書
左僕射馮子琮賜死殿中八月巳亥行幸晉陽
九月辛亥以太師任城王湝為大宰馮翊王潤
為太師巳未左丞相平原王叚韶薨戊午曲降
并州界內死罪巳下各有差庚午殺太保琅邪
王儼壬申陳人來聘冬十月罷京畿府人領軍
府巳亥車駕至自晉陽十一月庚戌詔待中赫
連子悅使於周景寅以徐州行臺廣寧王孝珩
録尚書事庚午以録尚書事廣寧王孝珩為司
徒癸酉以右丞相斛律光為左丞相
三年春正月巳巳祀南郊辛亥追贈故琅邪王
儼為楚王二月巳卯以衛菩薩為太尉辛巳以
并省吏部尚書高元海為尚書右僕射庚寅以
左僕射唐邕為尚書令侍中祖珽為左僕射是
月勅撰玄洲苑御覽後改名聖壽堂御覽三月辛

九

酉詔文武宣五品巳上各舉一人是月周誅家
宰宇文護夏四月周人來聘秋七月戊辰誅左
丞相咸陽王斛律光及其弟幽州行臺荊山公
豐樂八月庚寅廢皇后斛律氏為庶人以太宰
任城王湝為右丞相太師馮翊王潤為大宰蘭
陵王長恭為大司馬廣寧王孝珩為大司
德王延宗為大司徒使領軍封輔相聘于周戌
子拜右昭儀胡氏為皇后巳丑以司州牧北平
王仁堅為尚書令特進許季良為左僕射彭城
王寶德為右僕射癸巳行幸晉陽是月聖壽堂
御覽成勅付史閣後改為修文殿御覽九月陳
人來聘冬十月降死罪巳下四甲午拜弘德夫
人穆氏為左皇后大赦十二月辛丑廢皇后胡
氏為庶人是歲新羅百濟勿吉突厥並遣使朝
貢於周建德元年
四年春正月戊寅以并省尚書令高阿那肱為
録尚書事庚辰詔兼散騎常侍崔象使於陳是
月鄴都并州並有狐媚多截人髮二月乙巳拜

十

左皇后穆氏爲皇后景午置文林館乙夘以尚
書令北平王仁堅爲錄尚書事丁巳行幸晉陽
是月周人來聘三月辛未盜入信州殺刺史和
士休南兗州刺史解干世榮討平之庚辰車駕
至晉陽夏四月戊午以大司馬蘭陵王長恭爲
司馬太尉晉隆大將軍南陽王綽爲大司馬大
太保大將軍定州刺史南陽王延宗爲
太尉司空安武興王普爲司徒開府儀同三司宜
陽王趙彥深爲司空癸丑祈皇祠壇壝絕之内
忽有車軌之轍按驗傍無人跡不知車所從來
乙夘詔以爲大慶班告天下己未周人來聘五
月景子詔史官更撰魏書癸巳以領軍穆提婆
爲尚書左僕射以侍中中書監段孝言爲僕
射是月開府儀同三司尉破胡長孫洪畧等與
陳將吳明徹戰於呂梁南大敗破胡走以免洪
畧戰沒遂陷秦涇二州明徹進畧和合二州是
月殺太保蘭陵王長恭六月明徹進軍圍壽陽
壬子幸南苑從官暍死者六十人以錄尚書事

高阿那肱爲司徒景辰詔開府王師羅使於周
九月校獵千郪東冬十月陳將吳明徹陷壽陽
辛丑殺待中崔季舒張彫唐散騎常侍劉逖封
孝琰黃門侍郎裴澤郭遵癸夘行幸晉陽十二
月戊寅以司徒高阿那肱爲右丞相是歲高麗
靺鞨並遣使朝貢突厥使求婚
五年春正月乙丑置左右娥英各一人二月乙
未車駕至自晉陽朔州行臺南安王思好反辛
丑行幸晉陽尚書令唐邕等大破思好投火死
得死虵長二尺二目面頂各二目帝聞之使刻木爲
其形以獻庚午大赦丁亥陳人寇淮北秋八月
癸夘行幸晉陽甲辰以高勵爲尚書右僕射是
歲殺南陽王綽
六年春三月乙亥車駕至自晉陽丁丑烹妖賊
鄭子饒於都市是月周人來聘夏四月庚子以
中書監楊休之爲尚書右僕射癸夘靺鞨道使

朝貢秋七月甲戌行幸晉陽八月丁酉冀定趙
幽滄瀛六州大水是月周師入洛川屯芒山攻
逼洛城縱火船焚浮橋河橋絕閏月己丑遣右
丞相高阿那肱自晉陽御之師次河陽周師夜
遁庚辰以司空趙彥深為司徒斛律阿列羅為
司空辛巳以軍國資用不足稅關市舟車山澤
鹽鐵店肆輕重各有差開酒禁

立者所在付大寺及諸富戶濟其性命甲寅大
赦乙卯車駕至自晉陽二月辛酉括雜戶女年
二十巳下十四巳上未嫁悉集省隱匿者家長
處死刑二月景寅風從西比起發屋拔樹五日
乃止夏六月戊申朝日有蝕之庚申司徒趙彥
深薨秋七月丁丑大雨霖是月以水潦遣使巡
撫流士人尸不敢以聞詔營邯鄲宮己卯行幸晉陽雉集於御坐
獲之有司不敢以聞詔營邯鄲宮
七年春正月壬辰詔去秋巳來水潦人飢不自
甲子出兵大狩於祁連池周師攻晉州庚午帝發晉陽癸酉帝列

陣而行上雞栖原與周齊王憲相對至夜不戰
周師飲陣而退十一日周武帝退還長安留偏
師守晉州高阿那肱等圍晉州城戊寅帝至圍
所十二月戊申武帝來救晉州庚申戰于城南
我軍大敗帝棄軍先還癸丑入晉陽憂懼不知
所之甲寅帝謂朝臣曰周師其盛若何群
臣咸曰天命未攺得一失自古皆然宜傳帝意
安慰朝野拾遺兵背城死戰以存社稷帝意
猶豫欲向北朔州乃留安德王延宗廣寧王孝

珩等守晉陽若晉陽不守即欲奔突厥群臣皆
曰不可帝不從其言開府儀同三司賀拔伏恩
輔相慕容鍾葵等宿衛近臣三十餘人西奔周
乙卯詔募兵遣安德王延宗為左廣寧王孝
珩為右延宗入見帝告欲向北朔州延宗泣諫不從
帝密遣王康德與中人齊紹等送皇太后皇太
子於北朔州景辰帝幸城南軍勞將士其夜欲
邀諸將不從丁巳大赦攺武平七年為隆化元年
其日穆提婆降周詔除安德王延宗為相國委

以備禦延宗流涕受命帝乃夜斬五龍門而出

欲走突厥從官多散領軍梅勝郎叩馬諫乃廻

之鄴時唯高阿那肱等十餘騎廣寧王孝珩襄

城王彥道續至得數十人同行戊午延宗從眾

帝入鄴帝位於晉陽改隆化為德昌元年庚申

議即皇帝與周師戰於晉陽大敗為周

師所屬帝遣募人重加官賞雖有此言而竟不

出物廣寧王孝珩奏請出宮人及珍寶班賜將

士帝未悅斛律孝卿居中受委帶甲以處分請

帝親勞為帝撰辭且曰宜慷慨流涕感人心

帝既出臨眾將令之不復記所受言遂大笑左

右亦群口將士莫不解體於是自大丞相已下

太宰三師大司馬大將軍三公等官並增員而

授或三或四不可勝數甲子皇太后從北道至

引文武一品已上入朱華門賜酒食給紙筆問

以禦周之方群臣各異議帝莫知所從又引高

元海宋士素盧思道李德林等欲議禪位皇太

子先是望氣者言當有革易於是依天統故事

授位幼主

幼主名恒帝之長子也母曰穆皇后武平元年

六月生於鄴其年十月立為皇太子隆化二年

春正月乙亥即皇帝位時八歲改元為承光元

年大赦尊皇太后為太皇太后帝為太上皇帝

后為太上皇后於是黃門侍郎顏之推中書侍

郎薛道衡侍中陳德信等勸太上皇帝往河外

募兵更為經略若不濟南投陳國從之丁丑太

皇太后太上皇自鄴先趣濟州周師漸逼棄幼

主又自鄴東走已丑周師至紫陌橋癸巳燒城

門太上皇將百餘騎東走乙亥渡河入濟州其

日幼主禪位於大丞相任城王湝令侍中斛律

孝卿送禪文及璽綬於任城王以之歸周

又為任城王詔尊太上皇為無上皇幼主為守

國天王留太皇太后濟州遣高阿那肱留守太

上皇帝攜幼主走青州即為入陳之計而屢使

十人從太上皇走青州即韓長鸞鄧顒等數

阿那肱召周軍約生致齊主而屢使人告言賊

軍在遠已令人燒斷橋路太上所以得緩周軍
奄至青州太上倉急遂於陳置金囊於鞍後
與長鸞淑妃等十數騎至青州南鄧村為周將
尉遲綱所獲送鄴周武帝與抗賓主禮并太后
幼主諸王俱送長安封帝溫國公至建德七年
誅與宜州刺史穆提婆謀反及延宗等所收
無少長咸賜死神武子孫所存者二三而已至
聽之聲長安北源洪濟川帝紉而念善及長
大象末陽休之陳德信等啟大丞相隋公請收
性懦不堪人視者即有忿責其奏事者雖三公
無忌度不喜見朝士百非寵私昵狎未嘗交語
頗學綴文置文林館引諸文士焉而言語澀吶
令錄陳大旨略走而出每災異
寇盜水旱亦不甚損唯諸處設赦以此為俗德
雅信巫覡解禱無方初琅琊王與兵人告者誤
去庫狄伏連反帝曰此必仁威也又斜律光死
後諸武官舉高恩好堪大將軍帝曰恩好喜反
皆如所言遂自以策無遺策乃益驕縱盛為無

愁之曲帝自彈胡琵琶而唱之侍和之者以百
數人間謂之無愁天子常出見群眾盡殺之或
剝人面皮而視之任陸令萱和士開高阿那肱
穆提婆韓長鸞等宰制天下陳德信鄧長顒何
洪珍等預機權各引親黨超居非次官由財進
獄以賄成其所以亂政害人難以備載諸宮奴
婢閹人商人胡戶雜戶歌舞人見鬼人監得富
貴者將萬數庶姓封王者百數不復可紀開府
千餘儀同無數領軍時二十連判文書各作俵
字不其姓名莫知誰也諸貴寵祖裀追贈官歲
一進位極乃止宮掖婢皆封郡君宮女寶衣玉
食者五百餘人一裰直萬疋鏡臺寶鼎千金競為
綾巧朝衣夕弊承武成之奢麗以為帝王當然
乃更增益宮苑造偃武修文臺其嬪嬙諸宮中
起鏡殿寶殿瑇瑁殿丹青彫刻妙極當時又於
晉陽起十二院壯麗逾於鄴下所愛不恆數毀
而又復夜則以火照作寒則以湯為泥百工困
窮無時休息鑿晉陽西山為大佛像一夜然油

萬計光照營內又為胡昭儀起大慈寺未成改
為穆皇后大寶林寺窮極工巧運石填泉勞費
億計人牛死者不可勝紀御馬則籍以氈罽食
物有十餘種將合牝牡則設青廬具牢饌而親
觀之狗則飼以粱肉馬及鷹犬乃有儀同郡君
之號故有赤彪儀同逍遙郡君凌霄郡君高思
好晝亦號開府大馬雞鷹多食懸邑鷹落之人
之關雞亦稍割犬肉以飼之至數日乃死又於華林
養者

園立貧窮村舍帝自竄衣為乞食兒又為窮兒
之市躬自交易寫築西部諸城黑衣為羌兵鼓
噪凌之親率內參臨拒或實彎弓射人自晉陽
東巡單馬馳移解鬖散而歸又好不急之務
曾一夜索蝟及且得三升特愛非時之物取求
火急皆須朝徵夕辦當勑勱著因之貸一而責十
為賦斂日重儻役日繁人力既殫帑藏空竭乃
期諸佞幸賣官或得郡兩三或得縣六七各分
州郡下逮鄉官亦多降中者故有勑用州主簿

勑用郡功曹於是州縣職司多出富商大賈競
為貪縱人不聊生姜自黲都及諸郡所在徵
稅百端俱起凡此諸役皆漸於武成至帝而增
廣焉然未嘗有帷薄滛穢唯此事頗優於武成
云初河清末武成夢大蝟攻破鄴城故索境內
蝟膏以絕之識者以後主名緯與蝟相協亡齊
徵也又婦人皆剪剔以著假髻而危邪之狀如
飛鳥墜於南面則簸心正西始自宮內為之被
於四遠天意若曰元首前落危側當走西也又
為刀子者刃皆狹細名曰盡勢遊童戲者好以
兩手持繩拂地而却上跳且唱曰高末高末之言
蓋高氏運祚之末也然則亂亡之數蓋有兆云
論曰武成風度高爽經笄弘長文武之官俱盡
其力有帝王之量矣但愛狎庸豎以朝權
惟薄之間滛侈過度滅亡之兆其在斯乎玄象
告變傳位元子名號雖殊政猶己出迹有虛飾
事非憲典聰明臨下何易可誣又河南河間樂
陵等諸王或以時嫌或以猜忌皆無罪而殞非

所謂知命任天道之義也後主以中庸之姿懷
易染之性求言先訓教罪朱道養德方始自繾褓至于
傳位隔以正人閉其善道養德所履異平春誦
夏弦過庭所聞莫非不軌不物輔之以中宮妬
媼屬之以麗色淫聲縱轡緤之娛恣朋滔之好
惟幄外吐絲繪威鷹風霜志迥天日虐人害物
語曰從惡若崩蓋言其易武平在御彌見淪胥
搏齒無獸賣獄寧官溪壑難滿重以名將貽禍

忠臣顯戮始見浸弱之萌俄觀土崩之勢勿周武
因機遂混區夏悲夫蓋桀紂罪人其立也忽焉
自然之理矣鄭文貞公魏徵惣而論之曰神武
以雄傑之姿始基霸業文襄以英明之略代叛
柔遠于時喪君有君師出以律河陰之役權宇
文如反掌渦陽之戰掃俠景如拉枯故能氣摛
西隣威加南服王室是賴東夏宅心文宣因累
世之資雁厲樂推之會地居當壁遂遷親鼎懷
詭非常之才運屈奇不測之智網羅俊乂明察

臨下文武名臣盡其力用親戎出塞命將臨江
定單于於龍城納長君於梁國外內充實壇場
無警胡騎息其南侵秦人不敢東顧既而荒滔
敗德罔念作狂嗣不永宜哉孝昭地逼身危
得以壽終幸也龍嗣
逆取順守外敷文教內綜雜圖將以籠區域
奮一函夏革齡不永勳用無成若或天假之年
足使秦吳肝食武成即位雅道陵遲昭襄之風
淮焉已墜洎乎後主外內崩象潰於平陽身

嘉靖十年刊

禽於青土天道深遠或未易談吉凶由人抑可
揚攉觀夫有齊全盛控帶阻西苞汾晉南極
江淮東盡海隅北漸沙漠六國之地我獲其五
九州之境彼分其四料甲兵之士比二方之
虛實折衝千里之將惟幄六奇之士大行長城之固自若
優劣無等級以寄言然其大行長城之固自若
也江淮汾晉之險不移也怒藏輸秘之賦未虧
也士庶甲兵之衆不鈌也然而前王用之而有
餘後主守之而不足其故何哉前王之御時也

沐雨櫛風揉其溺而救其林火信賞必罰安而利
之既與共其存亡故得同其生死後主則不然以
人從欲損物益已彫牆峻宇酣酒嗜音鄭肆變
於宮園禽色荒於外內俾晝作夜囷水行舟所
欲必成所求必得既不軌物又暗於聽受忠信
不聞姜斐必入視人如草芥從惡如順流佞閻
處當軸之權嬋媚擅迴天之力賣官鬻獄亂政
漁刑剸削被於忠良祿位加於犬馬讒邪竝進
法令多聞持歊者非止百人搖樹者不唯一手
指白日以自保馳倒戈之旅抗前歌之師五世
之志方更盛其宮觀窮極荒滛謂黔首之可誑
崇基一舉而滅豈非鐫金石者難為功摧枯朽
者易為力斵抑又聞之白王天無親唯德是輔天
時不如地利地利不如人和齊自河清之後逮
于武平之末土木之功不息嬪嬙之選無已征
稅盡人力殫物產無以給其求江海不能贍其
欲所謂火既燃矣更員新以足之數既窮矣又

為惡以促之欲求大廈不燔延期過曆不亦
難乎由此言之齊氏之敗亡蓋亦由人匪唯天
道也

帝紀第八　　　　　　北齊書八

此卷與北史同

列傳第一　　　　　　　　　　　　北齊書九

隋太子通事舍人李　百藥撰

神武婁后
文襄元后
文宣李后
孝昭元后
武成胡后
後主斛律后
胡后

穆后

神武明皇后婁氏諱昭君贈司徒內干之女也
少明悟強族多聘之蔑不肯行及見神武於城
上執役驚曰此真吾夫也乃使婢通意又數致
私財使以聘已父母不得已而許焉神武既有
澄清之志傾產以結英豪家密謀祕策后恒參
預及拜渤海王妃閫閫之事悉決焉后高明嚴
斷雅遵儉約往來外舍侍從不過十人性寬厚
不妒忌神武姬侍咸加恩待神武常將西討出

師后夜驚生一男一女左右以危急請追告神
武后弗聽曰王出統大兵何得以我故輕離軍
幕死生命也來復何為神武聞之嗟歎良久沙
苑敗後侯景屬言請精騎二萬必取之神武不
悅以告于后后曰若如其言豈有還理得獼失
景亦有何利乃止神武逼不疑也於茹茹欲聘其女而
未決后曰國家大計願不疑也及茹茹欲聘其女而
后避正室處之神武愧而拜謝焉后曰
願絕勿顧慈愛諸子不異已出躬自紡績人賜
一袍一袴手縫我服以帥左右弟昭以功名自
達其餘親屬未嘗為請爵位毋令有材當用義
不以私亂公文襄嗣位進為太妃文宣受魏
禪后固執不許帝所以中止天保初尊為皇太
后宮呂宣訓濟南即位尊為太皇太后尚書令
楊愔等受遺詔輔政踈忌諸王天皇太后與
孝昭及諸大將定策誅之下令廢立孝昭即位
復為皇太后孝昭帝崩太后又下詔立武成帝
大寧二年春太后寢疾衣不自舉用巫媼言改

姓氏四月辛丑崩於北宮時年六十二五月甲
申合葬義平陵太后凡孕六男二女皆感夢孕
文襄則夢一斷龍孕文宣則夢大龍首尾屬天
地張口動目勢狀驚人孕孝昭則夢蠕龍於地
孕武成則夢龍浴於海孕魏二后並夢月入懷
孕襄城博陵二王夢鼠入衣下后未崩有童謠
曰九龍母死不作孝及后崩武成不改服緋袍
如故未幾登三臺置酒作樂帝女進白袍帝怒
投諸臺下和士開請止樂帝大怒撻之帝於昆

三

季次實九蓋其徵驗也
文襄敬皇后元氏魏孝靜帝之姊也孝武帝時
封馮翊公主而歸於文襄容德兼美曲盡和敬
初生河間王孝琬時文襄為世子三日而孝靜
帝幸世子第贈錦綵及布帛萬定世子辭不通
受諸貴禮遺於是十屋皆滿次生兩公主文宣
受禪尊為文襄皇后居靜德宮及天保六年文
宣漸致民狂乃移居於高陽之宅而取其府庫
曰吾兄昔文姣我婦我今須報乃溢於后其高氏

女婦無親疎皆使左右亂交之於前以葛為紐
令魏安德王騎上使人推引之又命胡人苦辱
之帝又自呈露以示群下武平中后崩祔葬義
平陵

四

文宣曰至后李氏諱祖娥趙郡李希宗女也容德
甚美初為太原公夫人及帝將建中宮高隆之
高德正言漢婦人不可為天下母宜更擇美配
楊愔固請依漢魏故事不改元妃而德正猶固
請廢后而立段昭儀欲以結勳貴之援帝竟不
從而立后為帝好捶撻嬪御乃至有殺戮者唯
后獨蒙禮敬天保十年改為可賀敦皇后昭
即位降居昭信宮號昭信皇后武成踐祚逼
溥亂六若不許我當殺爾兒后懼從之後有娠
太原王紹德至閤不得見愠曰兒豈不知耶姊
姊腹大故不見兒矣后聞之大慙由是生女不舉
帝橫刀詬曰爾殺我女我何不殺爾兩兒對后前
築殺紹德后大哭帝愈怒裸后亂撻之號天
不已盛以絹囊流血淋灕投諸渠水良久乃蘇

犢車載送妙勝尼寺后性愛佛法因此為尼齊
亡入關隋時得還趙郡

孝昭皇后元氏開府元蠻女也初為常山王妃
天保末賜姓步六孤孝昭即位立為皇后帝崩
梓宮之鄴始渡汾橋武成聞后有奇藥追索之
不得使閹人就車搜撿不得后居順成宮武成既殺
樂陵王元被幽閉不得與家相知宮闈內忽有飛
語帝令撿推得后父兄書言元蠻由是坐免官
后以憂亡入周氏宮中隋文帝作相放還山東

【北齊列傳第一】 五 丘

武成皇后胡氏安定胡延之女其母范陽盧道
約女初懷孕有胡僧詣門曰此宅氣有月
既而生天保初選為長廣王妃產後主曰鷄
鳴於產帳上武成踐祚尊為皇太后
開密謀殺趙郡王叡出妻高遠為刺史
和陸諧事太后無所不至初武成時后與諸閹
人褻狎武成寵幸和士開母與后握槊因此與
后姦通自武成崩後數出詣佛寺又與沙門曇
獻通布金錢於獻席下又往寶裝胡床於獻屋

壁武成平生之所御也乃置百僧於內殿託以
聽講日夜與曇獻寢處以獻為昭玄統僧徒遂
指太后以為太上者帝聞太
后不謹而未之信後朝太后見二少尼悅而召
之乃男子也於是曇獻事亦發皆伏法并殺元
山王三郡君皆此太后之所昵也帝自晉陽之
鄴至紫陌卒遇大風舍人魏僧伽明風角
奏言即時當有暴逆事帝詐云鄴中有急乘
輿稍馳入南城令鄧長顒幽太后北宮仍有勅

【北齊列傳第一】 六

内外諸親不得與太后相見父之帝復迎太
后太后初聞使者至大驚慮有不測毋太后設
食帝亦不敢嘗周使元偉來聘作述行賦叙鄭
莊公剋段而遷姜氏文雖不工當時深以為愧
丞亡入周恣行姦穢隋開皇中殂

後主皇后斛律氏左丞相光之女也初為皇太
子妃後主受禪立為皇后武平三年正月生女
帝欲悅光詐稱生男為之大赦光誅后廢在別
官後令為尼齊滅嫁為開府元仁妻

後主皇后胡氏瓏東王長仁女也胡太后大母
儀之道深以為愧欲求悅後主欲飾后於宮中
令帝見之帝果悅立為弘德夫人故進左昭儀
被寵愛斛律后廢儀遂以穆為皇后陸媼既
許又徵請立胡昭儀欲以穆夫人代之太后不
祖孝徵曰語大家云太后前作色而言
曰何物親姪女作如此語大家行多非法
不可道固問之乃曰語大家云剃其髮
不可以訓太后大怒喚后出立剃其髮送令還

家帝思之每致物以通意後與斛律廢后俱召
入內數日而斛不守後亦改嫁

七

後主皇后穆氏名邪利本斛律后從婢也母名
輕霄本穆子倫婢也轉入侍中宋欽道女子也小字
而生后尋知其族或云道婦姊顯輕霄面為宋字欽
黃花後字舍利欽道因此入宮有寵於後主宮稱為
道伏誅黃花因立為舍利大姬知其寵養以為女薦
合利大監女侍中陸大姬武平元年六月生皇子恒於時後
為弘德夫人

主未有儲嗣陸陰結待以監撫之任不可無主
時皇后斛律氏丞相光之女也慮其懷恨先令
母養之立為皇太子陸以國姓之重穆陸有助焉故遂
又奏賜姓穆氏胡庶人之廢蓋石氏所作
立為皇后大赦初有挦將軍元正烈為胡后造
真珠裙袴所費不可稱計被火所燒後主
詔書頒告以為穆后之端被計不可稱記
穆皇后復為營之屬周武遭太后喪詔侍中崔

八

孤康買等為弔使文遺商胡齎錦綵三萬定與
弔使同往欲市真珠為皇后造七寶車周人不
與交易然而竟造為先是也後主自立穆后以
清觴滿盂酌言黃花不久是童謠曰黃花勢欲落
後昏飲滿無度故去清觴滿杯酌陸息駱提婆詔
改姓為穆陸大姬皆以皇后故也后既以陸為
母操婆為家更不採輕霄輕霄每藏欲求見
太后陸媼使禁掌之竟不得見

列傳第一　　　北齊書九

高祖十一王

隋太子通事舍人李　百藥　撰

永安簡平王浚
平陽靖翼王淹
彭城景思王浟
上黨剛肅王渙
襄城景王淯
任城王湝

〔北齊列傳第二〕

高陽康穆王湜
博陵文簡王濟
華山王凝
馮翊王潤
漢陽王洽

神武皇帝十五男武明婁皇后生文襄皇帝文
宣皇帝孝昭皇帝襄城景王淯武成皇帝博陵
文簡王濟王氏生永安簡平王浚穆氏生平陽
靖翼王淹大爾朱氏生彭城景思王浟華山王

疑韓氏生上黨剛肅王渙小爾朱氏生任城王
湝游氏生高陽康穆王湜鄭氏生馮翊王潤馬
氏生漢陽王洽

永安簡平王浚字定樂神武第三子也初神武
納浚母當月而有孕及產浚疑非己類不甚愛
之而浚早慧後更被寵年八歲時問於博士盧
景裕曰祭神如神在為有神邪無神邪景裕對曰有
浚曰有神當云祭神神在為何煩如字景裕不能
荅又長嬉戲不節曾以屬愛納大見杖罰拘

〔北齊列傳第二〕

禁府獄既而見原後稍折節頗以讀書為務元
象中封永安郡公豪爽有氣力善騎射為文
襄所愛文宣性雌懦每乘文襄有時沸出浚帝
青帝在右何因不為二兄拭鼻由共見衙景遷
中書監兼侍中出為青州刺史頗好畋獵聰明
矜恕上下畏悅之保定初進爵為王文宣末年
多酒浚謂親近曰二兄舊來不甚了了自登祚
已後識解頓進今因酒敗德朝臣無敢諫者大
敵未滅吾甚以為憂欲乘驛至鄴面諫不知

吾不人有知密以白帝文見衡八年來朝從駕東
山帝裸裎爲樂雜以婦女又作狐掉尾戲㧑進
言此非人主所宜帝甚不悦㧑又於屏處召楊
遵彦識其不諫帝時不欲大臣與諸王交通遵
彦懼以奏帝大怒曰小人由來難忍遂罷酒還
宮㧑等還州又上書切諫詔令徵㧑㧑懼禍謝
疾不云上怒馳驛以㧑老幼沍送者數十人至
鄴以鐵籠與上黨王渙俱北城地牢下飲食
溥穢共在一所明年帝親將左右臨穴歌謳令㧑

《蕃列傳第二》 三

和之㧑等惶怖且悲不覺聲戰帝爲慘然因泣
將救之長廣王湛先與㧑不睦進曰猛獸安可
出穴帝嘿然㧑等聞之呼長廣小字曰步落稽
皇天見汝左右聞者莫不悲傷㧑與渙皆有雄
略爲諸王所傾服帝恐爲害乃自刺渙又使壯
士劉桃枝就籠亂刺未每下㧑渙輒以千捉折
之號哭天於是薪小亂投燒殺之填以石土
後出戊陵皆盡屍色如炭天下爲之痛心後帝
以其妃陸氏配儀同劉郁捷舊帝蒼頭也以

軍功見用時令郁捷害㧑故以配焉後數日帝
以陸氏先無寵於㧑敕與離絕乾明元年贈太
尉無子詔以彭城王浟第二子準嗣
平陽靖翼王淹字子邃神武第四子也元象中
封平陽郡公累遷尚書左僕射天保初進爵爲
王歷位尚書令開府儀同三司司空太尉皇建
初爲太傅與彭城河間王並給扶衛羽林百人
太寧元年遷太宰性沈謹以寬厚稱河清三年
薨於晉陽或云酖終還葬鄴贈假黃鉞太宰錄

《蕃列傳第二》 四

尚書事子德素嗣
彭城景思王浟字子深神武第五子也元象二
年拜通直散騎常侍封長樂郡公博士韓毅
教浟書見浟筆迹未工戲浟曰五郎書畫如此
忽爲常侍開國今日後宜更用心浟正色答曰
昔甘羅幼爲秦相未聞能書凡人唯論才具何
如豈必動詩筆迹博士當今能者何爲不作三
公時年蓋八歲矣毅甚慚武定六年出爲滄州
刺史爲政嚴察部内蕭然守令參佐下及脅

吏行逆往來皆自賣糧食波纖人介知人間事有
濕沃縣主簿張逆嘗詣州夜按人食食雞羹波
察知之守令事集波對眾只食雞羹何不還價
直也達即伏罪食竟竟為神明又有一人從幽州
來驢駞鹿脯至滄州界脚痛行遲偶會一人為
伴遂盜波乃令人密往旦告州波乃令左右及府保
白毛長史章道建謂中從事魏道勝曰使君在
者轉都督定州刺史時有人被盜黑牛背有推獲
吏分市鹿脯不限其價其主見脯識之推獲盜

滄州日擒姦如神若捉得此賊定神矣波乃詐
為上府市牛皮倍酬價直使牛主認之因獲其
盜建等歎服又有老母姓王孤獨種菜三畝數
被偷波乃令人密往書菜葉為字明日市中
看菜葉有字獲賊爾後境內無盜政化為當時第
一天保初封彭城王四年徵為侍中人吏送別悲
號有老公數百人相率具饌曰自殿下至來五
載人不識吏更不欺人百姓有識已來始逢今
化殿下唯飲此鄉水未食此鄉食聊獻疏薄波

重其意爲食一口七年轉司州牧選從事皆取文
才士明剖斷者當時稱爲美選州獄案五百餘
波未暮悉斷盡駕羊脩等恐犯權戚乃詣閣
諮陳波使告曰吾直道而行何憚權戚卿等當
成人之美反以權戚爲言脩等慚悚而退後加
特進兼司空太尉州牧如故太妃薨解任尋詔
復本官俄拜司空兼尚書令濟南嗣位除開府
儀同三司尚書令領大宗正卿皇建初拜大司
馬兼尚書令轉太保武成入承大業邊太師錄

尚書事波明練世務果於斷決事無大小咸悉
以情趙郡李公統預高歸彥之逆其母崔氏即
御史中丞崔昂從父兼右僕射魏收之內妹
也依令出六十例免入官崔增年陳訴所司以
昂故崔遂獲免波摘發其事昂等以罪除名
自車駕巡幸波常留鄴河清三年二月群盜田子
禮等數十人謀叔波爲主詐稱使者徑向波第
至內室稱勅牽波上馬臨以白刃欲引向南殿
波大呼不從遂遇害時年三十二朝野痛惜波初

本葉原缺據明監本補

淡未被然前其妃鄭氏愛人斬淡頭持去惡之
數日而淡見殺贈假黃鉞太師太尉錄尚書事
給轀輬車子寶德嗣位閉府兼尚書左僕射
上黨剛肅王渙字敬壽神武第七子也天姿雄
傑倜儻不群雖在童幼恒以將略自許神武壯
而愛之曰此人似我及長力能扛鼎材武絕倫
每請左右曰人不可無學但要不為博士耳故
讀書頗知梗概而不甚兢習元象中封平原郡
公文襄之遇賊渙年尚幼在西學聞宮中譁驚

北齊列傳二

七

曰大兒必遭難矣奪弓而出武定末除兾州刺
史在州有美政天保初封上黨王歷中書令尚
書左僕射與常山王演等築氏惡諸城遂聚鄴
下輕薄凌犯郡縣為法司所糺文宣戮其左右
數人渙亦被譴六年率眾送梁王蕭明還江南
仍破東關斬梁將裴之橫等威名甚盛八年
錄尚書事初術士言高者黑衣由是自神武
每出行不欲見沙門為黑衣故也是時文宣
後幸晉陽以所忌間左右曰何物是黑衣過濼帝

以渙第七子為當之乃使庫具都督破六韓
伯昇之鄴徵渙渙至紫陌橋殺伯昇以逃憑河
而度之土人執之送帝鐵籠盛之與永安王浚同
置地牢下歲餘與浚同見殺時年二十六以其
妃李氏配馮文洛是帝家舊奴積勞位至乾明
史帝令文洛等殺渙故以其妻妻焉至乾明
元年收二王餘骨葬之贈司空諡曰剛肅有詔
左右引文洛立於階下數之曰遭難流離以至

北齊列傳二

八

大厚志操冀薄不能自盡幸蒙恩詔得反藩
闔汝是誰家軌奴猶欲見侮於是杖之二百流血
洒地渙無嫡子庶長子寶嚴以河清二年襲
爵位金紫光祿大夫開府儀同三司
襄城景王淯神武第八子也容貌甚美武定
二年春薨冤於氏諸王選國民府佐多取當高群
器望元象中封章武郡公天保初封襄城郡王
小鷹犬少年唯襄城厲嘗蘭陵王等頗引文
藝清識之士當時以此稱之乾明元年二月贈

假黃鉞太師太尉錄尚書事無子詔以常山王

源第二子亮嗣亮字彥道性恭孝美風儀好

文學亮為徐州刺史坐舉商人財物免官後主敗

本鄴亮從焉遷兼太尉太傅周師入鄴亮於

啟夏門拒中諸軍皆不戰而敗周軍於諸城門

皆入亮軍方退走亮入太廟行馬內慟哭拜辭

然後為周軍所執入關依例受儀同分配遠邊

卒於龍州

任城王湝神武第十子也少明慧天保初封自

九

孝昭武成時車駕還鄴常令湝鎮晉陽物必

省事歷司徒太尉并省錄尚書事天統三年拜

太保并州刺史別封平正郡公時有婦人臨汾水

浣衣有乘馬人換其新靴馳而去者婦人持故

靴詣州言之湝召城外諸嫗以靴示之給曰有乘

馬人在路被賊劫害遺此靴焉得無親屬乎一

嫗撫膺哭曰昨見兒著此靴向妻家如其語捕獲

之時稱明察武平初遷右丞相都督青州牧出為冀州

刺史加大宰遷右丞相都督青州刺史湝頻牧

大藩雖不潔已然寬恕為吏人所懷五年青州

崔蔚波等夜龍襄州城湝部分倉卒之際咸得齊

整擊賊大破之拜左丞相轉瀛州刺史及後主奔

鄴加湝大丞相及安德王稱尊號於晉陽使劉

子昂修啟於湝至尊終出奔宗廟既重群公勸迫

權圭執子昂送鄴湝叔父湝曰我人臣何容受

此啟執子昂斬於冀州召募得四萬餘人

達湝與廣寧王孝珩於鄴州禪位於湝啟竟不

拒周軍周齊王憲來伐先遣送書并赦詔湝並

十

沉諸并戰敗湝孝珩俱被擒憲曰任城王何苦

至此湝曰下官神武帝子兄弟十五人幸而獨存

逢宗社顛覆今日得死馬哭自投于地流血滿面

妻子將至鄴城湝上愧墳陵慘壯之歸其

至長安尋與後主同死妃盧氏賜斛斯徵蓬首

垢面長齋不言笑徵放之乃為尼隋開皇三年

表請文帝葬湝及五子於長安北原

高陽康穆王湜神武第十一子也天保元年封

十年稍遷尚書令以湜稽便辟有寵於文宣帝

左右行杖以撻諸王太后妃父護軍
長史張晏之嘗要道拜湜湜不禮焉帝問其故
對曰無官職漢何須禮帝於是擢拜晏之為徐
州刺史文宣崩兼司徒導引梓宮吹笛云至尊
頗知臣不又擊胡鼓為樂太后杖湜百餘未幾
薨太后哭之哀曰我恐其不成就與杖何期帶
創死也乾明初贈假黃鉞太師司徒錄尚書事
子士義龍襲爵
博陵文簡王濟神武第十二子也天保元年封
子智龍襲爵
濟嘗從文宣巡幸在路忽憶太后遂逃歸帝怒
臨以白刃因此驚恍歷位太尉河清初出為定州
刺史天統五年在州計次第亦應到我
後主聞之陰使人殺之贈假黃鉞太尉錄尚書
華山王凝神武第十三子也天保元年封新平
郡王九年改封安定十五年封華山歷位中書
令齊州刺史就加太傅薨於州贈左丞相太師
錄尚書疑諸王中最為孱弱妃王氏太子洗馬

王洽女也與倉頭姦疑知而不能限禁後事發
王氏賜死詔杖疑二百其愚如此
馬翊王潤字子澤神武第十四子也幼時神武
稱曰此吾家千里駒也天保初封歷位東北道
大行臺右僕射都督定州刺史潤美姿儀年十
四五母鄭妃與之同寢有穢雜之聲及長廉
慎方雅習於吏職至擿發隱偽姦吏無所匿其

情開府王迴洛與六州大都督獨孤枝侵竊官
田受納賄賂潤按舉其事二人表言王出送臺
使登魏舊壇南望歎息不測其意武成使
元文遙就州宣勅曰馮翊王少小謹慎在州不
為非法朕信之熟矣啓高遠望之常情鼠輩
欲相輕間構曲生眉目於是迴洛決鞭二百獨
孤枝決杖一百尋為尚書令領太子少師歷司
徒太尉大司馬司州牧河南道行臺領錄
尚書別封文成郡公太師太宰復為定州刺史
薨贈假黃鉞左丞相子茂德嗣
漢陽敬懷王洽字敬延神武第十五子也天

保元年封五年薨年十三乾明元年贈太保

司空無子以任城王第二子建德爲後

列傳第二　　　　　北齊書十

此卷與北史同

隋太子通事舍兒李 百藥 撰　北齊書十一

王紹信

不得毋氏姓陳氏生安德王延宗燕氏生漁陽

河南王孝瑜王氏生廣寧王孝珩蘭陵王長恭

文襄六男文敬元皇后生河間王孝琬宋氏生

初孝瑜養於神武宮中與武成同年相愛將誄

南郡公齊受禪進爵為王歷位中書令司州牧

河南康舒王孝瑜字正德文襄長子也初封河

在晉陽手勑之曰吾飲汾清二盃勸汝於鄴酌

楊愔等孝瑜預其謀及武成即位禮遇特隆帝

之毋不可與臣下接手帝深納之後又言趙郡

和士開與胡后對坐握槊孝瑜諫曰皇后天下

後園之翫於是貴賤慕敩處處營造武成常使

諸弟宴射為樂武成幸其第見而悅之故盛興

孝瑜遂於第作水堂龍舟植幡稍於舟上數集

失一道初文襄於鄴東起山池遊觀時俗崇集

慎寬厚兼愛文學讀書敏速十行俱下覆棊不

兩盃其親愛如此孝瑜容貌魁偉精彩雄毅謙

王父死非命不可親由是嶷及士開皆側目士

開密告其奢僭又言山東唯聞河南王不聞有

陛下帝由是忌之尒朱御女名摩女本事太

后孝瑜先與之通後因太子婚夜孝瑜竊與之

言武成大怒頓其酒飲三十七盃體至肥大腰

帶十圍使婁子彥載以出檻之於車至西華門

煩熱躁悶投水而絕贈太尉錄尚書事子弘節

嗣孝瑜毋魏吏部尚書宋弁孫也本魏潁川王

斌之妃為文襄所納生孝瑜孝瑜還第為太妃

孝瑜妃盧正山女武成胡后之內姊也孝瑜甍

後宋太妃為盧妃所譖訴武成殺之

廣寧王孝珩文襄第二子也歷位司州牧尚書
令司空司徒錄尚書大將軍大司馬孝珩愛賞
人物學涉經史好綴文有俊藝嘗於廳事壁自
畫一蒼鷹見者皆以為真又作朝士圖亦當時
之妙絕後主自晉州敗奔鄴詔王公議於含光
殿孝珩以大敵既深事籍機宜使任城王領
幽州道兵六王門揚聲趣并州獨孤永業領洛
州兵趣潼關揚聲趣長安臣請領京畿兵出滏

【北齊列傳三】　三

口鼓行逆戰敵開南北有兵自然潰散又請出
宮人珍寶賜將士帝不能用承光即位以孝珩
為太宰與呼延族莫多婁敬顯相願同謀期
正旦五日孝珩於千秋門斬高阿那肱相願在
內以禁兵應之族與敬顯自遊豫園勒兵出既
而阿那肱從別宅取便路入宮事不果乃求出
拒西軍謂阿那肱豈不畏孝珩反耶孝珩破宇文邕遂
賜遣擊賊反時何與國家事以今日之急猶作如
至長安

此猜疑高韓恐其變出孝珩為滄州刺史至州
以五千人會任城王於信都共為匡復計周齊
王憲來伐兵不能敵怒曰由高阿那肱小人
吾道窮矣齊叛臣乞扶令和以稍刺孝珩隊馬
奴白澤以身扞之孝珩猶傷數見虜齊王
厚孝珩獨歎曰日本穆叔言齊氏二十八年今果
俯仰有節憲問孝珩所由孝珩自陳國難辭禮遇甚
然矣自神武皇帝以外吾諸父兄弟無一人得

【北齊列傳三】　四

至四十者命也嗣君無獨見之明宰相非柱石
之寄恨不得握兵符受廟筭我心力耳至長
安依例授開府縣侯後周武帝在雲陽宴齊君
臣自彈胡琵琶命孝珩吹笛辭曰亡國之音不
足聽也固命之舉笛裁至口淚下嗚咽武帝乃
止其年十月疾甚啟歸葬山東從之尋卒令還
葬鄴

河間王孝琬文襄第三子也天保元年封天統
中累遷尚書令初嬖廝與周師入太原武成將

避之而東孝琬叩馬諫請委趙郡王部分之必
整齊帝從其言孝琬免冑將出帝使追還周軍
退拜并州刺史孝琬以文宣世驕矜自負河南
王之死諸王在宮内莫敢舉聲唯帝與孝琬大哭而
出又怨政為草人而射之和士開與祖珽譖
之云草人擬聖躬也又前突厥至州孝琬脫兜
鍪抵地云豈是老嫗須着此突厥聞言屬大家也初
魏世謠言河南種穀河北生白楊樹頭金雞鳴
斑以說曰河南河北也金雞鳴孝琬將建

金雞而大赦帝頗惑之時孝琬得佛牙實焚第
内夜有神光照室玄都法順請以奏聞不從帝
聞使搜之得鎮庫幡數百帝聞之以為反訊
其諸姬有陳氏者無寵謬對曰孝琬晝作坐下
形哭之然實是文襄像孝琬時呼阿叔帝怒
使武衛赫連輔玄鞭撾之孝琬呼阿叔帝怒
曰誰是爾叔敢喚我作叔孝琬嫡孫
文襄皇帝嫡子親孝静皇帝外甥何為不得喚
作叔也帝愈怒折其兩脛而死瘞諸西山帝崩

後乃啓葬弁子正禮嗣幼聰穎能誦左氏春秋齊
亡遷綿州卒

蘭陵武王長恭一名孝瓘文襄第四子也累遷
并州刺史突厥入晉陽長恭盡力擊之芒山之
敗長恭為中軍率五百騎再入周軍遂至金墉
之下被圍甚急城上人弗識長恭免冑示之面
乃下弩手救之於是大捷武士共歌謠之為蘭
陵王入陣曲是也歷司州牧青瀛二州頗受貨
後為太尉與段韶討栢谷又攻定陽韶病長恭

摠其眾前後以戰功別封鉅鹿長樂平高陽
等郡公芒山之捷後主謂長恭曰入陣太深失
利悔無所及對曰家事親切不覺遂然帝嫌其
稱家事遂忌之及在定陽其屬尉相願謂曰王
既受朝寄何得如此貪殘長恭未荅相願曰豈
不以芒山大捷以威武見忌欲自穢乎長恭
曰然相願曰朝廷若忌王於此犯便當行罰求
福反以速禍長恭泣下前膝請以安身術相願
曰王前既有勲今復告捷威聲太重宜屬疾在

家勿預事長恭然其言未能退及江淮冠擾恐
復為將歎曰我去年面腫今何不發自是有疾
不療武平四年五月帝使徐之範飲以毒藥長
恭謂妃鄭氏曰我忠以事上何辜於天而遭鴆
也妃曰何不求見天顏長恭曰天顏何由得見
遂飲藥薨贈太尉長恭貌柔心壯音容兼美為
將躬勤細事每得甘美雖一瓜數果必與將士
共之初在瀛州行參軍陽士深表列其贓免官
及討定州陽士深在軍恐禍及長恭聞之曰吾
本無此意乃求小失杖士深二十以安之嘗入
朝而僕從盡散唯有一人長恭獨還無所譴罰
武成賞其功命賈護為買妾二十人唯受其一
也延宗幼為文宣所養年十二猶騎置腹上令
安德王延宗文襄第五子也母陳氏廣陽王妓
有千金書袋臨死曰盡燔之
王對曰欲衝天王文宣悶楊愔悟曰天下無
此郡名願使安於德於其封安德焉為定州刺

史於樓上大便使人在下張口承之以燕脂糝
和入糞以飼左右有難色者鞭之孝昭帝聞之
使趙道德就州杖之二百道德以延宗受杖不
謹又加三十又以四試刀驗其利鈍驕縱多不
法武成使撻之殺其眠近九人從是深自改悔
蘭陵王芒山凱捷自陳兵勢諸兄弟咸壯之延
宗獨曰四兄非大丈夫何不乘勝徑入使延宗
當田此勢關西豈得復存及蘭陵死妃鄭氏以
珠施佛廣寧王使贖之延宗手書以諫而淚滿
紙河間死延宗哭之淚亦其又為草人以像武
成鞭而詬之曰何故殺我兄奴告之武成覆臥
延宗於地馬鞭撾之二百幾死後歷司徒大尉
及平陽之役後主敗延宗以麾下再入
城下擒周閉府宗挺及大戰延宗命左軍先戰
周軍莫不披靡諸軍敗延宗獨全軍後主將奔
晉陽延宗言大家但在營莫動以兵馬付臣臣
能破之帝不納及至并州又聞周軍已入鴈鼠
谷乃以延宗為相國并州刺史揔山西五事謂

曰并州阿兄自取兒今去也延宗曰陛下為社
襪莫動臣為陛下出死力戰蹋提婆曰至尊計
已成王不得輒沮後主竟奔鄴在并將蜜感請
曰王若不作天子諸人實不能出死力延宗不
得已即皇帝位下詔曰武平屢政宦官專恣
祖之業將墜於地王公卿士猥見推逼過今便祗
承寶位可大赦天下政武平七年為德昌元年
以晉昌王唐邕為宰輔齊昌王莫多婁敬顯沐
陽王和阿干子右衞大將軍段暢武衞將軍相
里僧伽開府韓骨胡侯莫陳洛州為爪牙衆聞
之不召而至者前後相屬延宗容貌充壯坐則
仰偃則伏人笑之乃嚇然舊發怒力絕異馳騁
行陣勁捷若飛傾覆府藏及後宮羙女以賜將
士籍沒內參千餘家後主謂近臣曰理然我見士
得并州不欲安德得之左曰我寧使周將
卒皆親執手陳辭嗚咽衆皆爭為
死童兒女子亦乘屋攘袂投甎石以御周軍特

進開府那盧安生守太谷以萬兵叛周軍圍晉
陽望之如黑雲四合延宗命莫多婁敬顯韓骨
胡拒城南和阿干子段暢拒城東延宗親當周
齊王於城北肥大多力挺長刀步從殺傷甚多
今史邑山亦奮大稍往來督戰所向無前尚書
以千騎投周軍攻東門際昏遂入進兵夾擊佛
寺門屋焰照天地延宗與敬顯自門入夾擊
武衞蘭芙蓉基連延長皆死於陣阿干子段暢
之周軍大亂爭門相填壓齊人從後所刺殪者
二十餘人周武帝左右略盡自拔無路承御上
士張壽靪牽馬頭賀拔佛恩以鞭拂其後崎嶇
僅得出齊人奮擊幾中焉城東阨曲佛恩及降
者皮子信為之導守僅免時四更也延宗謂周武
帝朋於亂兵使於積屍中求長蹴者不得時齊
人既勝入坊飲酒盡醉卧延宗不復能整正周武
帝出城饑甚欲為逃逸計齊王憲又柱國王誼
諫以為去必不免延宗叛將皆言城內
空虛周武帝乃駐馬鳴角收兵俄頃復振詰旦

還攻東門剋之又入南門延宗戰力屈走至城北
於人家見禽武帝自投下馬執其手延宗辭
曰死人手何敢迫至尊帝曰兩國天子有何怨
惡直爲百姓來耳勿怖終不相害復使衣帽禮之
先是高都郡有山焉絕壁臨水忽有黑書見云
齊亡延宗洗視逾明帝使人就寫使者改爲
上至是應爲延宗敗前在鄴聽事見兩日相
連置以十二月十三日晡時受勑守并州明日
建尊號不間日而被圍經宿至食時而敗年號
德昌好事者言其得二日既而周武帝問取
鄴計辭曰亡國大夫不可以圖存此非臣所及
彊問之乃曰若任城王援鄴臣不能知若今主
自守陛下兵不血刃及至長安周武與齊君臣
飲酒令後主起舞延宗悲不自持屢欲仰藥
裁傳婢苦執諫而止未幾周武誣後主及延宗
等云遙應穆提婆反使並賜死皆以椒塞口而死明年李
起收殯之後主之傳位於太子也孫正言鵠謂

建德九年鄴州

入曰我保定中爲廣州士曹閭開襄城入曹晉濟
有言高王請見阿保當爲天子至高德之承之
當滅阿保德之謂德昌也承之謂後主
年號承光其言竟信云
漁陽王紹信文襄第六子也歷特進開府中領
軍護軍青州刺史行過漁陽與大富人鍾長命
同床坐太守鄭道謂長命蓋謂漁陽與大富人不聽
此何物小人而主人公爲起乃與長命結爲義
兄弟妃與長命妻爲姊妹青其閭家幼長皆有
贈賄鍾氏因此遂貧齊滅死於長安

列傳第三　　　　北齊書十一

此卷與北史同

列傳第四

隋太子通事舍人李　百藥　撰　　北齊書十二

北齊列傳四　　　一　佐

文宣四王
　太原王紹德
　范陽王紹義
　西河王紹仁
　隴西王紹廉
孝昭六王
　樂陵王百年
　始平王彥德
　城陽王彥基
　定陽王彥康
　汝南王彥理
　汝南王彥忠
武成十二王
　南陽王綽
　琅邪王儼
　齊安王廓
　北平王貞
　高平王仁英
　淮南王仁光
　西河王仁幾
　樂平王仁邕
　潁川王仁儉
　安陽王仁雅
　丹陽王仁直
　東海王仁謙

北齊傳四　　　二

文宣五男李后生廢帝及太原王紹德馮世婦
生范陽王紹義裴嬪生西河王紹仁顏嬪生隴
西王紹廉

太原王紹德文宣第二子也天保末為開府儀
同三司武成因怒李后罵紹德曰你父打我時
竟不來救以刀環築殺之親以土埋之遊豫園

范陽王紹義文宣第三子也初封廣陽後封范
陽歷位侍中清都尹好與群小同飲檀置內參

武平元年詔以范王子辨于為後襲大原王

打殺博士任方榮武成嘗杖之二百送付昭信

后后又杖一百及後主奔鄴以紹義為尚書令

定州剌史周武帝剋开州以封輔相為北朔州

揔管此地齊之重鎮諸弟子弟多聚兵前卒趙

穆司馬王當萬等謀執輔相及任城王於瀛州

事不果便迎紹義紹義至馬邑輔相及其屬韓

阿各奴等數十人皆齊叛臣自肆州輔相以北城戍

二百八十餘盡燕從輔相及紹義至肆及為紹義

與靈州剌史袁洪猛引兵南出欲取开州至新

而肆州已為周守前隊二儀同以所部降周

興周兵鞏龕州執剌史陸瓊叉攻陷諸城紹義遠

保北朔周將宇文神舉軍逼馬邑紹義遣杜明

達拒之兵大敗紹義旦有死而已不能降人遂

本突厥衆三千家令之曰欲還者任意於是哭

拜別者太半突厥他鉢可汗謂文宣謂齊人在北者

子以紹義義重踝似之甚見愛重兄齊人在北者

悉隸紹義高寶寧在營州表上尊號紹義即

皇帝位稱武平元年以趙穆為天水王他鉢聞

寶寧得平州亦招諸部各舉兵南向云共立范泥

陽王作齊帝為其報讎周武帝大集兵於雲陽

將親北伐遇疾暴崩紹義聞之以為天賛巳

昌期據范陽亦尋暴崩而周將宇文神舉

攻滅昌期其日紹義適至幽州聞周揔管出兵

于外欲乘虛襲剌城剌天子旌旗登燕昭王冢

乘高望遠部分兵狼神舉遣大將軍出兵

四千人馳救幽州半為齊軍所殺紹義他鉢

城陷韋孝服舉哀迴軍入突厥周人購之於他鉢

又使賀若誼往說之他鉢猶不忍遂偽與紹義

獵於南境使誼執之流千蜀紹義妃渤海封孝

琬女自突厥逃歸紹義在蜀遺妃書云夷狄無

信送吾於此竟死蜀中

西河王紹仁文宣第四子也天保末為開府儀

同三司尋薨

隴西王紹廉文宣第五子也初封長樂後改為

性麤暴嘗拔刀遂紹義紹義走入厩閉門拒為

紹義初為清都尹未及理事紹廉先往喚囚悉

出率意決遣之能飲酒一舉數升終以此斃

孝昭七男元后生樂陵王百年桑氏生襄城王

亮出後襄城曇生諸姬生汝南王彥理始平王

彥德城陽王彥基定陽王彥康汝陽王彥忠

樂陵王百年孝昭第三子也孝昭初即位在晉

陽羣臣請建中宮又為皇太子帝謙未許汝可以

又請乃稱太后令立為皇太子帝臨崩遺詔傳

位於武成开有手書其末曰百年無罪汝可以

樂處置之勿學前人大寧中封樂陵王河清三

年五月白虹圍日再重又橫貫而不達赤星見

帝以盆水承星影而蓋之一夜盆自破欲以百

年厭之曾博陵人賈德胄教百年書百年嘗作

數字德胄封以奏帝乃發怒使召百年百年

被召自知不免割帶玦留與妃解律氏見帝於

玄都自知不免割帶玦風堂使百年書勑字驗與德胄所奏

相似遣左右亂捶擊之又令人曳百年遶堂且

走且打所過處婢皆遍地氣息將盡曰乞命願

與阿叔作奴遂斬之棄諸池池水盡赤於後園

親看埋之妃把玦哀號不肯食月餘亦死玦猶

在手時改九院為二十七院掘得一小屍緋袍

金帶一髻一解一足有靴諸內察竊言百年太

子也或言太原王昭德詔以襄成王子白澤襲

爵樂陵王齊亡入關徙蜀死

汝南王彥理武平初封王位開府清都尹齊亡

入關隨例授儀同大將軍封縣子女入太子宮

故得不死隋開皇中卒弁州刺史

始平王彥德城陽王彥基定陽王彥康汝南王

彥忠與汝南同受封並加儀同三司後事闕

武成十三男胡皇后生後主及琅邪王儼李夫

人生南陽王綽後宮生齊安王廓北平王貞高

平王仁英淮南王仁光西河王仁幾樂平王仁

邕潁川王仁儉安樂王仁雅丹楊王仁直東海王

仁謙

南陽王綽字仁通武成長子也以五月五日景

時生至午時後主乃生武成以綽母李夫人非

正嫡故賤為第二名融字君明出後漢陽王河
清三年改封南陽別為漢陽置後綽始十餘歲
留守晉陽愛波斯狗尉破胡諫之欻然所殺數
狗狼藉在地破胡驚走不敢復言後為司徒冀
州刺史綽株人使躡為獸狀縱犬嚙而食之左
轉定州汲井水為後池在樓上彈人有婦人遊
獵無度恣情彊暴百單于文宣伯為介有婦人抱

兒在路走避〔小字〕綽奪其兒飼波斯狗不食塗以兒血乃食焉
哭綽怒又縱狗使食狗不食塗以兒血乃食焉

後主聞之詔鏤綽赴行在所至而省之間在州
何者最樂對曰多取蠍將蛆混看極樂後主即
夜索蠍一斗比曉得三升置諸浴斛使人裸
卧斛中號叫宛轉帝與綽臨觀喜噱不已謂綽
曰如此樂事何不早馳驛奏聞綽由是大為後
主寵拜大將軍朝夕同戲韓長鸞聞之除齊州
刺史將發長鸞為令綽親信誣告其反奏云此犯
國法不可赦後主不忍顯戮乃使寵胡何猥薩後
園與綽相撲搤殺之瘞於興聖佛寺經四百餘

日乃大歙顏色毛髮皆如生俗云五月五日生
者腦不壞綽兄弟皆呼父為兄兄嫡母為家
乳母為姊姊婦為妹妹齊王妃鄭氏為周武帝
所幸請葬綽勑所司葬於永平陵北
琅邪王儼字仁威武成第三子也初封東平王
拜開府侍中中書監京畿大都督領軍大將軍
領御史中丞遷司徒尚書令大將軍錄尚書
事大司馬魏氏舊制中丞出清道與皇太子分
路行王公皆遙住車去牛頓轝於地以待中丞

過其或遲違則赤棒棒之自都輦後此儀寖絕
武成欲雄寵儼乃使一依舊制初從北宮出將
上中丞凡京畿步騎領軍之官屬中丞之威儀
司徒之鹵簿莫不畢備帝與胡后在華林園東
門外張幕隔青紗步障觀之遣中貴驟馬驚馬
不得入自言奉勑赤棒應聲碎其鞍馬驚人墜
帝大笑以為善更勑令駐車傳語良久觀者傾
京邑儼恒在宮中坐本念光殿以視事諸父皆拜
馬帝幸并州儼常居守每送駕或半路或至晉

陽乃還王師羅常從駕後至武成欲罪之辭曰
臣與第三子別留連不覺晚武成憶儼為之下
泣舍師羅不問儼器服玩飾皆與後主同所須
悉官給於南宮儼見新奇屬官還怒曰尊兄已
有我何意無從是後主先得新奇屬官及工匠
必穫罪太上意武成崩改封琅邪儼以和士開駱提
下針張目不瞬又言於帝曰阿兄懌何能率左
右帝每稱曰此黠兒也當有所成以後主為劣
有廢立意武成崩改封琅邪儼以和士開駱提

婆等又賮然盛修第宅意甚不平嘗謂曰君等所
營宅早晚當就何太遲也二人相謂曰琅邪王
眼光奕奕數步射人向者暫對不覺汗出琅邪王
前奏事尚不然由是忌之武平二年四月詔除太
宮五日一朝不復得每日見太后四月詔除太
保餘官悉解猶無中丞督京畿以比城有武庫
欲移儼於外然後奪其兵權治書侍御史王子
宜與儼左右開府高舍洛中常侍劉辟彊說儼
曰殿下被踈正由士開閒構何可出北宮入百

姓叢最中也儼謂侍中馮子琮曰士開罪重兒欲
殺之子琮心欲廢帝而立儼因賮成其事儼乃
令子宮表彈士開罪請付禁推子琮雜以他文
書奏之後王不審省而可之儼誑領軍庫狄伏
連日奉勅領軍收士開伏伏連以諮子琮且請
覆奏子琮曰琅邪王受勅何須重奏伏連之
伏五十人於神獸門外詰旦執士開送御史
使馮永洛就臺斬之儼徒本意唯殺士開及是
因逼儼曰事既然不可中止儼遂率京畿軍士

三千餘人屯千秋門帝使劉桃枝將禁兵八十
人召儼儼遙拜儼命及縛將斬之禁兵散走
帝又使馮子琮召儼儼辭曰士開昔來宗萬
坐著孫鳳珍宅上臣為是矯詔誅之故擁兵馬欲
死謀廢至尊剃家家頭使作阿尼故擁兵馬欲
殺臣不敢逃罪若放臣願遣姊姊來迎臣臣即
入見姊姊即陸令萱也儼欲誘姊姊出殺之令萱執
刀帝後聞之戰慄又使韓長鸞召儼儼將入劉
辟彊牽衣諫曰若不斬提婆母子殿下無由得

入廣寧安德二王適從西來欲助成其事曰何
不入辟彊曰人少安德王顧衆而言曰少昭帝
殺楊遵彥止八十人今乃數千何言人少後主
泣啓太后即見家家血緣求別乃急召
斛律光儼亦召之光聞殺土開撫掌大笑曰龍
子作事固自不似凡人入見後主於永巷帝率
宿衛者步騎四百授甲將出戰光曰小兒輩弄
兵與交干即亂鄙諺云奴見大家心死至尊宜
自至千秋門琅邪必不敢動皮景和亦以爲然

北齊傳四 十一 沈珍

後主從之光步道使人出曰大家來儼徒駭散
琅邪王年少腸肥腦蒲輕爲舉措長大自不復
釋之收伏連及高舍洛王子宜劉辟彊都督斛
帝駐馬橋上遙呼之儼猶立不進光就謂曰天
子弟殺一漢何所苦執其手彊引以前請帝曰
顯貴於後園帝親射之而後斬皆支解暴之都
街下文武職吏盡欲殺之光以皆動貴子弟恐
人心不安趙彥深亦云春秋責帥於是罪之各

有差儼之未獲罪也鄴北城有白馬佛塔是石
季龍爲澄公所作儼將脩之巫曰若動此浮圖
北城失主不從破至第二級得白虵長數丈回
旋失之數旬而敗自是太后處儼於宮內食必
自嘗之陸令萱說帝曰琅邪王聰明雄勇
當今無敵觀其相表殆非人臣自專殺以來常
懷恐懼宜早爲計何洪珍與和士開素不請殺
之未決以食舉密迎祖珽問之珽稱周公誅管
叔李友酖慶父帝納其言以儼之晉陽使右衛

北齊傳四 十二 沈珍

大將軍趙元侃誘執儼元侃曰臣昔事先帝曰
見先帝愛王今寧就死不能行帝出元侃爲豫
州刺史九月下旬帝啓太后曰明旦欲與仁威
出獵須早出早還是夜四更帝召儼儼疑之陸
令萱曰兄兄喚兒何不去儼出至永巷劉桃枝
反接其手儼呼曰乞見家家尊兄桃枝以袂塞
其口反袍蒙頭負出至大明宮帝令血滿面立殺
之時年二十四不脫靴裹以席埋於室內帝使
啓太后臨哭十餘聲便擁入殿明年三月葬於

鄭西贈謚曰楚恭哀帝以慰太后有遺腹四男
生數月皆幽死以平陽王淹孫世俊嗣儼妃李
祖欽女也進為楚帝后居宣則宮齊亡乃嫁焉
齊安王廓字仁弘武成第四子也性長者無過
行伍特進開府儀同三司定州刺史

▲北齊列傳四　　十三　　佑

尚書令錄尚書事帝行幸捴留臺事積年後主
常曰此兒得我鳳毛位司州牧京畿大都督兼
北平王貞子仁堅武成第五子也沉審寬恕帝
以身長大漸已之阿那肱承旨令馮士幹劾繫
貞於獄奪其留後權
高平王仁英武成第六子也舉上軒即精神無
檢格位定州刺史
淮南王仁光武成第七子也性躁且暴位清都
尹次河西王仁幾生而無骨不自支持次樂平
王仁邕次潁川王仁儉次安樂王仁雅從小有
瘖疾次丹陽王仁直次東海王仁謙皆養於北
宮琅邪王死後諸王幷禁彌切武平末年仁邕
已下始得出外供給儉薄取充而已尋後主竄

感以廓為光州貞為青州仁英為冀州仁儉為
膠州仁直為濟州刺史自廓已下多與後王死
於長安仁英以清狂仁雅以瘖疾獲免俱徙蜀
隋開皇中追仁英詔與蕭琮陳叔寶修其本宗
祭祀未幾而卒
後主五男穆皇后生幼主諸姬生東平王恪次
善德次買德次質錢胡太后以恪嗣琅邪王尋
夭折齊滅周武帝以任城已下大小三十王歸
長安皆有封爵其後不從戮者散配西皆死邊

▲北齊列傳四　　十四　　佑

論曰文襄諸子咸有風骨雖文雅之道有謝閒
平然武藝英英安多堪禦侮縱咸陽賜鴆覆敗有
徵若使蘭陵獲全未可量也而終見誅剪以至
土崩可為太息者矣安德以時艱王暗匿迹韜
光及平陽之陣奮其忠勇蓋以臨難見危義深
家國德昌大舉事迫羣情理至淪亡無所歸命
廚盞請出後宮竟不獲遂非孝珩辭致有謝李
同自是後王心識去矣平原已遠存二事異安
可同年而說武成殘忍姦穢事極人倫太原跡

興猜嫌情非舋舋逆禍起昭信遂及滛刑嗟乎欲
求長世未之有也以孝昭德首庶可慶流後嗣
百年之酷蓋濟南之濫觴其玄莫効前人之言
可爲傷歎各愛其子豈其然乎琅邪雖無師傅
之資而早聞氣尚士開淫亂多歷歲年一朝勤
絶慶集朝野以之受斃深可痛焉專殺之愆
未之或免贈帝諡恭矯枉過直觀過知仁不亦
異於是乎

列傳第四

北齊書十二

此卷與北史同

趙郡王琛　子叡
清河王岳　子勱

趙郡王琛字永寶高祖之第也少時便弓馬有
志氣高祖既臣天下中興初授散騎常侍鎮西
將軍金紫光祿大夫既居禁衛恭勤惧率先
左右太昌初除車騎大將軍左光祿大夫封南
趙郡公食邑五千戶尋拜驃騎大將軍特進開
府儀同三司散騎常侍永熙三年除使持節都
督定州刺史六州大都督琛推誠撫納拔用人
士甚有聲譽及斛斯椿等寮結高祖將謀內討
以晉陽根本召琛留掌後事以為并肆汾大行
臺僕射領六州九酉大都督琛其相府政事琛
悉決之天平中除御史中尉正色糾彈無所回
避遠近蕭然尋亂高祖責尋司之因杖
而薨時年二十三贈使持節侍中都督冀定滄
瀛幽殷并肆雲朔十一州諸軍事驃騎大將軍北冀

州刺史太尉尚書令謚曰貞平天統三年又贈
假黄鉞左右相太師錄尚書事冀州刺史進爵
為王配饗高祖廟庭子叡嗣
叡小名須拔生三旬而孤聰慧夙成特為高祖
所愛養於宮中令游孃母之從母其母前魏
中領軍爵南趙郡公王者叡母也有鄭氏者
華陽公主也王之姨兒何因倒親游氏叡因問
戲語叡曰汝是我姨兒高祖甚以為怪疑其感疾欲命
訪遂精神不怡高祖甚以為怪疑其感疾欲
醫看之叡對曰兒無患苦但聞有所生欲得暫
見高祖驚曰誰向汝道耶叡具陳本末高祖命
元夫人令就宮與叡相見叡前跪拜因抱頭大
哭高祖甚以悲傷語平秦王曰此兒天生至孝
我兒子無有及者遂為休務一日叡初讀孝經
至資於事父遽發聲殞絕哀感左右
至領軍府為叡發喪與武明婁皇后懃懃敦警
日水漿不入口高祖與叡母聲殞絕哀感左右
方漸順旨居喪盡禮持佛象長齋至于骨立杖

而後起高祖令常山王共臥起日夜說喻之幷
勒左右不聽進水雖絕清漱午後輒不肯食由
是高祖食必喚歡同桉其見恩惜如此高祖崩
哭泣歐血及壯將為婚娶而貌有感容世宗謂
之曰我為爾娶鄭述祖女門閥甚高汝何所嫌
而精神不樂歡對曰自痛孤遺常深膝下之慕
方從婚冠彌用感切言未卒嗚咽不自勝世宗
為之憫默屬已勤學常夜久方罷武定末除太
子庶子顯祖受禪進封醫爵為南趙郡王邑二千

▲北齊列傳五　趙郡　三

二百戶遷散騎常侍歡身長柒尺容儀其偉閑
習吏職有知人之鑒二年出為定州刺史加撫
軍將軍六州大都督時年十七歡留心庶事科
牧三年加儀同三司六年詔歡領山東兵數萬
隨女非勸課農桑接禮民儁所部大治庶事科
親與軍人同其勞苦而定州先有氷室每歲藏
監築長城于時盛夏六月歡在途中屛除蓋扇
氷長史宋欽道以歡冒犯暑熱遂書道奉氷倍道
道送正值日中停軍炎赫尤甚人皆不堪而送

氷者至咸謂得氷一時之要歡乃對之歎息云
三軍之人皆飲溫水吾以何義獨進寒氷非追
名古將實情所不忍遂至消液竟不一嘗兵人
感悅退邊稱歡先是役徒罷作任其自返丁壯
之輩各自先歸羸弱之徒棄在山比加以飢病
多致僵殍歡於是親帥所部與之俱還配以州
鄉部分營伍督領強弱相持遇善水草即
為停頓分有餘贍不足賴以全者十三四焉七
年詔以本官都督滄瀛幽安平東燕六州諸軍

▲北齊傳五　四　佐

軍滄州刺史八年徵歡赴鄴仍除比朔州刺史
都督北燕比府比恒三州及庫推以西黃河以
東長城諸鎮諸軍事歡慰撫新遷重置烽成
內防外禦備有條法大為兵民所安有無水之
說禱而掘井飲井毖下泉源湧出至今號曰趙
郡王泉九年車駕幸樓煩歡朝於行宮仍從還
晉陽時濟南以太子監國因立大都督府開尚
書省分理眾事仍開府置佐顯祖特崇其選乃
除歡待中攝大都督府長史歡後因侍宴顯祖

從容顧謂常山王譚等曰申來亦有如此長史
不吾用此長史何如譚對曰陛下垂心庶政優
賢禮物須拔進居蟬珥之榮退當委要之職自
昔以來實未聞如此欽授帝曰吾於此亦自謂
得宜十年轉儀同三司驃騎大將軍太子太保
尋加開府儀同三司侍中將軍長史王如故
遷初行兗州事孝昭臨崩預受顧託奉迎世祖
於鄴拜尚書令別封浮陽郡公監太史太
子太傅議律令又以討比狄之功封潁川郡公

復拜尚書令攝大宗正卿天統中追贈歡父琛
限素鈹毋元氏贈趙郡王妃謚曰貞昭陽長
公主如故有司備禮儀就墓拜授時隆冬盛寒
歡跣步親就第看閭拜司空攝錄尚書事歘嚴嘗
謝帝親就問皆破裂歐血數升及還不堪參
侵軼至兗州帝親御戎六軍進止皆令取歘節
度汎功復封宣城郡公攝宗正卿進拜太尉監
讓五禮歘文典朝政清貞自守奧望曰隆漸被
踈忌乃撰古之忠臣義士號曰要言以致其意

世祖崩葬後歘曰歘與馮翊王潤安德王延宗
及元文遙後奏云和士開不宜仍居內任并
入奏太后因出士開為兗州刺史太后曰士開
舊經驅使欲留過百日歘正色不許數日丙
太后數以為言有中官要人知太后密旨謂歘
曰太后意既如此殿下何宜違忤歘曰國家
事重死且不避苟貪生苟全忤嗣王吾國家
志也況受先皇遺旨委以不輕今嗣王幼沖豈
可使邪佞之臣在側不守之以正何面戴天逐進

言詞理懇切太后令酌酒賜歘歘正色曰今論
國家大事非為厄酒言訖便出其夜歘方寢見
一人可長丈五餘長文餘當門向床以臂壓歘
良父遂失所在歘意甚惡之旦至此恐為太后所殺曰欲入朝
丈夫忩運一朝至此恐為太后所殺曰欲入朝
妻子咸諫止之歘曰自古忠臣皆不顧身宗
稷事重吾當以死劾之豈容令婦人傾危宗
廟且和士開何物豎子如此縱橫五室寧死事先
皇不忍見朝廷顛沛至殿門又有人曰願殿下

勿入慮有危變戲曰吾上不負天死亦無恨人
見太后後太后復以為言戲執之彌固出至永巷
遇兵被執送華林園於雀離佛院令劉桃枝拉
而殺之時年三十六六霧三日朝野冤惜之幕
年後詔聽以王禮葬竟無贈諡焉子整信嗣歷
散騎常侍儀同三司好學有行檢少年時因獵
墜馬傷腰腳卒不能行起終於長安同母弟
惠寶早亡元象初贈侍中尚書令都督四州諸
軍事青州刺史天統三年重贈十州都督封陳
留王諡曰文恭以清河王岳第十子敬文嗣

清河王岳字洪略高祖從父第也父翽字飛雀
魏朝贈太尉諡孝宣公岳幼時孤貧人未之知
也長而敦直姿貌巍然沈深有器量初岳家平
洛邑高祖每奉使入洛必止于岳舍岳母山氏
嘗夜起見高祖室中有光密往覘之乃無燈即
移高祖於別室如前所見怪其神異詣卜者筮
之遇乾之大有占之曰吉易稱飛龍在天大人
造也飛龍九五大人之卦貴不可言山氏歸報

高祖後高祖起兵於信都山氏聞之大喜謂岳
曰赤光之瑞今當驗矣汝可間行從之共圖大
計岳遂往信都高祖見之大悅中興初除散騎
常侍鎮東將軍金紫光祿大夫領武衛將軍高
祖與四胡戰于韓陵高祖將中軍高昂將左軍
岳將右軍中軍敗績乘之岳舉麾大呼橫衝
賊陣高祖方得回師表裏奮擊因大破賊以功
除衛將軍右光祿大夫仍領武衛太昌初除車
騎將軍左光祿大夫領左右衛封清河郡公食

邑二千戶母山氏封為郡君授女侍中入侍皇
后時兩朱兆猶據并州高祖將討之令岳留鎮
京師遷驃騎大將軍儀同三司天平二年除侍
中六州軍事都督尋加開府岳辟引時賢以為
僚屬論者以為美尋都督冀州大中正俄拜京畿大都
持節六州大都督冀州大中正俄拜京畿大都
督其六州事悉詣京畿時高祖統務晉陽岳與
侍中孫騰等在京師輔政元象二年遭母憂去
職岳性至孝盡力色養母若有疾衣不解帶及

遭喪毀瘠骨立高祖深以愛之每日遣人勞勉

尋起後本任二年除兼領軍將軍與和初世宗
入總朝政岳出為使持節都督青州刺史侍中
驃騎開府儀同如故三年轉青州刺史岳任權

之稱時岳遇患高祖念遠并治療疾瘵復令赴
職及高祖朋侯景叛世宗徵岳還并圖取景
武定元年除晉州刺史西南道大都督得綏邊
之計而梁武帝乘閒道其貞陽侯明率衆於寒

山擁泗水灌彭城與景為掎角聲援岳總帥諸
軍南討與行臺慕容紹宗等壁明大破之臨陣
擒明及其大將胡貴孫自餘任誠數萬景乃擁
衆於渦陽與左衛將軍劉豐等相持岳因軍迫

討又故別封新昌縣子又拜使持節侍中太尉
餘如故所統慕容紹宗劉豐等討王思政於長社

思政嬰城自守岳等引洧水灌城紹宗劉豐為
思政所獲關西出兵援思政岳內外防禦甚有謀

算城不沒者三板會世宗親臨數日城下獲思
政等以功別封真定縣男世宗以為已功故賞
典弗弘也世宗崩顯祖出撫晉陽令岳以本官
兼尚書左僕射留鎮京師天保初進封清河郡

王尋除使持節驃騎大將軍開府儀同三司宗
師司州牧五年加太保梁蕭繹為周軍所逼遣
使告急且請援冬詔岳為西南道大行臺都統
荊州陷因略地南至郢州復梁州刺史司徒陸法

和仍剋郢州岳先送法和於京師遺儀同慕容
儼據郢城朝廷知江陵陷詔岳旋師岳自討寒
山長社及出隨陸並有功績威名彌重而性華
侈尤悅酒色歌姬舞女陳鼎擊鐘諸王皆不及

也初高歸彥內衡之而未嘗出口及歸彥為領
軍大被寵遇岳謂其德已更衙頓之歸彥密構
其短岳於城南起宅聽事後開巷歸彥奏岳權
清河造宅僭擬帝宮制為志巷但唯無闕耳顯

祖聞而惡之漸以踈岳仍屬顯祖召鄭下婦人
薛氏入宮而岳先嘗喚之至宅由其姊也帝懸
薛氏姊而鋸殺之讓岳以爲姦民女岳目臣本
欲取之嫌其輕薄不用非姦也帝益怒六年十
一月而斃故時論紛然以爲賜禍也朝野歎惜
之時年四十四詔大鴻臚監護喪事贈使持節
都督冀定滄瀛趙幽濟七州諸軍事太宰太傅定
州刺史假黃鉞給轀輬車贈物二千段諡曰昭

武初岳與高祖經綸天下家有私兵并蓄武器
諸甲千餘領世宗之末岳以四海無事表求納
之世宗敦至親之重推心相任云叔屬居肺腑
職在維城所有之甲本資國用叔知其前諸曰清
文宣之世亦頻請納又固不許及將薨遺表謝
恩弁請上甲于武庫至此葬畢方許納焉皇建中
配享世宗廟庭後歸彥反世祖知其前諸曰清
河忠列盡力皇家而歸彥毀之閒吾骨肉籍沒
歸彥以良賤百口賜岳家後又思岳之功重贈

太師太保餘如故子勱嗣
勱字敬德風智早成爲顯祖所愛年七歲道侍
皇太子後除青州刺史拜日顯祖戒之曰叔父
前牧青州甚有遺惠故遣汝慰彼黎庶宣好用
心無墜聲績勱流涕對曰臣以蒙幼濫叨授擢
雖竭庸短懼忝先政帝曰汝既能有此言吾不
慮也遂授武衛將軍領軍祠部尚書開府儀
同三司以清河地在畿內改封樂安王轉侍中
尚書右僕射出爲朝州行臺僕射後主晉州敗

太后從玉門道還京師勱統領五馬侍衛太
后時安幸閒寺猶行暴虐民閒鷄猪盡殺大
摛噬取之勱收儀同三司苟子溢徇軍欲行大
戮太后有令然後釋之劉文殊竊謂勱曰子溢
之徒言成禍福何容如此豈不應後生毀謗耶
勱攘袂挾語文殊曰自古無暴虐皇帝以來撫
州達官多悉委叛正坐此輩專政弄權所以內
外離心衣冠解體若得今日斬此卒明日又誅

亦無所恨王國家姻婭須同疾惡返為此豈
所望乎太后還至鄴周軍續至人皆悃懼無有
鬪心朝士出降晝夜相屬勵因奏後主曰今所
纔版多是貴人至於卒伍猶未離貳請追五品
已上家屬置之三臺因為之曰若戰不捷即退
彼家室此曹顧惜妻子必當死戰且王師頻北賊
徒輕我今背城一決理必破之此亦計之上者
後士卒不能用齊六入周依例授開府隋朝歷
楊楚光洮四州刺史開皇中卒

史臣曰易稱天地盈虛與時消息況於人乎蓋
以通塞有期汙隆適道舉世思治則顯仁以應
之小人道長則儉德以避之至若負陸之圖
處藩屏之地而欲迷其可得乎趙郡以
趺蕚之親當顧命之重高揖則宗社易危去惡
則人神俱泰是用安夫一德同此貞心踐畏途
而不疑履危機而莫懼以斯忠義取弊凶應豈
道光四海不遇周成之明將去三仁終見殷
墟之禍不然則邦國殄瘁何影響之速乎清河

屬經綸之會自致青雲出將入相羽成鴻業雖
漢朝劉賈魏室曹洪俱未足論其高下天保在
辰易生悔咎固不可掩其風烈適以彰顯祖之
失德云
贊曰趙郡英偉風範疑正天道無親斯人斯命
赫赫清河于以經國末路小疵非為敗德

北齊列傳第五　　北齊書十三

列傳第六　　

隋太子通事舍人李　百藥　撰

廣平公盛
陽州公永樂
襄樂王顯國　弟長弼
上樂王思宗　子元海
平泰王歸彥
武興王普
長樂太守靈山　從兄伏護

三三五
北齊列傳六　　一

廣平公盛神武從叔祖也寬厚有長者風神武
起兵於信都以盛爲中軍大都督封廣平郡公
歷位司徒太尉天平三年薨於位贈黃鉞太
尉太師錄尚書事無子以兄子子瑗嗣天保初
改封平昌王卒於魏尹

陽州公永樂神武從祖兄子也太昌初封陽州
縣伯進爵爲公累遷北豫州刺史河陰之戰司
徒高昂失利退永樂守河陽南城昂走趣城西
軍追者將至永樂不開門昂遂爲西軍所擒神

武大怒杖之二百後罷豫州家産不立神武問
其故對曰裴監爲長史辛公正爲別駕受王委
寄斗酒隻鷄不入神武乃以永樂爲濟州仍以
監公正爲長史別駕謂永樂曰兩勿大貪小小
義取莫復憂神武封永樂至州監公正諫不見聽以狀
啓神武神武封啓以示永樂然後知二人清直
譴罷用之永樂卒於州贈太師太尉錄尚書事
諡曰武昭無子從兄恩以第二子者緒爲後襲
爵天保初改封循城郡王永樂弟長弼小名阿

三三六
北齊列傳六　　二

伽性麤武出入城市好敺擊行路時人皆呼爲
阿伽郎君以宗室封廣武王時有天恩道人至
党暴橫行閭辞後入長弼黨專以鬪爲事文宣
立收掩付獄天恩黨十餘人皆并市長弼鞭一
百尋爲南營州刺史在州無故自驚馬走叛入
宠厥竟不知死所

襄樂王顯國神武從祖弟也無才伎直以宗室
謹厚天保元年封襄樂王位右衛將軍卒
上洛王思宗神武從子也性寬和頗有武幹天

保初封上洛郡王歷位司空太傅薨於官子元
海嗣遷散騎常侍願處山林修行釋典文宣許
之乃入林慮山經二年絕弃人事志不能固許
求歸徵復本住便縱酒肆情廣納姬侍又除領
軍器小志大頗以智謀自許皇建末孝昭幸晉
陽武成居守元海以散騎常侍留典機密初孝
昭之誅楊愔等謂武成云爾為皇太弟及
踐祚乃使武成在鄴主兵立子百年為皇太
子武成甚不平先是恨留濟南於鄴除領軍庫

【北齊列傳六】　　三　　孫

狄伏連為幽州刺史以斛律豐樂為領軍以分
武成之權武成留伏連而不聽豐樂視事乃與
河陽王孝琬偽獵謀於野暗乃歸先是童謠云
中興寺內白鬼翁四方側聽聲雍道人聞之
夜打鍾時丞相府在北城中即舊中興寺也
王小名打鍾言將被擊也既而太史奏言北城
翁謂雄雞蓋指武成小字步落稽也道人濟南
有天子氣昭帝以為濟南應之乃使平秦王歸
彥之鄴迎濟南赴并州武成王先咨元海并問

自安之計元海曰皇太后萬福至尊孝性非常
殿下不須別慮武成曰豈我推誠之意耶元海
乞還省一夜思之武成即留元海後堂元海遽
旦不眠唯遶林徐步夜漏未曙武成遽出曰神
下如何答云三策恐不堪用耳因說梁
孝王懼誅入關事請乘數騎入晉陽先見太后
求哀後見主上請去兵權以死為限求不干朝
政必保太山之安此上策也若不然當具表云
威權大盛恐取謗眾口請青齊二州刺史沈靜

【北齊列傳六】　　四　　孫

自居必不招物議此中策也更問下策曰發言
即恐族誅因遍之荅曰濟南世嫡主上假太后
令而奪之今集文武示以此勅執豐樂斬歸彥
尊濟南號令天下以順討逆此萬世一時也武
成大悅狐疑竟未能用乃使鄭道謙卜之皆曰
不利舉事靜則吉又召曹魏祖問之國事對曰
當有大凶又時有林慮令姓潘知占候密謂武
成曰宮車當晏駕殿下為天下主武成拘之於
內以候之又令巫覡卜之又云不須舉兵自有

大慶武成乃奉詔令數百騎送濟南於晉陽及
孝昭崩武成即位除元海侍中開府儀同三司
太子詹事河清二年元海為和士開所譖被捶
馬鞭六十責云爾在鄴城說我以弟反兄幾許
不義鄴城兵馬抗并州幾許無智不可
為可使出為兗州刺史元海後妻陸太姬甥也
故尋被追任使武平中與祖珽共執朝政元海
多以太姬密語告斑斑求領軍元海不可斑乃
以其所告報太姬姬怒出元海為鄭州刺史鄭

三月三十

城將敗徵為尚書令周建德七年於鄴城謀逆
伏誅元海好亂樂禍然詐仁慈不飲酒噉肉文
宣天保末年敬信內法乃至宗廟不血食皆元
海所謀及為右僕射以為第遇之其薄少
然本心非靖故終致覆敗思宗弟思好
思好本浩氏子也思宗養以為第思好
以驍射事文襄及文宣受命以為左衛大將軍本
名思孝天保五年討蠕蠕文宣悅其驍勇謂曰本
爾輕擊賊如鶻入鴉群宜思好事故改名焉累遷

尚書令朔州道行臺朔州刺史開府南安王高思
得邊朔心後主時所忌光并侶敕思好
迎之甚謹光并侶敕思好因心衛武平五年未
遂舉兵反與并州諸貴書曰主上少長深宮未
辨人之情偽昵近小校踈遠忠良遂使刀鋸刑
餘貴溢軒墀商胡醜類擅權唯恇剝削生靈無復人
子之禮二弟殘殺頓絕孔懷之義仍縱子立奪
掠朝市闇於聽受專行忍害幽囚母深宮無復人
馬於東門并擎雁馬於西市駿龍得儀同之號

逍遙受郡君之名犬馬班位榮冠軒冕人不堪
役思長亂階趙郡王叡冥曰宗英社稷惟寄左
丞相斛律明月世為元輔威者隆國無罪無辜
奄見誅殘孤兒寡婦預皇枝實蒙枉殺今便擁率
義兵指除君側之害幸悉此懷無致疑惑行臺
郎王行思之辭也思好至陽曲自號大丞相趙海
百官以行臺左丞相王尚之為長史武衛趙海
在晉陽當兵時倉卒不暇奏矯詔發兵拒之軍
士皆曰南安王來我輩唯須唱萬歲奉迎耳帝

聞變使惠邑莫多婁貸文馳之晉陽帝勒兵續進思好軍敗輿行思投水而死其庵下二千人桃枝圍之且招終不降以至盡時帝在道呲奴世安自晉陽送露布於平都遇斛斯椿孝卿誘使食因馳詣行官前已乃帝大懼左右呼萬歲良久世安乃以狀自陳帝曰示何物乃得坐食於是賞孝卿而免世安罪暴思好屍七日然後屠剝焚之烹尚之於鄴市令內參射其妃於宮內仍火

北齊傳六　　　[七]　　魔知榮

焚殺之思好及前五旬有人告其謀反韓長鸞女適思好故奏有人証告諸貴事相擾動不殺無以息後乃斬之思好既誅弟伏闕下訴求贈兄竉焉不爲通也

平秦王歸彥字仁英神武族弟也父徽魏末坐事當徙涼州行至河渭間遇賊以軍功得免流因於河州積年以解胡言爲西域大使得胡師子來獻以功得河東守尋遂死焉於神武舊恩甚篤及神武平京洛仰喪以穆同營葬贈司

徒諡曰文宣初微常過長安市與婦人王氏私通而生歸彥至是年已九歲神武追見之撫對悲喜稍還徐州刺史歸彥少質朴後更改節放縱好聲色朝夕酣歌妻魏上黨王元天穆女也貌不美而甚嬌妬數忿爭密啟文宣求離事竟不報天保元年封平秦王嫡妃康及所生母王氏並爲太妃善事二母以孝聞徵爲兼侍郎稍被親竉以討侯景功封長樂郡公除領軍大將軍領軍加大自歸彥始也文宣誅高德正金寶

北齊列傳六　　　[八]

財貨悉以賜之乾明初拜司徒仍摠知禁衛初濟南自晉陽之鄴楊愔宣勅留從駕五千兵於西中陰備非常至鄴數日歸彥乃知之由是陰怨楊燕楊燕等欲去三王問計於歸彥歸彥詐喜讃共元海星之元海亦巳許心違馳告長廣長廣於是誅楊燕等孝昭將入雲龍門都督成休寧列拒而不內歸彥諭之然後得入進向柏閣求巷亦如之孝昭踐祚以此彌見優重每入常在平原王段部上以爲司空兼尚書令齊制

宮內唯天子紗帽臣下皆戎帽特賜歸彥紗帽
以寵之孝昭朋歸彥從晉陽迎武成於鄴及武
成即位進位太傅領司徒常聽將私部曲三人
帶刀入仗從武成還都諸貴戚等競要之其
往處一坐盡傾歸彥既地居將相志意盈滿漸發
言陵侮其前無人議者以威權震主必為禍亂
上亦尋其前翻覆之跡漸忌之高元海畢義雲
高乾和等咸數言其短上幸歸彥家召魏收對
御作詔草欲加右丞相收謂元海曰至尊以右

丞相登位今為歸彥威名太盛故出之豈可復
加此號乃拜太宰異州刺史即乾和繕寫書旦
仍勅門司不聽輒入內時歸彥在家縱酒宿
不知至明欲於至門知之大驚而退及通名謝
勅令早發別賜錢帛鼓吹醫藥事事周備又勅
武職督將㧪送至青陽宮拜而退莫敢共諸唯
與趙郡王叡父語時無聞者至州不自安謀逆
欲待受調訊班賜軍事事坐重駕如晉陽乘虛入
鄴為其郎中令呂思禮所告詔平原王段韶龍驤

之歸彥舊於南境置私驛閭軍將遞報之便嬰
城拒守先是冀州長史宇文仲鸞司馬李祖挺
別駕陳李球中從事房子弼長樂郡守尉普興
等疑歸彥有異使連名密啟歸彥追而獲之逐
收禁仲鸞等五人仍並不從皆殺之軍已逼城
歸彥登城大叫云乞我姓高皇帝初崩六軍百萬眾
悉由臣手投身向鄴當時不反今日豈
有異心正恨高元海畢義雲高乾和誑惑聖主
疾忠良但為殺此三人即臨城自刎其後城
破軍騎北走至交津見獲鏁送鄴帝令趙郡王
叡私問其故歸彥曰使黃頷小兒牽挽我何可
不反曰誰耶歸彥曰元乾和嘗是朝廷老宿
如趙家老公時又詭懷怨於是帝又使讓焉對
曰高元海受畢義盡宅用作本州刺史給後部
鼓吹臣為蒲王太宰仍不得㧪吹正殺元海義
雲而已上令都督劉桃枝牽入歸彥擖作前語
望活帝命議其罪皆云不可赦乃載於露車衡
校面縛劉桃枝臨之以刃轞車鼓隨之并子孫十

五人皆弃市贈仁州刺史魏時山崩得石角二
藏在武庫文宣入庫賜從臣與欲特以二石角與
歸彥謂曰爾事常山不得及事長廣得及時
將此角嚇漢歸彥額骨三道著幘孜安文宣骨
見之怒使以馬鞭擊其額血被面曰爾反時當
以此骨嚇漢其言反竟驗云
武興王普字德廣歸彥自河州俱入洛神武使與諸
子同遊戲天保初封武興郡王武平二年累遷
有度量重九歲歸封武興郡王也性寬和
司空六年為豫州道行臺尚書令後主奔鄴就
加太宰周師逼乃降卒於長安贈上開府豫州
刺史
長樂太守靈山字景高神武族弟也從神武起
兵信都終於長樂太守贈大將軍司空諡曰文
宣子懿卒於武平鎮將無子文宣帝以靈山從
父兄齊州刺史建國子伏護為靈山後伏護字
臣援粗有刀筆天統初累遷黃門侍郎伏護歷
事數朝恒糸機要而性嗜酒毋多醉失末路逾

剌乃至連日不食專事酗酒神識恍惚遂以卒
贈兗州刺史建國侯孫父襲父少謹武平末絵
事黃門侍郎隋開皇中為大府少卿坐事卒

列傳第六　　　　北齊書十四

此卷與北史同

隋太子通事舍人李　百藥　撰

竇泰

尉景

婁昭　子叡

厙狄干　子士文

韓軌

潘樂

校記　北齊列傳七　　一

竇泰字世寧大安捍殊人也本出清河觀津曾
祖羅魏統萬鎮將因居北邊真父樂魏末破六韓
拔陵為亂與鎮將楊鈞固守遇害泰貴追贈司
徒初泰毋夢風雷暴起若有雨狀出庭觀之見
電光奪目駛雨霑洒暴驚而娠甚而不
產天懼有巫曰當生貴子可徙南泰母從之俄
忽見一人曰渡河湔裙產子必易便向水所
而生泰及長善騎射有勇略泰父兄戰歿於鎮
泰身兼骸骨歸爾朱榮以從討邢杲功賜爵廣
阿子神武之為晉州請泰為鎮城都督參謀軍

事累遷侍中京畿大都督尋領御史中尉泰以
勳戚居臺雖無多刻舉而百寮畏懼天平三年
神武西討令泰自潼關入四年泰至小關為周
文帝所襲眾盡沒泰自殺初泰將發鄴有惠
化尼謠云竇行臺去不回末行之前夜三更忽
有朱衣冠幘數千人入臺云收竇中尉宿直兵
方知非人此知其必敗贈大司馬太尉錄尚書
事謚曰武貞泰妻武明妻后妹也泰雖以親覽

北齊列傳七　　二

待而功名自建齊受禪祭生其墓皇建初事
神武廟庭子孝敬嗣位儀同三司
尉景字士真無善人也泰漢置尉候官且先有
居此職者因以氏焉性溫厚頗有俠氣魏孝
昌中比鎮反景與神武入杜洛周中仍共歸爾
朱榮以軍功封博野縣伯後從神武起兵信都
韓陵之戰唯景所統失利神武之姊也勳戚
尋進封為公景妻常山君神武之姊也勳戚
每有軍事與厙狄干常巾被委重而不能忘懷射

利神武每嫌責之轉冀州剌史又大納賄貨夫
獵死者三百人厙狄干與景在神武坐請作御
史中尉神武曰何意下求甲官干曰欲捉尉景
神武大笑令優者石董桶戲之董桶剝景表曰
公剝百姓董桶何為不剝公神武誡景曰可以
無貪也景曰與爾計生活孰多我止人上取爾
割天子調神武笑不荅改長樂郡公歷位太保
惠兒言雷貴二人見禁止使崔暹謂文襄曰語阿
太傅坐匿二人

騎大將軍開府儀同三司神武遣之景素固不
尉景無以至今日三請帝乃許之於是黜為驃
死近何忍煎迫至此又曰我為爾漢水胀生因
動叫曰殺我時趣耶常山君謂神武曰老人去
出其掌神武撫景撫景為之屈膝先是景有果
馬文襄求之景不與曰土相扶為墻人相扶為
王一馬亦不得畜而索也神武對景及常山君
責文襄而杖之常山君泣救之景曰小兒惯去
放使作心腹何須乾啼濕哭不聽打耶戲揍青

州剌史操行頗改百姓安之徵授大司馬遇疾
薨於州贈太師尚書令齊受禪以景元勳詔祭
告其墓皇建初配享神武廟庭追封長樂王子
粲少歷顯職性麤武天保初封厙狄干等為王
粲父不預王爵大恚恨十餘日閉門不朝帝
怪遣就宅問之謂使者曰天子不封粲父
為王粲不如死使云須開門受勅粲遂彎弓隔
門射使者使者以狀聞之文宣使段韶諭旨粲
見詔唯撫膺大哭不荅一言文宣親詣其宅慰

之方復朝請尋追封景長樂王粲襲爵位司
徒太傅薨子世舉嗣周師將入鄴令辯出千餘
騎覘候出滏口登高臯西望遙見羣烏飛起謂
是西軍旗幟即馳還比至紫陌橋不敢顧隋開
皇中卒於浙州剌史

婁昭字菩薩代郡平城人也武明皇后之母弟
也祖父提雄傑有識度家僮千數牛馬以谷量
性好周給士多歸附之魏大武時以功封真定
侯父內千有武力未仕而卒耶貴親朝贈司徒

齊受禪追封太原王昭方雅正直有大度深謀
腰帶八尺弓馬冠世神武少親重之昭亦早識
人恒曲盡禮敬數隨神武獵每致請不宜乘危
歷險從神武將出信都昭贊成大策即以為中軍
大都督從神武破爾朱兆於廣阿封安喜縣伯改
於神武昭以疾辭還晉陽從神武入洛充州刺
史樊子鵠反以昭為東道大都督討之鵠既
死諸將勸昭盡捕誅其黨昭曰此州無狀橫被
殘賊其君是怨其人何罪遂皆捨焉後轉大司
馬仍領軍還司徒出為定州刺史昭好酒晚得
風雖愈猶不能劇務在州事委委屬昭舉
其大綱而已薨於州贈假黃鉞太師太尉謚曰
武齊受禪詔祭告其墓基封太原王皇建初配享
神武廟庭外戚中偏達嗣改封濮陽王次子定遠
少歷顯職與趙郡王等同受顧命位司空趙
郡毛之奏黜和士開定遂與其謀遂納士開賄

賂成趙郡之禍其貪鄙如此壽除瀛州刺史初
定遠弟李略提婆求其役妻定遠不許因高思
好作亂提婆令臨淮國郎中令告定遠陰與思
好通後夫令開府段暢率三千騎掩之令侍御
史趙秀通至州以賍貨事劾定遠有變
遂縊而死昭幼孤被叔父昭所養為神武帳內
書歐幼子歐字佛仁父拔定遠魏南部尚
書歐孤兒子歐遷光州刺史在任貪縱深為文襄所
披縣子累遷光州刺史齊受禪得除領軍將軍
責後改封九門縣公齊受禪得除領軍將軍
別封安定侯歐無他器幹以外戚貴幸縱情財
色為瀛州刺史聚斂無厭皇建初封東安王大
寧元年進位司空平高歸彥於冀州還拜司徒
河清三年濫殺人為尚書左丞宋仲美彈奏經
赦乃免壽為太尉以軍功進大司馬武成至河
陽仍遣摠偏師赴懸瓠歐在豫境留停百餘日
專行非法詔免官位開府儀同三司
司馬子產嗣位開府儀同三司
厙狄千無善人也曾祖越豆春魏道武時以功

割無善之西朏汙山地方百里以處之後率部
落北邊因家朔夕毛梗真少言有武藝雲魏正光
初除掃逆黨授將軍宿衛於內以家在寒鄉不
宜毒冬得入京師夏歸鄉里孝昌元年北邊
擾亂奔入洛後從神武為刺史費穆送于爾朱榮以軍主
隨榮入洛從神武河陰之役諸將大捷唯干兵
平縣公尋進郡公河陰之役諸將轉太保封廣
退神武以其舊功竟不責黜尋轉太保大傅及
高仲密以武牢叛神武討之以干為大都督前

北齊列傳第七 七

南度千決計濟河神武大兵繼至遂大破之還
之時文帝自將兵至洛陽軍容甚盛諸將未欲
為定州刺史不閑吏事事多擾煩然約自居
不為吏人所患遷太師天保初以天平元勳佐
命封章武郡公王轉太宰千尚神武妹樂陵長
公主以親地見待自預勤王常捴大衆威望之
重與諸侯最而為性嚴猛嘗詬京師魏譙王元
孝友於公門言戲過坐受詬公無能面折者千正

色青之孝友大懃時人稱善薨贈假黃鉞太宰
給轀輬車諡曰景烈干不知書署名為千字逆
上晝之時人謂之穿錐又有武將王周者署名
先為吉而後成其外二人至子孫始並知書干
皇建初配享神武廟庭子敬伏位儀同三司千
子士文嗣干文性孤直雖隣里至親莫與通狎
在齊龍襲封章武郡王位領軍將軍周武帝平齊
山東衣冠多來迎唯士文閉門自守帝奇之授
開府儀同三司隋州刺史文受禪加上開府

北齊列傳七 八

封湖陂縣子尋拜貝州刺史性清苦不受公料
家無餘財其子嘗噉官廚餅士文枙之於獄累
日杖之二百步送還京師僮隸無敢出門所買鹽
菜必於外境凡有出入皆封署其門親故絕迹有
慶弔不通法令嚴肅吏人貼服道不拾遺凡有
細過士文必陷害之嘗入朝遇上賜公卿入左
藏任取多少士文獨口銜緔壹四兩
手各持壹匹上問其故士文曰臣口手俱足餘
無所須上異之別齎遺之士文至州發摘姦吏

又布斗粟之賦無所寬貸得千人奏之悉配防
嶺南親戚相送哭聲遍於州境至嶺南遇瘴
厲死者十八九於是父母妻子唯哭者彌甚士文
聞之語人捕搦捶楚毋苟刻而哭者彌甚士文
兆韋焜清河趙達二人並苛刻唯長史司馬京
時人語曰剌史羅剎政司馬蝮蛇瞋目長史含笑
判清河生喫人上聞歎曰士文暴過猛獸章坐
免未幾為雍州長史人謂人曰我向法深不能窺
候要貴無乃必死此官及下車執法嚴正不避

貴戚賓客莫敢至門人多怨望士文從妹為齊
氏嬪有色齊滅後賜薛公長孫覽覽妻鄭氏
姬譖之文獻后令覽絕士文恥之不與相
見後應州剌史唐君明居母憂娉以為妻由是
君明士文並為御史所劾士文性剛在獄數日
憤恚而死家無餘財有三子朝夕不繼親賓無
贍之者

韓軌字百年太安狄那人也少有志操性深沈
喜怒不形於色神武鎮晉州引為鎮城都督及

起兵於信都軌贊成大策從破爾朱兆於廣阿
又從韓陵陣封平昌縣侯仍督中軍從破爾朱
兆於赤谼領卅遷秦州剌史甚著得邊和神武巡
泰州欲以軌還仍賜城人戶別絹布兩四州人
田昭等七千戶皆辭不受唯乞留軌神武喜歎
乃留焉頻以軍功進封安德郡公遷瀛州剌史
在州聚斂為御史糾劾除官爵未幾復其安
德郡公歷信中書令司徒齊受禪封安德郡王
軌妹為神武所納生上黨王渙復以勳庸歷登

台銓常以謙恭自處不以富貴驕人後拜大司
馬從丈宣征蠕蠕在軍暴疾薨贈假黃鉞太宰
太師諡曰肅武皇建初配饗文襄廟庭子晉明
嗣天統中改封東萊主晉明有俠氣諸勳貴子
孫中最留心學問好酒誕縱招引賓客一席之
費動至萬錢猶恨儉率朝庭虛之貴要之地必
以疾動告人云廢人飲美酒對名勝安能作刀
筆吏返披故紙平武平末除尚書左僕射百餘
日便謝病解官

潘樂字相貴廣寧石門人也本廣宗大族魏世
分鎮此邊因家焉父永有技藝襲爵廣宗男樂
初生有一雀止其母左肩占者感言富貴之徵
因名相貴後始為字及長寬厚有膽略初歸葛
榮授京兆王時年十九榮與齊神武出牧晉州為別將
討元顥以功封敷城縣男齊神武引爾朱兆
榮為鎮城都將從破爾朱兆於廣阿進爵廣宗
縣伯累以軍功拜東雍州刺史神武嘗議欲廢
樂以東雍地帶山河境連胡蜀形勝之會不

可棄也遂如故後破周師於河陰議欲追之令
追者在西不願者東唯樂與劉豐居西神武善
之以眾之不行而止改封金門郡公文宣嗣事
鎮河陽破西將楊檦等時帝以懷州刺史平監
等所築城深入敵境欲棄之樂以軹關要害必
湏防固乃更修理增置兵將而還鎮河陽拜司
空齊受禪樂進軍綏進封河東郡王遷司徒周
文東至崤陜遣其行臺侯莫陳崇齊子嶺趣樂
關儀同楊檦從鼓鍾道出建州陷孤公成詔樂

摠大眾禦之樂晝夜兼行至長子遺儀同韓某
興從建州西趣崇崇遂遁又為南道大都督討
侯景樂發石鼈南度百餘里至梁涇州涇州舊
在石梁侯景改為懷州樂獲其地仍立涇州又
克安州除瀛州刺史仍略淮漢天保六年薨於
懸瓠贈假黃鉞太師大司馬尚書令子子晃嗣
諸將子弟率多驕縱子晃沈密謹愿以清淨自
居尚公主拜駙馬都尉武平末為幽州道行臺
右僕射幽州刺史周師入鄴子晃率突騎數

萬赴援至博陵知鄴城不守詣其州降周授上
開府隋大業初卒

列傳第七　　　　北齊書十五

此卷與北史同

隋太子通事舍人李　百藥　撰

北齊書十六

段榮子韶

段榮字子茂姑臧武威人也祖信仕沮渠氏後
入魏以豪族從北邊徙家於五原郡父連安此
府司馬榮少好曆術專意星象正光初語人
曰易云觀於天文以察時變又曰天垂象見吉
凶今觀玄象察人事不及十年當有亂矣或問
曰起於何處當可避乎榮曰構亂之源此地為

三a　北齊列傳第八　一

始恐天下因此橫流無所避也未幾果如言榮
遇亂與鄉舊攜妻子南趣平城屬杜洛周為
亂榮與高祖謀誅之事不捷共奔爾朱榮後高
祖建義山東榮贊成大策爲行臺右丞西北道
慰喻大使巡方曉喻所在下之高祖南討鄴未
克所須軍資榮轉輸無闕高祖入洛時攻鄴未
榮鎮信都仍授鎮北將軍定州刺史姑
臧縣侯邑八百戶轉授瀛州刺史榮妻皇后姊
也榮恐高祖招私親之義固推諸將竟不之州

尋行相州事後爲濟州刺史天平三年轉行恭
州事榮性溫和所歷皆推仁恕民吏愛之初高
祖將圖關右　與榮密謀榮盛稱物情大象元
失利高祖悔之曰吾不用段榮之言以至於此
四年除山東六行臺大都督其得物情大象元
年授儀同三司　二年五月卒年六十二贈使持
節定冀滄瀛四州諸軍事定州刺史太尉尚
書左僕射謚曰昭景皇建初配饗高祖廟庭

二年重贈大司馬尚書令武威王長子韶嗣韶

三a三千　北齊列傳八　二

韶字孝先小名鐵伐少工騎射有將領才略高祖
以武明皇后姊子益器愛之常置左右以爲心
腹建義初領親信都督中興元年從高祖拒爾
朱兆戰於廣阿高祖謂韶曰彼衆我寡其若之
何韶曰所謂衆者得衆人之死強者得天下之
心爾朱狂狡行路所見冠裂毀爽技本塞源邙
山之會縉紳何罪兼殺主立君不脫旬朔天下
思亂十室而九王躬昭德義除君側之惡何往
而不克哉高祖曰吾雖以順討逆奉辭伐罪但

弱小在強大之間恐無天命卿不聞之也荅曰詔
聞小能敵大小溺皇天無親唯德是輔尒
朱外賊天下內失善人知者不爲謀勇者不
爲鬪不肖失職賢者取之復何疑也遂與尒戰
北軍潰詔誕於鄴及韓陵之戰詔督率所部
先鋒陷陣尋從高祖出晉陽追尒朱兆於赤谼
嶺平之以軍功封下洛縣男又從襲取夏州擒
斛律彌娥突加龍驤將軍諫議大夫累遷武衛
將軍後恩賜父榮姑臧縣侯其下洛縣男啓讓
繼母弟寧安興和四年從高祖御周文帝於邙
山高祖身在行間爲西魏賀拔勝所識率銳
來逼詔從傍馳馬引弓及射一箭斃其前驅追
騎懾憚莫敢前者西軍退賜馬并金進爵爲公
武定四年從征玉壁時高祖不豫攻城未下召
集諸將共論進止之宜謂大司馬斛律金司徒
韓軌左衛將軍劉豐等曰吾每與段孝先論兵
殊有英略若使此來用其謀亦可無今日之勞
矣吾患勢危篤恐或不虞欲委孝先以鄴下

之事何如金等曰知臣莫若君實無出孝先仍
謂詔曰晉與卿父冒涉險難同獎王室建此大
功今病疾如此殆將不濟宜善相翼佐克茲負
荷即令詔從顯祖鎮鄴召世宗赴軍高祖疾甚
顧命世宗曰段孝先忠亮仁厚智勇兼備世宗
感之中唯有此子軍旅大事宜其籌之五年春
高祖朋於晉陽祕不發喪俄而侯景構亂世宗
還鄴詔留守晉陽世宗還賜女樂十數人金十
斤繒帛稱是封長樂郡公世宗征潁川詔留鎮
晉陽別封真定縣男行幷州刺史顯宗受禪別
封朝陵縣又封霸城縣加位特進啓求歸朝陵
公乞封繼母梁氏爲郡君顯祖嘉之別以梁氏
爲安定郡君又以霸城縣侯讓其繼母弟孝言
論者美之天保三年爲冀州刺史六州大都督
有惠政得吏民之心四年十二月梁將東方白
額潛至宿預招誘邊民殺害長吏淮泗擾動五
年二月詔徵討之旣至會梁將攻廣陵刺史王敬
軍逼涇州又陳武帝率衆將攻嚴超達等

寶道使告急復有尹思令衆万餘人謀襲肝

貽三軍咸懼韶謂諸將曰目梁氏喪亂國無定

主人懷去就強者從之霸先等智小謀大政令

未一外託同德內有離心諸君不足憂吾揣之

熟矣乃留儀同敬顯催堯示等圍守宿預

自將步騎數千人倍道赴涇州塗出肝胎令

不虞大軍卒至望旗奔進與超達合戰大破

之盡獲其舟艦器械謂諸將士曰吳人輕躁本

嘉靖九年刊　北齊列傳八　五

無大謀今破超達霸先必走即迴赴廣陵陳武

帝果道去追至楊子柵望揚州城乃還大獲其

軍資器物旋師宿預六月韶遣辦士喻白額禍

福白額於是開門請盟韶與行臺辛術等議

且為受盟盟誓度白額終不為用因執而斬之

并其諸弟等並傳首京師江淮帖然民皆安輯

顯祖嘉其功韶賞吳口七十人封平原郡王清

河王丘山之克鄴執司徒陸法和韶亦豫行臺

層城於新蔡立郭默戍而還皇建元年領太子

太師大寧二年除并州刺史高歸彥作亂北異

州詔與東安王妻啟率衆討平之遷太傅賜女

樂十人并歸彥果圍二千畝仍岔并州為政舉

大綱不存小察其得民和十二月周世宗道將

率羌夷與突厥合衆逼晉陽世祖目鄴倍道兼

行赴救突厥從北結陣而前東距汾河西被風

谷時事既倉卒兵馬未整世祖見如此亦欲避

之而東尋納河間王孝琬之請令趙郡王盡護

諸將時大雪之後周人以步卒爲前鋒從西山

而下去城二里諸將咸欲逆擊之韶曰步人氣

三三三十　北齊列傳八　六

勢自有限今積雪既厚逆戰非便不如陣以待

之彼勞我逸破之必矣既而交戰大破之敵率

鋒盡殪無復子遺自餘通宵奔遁仍令韶率

騎追之出塞不及而還世祖嘉其功別封懷州武

德郡公進位太師周家宰宇文護毌閻氏先配

中山宮護閭聞閭尚存乃因邊境移書請還其母

并通隣好時突厥屢犯邊韶軍於塞下世祖遣

黃門徐世榮乘傳齎周書問韶韶以周人反

覆本無信義比晉陽之役其事可知護外託爲

11-114

相其實王也既為母請和而不遣一介之使申其
情理仍據移書即送其母恐示之弱如臣管見
且外許之待後放之未晚不聽遂遣使以禮將
送護既得毋仍遣將軍斛律遲迴等襲洛陽詔遣
蘭陵王長恭大將軍斛律光率眾擊之軍於邙
山之下逗留未進世祖召謂曰今欲遣王赴洛
陽之圍但突厥在此復須鎮禦王謂如何詔曰
北虜侵邊事等亦辦令西巂關過便是帝自之
病請奉詔南行世祖曰朕意亦爾乃令詔督精

三二十　北齊列傳八　七

騎一千發自晉陽五日便濟河與大將共重進
止詔曰將帳下二百騎與諸軍共登邙阪觀
周軍形勢至天和谷值周軍即遣馳告諸營
追集立馬仍與諸將結陣以待左軍蘭陵王為
中軍斛律光為右軍與周人相對詔遙謂周人
曰汝宇文護幸得其母不能懷恩報德令曰之
來竟何意也周人曰天遣我來有何可問詔曰
天道賞善罰惡當遣汝送死來其周軍仍以
步人在前上山逆戰詔以彼徒我騎且卻且引

待其力弊乃遣下馬擊之周人大潰
其中軍所當者亦一時瓦解投墜溪谷而死者
甚眾洛城之圍亦即本道盡弁營幕從邙山
至穀水三十里中軍資器物弥滿川澤車駕幸
洛陽親勞將士於河陰置酒高會策勳命賞
除太宰封靈武縣公天統三年正月出晉州道到
郡公食滄州幹武平二年正月周師來寇詔
隴築威敵平冠二城而還二月周又遣寇
與右丞相斛律光太尉蘭陵王長恭同往捍禦

萬續九年判　北齊列傳八　八

以三月暮行達西境有柏谷城者乃敵之絕險
石城千仞諸將莫肯攻圍詔曰汾北河東勢為
國家之有若不去柏谷事同疥癬計彼援兵會
在南道今斷其要路救不能來且城勢雖高其
中其陝火弩射之城潰獲儀同薛敬禮大斬獲首虜遂鳴鼓
而攻之城潰獲儀同薛敬禮封廣平郡公是月周又遣冠
華谷置戍相斛律光先率師出討詔亦遣行五月
邊右丞相斛律光先率師南更起城鎮東接定
攻服秦城周人於姚襄城

陽又作深塹斷絶行道詔乃密度抽壯士從壯襲
之又遣人潛度河告姚襄城中令內外相應度
者千有餘人周人始覺於是合戰大破之獲其
儀同若干顯寶等諸將咸欲攻其新城詔曰此
城一面阻河三面地險不可攻就令得之城地
陽計之長者儀同揚範固守不下詔登山望城勢
耳不如更作一城壅其路破服秦併力以圖定
陽計之長者儀同揚範固守不下詔從圍定

乃縱兵急攻之七月屠其外城大斬獲首級時

詔病在軍中以子城未克謂蘭陵王長恭曰
此城三面重澗險阻並無走路唯恐東南處
耳賊若窘圖必從此出但簡精兵專守自是
成擒長恭乃令壯士千餘人設伏於東南澗口
其夜果如所策賊遂出城伏兵擊之大潰範等
面縛盡獲其衆詔疾甚先軍還以功別封樂
陵郡公竟以疾斃上舉哀東堂贈物千段溫明
祕器轀輬車軍校之士陣衛送至平恩墓所發
卒起家贈假黃鉞使持節都督朔幷定趙冀冀滄

齊笑梁洛晉建十二州諸軍事相國太尉錄尚
書事朔州刺史諡曰忠武詔出揔軍旅入參幃
幄功既居高重以婚媾望傾朝野長於計略善
於御衆得將士之心臨敵之日人人爭奮文雅
性溫慎有宰相勳貴之家罕有及者然辭於好
母以孝聞齊世勤身訓子弟閨門雍肅事後
色雖居要謹謀逆皇甫氏因沒官詔美其容質
瑀之妻弟謹謀逆皇甫氏因沒官詔美其容質

上啓固請世宗重違其意因以賜之尤嗇於財
雖親戚故舊略無施與其子深尚公主幷省承
郎在家佐事十餘日事畢辭還人唯賜一杯酒
長子懿嗣懿字德猷有姿儀頗解音樂又善騎
射天保初尚潁川長公主累遷行臺右僕射兼
殿中尚書出除兗州刺史卒子寶興嗣尚
中山長公主武平末儀同三司隋開皇中開府
儀同三司驃騎大將軍大業初卒於饒州刺史
詔第二子深字德深美容貌寬謹有父風天保
中受父封姑臧縣公大寧初拜通直散騎侍郎

二年詔尚永昌公主未婚卒河清三年又詔
尚東安公主以父頻著大勳累遷侍中將軍源
州大中正食趙郡幹詔病篤詔封深濟北王以
慰其意武平末徐州行臺左僕射徐州刺史
入周拜大將軍郡公坐事死詔第三子德舉武
平末儀同三司周建德七年在鄴城與高元海
等謀逆誅詔濟州刺史入周開府儀同三
司隆化時濟州刺史入周授儀同大將軍韶第
七子德堪武平中儀同三司隋大業初汴州刺
史卒於汝南郡守榮第二子孝言少警發有
風儀魏武定末起家司徒參軍事齊受禪其兄
詔以別封霸城縣侯授之累遷儀同三司度支
尚書清都尹孝言本以勳戚緒餘致位通顯至
此便驕奢放逸無所畏憚曾夜行過其賓客
宗孝王家宿喚坊民防援不時應赴遂拷殺之
又與諸淫婦審遊為其夫覺復恃官勢拷掠
而殯時死內須果木科民間及僧寺備輸悉分
向其私宅種植又殿內及園須石羌軍牛從漳

河運載復分車迥取重悉聞徹山岩為海州刺史
尋以其兄故徵拜都官尚書食陽城郡幹仍加
開府遷太常卿除齊州刺史以贓賄為御史所
劾屬世祖崩遇救免拜太常卿轉食河南郡幹
遷吏部尚書祖珽執政將廢趙彥深引孝言為
助則舊有將作丞崔成忽於眾中抗言曰尚書天
書孝言既無深鑒又待物不平抽摧之徒非賄
下尚書豈獨段家尚書也孝言無辭以答慚廣
色遣下而已尋除中書監加特進又詫託韓長鸞
共構祖珽之短及祖出後孝言除尚書右僕射
仍掌選舉恋情用捨請謁大行勅潘京城北
隍孝言監作儀同三司崔士順將作大匠元士
將太府少府鄘孝裕尚書左民郎中薛叔昭
司州治中崔子清都尹丞李道隆鄚縣令尉
長卿臨章令崔象成安令高子徹等並在孝言
部下典作日別置酒高會諸人滕行跪伏稱觴
上壽或自陳屈滯更請轉官孝言音爸揚揚以

為已任皆隨事報荅許有加授冨商大賈多被

銓擢縱令進用人士咸是麄險放縱之流尋遷

尚書左僕射特進侍中如故孝言冨貴冣後九

好女色後娶妻定妾董氏大妬愛之為此內

外不和更相糾列坐争免官從光州隆化後

有勑追還孝言雖顯貴無猒恣情酒色然華

止風流招致名士美景良辰未甞虛棄素

伎畢盡歡冷雖草萊之士粗閑文藝多引入賓

館與同興賞其貧頗者亦時有乙遺世論復

〔北齊列傳八〕　十三　　　陸晃

以此多之齊亡入周授開府儀同大將軍後加

上開府

史臣曰段榮以姻戚之重遇時來之會功伐之

地亦足稱焉韶光輔七君克隆門業每出當聞

外或任以留臺以猜忌之朝終其眉壽屬寧

候多啟言為有齊上將葢其然乎當必忢謝稱功

名不逾實不以威權御物不以智數要時欲求

覆餗其可得也語曰卒性之謂道此其效歟

䇿曰滎發其原韶大其門位因功顯望以德尊

〔北齊列傳八〕　十四　　趙良

隋本子通事舍人李　百藥　撰

斛律金　子光

斛律金字阿六敦朔州勒勒部人也高祖倍侯
利以壯勇有名塞表道武時率戶內附賜爵孟
都公祖幡地斤殿中尚書父大郍瓌光禄大夫
第一領民酉長天平中金貴贈司空公金性敦
直善騎射行兵用匈奴法望塵識馬步多少
噢地知軍度遠近初為軍主夏懷朔鎮將楊鈞

【北齊傳九　一】

送茹茹主阿那瓌還北瓌見金射鵰深歎共工
後環入冠高陸金拒擊破之正光末破六韓拔
陵構逆金擁衆屬焉陵假金王號金廣陵終敗
滅乃統所部萬戶詣雲州請降即授第二領民
酉長稍引南出黃爪堆為杜洛周所破部衆分
散金與兄平二人脫身歸介朱榮榮表金為
別將累遷都督老莊立賜爵貝城縣男加寧
朔軍軍屯騎校尉從破葛榮元顥頗有戰功
鎮南大將軍及尒朱兆北等逆亂高祖舉懷塱復

之計金與昭處狄千等贊成大謀仍從舉義
高祖南改鄴留金守信都領恒雲燕朔顯六州
大都督委安以後事別討尒備破之加石光禄大
夫會高祖於汾州刺史當州大都督進爵為
昌初以金喬紇豆陵於河西天平初還鄴陽為
侯從高祖破紇豆陵以備西寇軍罷還晉陽從
領步騎三萬鎮風陵以備西寇軍罷還晉陽從
高祖戰於沙死不利班師因此東雍詣城復為
西軍所據道金與尉景度狄千等討復之大衆

【北齊傳九　二】

中周文帝復大舉向河陽高祖率衆討之侯金
徑往太州為掎角之勢金到晉州以軍退不行
仍與行臺薛循義共圍喬山之寇俄而高祖
至仍共討平之因從高祖攻下南絳邵郡等數
城武定初北豫州刺史高仲密據城西叛周文
帝敢萬守河陽高祖使金統劉豐曹天汗步薩等
騎數萬守河陽城以拒之高祖到仍從破定軍
還除大司馬改封石城郡公邑二千戶轉第一
領民酉長三年高祖出軍襲裝山胡分為二道以

金為南道軍司由黃櫨嶺出高祖自出北道度
赤洪嶺會金於烏突戍合擊破之軍還出為翼
州刺史四年詔金率眾從金蘇道會高祖於晉
州仍從攻玉壁軍還高祖使金揔督大眾從歸
晉陽世宗嗣事侯景據潁川降於西魏詔道金
帥潘樂薛孫延等固守河陽以備西魏使其大
都督李景和若干寶領馬步數萬欲從新城
赴援侯景金率眾偪廣武以要之景和等聞
而退走還為肆州刺史仍率所部於宜陽築楊

【北齊傳九】

志百家呼延三戍置守備而還侯景之走南豫
西魏儀同三司王思政入據潁川世宗進高岳
慕容紹宗劉豐等率眾圍之復詔金督彭樂
可朱渾道元等出屯河陽斷其奔救之路又詔
金率眾會攻潁川事平復使金率眾從嶗坂送
米宜陽西魏九曲戍將馬紹隆據險要關金
破之以功別封安平縣男顯祖受禪封咸陽郡
王刺史如故其年冬朝晉陽宮金病帝幸其宅
臨視賜以醫藥中使不絶病愈還州三年就除

三

太師帝征桀賊金從帝行軍還帝幸肆州與金
宴射而去四年解州次太師還晉陽車駕復幸
其第六宮及諸王盡從置酒作樂極夜方罷帝
忻甚詔金第二子豐樂為武衛大將軍因謂金
曰公元勳佐命父子忠誠朕當結以婚姻永為
蕃衛仍詔金孫武都尚義寧公主成禮之日帝
從皇太后幸金宅皇后太子及諸王等皆從其
見親待如此後以拓跋為突厥所破種落分散
應其犯塞欲挾遣民乃詔金率騎二萬屯白道

【北齊傳九】

四

以備之而虜帥豆婆吐父備將三千餘騎密欲
西過候騎還告金勒所部追擊盡得其眾如虜
但鉢將舉國西徙金獲其候騎送之并表陳慶
可擊取之勢顯相於是率眾與金共討之於吐
賴獲二萬餘戶而還
左丞相蘭宗踐阼納其孫女為皇太子妃又詔
金相見聽步挽車至階世祖登極禮遇彌重又
納其孫女為太子妃金長子先大將軍次子
美及孫武都並開府儀同三司出鎮方岳其

餘子孫皆比封侯貴達一門一皇后二太子妃三

公主專寵之盛當時莫比金帛謂光曰我雖不

讀書聞古來外戚梁冀等無不傾滅女若有寵

諸貴妬人女君無寵天子嬪人我家宜以為憂

抱忠致富貴豈可籍女也辭不復免常以為憂

天統二年薨年八十祖舉哀西堂後主又奉

錄尚書齊州刺史首長王如故贈錢百萬諡曰

武子光嗣

光字明月少工騎射以武藝知名親末從金西

征周文帝長史莫孝暉時在行間光馳馬射中

之因擒於陣光時年十七高祖嘉之即擢為都

督世祖為親信都督稍遷征虜將軍

累加衛將軍武定五年封永樂縣子嘗從世宗

於渲橋校獵見一大鳥雲表飛颺光引弓射之

正中其頸此鳥形如車輪旋轉而下至地乃大

鵰也世宗取而觀之深壯異焉丞相屬邢子

高見而歎曰此射鵰手也當時傳號落鵰都督

尋兼左衛將軍進爵為伯齊受禪加開府儀同

三司別封西安縣子天保三年從征出塞光先

驅破敵多斬首虜并獲雜畜還除晉州刺史

東有周天柱新安牛頭三戍招引亡叛屢為冠

竊七年光率步騎五千襲破之又大破周儀同

王敬儁等獲口五百餘人雜畜千餘頭而還九

年又率衆取周絳川白馬渝文翼城等四戍除

朔州刺史十年除特進開府儀同三司二月率

騎一萬討周開府曹迴公斬之柏谷城主儀同

薛禹生弃城奔遁遂取文侯鎮立戍置柵而還

乾明元年除并州刺史皇建元年進爵鉅鹿郡

時樂陵王百年為皇太子蕭宗以光世載醇謹

兼著勳王室納其長女為太子妃大寧元年除

尚書右僕射光率步騎二萬築勳掌城於軹關

清二年四月光率步騎二萬築長城二百里置

西仍築長城二百里置十三戍三年正月周遣

將達奚成興等來寇于陽詔光率步騎三萬禦

之興等聞而退走光遂北逐入其境獲二千餘
口而還其年三月遷司徒四月率騎北討突厥
獲馬千餘是年冬周文憲遣其柱國大司馬尉
遲迥過齊國公宇文憲柱國庸國公司叱雄等眾
將十萬冠洛陽光率五萬馳往赴擊戰於邙
山過等大敗光親射雄殺之斬捕首虜三千餘
級過宦憲而獲免盡收其甲兵輜重仍以死者
積為京觀洛陽光策勳班賞還太尉又封
冠軍縣公先是世祖命納光第二女為太子妃

天統元年拜為□右其年光轉大將軍三年六
月父喪去官其月詔起光及其弟美並復前往
秋除太保襲爵咸陽王并襲第一領民酋長別
封武德郡公供食趙州轉還太保十二月周遣
將圍洛陽雍絕粮道武平元年正月詔光率步
騎三萬討之軍次定隴周將張掖公宇文桀中
州剌史梁士彥開府司水大夫梁景興等又屯
鹿盧交道光擐甲執銳身先士卒鋒刃纔交
眾大潰斬首二千餘級直到宜陽與周齊國公

宇文憲申國公擒跋顯敬相對旬光置營築壘
開曹化二城以通宜陽之路次安鄴眾憲統
等眾號五萬仍躡軍後光縱騎擊之憲眾大潰斬
虜其開府宇文英都督越勤世良韓延等又斬
首三百餘級憲仍令桀及其大將軍中部公梁
斬景興獲馬千疋詔加右丞相并州剌史公梁
要路光與韓貴孫呼延族王顯等合擊大破之
洛都與景興壬壁等步騎三萬於鹿盧交塞斬
光又率步騎五萬於王壁築華谷龍門二城與

憲顯敬等相持憲等不敢動光乃進圍定陽仍
築南汾城置州以遍之夷夏萬餘戶並來內附
二年率眾築平隴衛統戎等鎮戍十有三所
周柱國枹罕公並旦屯平隴與光戰於汾水之北光大破之俘
餘眾遇平隴
斬千計又封中山郡公增邑二千戶軍還詔復
令率步騎五萬出平陽道攻姚襄自其城戍皆
克之獲其城主儀同大都督姚襄等九人捕虜數千
父別封長樂郡公是月周遣其柱國統千廣

略圍且陽光率步騎五萬赴之大戰於城下乃取周建安等四戍捕虜千餘人而還軍未至鄴勑令便放兵散光以為軍人多有勳功未得慰勞君即便散恩澤不施乃密通表請使宣軍仍且進朝廷發使遲留軍還將至鄴陌光仍駐營豆待使帝聞光軍營已迴心甚惡之急令舍人追光入見然後宣勞散兵拜光左丞相又別封清河郡公光入常在朝堂善廉而坐祖珽不知乘馬過其前光怒謂人曰此人乃敢爾後

珽在內省言啓其高慢光通過聞之又怒珽知光忿而賂光從奴而問之曰相王頭孝徵耶百自公用事相王每夜抱膝歎曰百人國必破矣穆提婆求娶光庶女不許帝賜提婆晉陽之田光言於朝曰此田神武帝以來常種禾飼馬數千足必擬寇難今賜提婆無乃闕軍務也由是祖穆積怨周將軍韋孝寬忌光英勇乃作謠言令間諜漏其文於鄴曰百升飛上天明月照長安又曰高山不推自崩槲樹不扶自竪祖珽

因續之曰盲眼老公背上下大斧饒舌老母不得語令小兒歌之於路提婆聞之以告其母令萱萱以饒舌老公謂珽也遂相與惕謀以謠言啓帝曰斛律累世大將明月聲震關西豐樂威行娥女為皇后男尚公主謠言甚可畏也帝以問韓長鸞鸞以為不可事寢啓即欲施行長鸞以為無此理珽未對洪珍進曰若本無意則可既有此意而不決行萬一泄

露如何帝曰洪珍言是也猶豫未決會丞相府佐封士讓密啓云光前西討還勑令放兵散光令軍過帝京將行不軌事不東而止家藏弩甲奴僮千數每道使豐樂武都勮陰謀徃來若不早圖恐事不可測啓云軍遍帝京會帝前所疑意謂何洪珍云人心亦大聖我前疑其欲反果然帝性至怯懾恐即變發令洪珍馳召祖珽告之又愁追光不從命珽因云正尔召之恐疑不肯入宣遣使賜其一駿馬語云明日將徃東

山遊觀王可乘此馬同行光必來奉謝因引入
執之帝如其言頃之光至引入涼風堂劉桃枝
自後拉而殺之時年五十八於是下詔稱光謀
反其家口並不須問尋而發詔盡
滅其族光性少言剛急嚴於御下治兵督眾
唯仗威刑罰有章程及諸子孫有犯法者光必加捶撻人士頗稱其暴自結
髮從戎未曾失律深為鄰敵所懼不
彰一旦屠滅朝野痛惜之周武帝聞光死大喜
赦其境內後入鄴追贈上柱國崇國公指詔書曰此

人若在朕豈能至鄴光有四子長子武都歷位
特進太子太保開府儀同三司梁兗二州刺史
所在並無政績唯事聚斂侵漁百姓光死遣使
於州斬之次子須達中護軍開府儀同三司先光
卒次世雄開府儀同三司次伽假儀同三司崇國
並賜死光小子鍾年數歲獲免周朝竟封崇國
公隋開皇中卒於驃騎將軍
羨字豐樂少有機警尤善射藝齊高祖見而稱
之世宗擢為開府參軍事遷征虜將軍中散

大夫加安西將軍進封大夏縣子除通州刺史
顯祖受禪進號征西別封顯親縣伯清河三年
轉使持節都督幽安平南北營東燕州諸軍
事幽州刺史其年秋突厥眾十餘萬來寇州境
羨物率諸將禦之突厥望見軍威整遂不敢
戰即遣使求欵慮其有詐且喻之曰爾輩此行
本非朝貢見機始舉未是退走天統元年夏五月

歸巢六別遣使請朝獻羨始以聞自是朝貢歲
突厥木汗遣使請朝獻羨始以聞自是朝貢歲
時不絕羨有力焉詔加行臺僕射羨以比虜
屢犯邊境備不虞自庫堆戍東拒於海隨山屈
曲二千餘里其間二百里中凡有險要或斬山
築城或斷谷起障並置立戍邏五十餘所導
高梁水北合易京東會於潞因以灌田邊儲
積粟轉漕用省公私獲利焉其年六月丁父憂去
官與兄光並被起復任還鎮燕薊三年加位特
進四年遷行臺尚書令別封高城縣侯武平元
年加驃騎大將軍時光子武都為兗州刺史羨

歷事數帝以謹直見推雖極榮寵不自矜尚

至是以合門貴盛深以為憂乃上書推讓乞解

所職優詔不許其年秋進爵荊山郡王三年七月

光誅勅使中領軍賀拔伏恩等十餘人驛捕之

遣領軍大將軍鮮于桃枝洛州行臺僕射伏恩等

業便發定州騎卒續進仍以永業代美伏恩等

既至門者白使人表其事伏恩等美目物

使豈可疑拒出見之伏恩把手遂執之死於長

史廳事臨終歎曰富貴如此女為皇后公主滿

【北齊傳九】

家常使三百兵何得不敗及其五子世達世遷

世辨世酉伏護餘年十五巳下者宥之美未誅

前忽令其在州諸子自伏護以下五六人鎖頸

乘驢出城合家皆泣送之至門日晚而歸吏民

莫不驚異行燕郡守馬嗣明醫術之士為美所

欽愛乃竊問之苍曰汍有襄厭數日而有此變

美及光並少工騎射其父母日令其出敗還即

較所獲禽獸光所獲或少必麗龜達腋美雖獲

多非要害之所光常蒙賞美或被捶撻人問其

故金苍登云明月必背上著箭豐羣藥隨處即下

手其數雖多去兄遠矣聞者咸服其言金兄平

便弓馬有幹用魏景明中釋褐殿中將軍遷北

襄威將軍正光末六鎮擾亂隸大將軍尉賓北

討軍敗後走奔其弟金於雲州進號

龍驤將軍與金擁眾南出至黃瓜堆為杜洛周

所破部落離散及歸爾朱榮待之其厚以平

襲父爵第一領民酉長高祖起義以都督從稍

遷平北將軍顯州刺史加鎮南將軍封固安縣

【北齊傳九】

十四

伯尋進為俟行律州刺史周文帝遣其右將軍

李小光據梁州平以偏師討擒之出為燕州刺

史入兼左衛將軍領眾一萬討此徐賊破之除

濟州刺史俟景度江詔平為大都督率青州刺

史敬顯儁左衛將軍庫狄伏連等略定壽陽宿

預三十餘城事罷還州加開府進位驃騎大將

軍進爵為公顯祖受禪別封美陽侯行兗州刺

史以濱貸除名後除開府儀同三司廢帝即位

拜特進食滄州樂陵郡幹自至建初封定陽郡公

拜護軍後為青州剌史卒贈太尉

史臣曰斛律金以高祖撥亂之始翼成王業忠

欵之至成此大功故能終享遐年位高百辟觀

其盈滿之戒動之微也繞及後嗣遂至誅夷雖

為威權之重蓋猜忮道家所忌光以上將之子

有沉毅之姿戰術兵權暗與韜略臨敵制勝變

化無方自關河分陝年將四紀以高祖霸王之

期屬辛文草剏之日出軍薄伐屢挫兵鋒而大

寧以遼東隆侵駒關西前收巴蜀又殄江陵叶

建瓴之用武成并吞之壯氣斛律治軍葉乘式遏

邊鄙戰則前無完陣攻則罕有全城齊氏必致

拘原之師秦人無復啟關之策而世亂謨勝詐

以襄主之威主暗時難自毀藩離之固昔李牧

之為趙將也比前朝胡冠西却秦軍郭開讒之

死趙滅其議誅光者豈秦之反間歟何同術而同

亡也內令諸將解體外為強鄰報雠嗚呼後之

君子可為深戒

贊曰赳咸陽郇家之光明月忠壯仍世將相

聲振關右熱方高時望迫此威名易興謗始

自工言終斯交喪

列傳第九　　北齊書十七

列傳第十

隋太子通事舍人李 百藥 撰

孫騰

高隆之

司馬子如

騰字龍雀咸陽石安人也祖通仕沮渠氏為
中書舍人沮渠滅入魏因居比邊及騰貴魏朝
贈通使持節侍中都督雍華岐豳四州諸軍事
驃騎大將軍司徒公尚書左僕射雍州刺史贈

北齊列傳第十 一

騰父機使持節侍中都督冀定滄瀛殺五州
諸軍事太尉公尚書令冀州刺史騰少而貧直
明解吏事魏正光中北力擾亂騰間關危險得
達秀容屬尔朱榮建義騰隨榮入洛例除冗
從僕射尋為高祖都督府長史從高祖東征邢
杲師次齊城有撫豆鎮軍人謀逆將害督將騰
知之密啓高祖俄頃事發高祖以有備擒破之
高祖之為晉州騰為長史加後將軍封石安縣
伯高祖首晉陽出滏口行至襄垣尔朱兆率衆

追高祖與兆宴飲於水湄哲言為兄弟各還本
營明旦兆復招高祖高祖欲安其意將赴之臨
上馬騰牽衣止之兆乃隔水肆罵馳還晉陽高
祖遂東及起義信都騰以誠欵常預謀策騰以
朝廷隔絕號令無所歸不權有所立則衆將沮
散苦請於高祖高祖從之遂立中興主除侍中
尋加使持節六州流民大都督尋遣榮守信
祖進軍於鄴初段榮守信都尋遣榮鎮中
山仍令騰居守及平鄴授相州刺史政封咸陽

北齊列傳第十 二

郡公增邑通前二千三百戶入為侍中時魏京
兆王愉女平原公主寡居騰尚之不許侍
中封隆之無婦公主欲之騰姤隆之遂相間構
高祖啓免騰官請除外任俄而復之騰以高祖
腹心入居門下與斛斯椿同掌機密椿既生異
端解塗乘謬騰深見猜忌禍及已遂潛將十
餘騎馳赴晉陽高祖入討斛斯椿留騰行并州
事又使騰為冀相殺定滄瀛幽安六州行臺僕
射行冀州事復行相州事天平初入為尚書左

僕射內外之事騰咸知之兼司空高書令時西
魏遣將冠南兗詔騰爲南道行臺率諸將討之
騰性庀怯無威略失利而還又除司徒初北境
亂離亡一女及貴遠加推訪終不得疑其爲人
婢賤及爲司徒奴婢訴良者不研盧實率皆免
之者高祖大怒解其司徒武定中使於青州括
浮逃戶口遷太保初博陵崔孝芬養資家子
之願免千人豈得其女時高祖入朝左右有言
晉氏以爲卷女孝芬死其妻元更適鄭伯猷
攜賈於鄭氏賈有姿色騰納之始以爲妾其妻
袁氏死騰以賈有子正以爲妻詔封丹陽郡君
復請以袁氏爵迴授其女違禮肆情多此類
也騰早依附高祖契闊艱危勤力恭謹深見
待信及高祖置之魏朝寄以心腹逯志氣驕盈
不行餉藏銀器詭盜爲家物親狎小人專爲聚斂
與奪由己求納財賄不知紀極生官死贈非法貨
在鄴與高隆之司馬子如號爲四貴非法專恣
騰爲甚爲高祖屢加譴讓終不悛改朝野深非

三

英之武定六年四月薨時年六十八贈使持節
都督冀定等五州諸軍事冀州刺史太師開府
錄尚書事諡曰文天保初以騰佐命詔祭告其
墓皇建中配享高祖廟庭子鳳珍嗣鳳珍庸暗

高隆之字延興本姓徐氏云出自高平金鄉父
貴魏朝贈司徒公雍州刺史隆之後有象義之功
幹魏白水郡守爲姑婿高氏所養因從其姓隆之
武平中卒於開府儀同三司
高隆之命爲從弟 渤海蓨人隆之身長八尺美
須眉深沈有志氣魏汝南王悅爲司州牧以爲戶
曹從事建義初釋褐員外散騎常侍與行臺尉
暉出討羊侃於太山暉引隆之爲行臺郎中又除
給事中與高祖深自結託高隆之臨晉州引爲
治中行平陽郡事從高祖起義山東以爲大
行臺右丞魏中興初除御史中尉領尚食典御
從高祖平鄴行相州事西魏文昌
初除驃騎大將軍儀同三司西魏文昌
之因酒忿競文帝坐以黜免高祖責隆之不能

四

協和乃啓出為北道行臺轉并州刺史封平原
郡公邑二千七百戶戶隆之請減戶七百并求隆已
西階讓久騰並加優詔許之仍以騰為滄州刺史
高祖之討斛斯椿以隆之為大行臺尚書及大
司馬清河王亶承制拜隆之侍中尚書右僕射
領御史中尉廣費人天天營寺塔為高祖所責
天平初丁母艱解任尋詔起為侍中尚書右僕射
尚書令右僕射時初給民田貴勢皆占良美
貧弱咸受瘠薄隆之啓高祖悉更反易乃得

均平又領營構大將軍京邑制造莫不由之
增築南城周迴二十五里以漳水近於帝城起
長隄以防汎溢又鑿渠引漳水周流城
郭造治磑碓並有利於時魏自孝昌已後天下
多難刺史太守皆為當部督雖無兵事皆立
佐僚所在頗為煩擾隆之表請自非實在邊
要見有兵馬者悉皆斷之又朝貴多假常侍以
取貂蟬之飾隆之自表解侍中并陳諸假侍中
服用者請亦罷之詔皆如表自軍國多事貫

故時論非之於射棚上立三像人為壯勇之勢
顯祖曾至東山因射謂隆之曰射人朕所不取猛
獸以存古義何為置人終日射人朕所不取隆
之無以對初世宗委任兼右僕射崔暹黃門
郎崔季舒等及世宗崩委以政事季舒等仍
之不許顯祖以隆之之舊齒委以政事季舒等仍
以前隙乃諸云隆之每見訴訟者輒加哀矜之
意以示非已能裁顯祖以其受任既重知有冤
狀便宜申滌何得委過要名非大臣義天保五

名竊官者不可勝數隆之奏請檢括向五萬餘
人而群小諠譁囂怨之懼而止詔監起居事進位
司徒公武定中為河北括戶大使追還授領軍追
還拜太子太師兼尚書左僕射吏部尚書遷太
保時世宗作宰風俗蕭清隆之時有受納世宗
於尚書省內大加責辱齊受禪進爵為王尋以
本官錄尚書事領大宗正卿監國史隆之性小
巧至於公家羽儀百戲服制時有改易不循典

11-129

年禁止尚書省隆之曾與元昶宴飲酒酣語昶
曰與王交遊當生死不相背人有密言之者又

帝未登庸之日隆之意常偁帝將受魏禪大
臣咸言未可隆之又在其中帝深銜之因此遂

大發怒令壯士築朱百餘下放出渴將飲水人止
之隆之曰今日何在遂飲之因從駕死於路中

年六十一贈冀定瀛滄幽五州諸軍事大將軍
太尉太保冀州刺史陽夏王竟不得謚隆之雖

不涉學而欣尚文雅搢紳名流必存禮接寡妍

【裴讓列傳十】 七

為尤事之如母訓督諸子必先文義世甚以此
稱之顯祖末年既多猜害追念隆之之誅其子

德樞等十餘年並投漳水又發隆之冢出其屍
葬已積年其兒不改斷截骸骨亦弃於漳流

遂絕嗣乾明中詔其諸子孫隆之見信高祖性多陰
爵陽夏王還其財產初隆之

毒眭眦之忿無不報焉儀同三司崔孝芬以結
婚姻不果太府卿任集同知營構頗相乖異瀛

州刺史元晏請託不遂前後構成其罪並誅害

之終至家門殄滅論者謂有報應焉

司馬子如字遵業河內溫人也八世祖模晉司
空南陽王模世子保晉亂出奔梁州因家焉

魏平姑藏徙居於雲中其自序云父父興龍驤魏
魯陽太守子如少機警有口辯好交遊豪傑

與高祖相結託分義甚深孝昌中北州淪陷子
如攜家口南奔肆州爾朱榮所禮遇假以中

軍監前軍次高都榮以子如為司馬持節假平南將
軍榮之向洛也以子如為司馬險阻往來衝要

【北齊列傳十】 八

有後顧之憂以子如行建興太守當郡都督
永安初封平遙縣子邑三百戶仍為大行臺郎

中榮以子如明辯能說時事數遣奉使詣闕
多稱旨孝莊亦接待焉榮之亂朱平相州孤

危榮遣子如間行入鄴助防守葛榮之亂相州
頗有因忿乃令行相州事顥平徵為金紫光祿

爵為侯元顥入洛人情離阻以子如曾守鄴城
大夫爾朱榮之誅子如知有變復自宮內突出至

榮宅弃家隨榮妻子與爾朱世隆等走出京

城世隆便欲還北子如曰事貴應機岳不厭詐
天下恟恟唯彊是視於此際貪不可以弱示若
必走此即恐變故隨起不如分兵守河橋迴軍向
京出其不意或可離潰假不如心猶足示有餘
力使天下觀聽懼我威彊於是世隆還過京城
知子如與高祖有舊疑慮出爲南岐州刺史子

七百戶固讓儀同不受高祖起義信都世隆等
驃騎大將軍儀同三司進爵陽平郡公邑一千
魏長廣王立兼尚書右僕射前廢帝以爲侍中
尚書右僕射仍叙平生舊恩尋追起京以爲大行臺
使啓賀仍叙平生舊恩尋追起京以爲大行臺
侍中高岳侍中孫騰右僕射高隆之等共知朝
政甚見信重高祖鎮晉陽子如時往謁見待之
甚厚並坐同食從旦達暮及其當還高祖及武
明后俱有資遺率以爲常子如性既豪爽兼
特崔暹恩簿領之務與奪任情公然受納無所顧
憚興和中以爲北道行臺巡檢諸州守令已下

委其輒陝子如至定州斬深澤縣令至冀州斬
東光縣令皆稽留時漏致之極刑若言有進退
少不合意便令曳白刃臨項士庶悼懼
不知所爲轉尚書令子如義旗之始身不參預
中尉崔暹所劾禁止於尚書省認免其大罪削
官爵未幾起行冀州事子如能自厲改甚有聲
息時世宗入輔朝政內稍嫌之尋以贓賄爲御
直以高祖故舊遂當委重意氣甚高聚斂不
興發摘姦僞寮吏畏伏之轉行并州事認復官

爵別封野王縣男邑二百戶齊受禪以有翼贊
之功別封須昌縣公尋除司空子如性滑稽不
治檢裁言戲穢言藝識者非之而事姊有禮撫諸
兄子慈篤當時名士並加欽愛世以此稱之然素
無鯁正不能平心處物世宗時中尉崔暹有諸
崔本舒俱被任用世宗時崔暹等赴晉陽子如乃
啓顯祖言其罪惡仍勸誅之其後子如以馬度
關爲有司所奏顯祖引子如數讓之曰崔暹季
舒事朕先世有何大罪卿令我殺之因此免官久

之猶以先帝之權寵拜大尉尋以疾薨時年六十四
贈使持節都督冀定瀛懷五州諸軍事太師
太尉懷州刺史贈物一千段諡曰文明子消難嗣尚
高祖女以主壻貴公子頻歷中書黃門郎光祿尚
少卿出為北豫州刺史鎮武牢消難博涉史傳
有風神然不能廉潔在州為御史所劾又於公
主情好不睦公主譖訴之懼罪遂挹延隣敵走
關西子如篡先卒子如贈岳州刺史暴長
子世雲輕險無行累遷衞將軍潁州刺史世

北齊列傳十　十一

雲本無勳業直以子如故頻歷州郡恃叔之藝
所在聚斂仍肆姦穢將見推治內懷憂懼侯
景友遂舉州從之時世雲母弟在鄴便傾心附
景無復顧望諸將圍景於潁川世雲臨城遙對
景將言其不遜世宗猶以子如恩舊免其諸弟
死罪從於北邊侯景於渦陽敗後世雲復有異
志為景所殺世雲弟雁之自尚書郎歷中書黃門
儀天平中子如貴盛雁之自尚書郎歷中書黃門
郎子如別封濮昌縣公迴受雁之雁之家富於

財厚自封殖王元景邢子才之流以風素重之
以其踈簡傲物竟天保世淪滯不齒乾明中王
晞白蕭宗除儋尉少卿清河末光祿大夫惠洩
利積年不起至武平中猶不堪朝謁就家拜儀
同三司好讀太玄經注揚雄蜀都賦每云我欲
與揚子雲周旋齊亡歲以利疾終時年七十一膺
之弟子瑞天保中為定州長史遷吏部郎中舉
清勤平約遷司徒左長史兼廷尉卿以平直稱
乾明初領御史中丞正色舉察為朝廷所許以

北齊列傳十　十二

疾去職就拜祠部尚書卒贈瀛州刺史諡曰文
節子瑞弟幼之清貞有素行少歷顯位隋開皇
中卒於眉州刺史子瑞懷州刺史諸子亦並居顯
寵於後主重贈子瑞妻令萱之妹及令萱得
職同遊武平末給事黃門侍郎同迴太府卿同憲
通直常侍然同遊終為嘉吏隋開皇中尚書民
部侍郎卒於遂州刺史
史臣曰高祖以晉陽戎馬之地霸圖攸屬治兵
訓旅遙制朝權京臺機務情寄深遠孫騰等

呂信

俱不能清貞守道以沼氛爲懷厚斂貨財塡

彼溪壑晉昔蕭何之鎮關中苟或之居許下不亦

異於是乎賴世宗入輔責从驕縱厚遇崔遵舉

其霜簡不然則君子屬狁豈易間爲孫騰牽

裾之誠有足稱美隆之勞其志力經始鄴京又

並是潛德寮案早申任崇其名器未失朝

序子如徒以少相親重情深昵狎義非草昧

恩結寵私勳德莫聞坐致呂輔猶子之愛訓以

義方膺之風素可重勿之清簡自立有足稱也

十三

贊曰閑散尸附蕭曹扶翼嘗運勃興孫高陳力

贖貨貪無猒多勳衰職司馬過月稽巧言令色

列傳第十　　比齊書十八

賀拔允　　　隋太子通事舍人李　百藥　撰

蔡儁

韓賢

尉長命

王懷

劉貴

任延敬

莫多婁貸文

高市貴

厙狄迴洛

厙狄盛

薛孤延

張保洛

侯莫陳相

北齊列傳十一
一

賀拔允字可泥神武尖山人也祖爾頭父度拔
俱見魏史　允便弓馬頗有膽略與弟岳殺賊帥

北齊列傳第十一
二

衛可瓌仍奔魏廣陽王元深上允為積射將軍
持節防澄口深敗歸爾朱榮允父兄弟並以
武藝知名榮素聞之見允待之甚厚建義初
除東將軍光祿大夫封壽陽縣邑七百戶永安
中除征北將軍蔚州刺史進爵為公魏長廣王
立政封燕郡公兼侍中使茹茹還至晉陽值高
祖將出山東允素知高祖非常人早自結託高
祖以其北士之望亡親禮之遂與兄出信都叅
定大策魏中興初轉司徒領尚書令高祖入洛
進爵為王轉太尉加侍中魏武帝之情忌高祖
也以允弟深相委託潜使往當時咸應允
為變及岳死武帝又委岳弟勝心腹之寄高祖
十八高祖親臨哭贈定州刺史五州軍事允有
三子長子□文次世樂次難陁與和未高祖並
召與諸子同學武定中勑居定州賜其田宅
蔡儁字景彥廣寧石門人也父普北方擾亂
奔走五原□戰有功拜寧朔將軍封安上縣男

邑二百戶尋卒贈輔國將軍燕州刺史儁豪
爽有膽氣高祖微時深相親附與遼西段長
太原龐蒼鷹俱有先知之鑒長為魏懷朔鎮
將嘗見高祖甚異之謂高祖云君有康世之才
終不徒然也請以子孫為託與和中啟贈司空
公子寧相府從事中郎天保初兼南中郎將蒼
鷹交遊豪俠厚待賓旅居於州城高祖客其
舍初居處於蝸牛廬中蒼鷹亦知高祖有霸
氣屬天蒼蒼鷹亦知高祖有霸王之量每私加

敬割其宅半以奉高祖由此遂蒙親識高祖之
牧百州引為兼治中從事史行義寧郡事及
義旗建蒼鷹刀弃家間行歸高祖儁為
兼行臺倉部郎中卒於安州刺史儁初為杜洛
周所虜時高祖亦在洛周軍中高祖謀誅洛周
儁預其計事泄走奔葛榮仍背葛榮歸尒朱榮
榮入洛為平遠將軍帳內別將從破葛榮除諫
議大夫又從平元顯封烏洛縣男隨高祖舉義
為都督高祖平鄴及破四胡於韓陵儁並有戰

功太昌中出為濟州刺史為治嚴暴又多受
納然亦明解有部分吏民畏服之性好賓客頻
稱施與後胡遷等據兖州作逆儁與齊州刺
史尉景討平之魏武帝貳於高祖以濟州要重
欲令腹心據之陰詔御史構儁罪狀欲以汝陽
王代儁由是轉行兖州事高祖以儁非罪啟復
其任武帝不許除賈顯智為刺史儁率眾赴州
儁防守嚴備顯智憚之至東郡不敢前天平中
為都督隨領軍婁昭攻樊子鵠於兖州又與行

臺元子思討元慶和俱平之侯深及後以儁為
大都督率眾討之深敗走又轉揚州刺史天平三
年秋卒於州時年四十二贈持節侍中都督冀州
刺史尚書令司空公諡曰威武齊受禪詔於告
其墓皇建初配享高祖廟庭
韓賢字普賢廣寧石門人也壯健有武用初隨
葛榮作逆宋破隨例至并州尒朱榮擢充左右
榮妻子比走宋隆等立魏長廣王曄為主除賢
鎮遠將軍山騎校尉先是世隆等攻建州及石

成賢並有戰功小朱度律用爲帳內都督封汾
陽縣伯邑四百戶普泰初除前將軍廣州刺史
屬高祖起義度律以賢素爲高祖所知恐其有
變遣道使徵之賢不願應召乃密遣群蠻多舉
鋒火有如寇難將至使者遂爲啓得停賢仍
削除以賢速送誠欵令其復舊太昌初累遷中
軍將軍光祿大夫出爲建州刺史民武帝初西入率
行荊州事天平初爲洛州刺史民韓木蘭等率

五 孫

土民作逆賢擊破之親自按檢欲收甲仗有一賊
窘迫藏於死屍之間見賢至忽起斫之斷其
脛而卒賢雖武將性和直不甚貪暴所歷雖無
善政不爲吏民所苦昔漢明帝時西域以白馬
負佛經送洛因立白馬寺其經函傳在此寺形
制淳朴世以爲古物歷代藏寶賢無故斫破
之未幾而死論者或謂賢因此以致禍贈侍中
節定譽安平四州軍事大將軍尚書令司空公
定州刺史子裔嗣

尉長命太安狄那人也父顯魏鎮遠將軍代郡
太中長命性和厚有器識扶陽之亂寄居太
原及高祖將建大義長命豫計策後高祖破四
胡於韓陵拜安南將軍樊子鵠據兗州反除東
南道大都督與諸軍討平之轉鎮范陽城就拜
幽州刺史大都督安平二州事州居北垂土荒民散
長命雖多籌欵然以恩撫民少得安集尋以
疾去職未幾後徵拜車騎大將軍西燕幽
滄瀛四州諸軍事幽州刺史卒於州贈以本官

加司空諡曰武壯子興敬便弓馬有武藝高祖
引爲帳內都督出爲常山公府參軍事賜爵高
中縣伯晉州民本子小興群聚爲賊興敬隨司空
韓軌討平之進爵爲侯高祖攻周文帝於邙山
興敬因戰爲流矢所中卒高祖贈涇岐豳三州軍事
爵爲公諡曰閔莊高祖哀惜之親臨弔賜其妻
子祿如興敬存焉子士林嗣
王懷字懷周不知何許人也少好弓馬頗有氣尚
值比邊喪亂早從戎旅韓樓反於幽州懷知其

無戎陰結所親以中興初叛樓歸魏拜征虜將
軍第一領民酋長武周縣侯高祖東出懷率其
部人三千餘家隨高祖於冀州義旗建高祖以
爲大都督從討尒朱兆於廣阿破之除安北將
軍蔚州刺史又隨高祖攻鄴克之從破四胡於韓
陵進爵爲侯仍從入洛拜車騎將軍改封盧鄉
縣侯天平中除使持節廣州軍事梁遣將湛
僧珍楊暎來寇懷與行臺元景擊滇城拔之擒
又從高祖襲克西夏州還爲大都督鎮下館

北齊列傳十 七

除儀同三司元象初爲大都督與諸將西討遇
疾卒於建州贈幽肆四州諸軍事刺史司
徒公尚書僕射懷以武藝勳誠爲高祖所知志
力未申論者惜其不遂皇建初配饗高祖廟庭
劉貴秀容陽曲人也父乾魏世贈前將軍肆州刺
史貴剛格有氣斷歷尒朱榮府騎兵參軍建
義初以預定策勳封敷城縣伯邑五百戶除
左將軍太中大夫尋進爲公性猛急貴尤嚴
峻每見任使多愜榮心遂被信遇位望日重加

撫軍將軍永安三年除涼州刺史建明初尒朱
世隆專擅以貴爲征南將軍金紫光祿兼左僕
射西道行臺使抗孝莊行臺元顯恭於正平貴
破顯恭擒之并大都督裴儁等復除晉州刺
史普泰初轉行汾州事高祖起義貴弃城歸
高祖於鄴太昌初除陝州刺史肆州刺史轉行建
州事天平初除肆州刺史四年除御史中尉肆
州大中正其年加行臺僕射與侯景高昂等討
獨孤如願於洛陽貴凡所經歷莫不肆其威酷

北齊列傳十一 八

修營城郭督責切峻非理殺害視下如草芥然
嚴斷濟務有益機速性峭直攻訐無所迴避
故見賞於時雖非佐命元功然與高祖布衣之
舊見特見親重興和元年十一月卒贈冀定并殷瀛
五州軍事太保太尉公錄尚書事冀州刺史諡
曰忠武齊受禪詔祭告其墓皇建中配享高祖
廟長子元孫員外郎肆州中正早卒贈肆州刺
史次子洪徽嗣武平末假儀同三司奏門下事
任延敬廣寗人也伯父桃太和初爲雲中軍將

延敬隨之因家焉延敬少和厚有器度初從葛

榮為賊署為王甚見委任榮敗延敬擁所部

先降拜鎮遠將軍廣寧太守賜爵西河縣公後

隨高祖建義中興初累遷光祿大夫太昌初累

轉尚書左僕射進位開府儀同三司延敬位望

既重能以寬和接物人士稱之及斛斯椿釁發

延敬魏武帝入關荊蠻不順以延敬為持節南

高祖弃家北走至河北郡因卒土民據之以待

道大都督討平之天平初復拜侍中時范陽人

盧仲延率河北流人反於楊夏西兗州民田龍

聚眾應之以延敬為大都督東道軍司率都

州元整叱列陁等討之尋為行臺僕射除徐

州刺史時梁遣元慶和及其諸將寇邊延敬破

梁仁州刺史黃道始於北濟陰又破梁儁於單

父俘斬萬人又拜侍中在州大有受納然為政

不殘禮敬人士不為民所疾苦潁川長史賀若

徵執刺史田迅據城降西魏復令延敬率豫州

刺史堯雄等討之西魏遣其將怡鋒率眾來援

九

延敬等與戰失利收還北豫仍與行臺侯景

司徒高昂等相會共攻潁川拔之元象元年秋

卒於鄴時年四十五贈使持節太保太尉公錄

尚書事都督冀定瀛幽安五州諸軍事冀州

刺史子冑嗣冑輕俠頗敏惠少在高祖左右

平中擢為東郡太守家本豐財又多聚斂動

司劾高祖捨之及解郡高祖尋以賬污為有

極豪華賓客往來將迎至厚高祖以為興和

末高祖攻玉壁還以晉州西南重要留清河公

岳為行臺鎮守以冑隸之冑飲酒遊縱不勤防

守高祖責之冑懼遂潛遣使送欵於周為人紀

列窮治未得其實高祖特免之謂冑曰我推誠

於物謂卿必無此理且黑獺降人首尾相繼我

虛實於後何患不知冑內不自安是時儀同

朱文暢及公殺軍房子遠謀圖殺逆並險薄無

賴冑厚與交結為陰圖殺逆武平三年正月十

五日因高祖夜戲謀將竊發有人告之令捕窮

治事皆得實冑及子弟並誅

十

莫多婁貸文太安狄那人也驍果有膽氣從
高祖舉義中興初除伏波將軍武賁中郎將
候大都督從擊尒朱兆於廣阿有功加前將軍
封石城縣子邑三百戶又從破四胡於韓陵進
爵為侯從平尒朱兆於赤洪嶺兆窮迫追經復
武獲其屍還左廂大都督斛斯椿等舉兵起魏
武帝遣賈顯智據守石濟高祖令貸文率精銳
顯智天平中除晉州刺史汾州胡賊為寇竊高
三萬與竇泰等於定州相會同趣石濟擊走

祖親討焉以貸文為先鋒毎有戰㔟還貸奴婢
三十人牛馬各五十定布一千定仍為汾陝東
雍晉泰五州大都督後與太保尉景攻東南
汾二州克之元象初除車騎大將軍儀同南道
大都督與行臺侯景攻獨孤如願於金墉城周
文帝軍出函谷與㝛昂議整旅厲卒以待其
至貸文請率所部擊其前鋒景等固不許貸
文性勇力而專不肯受命以輕騎二千軍前斥候
西過源澗遇周軍戰没贈并肆恒雲朔五州軍

事并州刺史尚書右僕射司徒公子敬顯彊直
勤幹少以武力見知恒從斛律光征討數有戰
功光每命敬顯前驅安置營壘夜中巡察或
達旦不眠臨敵置陳為光所重位至領軍將軍恒
檢校虞候事武平中車駕幸晉陽毎令敬顯督
之間行臺丘馺紇索盜賊京師肅然七年從後主
平陽敗歸并州與唐邕等推立安德王稱尊號
安德敗文帝群官皆投周軍唯敬顯走還鄴授

司徒周武帝平鄴城之明日執敬顯斬於閶闔門外
責其不留平陽也
高市貴善無人也少有武用孝昌初恒州内
部勑勒劉崙等聚衆及市貴為都督率衆討
崙一戰破之累遷撫軍將軍諫議大夫及尒朱
榮立魏莊帝市貴預翼戴之勳遷衛將軍光
祿大夫秀容大都督第一領民酋長賜爵上洛
縣伯尒朱榮擊葛榮於滏口以市貴為前鋒
都督榮平除使持節　汾州刺史尋為晉州刺史

紀豆陵步藩之侵亂并州也高祖破之市貴亦
從行有功除驃騎大將軍儀同三司封常山郡公
邑二千五百戶高祖起義市貴預其謀及樊子
鵠據州反隨大都督婁昭討之子鵠平除西兗
州刺史不之州天平初復除晉州刺史高祖尋
以洪峒要險遣市貴鎮之高祖之晉州民柴臨覲
行事命市貴討覽覽本卉柴壁市貴破斬之是
高祖命市貴業奔城而還州民柴臨聚衆作逆
時東雍南汾二州境多群賊聚為盜因市貴平
覽皆散歸復業後秀容人五千戶叛應山胡復
以市貴為行臺統諸軍討平之元象中從高祖
破周文帝於邙山重除晉州刺史西道軍司率
衆擊懷州逆賊潘集未至遇疾道卒贈并汾懷
建東雍五州軍事太尉公并州刺史子阿那肱
貴寵封成皋王勑令其第三子孔雀承襲
庫狄廻洛代人也少有武力儀兒甦偉初事爾朱
榮為統軍預立莊帝轉為別將賜爵毋極伯從
破葛榮轉都督榮死隸爾朱兆高祖舉兵信都

廻洛擁衆歸義從破四胡於韓陵以軍功補都
督加後將軍太中大夫封順陽縣子邑四百戶遷
右廂都督從征山胡先鋒斬級除朔州刺史破厙
文於河陽轉授夏州刺史邙山之役力戰有功增
邑通前七百戶世宗嗣事從平潁川天保初轉除
建州刺史蕭宗即位封陽郡王大寧初轉
州刺史食博陵郡幹順陽郡王遇疾卒贈使
持節都督定瀛恒朔雲五州軍事大將軍太尉
公定州刺史贈物一千段
庫狄盛懷朔人也性和柔少有武用初為高祖
親信都督除伏波將軍每從征討以功封行唐
縣伯復累加安比將軍幽州刺史加中軍將軍
為豫州鎮城都督舊進爵為公世宗減封
二百戶以增其邑除征西大將軍開府儀同三
司朔州刺史齊受禪歐封華陽縣公又除比朔
州刺史以華陽封邑在遠隨例割并州之石艾
縣肆州之平寇縣原平之馬邑縣各數十戶合
二百戶為其食邑未幾例罷拜特進卒贈使持

節都督朔瀛趙幽安五州諸軍事太尉公朔州
刺史

薛孤延代人也少驍果有武力韓樓之反延隨
眾屬焉後與王懷等密計討樓爲樓帥師乙弗
醜所覺力戰破醜遂相率歸行臺劉貴之表爲
都督加征虜將軍賜爵求固縣侯後隸高祖爲
都督仍從起義大都督從破尔朱兆於廣阿因從平鄴以
功進爵爲公轉大都督破四胡於韓陵加金
紫光祿大夫從追尔朱兆於赤洪嶺除第一領

民酋長孝靜立拜顯州刺史累加車騎將軍天
平四年從高祖西代至蒲津實泰於河南失利
高祖班師延殿後且戰且行日斫折刀十五口
周文帝於邙山進爵爲縣公邑一千戶高祖嘗
閱馬於北牧道逢暴雨大雷震地前有浮圖一
所高祖令延視之延乃馳馬按稍直前未至三
十步雷火燒面延唱殺繞浮圖走火遂滅延還眉
贊及馬驄尾俱燋高祖歎曰薛孤延乃能與霹

靈關其勇決如此又頻從高祖討破山胡西攻玉
壁入爲左衛將軍改封平泰郡公爲左廂大都
督與諸軍將討穎州延專監造土山以酒醉爲敵
所襲據穎州平諸將還京師讓於薛林園世宗啓
魏帝延坐於階下以屢之後兼領軍將軍出爲
滄州刺史別封溫縣男邑三百戶齊受禪別賜
爵都昌縣公性好酒率多昏醉而以勇決善戰
每大軍征討常爲前鋒故與彭劉韓潘同列天
保二年爲太子太保轉太子太傅八年除肆州

刺史加開府儀同三司食洛陽郡幹尋改食河
間郡幹

張保洛代人也自云本出南陽西鄂家世好賓客
尚氣俠頗爲比土所知保洛少率健善弓馬魏
孝昌中比鎮擾亂保洛亦隨衆南下葛榮統軍累遷
以保洛爲領左右榮敗仍爲尔朱榮都督從討步
揚烈將軍奉車都尉後隸高祖爲都督從討
蕃及高祖起義保洛爲帳內從破尔朱兆於廣
阿尋遷右將軍中散大夫仍以帳內從高祖圍

鄴城既拔除平南將軍光祿大夫從破尒朱兆
等於韓陵因隨高祖入洛加安東將軍後高祖啓
減國邑分授將士保洛隨例封昌平縣薄家城
鄉男一百戶魏出帝不恊於高祖令儀同賈顯
智率豫州刺史斛斯椿東趣濟州高祖遣大都
督賈顯自滑臺拒顯智保洛隸泰前驅事
也高祖遣保洛與諸將於路接援元象初除西
定轉都督高祖龍襲夏州剌之萬俟受洛于之降
夏州剌史當州大都督又以前後功封安武縣

【北齊列傳十】　十七　▶

伯邑四百戶轉行蔚州刺史從高祖玫周文帝
於邙山圍玉壁攻龍門還留鎮晉州世宗即位
以保洛為左廂大都督後出晉州加征西將軍
王思政之援潁州玫圍未克世宗仍令保洛鎮
楊志塢使與揚州為掎角之勢潁川平尋除梁
州剌史顯祖受禪仍為剌史所在聚歛為務民
更怨之濟南初出為滄州剌史封敷城郡王為
在州聚歛免官削奪王爵及卒贈以前官追復
本封子默言嗣武平末衛將軍以帳內從高祖

出山東有魏珍叚琛牒舍樂尉摽乞伏貴和及
弟令和王康德並以軍功至大官魏珍字舍樂
洛西平酒泉人也壯勇善騎射以帳內從高祖
晉州仍起義所在征討武定末封富平縣天保
初食黎陽郡王除晉州剌史武平初遷豫州道
行臺尚書令豫州剌史卒贈太尉叚琛字懷寶
代人也少有武用從高祖起義信都天保初封
州剌史牒舍武成開府儀同三司營州剌史
封漢中郡公戰歿關中尉摽代人也太寧初

【北齊列傳十一】　六　▶

海昌王子相貴嗣武平末晉州道行臺尚書僕
射晉州剌史為行臺左丞侯子欽等密起周武
請師欽等為內應周武自率眾至城下欽等夜
開城門引軍入鏤相貴送長安等弟相願彊
幹有膽略武平末領軍大將軍自平陽至并州
及到鄴每立討將殺高阿那肱腰後王立廣寧
王事竟不果去矣被出相願拔佩刀斫柱而
歡曰大事去矣知復何言貴和及令和兄弟武
平末並開府儀同三司令和領軍將軍并州末

敗前與領軍大將軍建業武衛大將軍封輔
相相繼投周軍令和授柱國封西河郡公隋大
業初卒於秦州總管建業輔相俱不知所從來
建業授上柱國封鄫國公隋開皇中卒輔相封
上柱國封郡公歷數州刺史并省尚書封
德代人也歷數州刺史并省尚書封新蔡郡王
侯莫陳相代人也祖伏頻魏第一領民酋長父
觟右提朔州刺史白水郡公尋除蔚州刺史仍
為大行臺節度西道諸軍事又遷車騎將軍顯
州刺史入除太僕卿頲之出為汾州刺史別封
安次縣男又別封始平縣公天保初除太師轉
司空公進爵爵為白水王邑二千一百戶累授太
傅進食建州幹別封義寧郡公武平二年四月
薨於周年八十三贈假黃鉞使持節督冀定
瀛滄濟趙幽并朔恒十州軍事右丞相太宰太
尉公朔州刺史有二子長子貴樂尚公主駙馬都
尉武衛將軍梁州刺史隆化時并州失守晉貴
遣使降周授上大將軍封信安縣公

【北齊列傳第十一】　十九　武

史臣曰高祖世居雲代以英雄見知後遇爾朱
武功漸振鄉邑故人弥相推重賀拔允以昆季
乘離處猜嫌之地初以舊望孫護而竟不獲令
終此於吳蜀之安瑾亮方知器識之淺深也劉
貴蔡儁有先見之明霸業始基義深匡贊配
饗清廟豈徒然哉韓賢等及聞義舉競戎
行憑附末光申其志力化為公侯固其宜矣
贊曰帝鄉之親世有其人降靈雲朔載挺良
臣功名之地望古為隣

列傳第十一

北齊書十九

【齊列傳十一】　二十

隋太子通事舍人李百藥撰

張瓊
斛律羌舉
堯雄
宋顯
王則
慕容紹宗
薛脩義

北齊列傳第十二　一

叱利平
步大汗薩
慕容儼

張瓊字連德代人也少壯健有武用魏世自盪
寇將軍為朔州征虜府外兵參軍隨葛榮為
亂榮敗爾朱榮以為都督討元顥有功除汲郡
太守建明初為東道慰勞大使封行唐縣子邑三
百戶轉太尉長史出為河內太守除濟州刺史
爾朱兆敗歸高祖遷汾州刺史天平中高祖襲

克夏州以為慰勞大使仍留鎮之尋為周史帝
所陷卒贈使持節燕恒雲朔四州諸軍事大將
軍司徒公恒州刺史隨爾朱世隆以功尚魏平陽大將
泰中為都督隨爾朱世隆以功尚魏平陽公主
除駙馬都尉大將軍開府儀同三司建州刺史
南鄭縣伯瓊常憂其太盛母語親識曰凡人家
爵莫若處中忻位秩太高深為憂慮所害時稱
放縱遂與公主情好不協尋為武帝所害時稱
瓊之先見達業討元顥有功封固安縣開國子

北齊列傳第十二　二

除寧遠將軍雲州刺史太中正天平中除清河太守尋
加安西將軍建州刺史武定中隨儀同劉豐討
宗親自臨弔贈并肆幽安四州軍事開府儀同
侯景為景所擒景敗殺達業於渴陽襄還世
三司并州刺史

斛律羌舉太安人也世為部落酋長父謹魏龍
驤將軍武川鎮將羌舉少驍果有膽力永安中
從爾朱兆入洛有戰功深為兆所愛遇恒從征
伐高祖破兆方始歸誠高祖以其忠於所事亦

加差賞天平中除大都督令率步騎三千導衆
軍西襲夏州剋之後從高祖西討大軍濟河集
諸將議進趣之計羞舉曰黑獺衆克黨強弱可
知若欲固守無糧援可恃今揣其情已同困獸
若不與其戰而逕趣咸陽咸陽空虛可不戰而
剋拔其根本彼無所歸則黑獺之首懸於軍門
矣諸將議有異同遂戰於渭曲大軍敗績天平
末潁川人張儉聚衆反叛西通關右羞舉隨都
督侯景高昂等討破之元象中除清州刺史封

三△ 北齊列傳十二 三▽ 王正

密縣侯興和初高祖以爲中軍大都督尋轉東
夏州刺史時高祖欲招懷遠夷令羞舉使於阿
至羅宣揚威德前後稱旨其被知賞卒於州時
年三十六高祖深悼惜之贈幷恒二州軍事恒
州刺史子孝卿少聰敏幾悟有風檢頻歷顯職
武平末侍中開府儀同三司封義寧王知內省
事典外兵騎兵機密是時朝綱日亂政由群豎
自趙彦深死朝貴典機密者唯孝卿一人差居
雅道不未貪穢後主至齊州以孝卿爲尚書令

又以中書侍郎薛道衡爲侍中封北海王三人勸
後主作承先主詔禪位任城王令孝卿贊詔策
及傳國璽往瀛州孝卿便詣鄴城歸於周武帝
仍從入長安授納言上士隋開皇中位太府卿
卒於民部尚書代人劉世清武平末侍中開府儀
父魏金紫光祿大夫世清祖父魏州刺史
同三司任遇與孝卿相亞情性其整周慎謹
密在孝卿之右能通四夷語爲當時第一後主
命世清作突厥語翻涅盤經以遺突厥可汗勑

三△ 北齊列傳第十二 四▽ 王正

中書侍郎李德林爲其序世清隋開皇中
卒於開府親儕衛驃騎將軍
堯雄字休武上黨長子人也祖暄魏司農卿
父榮員外侍郎雄少驍果善騎射輕財重氣
爲時輩所重永安中拜宣威將軍給事中持節
慰勞恒燕朔三州大使仍爲都督從叱列延討
劉靈助平之拜鎮東將軍燕州刺史封城平縣
伯邑五百戶義旗初建雄隨爾朱兆敗於廣阿
遂率所部據定州以歸高祖時雄從兄傑爾朱

兆用爲滄州刺史至瀛州知兆敗亦遣使歸降
高祖以其兄弟俱有誠欵便留傑行瀛州事尋
以爲車騎大將軍瀛州刺史以代傑進爵爲公
增邑五百戶于時禁網踈闊官司相與聚歛唯
雄羨然後取後能接下以寬恩甚爲吏民
所懷附魏武帝入關雄爲大都督隨高昂破
州都督豫州刺史元洪威據潁州叛民趙繼宗
殺潁川太守邵招據樂口自稱豫州刺史北應
洪威雄率衆討之繼宗敗走民因雄之出遂推
城人王長爲刺史據州引西魏雄復與行臺侯
景討平之梁將李洪芝王當伯龍等破平鄉城
侵擾州境雄設伏要擊生擒洪芝當伯等俘獲
其衆梁司州刺史陳慶之復率衆逼豫州城雄出與
戰所向披靡身被二創壯氣益厲慶之敗棄輜
重走後慶之復圍南荊州雄曰苟堆梁之北
面重鎮因其空虛攻之必尅彼若聞難荊圍自
解此所謂機不可失也遂率衆攻之慶之果棄

荊州來未至雄陷其城擒梁鎮將苟元廣兵
二千人梁以元慶和爲魏王侵擾南境雄率衆
討之大破慶和於南頓尋與行臺侯景破梁楚
二州民上書更乞雄爲刺史復行豫州事潁州
長史賀若徵執雄雄爲揚州刺史田迅據潁州
廣州刺史趙育揚州刺史是育寶等各揚當
州士馬隨行臺任延敬并勦攻之西魏遣其將
怡鋒率衆援之延敬等朋戰失利育寶各還
本州據城降敵雄攻集散卒保大梁州周文帝
因延敬之敗遣其右丞韋孝寬等攻據豫州雄
都督郭永伯程多寶等樂豫州降敵執刺史馮
騎從大梁遜之斬多寶拔雄仍與行臺侯景討之
邑并家屬及部下妻子數千口欲送之長安至
樂口雄外兵恭軍王恬伽都督赫連催等數千
魏以永伯爲潁川太守雄進討慰諭瓠瓜西
雄別攻破樂口擒永伯進行豫州事西魏刺史
趙繼宗爲章孝寶等復以雄行豫州事西魏以
育寶爲揚州刺史據項城義州刺史韓顯據南

頓雄復率眾攻之一日拔其二城擒顯及長史
丘岳寶通走獲其妻妾將吏二千人皆傳送
京師加驃騎大將軍仍隨侯景平魯陽除豫
州刺史雄雖武將而性質寬厚治民頗有誠
信為政去煩碎舉大綱而已撫養兵民得其力
用在邊十年屢有功績豫人於今懷之又愛
人物多所施與賓客往來禮遺甚厚亦以此見
稱興和三年徵還京師司冀瀛定齊
青膠兗殺滄十州士卒十萬人巡行西南分守
險要四年卒於鄴時年四十四贈使持節都督
徐膠三州軍事大將軍司徒公徐州刺史諡武
恭子嗣雄弟奮字彥興解褐宣威將軍給事
中轉中堅將軍金紫光祿大夫賜爵安夷縣
子從高祖平鄴破尒朱北等進爵為伯出為南
汾州刺史胡夷畏懼之西魏行臺薛崇禮舉眾
攻之與戰大破之崇禮兄弟乞降送於相府轉
奮驃騎將軍左光祿大夫頴州刺史雄從父兄傑字
梁三州諸軍事司空兗州刺史雄從父兄傑字

壽性輕率嗜酒頗有武用歷給事中羽林監從
高祖統紇豆陵步藩有功除鎮東將軍封樂城
縣伯邑百戶出為滄州刺史屬義兵起歸高祖
從平鄴及破尒朱北等進爵為侯後為都督率眾
隨樊子鵠討元樹於譙城平之仍除南兗州事多
所取受然性果決吏民畏之尋加行兗州事元
象初拜車騎大將軍儀同三司進爵為公出為
唐城鎮大都督轉安州刺史卒於州贈使持節
滄瀛二州諸軍事尚書右僕射滄州刺史諡曰
宋顯字仲華燉煌効穀人也性果敢有幹用初事
尒朱榮為軍主擢為長流參軍從平元顥加前軍
將軍榮死世隆等轉榮府記室參軍永安中除龍
襄垣太守轉晉州刺史後歸高祖
泰初遷使持節征北將軍晉州刺史後歸高祖
以為行臺右丞癸子鵠據兗州反前西兗州刺史
乙瑗譙郡太守辛景威屯據五梁以應子鵠高
祖以顯行西兗州事率眾討破之斬瑗景威通

走拜西兗州刺史時梁州刺史鹿求吉據州外
叛西魏遣傳陵王元約趙郡王元景神率眾迎
接顯勒富州士馬邀破之斬約等仍與左將
軍斛律平共會大梁拜儀同三司在州多所受
納然勇決有氣幹檢御左右咸能得其心力及
河陰之戰深入赴敵遂沒于行陣贈司空公顯

及中興書又撰中朝多士傳十卷姓系譜錄五

三〇九 ▌北齊列傳十二 九

晉書未入國繪依准裴松之注國志體注王隱
從祖弟繪少勤學多所博覽好撰述魏時張緬
聞疆記而天性恍惚晚又遇風疾言論遲緩及
撰年譜錄未成河清五年並遭水漂失繪雖博
十篇以諸家年歷不同多有牴繆乃刊正異同
統中卒

王則字元軌自去太原人也少驍果有武藝初
隨叔父魏廣平王內史老生征討每有戰功老
生為朝廷所知則頗有力初以軍功除給事中
賜爵白水子後從元天穆討邢杲輕騎深入為

果所擒元顥入洛則與老生俱降顥疑老生
遂殺之則廣州刺史鄭先護與同拒顥顥敗
遷征虜將軍出為東徐州防城都督尒朱榮之
死也東徐州刺史觕斯椿其枝黨內懷憂怖時
梁立魏汝南王悅為魏主資其士馬送境上椿
遂齟城降悅則與闌陵太守李義擊其偏師破
之魏因悅則行北徐州事後隸南將軍金紫光祿大夫初
敗始歸高祖仍加征南將軍

隨高祖賀援勝後從行臺侯景周旋征討

嘉靖八年補刊 ▌北齊列傳十二 十

屬有功績天平初行荊州事都督三荊二襄南
雍六州軍事荊州刺史則有威武逼人畏服之
渭曲之役則為西師圍逼遂棄城奔梁梁彝敕
還高祖恕而不責元象初除洛州刺史則性貪
惏在州取受非法舊京取像毀以鑄錢于時世
號河陽錢皆出其家武定中後隨侯景西討景
於潁川作逆時則鎮栢崖成世宗以則有武用徵
為徐州刺史景既南附梁遣貞陽侯明率大眾
向徐州以為影響堰清水灌州城則固守歷時

而取受狼籍鎖送晉陽世宗恕其罪武定年

春卒時年四十八贈青齊□州軍事司空青州刺

史諡曰烈懿則弟敬寶少歷顯位後爲東廣州

刺史與蕭軌等攻建業不見剋沒焉

慕容紹宗昌黎第四子太原王恪後世曾祖

騰歸魏遂居於代都岐州刺史父遠恆州

史紹容貌恢毅少言語深沉有膽略尒朱榮

即其從舅子也值此邊境亂紹宗攜家屬晉

陽以歸榮榮深待之及榮稱兵入洛私告紹宗

＜北齊列傳第十二＞

曰洛中人士繁盛驕侈成俗若不加除剪恐難

制馭吾欲因百官出迎仍悉誅之謂可尒不紹宗

對曰太后臨朝淫虐無道天下憤惋共所棄之

公既身控神兵忠義忽欲殲夷多士謂非

長策深願三思榮不從後以軍功封索盧縣子

尋進爵爲侯從高祖破羊侃又與元天穆平邢

杲累遷并州刺史紇豆陵步藩逼晉陽尒兆

擊之杲爲步藩所破欲以晉州徵高祖共圖步

藩紹宗諫曰今天下擾擾人懷覬覦正是智士

用策之秋高晉州才雄氣猛英略蓋世璧言諸

蛟龍安可借以雲雨兆怒曰我與晉州推誠相

待何忽輒相猜阻橫生此言俱禁止紹宗數日

方釋遂割鮮卑練高祖高祖共討步藩滅之及

高祖舉義信都兆以紹宗爲長史又命爲行臺

率軍與高祖及廣阿韓陵之敗兆乃撫

膺自咎謂紹宗曰比用卿言豈至此兆之敗

於韓陵也士卒多奔兆懼將欲潛遁紹宗建旗

鳴角招集義徒軍容既振與兆徐而上馬後高

＜嘉靖十年刊 北齊列傳第十二 十二＞

祖從鄴討兆於晉陽兆窘急走赤洪嶺自縊而死

紹宗行到馬突城見高祖追至遂攜榮妻子及

兆餘衆自歸高祖仍加恩禮所有官爵並如故

軍謀兵略時參預焉天平初遷都鄴庶事未周

乃令紹宗與高隆之共知府庫圖籍諸事二年

宜陽民李延孫聚衆反乃以紹宗爲西南道軍

司率都督厙狄安盛等討破之軍還行揚州刺

史尋行豫州刺史丞相府記室孫搴屬紹宗以

兄爲州主簿紹宗不用搴譖之於高祖云慕容

紹宗嘗登廣固城長歎謂其所親云大丈夫有

後先業理不由是徵還元象初西魏將獨孤如

願據洛州梁頴之間寇盜鋒起高祖命紹宗率

兵赴武牢與行臺劉貴等平之進爵為公除

度支尚書後為晉州刺史西道大行臺還朝遷

御史中尉屬梁劉烏黑入寇徐方令紹宗率

兵討擊之大破因除其徒黨數月間遂收其

復為侵竊紹宗密誘其徒黨數月間遂收執烏黑

殺之侯景反叛命紹宗為東南道行臺加開府

轉封燕郡公與韓軌等詣瑕丘以圖進趣梁武

帝遣其兒子貞陽侯深明等率衆十萬頓軍寒

山與侯景掎角擁泗水灌彭城仍詔紹宗為行

臺節度三徐州兖軍事與大都督高岳等出

討大破之擒蕭明及其將帥等俘虜其衆乃迴

軍討侯景於渦陽于時景軍甚盛前後諸將往

者莫不為其所輕及聞紹宗與岳將至深有懼

色謂其屬曰吾所部兵精紹宗舊將宜共慎之

於是與景接戰諸將持疑無肯先者紹宗麾兵

徑進諸將從之而大捷景遂奔遁軍還別封

永樂縣子初高祖末命世宗云侯景若反以慕

容紹宗當之至是言果驗以紹宗為南道行臺與太

尉高岳儀同劉豐豐等率軍圍擊堰洧水以灌之

時紹宗頻有凶夢意每惡之乃私謂左右曰吾

自年二十已還恒有蘇綖昨來蘇綖忽然自盡

以理推之蘇者筭也吾一筭將盡未幾與豐

臨堰見比有塵氣仍入艦同坐暴風從東北來

遠近晦宜舟纜斷飄艦徑向敵城紹宗自度不

免遂投水而死時年四十九三軍將士莫不悲惋

朝廷嗟傷贈使持節二青二兖齊濟光七州軍

事尚書令太尉青州刺史諡曰景惠除其長子

士肅為散騎常侍尋以謀及伏誅朝廷以紹宗

之罪止士肅身皇建初配饗世宗廟庭士肅弟

建中襲紹宗爵武平末儀同三司隋開皇中大

將軍疊州總管

薛循義字公讓河東汾陰人也曾祖紹魏七兵尚

書太子太保祖臺時仁河東河北二郡守秦州刺
史汾陰公父寶集定陽太守循義少而姣俠輕
財重氣招召豪猾時有急難相奔投者多能
容匿之魏咸陽王為司州牧用為法曹從事魏
北海王顥鎮徐州引為墨曹參軍正光末天下
兵起顥為征西將軍都督華幽東秦諸軍事
兼左僕射西道行臺以循義為統軍時有詔能
募得三千人者用為別將於是循義還河東仍
歷平陽弘農諸郡合得七千餘人即假安北將
軍西道別將俄而東西二夏南北兩華及齭州
等及叛顥進討之循義率所部頗有功紲蜀賊
陳雙熾等聚汾曲循義為大都督與行臺長
孫權共討之循義以雙熾足其鄉人遂輕詣壘
下曉以利害熾等遂降拜循義龍門鎮將後循
義宗人鳳賢等作亂圍鎮城循義亦以天下
紛擾規自縱擅遂與鳳賢聚眾為逆自號黃
鉞大將軍都督宗正珍孫討之軍未至循義
慙悔乃遣其帳下孫懷彥奉表自陳乞大將

招慰魏孝明遣西道行臺大行臺胡元吉奉詔曉
諭循義循義降鳳賢等猶據險屯結長孫稚軍於弘
農珍孫軍靈橋未能進循義與其從叔善樂從
弟嘉族孫軍各率義勇為攻取之勢與鳳賢書示
其禍福鳳賢隆拜鳳賢龍驤將軍假節稷山鎮
將夏陽縣子邑三百戶封循義為弘農河北河東正
百戶儞朱榮以循義豪猾反覆錄送晉陽與
高昂等並見拘防榮赴洛以循義自隨置於
駞牛署爾朱死魏孝莊以循義為弘農河北河東正
平四郡大都督時高祖為晉州刺史見循義待
之甚厚及爾朱兆立魏長廣王為主除循義右
將軍陝州刺史魏前發帝初以循
義為持節後將軍南汾州刺史高祖起義
都破四胡於韓陵遣徵循義從至晉陽以循義信
行并州事又從高祖平爾朱武帝之入關也
高祖奉迎臨潼關以循義為關右行臺自龍門
濟河西魏北華州刺史薛崇禮屯陽氏壁循義
以書招之崇禮率萬餘人降樊子鵠之據兗州

循義從大司馬竇泰破平之天平中除衛將軍
南中郎將帶汲郡太守頓兵淮陽東郡黎陽五
郡都督還遷東徐州元象初拜儀同沙苑之役從
諸軍退還行晉州事封祖業兼城走循義追至
洪洞說祖業不從循義還遷晉
州安集固守西魏儀同長孫子彥不測虛實圍過城下循
義開門伏甲以待之子彥不測虛實遂於是遁去
高祖甚嘉之就拜晉州刺史南汾東雍陝四州行
臺賚帛千疋循義在州擒西魏所署正平太守

段榮顯招降胡酋胡垂黎等部落數十口表置
五城郡以安處之高仲密之叛以循義為西南
道行臺行臺為掎角聲勢執不行尋除齊州刺史以
贓貨除名追其前守晉州功復其官爵仍拜
衛尉卿時山胡侵亂晉州遣循義追討破進
爵正平郡公加開府世宗以高祖遺旨減封二
百戶別封循義為平鄉男天保初除護軍別封
藍田縣公又拜太子太保五年七月卒時年七
十七贈晉太華三州諸軍事司空晉州刺史贈

物三百段子文殊嗣嘉族性亦豪爽釋褐員外
散騎侍郎稍遷正平太守屬高祖在信都嘉族
聞而赴義從平四胡於韓陵除華州刺史及賀
拔岳拒命金祚族置騎河上以禦大軍嘉族遂
棄其兼馬浮河而度歸於高祖由是拜揚州刺
史卒於官子震字文雄天平初受旨鎮守龍門
陷於西魏元象中方得逃還高祖嘉其至誠除
廣州刺史後從慕容紹宗討侯景以功別封屑
施縣男天保四年從討山胡破茹茹並有功
勤幹除漁陽太守

累遷譙州刺史循義從子元頴父光熾東雍州
刺史太常卿元頴廉謹有信義起家永安王叅
軍行秀容縣軍有清名轉定州別駕擢定清平

此列平字殺鬼代郡西部人也世為酋帥有容
貌義驍歸善騎射襲第一領民酋長臨江伯孝
昌末拔陵反叛如餘眾入寇劉胡邑平以統軍
屬有戰功補別將俊子作亂劉胡崙解律可
那律俱構逆時以平為都督討定胡崙等魏孝

莊初除武衛將軍隨尒朱榮破葛榮平元顥遷

中軍都督右衛將軍封嬰陶縣伯邑七百戶榮

死平與榮妻及尒朱世隆等北走長廣王暉立

授右衛將軍加京畿大都督時尒朱氏凌僭平

常慮危禍會高祖起義平遂歸誠從平鄴破四

胡於韓陵平尒朱兆復從領軍婁昭討樊子鵠平

之授使持節華州刺史高仲密之叛平從高祖

破周文帝於邙山武定初除廓州刺史五年加

儀同三司鎮河陽八年進爵為矦天保初授兗

州刺史尋加開府別封臨洮縣子三年與諸將

南討江淮克陽平郡陳人攻圍廣陵詔平統河

南諸軍赴援陳人退乃還五年夏卒於州時年

五十一贈瀛滄幽三州軍事瀛州刺史中書監

謚曰莊惠子孝中嗣弟長父武平末侍中開府

儀同三司封新寧王隋開皇中上柱國卒於涇

州長史雖無他伎前在官以清幹著稱

步大汗薩太安狄那人也曾祖榮仕魏歷金門

化正二郡太守父居龍驤將軍領民別將正光

末六鎮反亂薩乃將家避難南下奔尒朱榮於

秀容後從尒朱榮入洛以軍功除揚武軍帳內統軍

賜爵江夏子從平葛榮累前後功加鎮南將軍

榮死後從尒朱兆入洛補帳內大都督從兆拒

戰於韓陵城敗薩以部降高祖以為第三領民

酋長累遷秦州鎮城都督北雍州刺史天平中

轉東壽陽三泉都督元象中行豫州累遷臨川

領民大都督賜爵長廣伯時茹茹寇鈔屢為

邊害高祖撫納之遣薩將命還拜儀同三司出

為五城大都督鎮河陽又加車騎大將軍開府

進封行唐縣公減勃海三百戶以增其封仍授

晉州刺史別封安陵縣男邑二百戶加驃騎大

將軍齊受禪改封義陽郡公

慕容儼字恃德清都成安人慕容廆之後也父

叱頭魏南頓太守身長八尺腰帶九尺武平初

追贈開府儀同三司尚書左僕射持節都督滄

恒二州軍事恒州刺史儼容貌出群衣冠其偉

不好讀書頗學兵法工騎射正光中魏河間王元
琛率眾救壽春辟儼為廂軍主以戰功賞帛五十
軍次西破石因解渦陽之圍平舍陵城荊山戍
梁遣將鄭僧等要戰儼擊之斬其將蕭喬梁
人奔遁又龍裂破王神念等軍擒二百餘人神念
珍軍副秦太又擊賊王苟於陽夏平之孝昌中西荊
州為梁將曹義宗所圍儼應募赴之時比陽太
守宋帶劍謀叛儼乃輕騎出其不意直至城下
語云大軍已到太守何不迎帶劍造次惶恐不知
所為便出迎儼即執之一郡遂定又破梁將馬
元達蔡天起柳白嘉等累有功除強弩將軍與
梁將王玄真董當門等戰並破之解穰城圍剋
復南陽新鄉轉積射將軍持節豫州防城大都
督討之儼為別將鄭海珍與戰斬其軍主朱僧
僅以身免三年梁遣將攻東豫州大都督元賓
爾朱榮入洛授儼畿南面都督永安中

沙苑之敗西魏荊州刺史郭鸞率眾攻儼儼拒守
二百餘日晝夜力戰大破鸞軍追斬三百餘級又
擒西魏刺史郭他時諸州多有翻陷唯儼獲全又
進號鎮南將軍武定三年率師解襄州圍頻使
茹茹又從攻玉壁賜帛七百疋并衣帽等五年
鎮河橋五城侯景叛儼擊獲景麾下庫
狄昌賴及偽署太守鄭道合兗州刺史王彥夏
行臺狄狄暢等擒斬百餘級旋軍頓城又擒景偽
署刺史辛光并及蔡遵并其部下二十八人六年除
譙州刺史屢有戰功多所降附七年又除膠州
刺史天保初除開府儀同三司三年梁司徒陸
法和儀同宋蒕等率其部下以郢州城在江外
清河王岳師師江上乃集諸軍議曰城在江外
人情尚梗必須才略兼濟忠勇過人可受此寄
耳眾咸推儼岳以然遂遣鎮郢郢城始入便
為梁大都督侯瑱以率水陸軍奄至城下儼
隨方禦備瑱等不能剋又於上流鸚鵡洲上造
荻洪竟數里以塞船路人信阻絕城守孤懸眾

情危懼儼導以忠義又悅以安之城中先有神
祠一所俗號城隍神公私每有祈禱於是順士
卒之心乃相率祈請冀獲甘雨須臾陰衝風歘
起驚濤涌激漂斷洪約復以鐵鎖連治防
禦弥切儼還共祈請風浪夜驚後以斷絕如此
者再三城人大喜以為神助約移軍於城北比造
人各持攻具於城南置營壘南比合熱刀儼乃率
步騎出城舊擊大破之擒五百餘人先是郢城

甲下兼土踈頹壞儼更修繕城雉多作大樓又
造船艦水陸備具工無暫關蕭循又率眾五萬
與瑱約合軍夜來攻擊儼與將士力戰終夕至
明約等乃退追斬瑱驍將張白石首瑱以千金
贖之不與夏五月瑱約等又相與并力悉眾攻
圍城中食少粮運阻絕無以為計唯煮椶
葉并紵根水萍葛艾等草及靴皮帶筋角等
物而食之人有死者即取其肉火別分噉唯留
骸骨儼猶申令將士信賞必罰分廿同苦死生

以之自正月至於六月人無異志後蕭方智
立遣使請和顯祖以城在江表據守非便有詔
還之儼望帝悲不自勝帝呼令至前執其手持
儼鬚嗚咽脫帽看儼歎息父之謂儼曰觀卿容兒
朕不復相識自古忠烈豈能過此儼拜奉聖顏
陛下威靈得申愚節不屈豎于重奉聖令雖
夕死沒而無恨帝嗟稱不已竪于趙州刺史進伯
為公賜帛一千疋錢十萬九年又討賊有功賜帛
一百疋錢十萬十年詔除揚州行臺與王貴顯

侯子監將兵衛送蕭莊築郭默若邪二城與陳
新蔡太守魯悉達戰大地洞破走之又監蕭莊
王琳軍與陳將侯瑱侯安都戰於無湖敗歸皇
建初別封成陽郡公天統二年除特進四年十
月又別封猗氏縣公并賜金銀酒鍾各一枚胡
馬一疋五年四月進爵為義安王武平元年出
為光州刺史儼少任俠交通輕薄遨遊京閭
及從征討每立功効經略雖非所長而有將師
之節所歷諸州雖不能清白守道亦不貪殘卒

贈司徒尚書令于子顒給事黃門侍郎尒朱將帥

義旗建後歸順立功者以武威牒舍樂代郡范舍

樂亦致通顯牒舍樂少從尒朱榮為軍主統靈後

西河領民都督尒朱兆敗率衆歸高祖拜鎮西

將軍金紫光祿大夫以都督隸侯景破賀拔勝

於穰城又與諸將討平青兗荊三州拜鎮西將

軍營州刺史天保初封漢中郡公後因戰没於關中

范舍樂有武藝筋力絕人魏末從崔遲本宗等

征討有功授統軍後入尒朱榮軍中頻有戰功

授都督後隨尒朱兆破步藩於梁郡高祖義旗

車棄兆歸信都從高祖破兆於廣阿韓陵並有

功賜爵平舒男每從征役多有剋捷除相府左

廂大都督尋出為東雍州刺史世宗嗣事封平

舒縣侯拜儀同天保中進位開府又有代人庫

狄伏連字仲山少以武幹事尒朱榮至直閤將

軍後從高祖義旗賜爵武成縣男世宗輔政遷武

衛將軍天保初儀同三司四年除鄭州刺史尋

加開府伏連質朴勤於公事直衛官闕曉夕不

雖帝所以此見知鄙弘愚很無治民政術及居

州任專事聚歛性又嚴酷不識士流開府參軍

多是衣冠士族伏連加以捶撻逼遣築墻武平

中封宜都郡王除領軍大將軍尋與瑯瑯王儼

殺和士開伏誅伏連家口有百數盛夏之日料

以倉米貳外不給鹽菜常有飢色冬至之日親

表稱賀其妻為設豆餅伏連問此豆因何而得

妻對向於食馬豆中分減充用伏連大怒典掌

掌食之人並加杖罰積年賜物藏在別庫遣婢

婢入專掌管及需每入庫撿閱必語妻子云此

是官物不得輒用至是簿錄並歸天府

史臣曰高祖霸業始基招集英勇張瓊守

雖識非先覺而運屬時來驅武旅日不暇給

義宣禦侮契協宏圖臨敵制勝足稱忠義

紹宗兵機武略在世見推昔事尒朱固忠義

不用范增之言終見烏江之禍侯景狼戾固非

後主之臣末命緒言實表知人之鑒寒山渦水

往若摧枯箄弄盡數奇逢斯厄運悲夫

贊曰霸圖立肇王業是因偉哉諸將寔曰功臣
永懷耿賈無累清塵

列傳第十二　　北齊書二十

隋太子通事舍人李　百藥　撰

高乾　弟昂　弟季式

封隆之　子子繪

▉北齊傳十三　　一

高乾字乾邑勃海脩人也父翼字次同豪俠有
風神為州里所宗敬孝昌末葛榮作亂於冀趙
朝廷以翼山東豪右即家拜勃海太守至郡未
幾賊徒愈盛翼部率合境逃居河濟之間魏因
置東冀州以翼為刺史加鎮東將軍樂城縣侯
及尒朱榮弒莊帝翼保境自守謂諸子曰主憂
臣辱主辱臣死今社稷阽危人神憤恕破家報
國在此時也尒朱兄弟性甚猜忌忌則多害有
等宜早圖之先人有奪人之心時不可失也汝
未輯而卒中興初贈使持節侍中太保錄尚書
事冀定瀛相殷幽六州諸軍事冀州刺史謚曰
文宣乾性明悟俊偉有　知略美音容進止都雅
少時輕俠數犯公法長　而脩改輕財重義多所
交結魏領軍元乂權重　當世以意氣相得接乾

甚厚起家拜員外散騎侍郎領直後轉太尉士
曹司徒中兵遷員外散騎常侍孝莊之居藩也乾潛相
託附及尒朱榮入洛乾東奔於翼尉莊帝立進除
龍驤將軍通直散騎常侍乾兄弟本有從橫志
於河濟之間受葛榮官爵屢敗齊州刺馬莊帝
見榮殺害人士謂天下遂亂乃率河北流人反
尋遣右僕射元羅巡撫三齊乾前罪
朝廷以乾為給事黃門侍郎尒朱榮乾前罪
不應復居近要莊帝聽乾解官歸鄉里於是招

▉裴英傳十三　　二

納驍勇以射獵自娛榮死乾馳赴洛陽莊帝見
之大喜時尒朱徒黨黑獺擁兵在外莊帝以乾為金
紫光祿大夫河北大使令招集鄉間以為表裏形
援乾垂涕奉詔弟昂援劒起舞請以死自効俄
而尒朱兆入洛尋遣其監軍孫白鷂以乾為金
冀州記言晉徵勒壯士馬似以待乾送馬收之
乾既宿有報復之心而白鷂忽至知將圖乃
先機定策潛勒壯士龍衣擁州城傳檄州郡殺白
鷂執刺史元仲宗推封隆之權行州事為莊帝

舉哀三軍縞素乾昇壇盟誓衆辭氣激揚涕淚交下莫不哀憤北受幽州刺史劉靈助節度共為影響俄而靈助被殺屬高祖出山東揚聲來討密情莫不惶懼乾謂其徒曰吾聞高晉州雄略蓋世其志不居人下尒朱無道殺主虐民正是英雄効義之會也今日之來必有深計諸君但勿憂懼乾既睍達時機關罟曹世事辭言辭慷慨雅合深旨高祖大加賞

■■列傳第十三　三

重仍同帳寢宿時高祖雖內有遠圖而外跡未見尒朱羽生為殷州刺史高祖密遣本李元忠舉兵逼其城令乾率衆僞往救之乾遂輕騎入見羽生與指畫軍計羽生與乾俱出困擒之遂平殷州又共定策推立中興拜乾侍中司空先是信都草剏軍國權興乾遭喪不得終制及武帝立天下初定乾乃表請解職行三年之禮詔聽解侍中司空如故封長樂郡公邑一千戶乾雖求退不謂便見從許既去內侍朝廷罕所關知

居常怏怏武帝將貳於高祖望乾為已用會於華林園讌罷獨留乾謂之曰司空世忠良今見復建殊効相與雖則君臣實亦義同兄弟宣共盟約以敘情契殷勤逼之乾對曰臣世奉朝廷遇殊寵以身許國何敢有此圖遂不固辭而不啓高祖及武帝置之部曲數道對然非其本心事出倉卒又不謂武帝便有異私謂所親曰主上不親勳賢而招集群竪音數道元休弥王思政往來關西與賀拔岳計議又出

■■列傳十三　四

賀拔勝為荊州刺史外不疎忌實欲樹黨令其兄弟相近冀擴有西方禍難將作必及於我乃密啓高祖高祖召乾詣并州面論時事乾因勸高祖以舉魏禪高祖以袖掩其口曰勿妄言今啓司空復為侍中門下之事以相委高祖屢令啓詔書竟不施行乾以頻請不遂知變難起密啓高祖求為徐州乃除使持節都督三徐諸軍事開府儀同三司徐州刺史乃與乾剋期將發乾泄漏前事乃詔高祖云曾與乾邑私有盟約

今復反覆兩端高祖便取乾前後數啓論時事
者遣使人封送武帝帝召乾邑示之禁於門下省
對高祖使人責乾前後之失乾自陳臣以身奉國
義無忠貞自陛下既立異圖而乃云臣反覆以四
之罪其無辭乎功大身危自古然也若死而有
夫加諸尚或難免乎況人主推惡復何逃命欲加
知庶無貞見者莫不歎惜焉時武衛將軍元整監
之罪遂賜死時年三十七神
色不虧見者莫不歎惜焉乾曰吾兄弟分張
刑謂乾曰頗有書及家人乎

各在異處今日之事想無全者兒子旣小未有
所識亦恐巢傾卵破夫欲何言後高祖討斛斯
椿等次盟津謂乾弟昂曰若早用司空之策豈
有今日之舉也天平初贈使持節都督冀定滄
瀛幽齊徐青光兗十州軍事太師錄尚書事其
州刺史諡曰文昭長子繼叔襲祖洛城縣侯令
弟二子曰兒襲乾爵乾弟慎字仲密頗涉文史
與兄弟志尚不同偏爲父所愛魏中興初除滄
州刺史東南道行臺尚書太昌初遷光州刺史

五

加驃騎大將軍儀同三司時天下初定聽慎以
本鄉部曲數千人自隨慎爲政嚴酷又縱左右
吏民苦之兄乾死密棄州將歸高祖以爲大行臺
州斷其歸路慎間行至晉陽高祖以爲大行臺
左丞轉尚書當軍官無所迴避時咸畏憚之自義
旗之後安州刺史尋徵爲御史中尉選用
行臺侯率衆討平之天平末拜侍中開府
元象初出爲兗州刺史尋徵爲御史中尉選用
御史多其親戚鄉閭不稱朝望世宗奏令改選

爲慎前妻吏部郎中崔暹妹爲慎所棄暹時爲
世宗委任慎謂其構己性旣狷急積懷憤恨因
是宰有紕繆多所縱舍高祖嫌責之彌不自安
出爲北豫州刺史遂據武牢降西魏慎妻子將
周文帝率衆東出高祖破之於邙山慎先入關
西度於路盡舍窩之高祖以其勳家啓慎房配
沒而已
昂字敖曹乾第三弟幼稚時便有壯氣長而倜
儻膽力過人龍眉豹頸姿體雄異其父爲求嚴

六

師令捶撻即不遵師訓專事馳騁每言男兒當
橫行天下自取富貴誰能端坐讀書作老博士
也與兄乾數為劫掠州縣莫能窮治招聚劍客
家資傾盡鄉閭畏之無敢違近父翼常謂人曰
此兒不滅我族當大五門不直為州豪也建義
初兄弟共舉兵既而奉旨散眾仍除通直散騎
侍郎封武城縣伯邑五百戶乾解官歸與昂俱
在鄉里陰養壯士尒朱榮聞而惡之密令刺史
元仲宗誘執即送於晉陽永安末榮入洛當
自隨禁於驥牛署既而榮死親莊帝即引見勞
勉之時尒朱世隆還過宮關帝親臨大夏門指
麾戲分昂既免縲絏被甲橫戈志凌勁敵乃與
其從子長命等推鋒徑進所向披靡帝及觀者
莫不壯之即除直閤將軍賜昂千四卯以寇難
尚繁非一夫所濟乃請還本鄉招集部曲仍除
通直即常侍加平北將軍所在義勇競來投赴
尋值京師不守遂與父兄擁信都起義州刺
史尒朱羽生潛軍來龍裴奄至城下昂不暇擐甲

將十餘騎馳之羽生退走人情遂定後廢帝立
除使持節冀州刺史以終其身仍為大都督率
眾從高祖破尒朱兆於廣阿及平鄴別率所部
領兼陵又隨高祖討尒朱兆於韓陵昂自領鄉
部曲練習已久前後戰闘不滅鮮甲令若雜之
千餘人共蔡雋於意如何昂對曰教曹所將
曰高都督純將漢見恐不濟事令當割鮮里兵
人部曲王桃湯東方老呼延族等三千人高祖
情不相合勝則爭功退則推罪願自領漢軍不
煩更配高祖然之及戰高祖不利軍小却兆等
方乘之高祖破韓匈奴等以五百騎衝其前斛律
敦收散卒蹴其後昂與蔡雋以千騎自栗園出
橫擊兆軍兆眾由是大敗是日微昂等高祖幾
殆太昌初始之冀州尋加侍中開府進爵為侯
邑七百戶乾被殺乃將十餘騎奔晉陽歸於
高祖及斛斯椿舉兵起昂南討令昂為前驅武
帝西遁昂率五百騎倍道兼行至於崤陜不及
而還尋行豫州刺史仍討三荊諸州不附者並

平之天平初除侍中司空公昂以兄乾巋薨於此

位固辭不拜轉司徒公時高祖方有事關以

昂為西南道大都督徑趣商洛山道峽隘已為

寇所守險阻昂轉關而進莫有當其鋒者遂攻剋

上洛獲西魏洛州刺史泉企并將帥數十人會

竇泰失利召昂班師時昂為流矢所中創甚顧

謂左右曰吾以身許國死無所恨矣即

不見季式作刺史耳高祖聞之即馳驛啓季式

為濟州刺史昂還復為軍司大都督統七十六

九

都督與行臺侯景治兵於武牢御史中尉劉貴

時亦率眾在北豫州與昂小有忿爭昂怒鳴鼓

會兵而攻之俟景與冀州刺史万俟受洛千

解乃止其俠景凌物如此于時鮮卑共輕中華

朝士唯憚服於昂言昂嘗詣相府掌門者不聽

昂若在列為華言高祖知而不責元象元年進封京

怒引弓射之高祖每申令三軍常鮮卑語

北郡公邑二千戶與侯景等同攻獨孤如願於

金墉城周文帝率眾救之戰於邙陰昂所部失

利左右分散單馬東出欲趣河梁南城門閉不

得入遂為西軍所害時年四十八贈使持節侍中

都督冀定滄瀛殷五州諸軍事太師大司馬太

尉公錄尚書事冀州刺史諡忠武子突騎嗣早

卒世宗復召昂諸子親簡其第三子道豁襲武

建初追封即永昌王道豁龑武平末開府儀同

三司又周授儀同大將軍開皇中卒於黃州刺史

季式字子通正員郎遷衛將軍金紫光祿大

拜鎮遠將軍季式第四弟也亦有膽氣中興初

十一

夫尋加散騎常侍領主衣都統太昌初除尚食

典御天平中出為濟州刺史山東舊賊劉盤陀

明曜等攻劫道路剽掠村邑齊兗青徐四州患

之歷政不能討季式至皆破滅之尋有濮陽民

杜靈椿等攻城剽野聚眾將萬人季式遣騎三

百一戰擒之又陽平路文徒黨群緒顯等立營

栅為亂季式討平之又有群賊破南河郡季式

遣兵臨之應時斬戮自兹以後遠近清晏季式

兄弟貴盛並有勳於時自領部曲千餘人馬八

百匹戈甲器仗皆備故　凡追督賊盜多致剋捷

有客嘗謂季式曰濮陽陽平乃是畿內旣不奉

命又不侵境而有何急遣私軍遠戰萬一失脫

豈不招罪季式曰君言何不忠之甚也我與國

義同安危豈有見賊不討之理且賊知臺軍卒

不能來又不疑外州有救未備之間破之必矣

兵尚神速何得後機若以獲罪吾亦無恨元象

中西冦大至高祖親率三軍以禦之陣於邙北

師徒大敗河中流尸相繼敗兵首尾不絕人情

騷動謂世事艱難所親部曲請季式曰今日形

勢大事去矣可將腹心二百騎奔梁旣得避禍

不失富貴何爲坐受死也季式曰吾兄弟黨國

厚恩顚覆當背城死戰安能區區偷生苟活是

社稷顚覆當背城死戰安能區區偷生苟活是

役也司徒殺爲入爲散騎常侍興和中行晉州

事解州仍鎮永安戍高慎以武牢叛遣信報季

式季式得畫驚懼即狼狽奔告高祖高祖昭其

至誠待之如舊武定中除侍中尋加冀州大中

北齊列傳第十三　　　十一

正時世宗先爲此任啓以迴授爲都督從清河

公岳破蕭明於寒山敗使景於渦陽還除衛尉

卿復爲都督從清河公攻王思政於潁川援之

以前後功加儀同三司天保初封乘氏縣子仍

爲都督隨司徒潘樂征討江淮之間爲私使樂

人於邊境交易還京坐被禁止尋而赦之四年

夏發疽卒年三十八贈侍中使持節都督冀異

州諸軍事開府儀同三司冀州刺史諡曰恭穆

季式豪率好酒又恃舉家勳功不拘檢節與光

■ 北齊列傳十三

州刺史李元忠生平遊歇在濟州夜飲憶元忠

開城門令在右乘驛持壺酒往光州勸元忠忠

朝廷知而容之兄慎叛後少時解職黃門郎司

馬消難左僕射子如之子又是高祖之婿勢盛當

時因退食眼尋季式與之酣飲留宿曰重門

並開關篇不通消難固請云我是黃門郎天子

侍臣豈有不恭朝之理且已一宿不歸家君必

當大怒今若又留我狂飲我得罪無辭恐君亦

不免譴責季式曰君自稱黃門郎又言畏家君

十二

怳欲以地勢劫脅我邪高季式死自有處初不畏
此消難拜謝諸明出終不見許酒至不肯飲命季式
云我留君盡飲與君是何人不爲我痛飲命左右
索車輪括消難頸又索一輪自括頸仍命酒引
滿相勸消難消難不得已欣笑而從之方俱脫車
驚異及消難出方具言之世宗在京輔政白魏
輪更留一宿是時失消難兩宿莫知所在內外
帝賜消難美酒數石珍羞十與并令朝士與季
式親狎者就季式宅讌集其被優遇如此翼長

兄子永樂次兄子延伯並和厚有長者稱俱從
冀舉義永樂官至衛將軍右光祿大夫異州大
中正出爲博陵太守以民事不濟自殺贈使持
節督滄集二州諸軍事儀同三司異州刺史子
長命本自賊出年二十餘始被收舉猛暴好殺
然亦果於戰關初於大夏門拒尒朱世隆以功
長遷左光祿大夫高祖遙授長命雍州刺史封
沮陽鄉男二百戶尋進封隃陵縣伯增二百戶
武定中隨儀同劉豐討侯景爲景所殺贈異州

刺史延伯歷中散大夫安州刺史封萬年縣男
邑二百戶天保初加征西將軍進爵爲之羽翼者呼
太府少卿自昂初以豪俠立名爲之羽翼者呼
延族劉貴珍劉長狄東方老劉士榮王韓顧
生劉桃捧隨其建義者李希光叔宗劉孟和
並仕官顯達孟和名恊浮陽饒安人也孟和
好弓馬率性豪俠幽州刺史劉靈助之起義
孟和亦聚衆附昂兄弟昂遙應之及孟和助敬昂
乃擄異州孟和爲其効力曾高祖起義異州以

孟和爲都督中興初拜通直常侍二年除安東
將軍尋加征東將軍金紫光祿以建義勳賜爵
長廣縣伯天平中衛將軍上黨內史罷郡除大
丞相司馬武定元年坐事死叔宗字元結蔡陵
平昌人和謹頗有學業舉秀才稍遷滄州治中
永安中加鎮遠將軍諫議大夫兄海寶少輕俠
然爲州里所愛義也海寶率鄉閭龍襲滄
海以應昂昂以海寶權行滄州事前范陽太守
刁整心附尒朱遣弟子安壽龍襲殺海寶及祭仍

歸於昂中與高相除前將軍廷尉少卿太昌初
加鎮軍將軍光祿大夫太平初除車騎將軍左
光祿大夫二年卒贈使持節儀同定州刺史老
字安德南人家世寒微身長七尺膂力過人少
末兵起遂與昂為部曲義旗建仍從征討以軍
功除殿中將軍累遷平遠將軍除魯陽太守後
除南益州刺史領宜陽太守賜爵長樂子老頻
麤獷無賴輕結險之徒共為賊盜鄉里患之魏
為二郡出入數年境接群蠻又隣西敵至於攻

北齊書列傳主　十五

城野戰率先士卒屢以少制衆西人憚之顯祖
受禪別封陽平縣伯遷南兗州刺史後與蕭凱
等渡江戰沒希光教海諭人也父絀魏長廣太
守希光隨高乾起義信都中興初除安南將軍
安德郡守後為世祖開府長史武定末從高嶽
平潁川封義寧縣開國侯歷潁梁南兗三州刺
史天保中揚州刺史與蕭軌等渡江戰沒贈開
府儀同三司西兗州刺史子子令尚書外兵郎
中武平末通直常侍隋開皇中卒於易州刺史

希光族弟子貢以與義旗之功官至吏部郎後
為兗州刺史弟子貢暴為世宗所殺顯祖責陳武
嚴蕭明命儀同蕭軌率希光東方老裴英起王
敬寶步騎數萬代之以七年三月渡江龍襄剋石
頭城五將名位相仿英起以侍中蕭軌
與希光並為都督軍中抗禮不相服御競說謀
略動必乖張頓軍冊陽城下值霖雨五十餘日
及戰兵器並不堪施用故致敗亡將帥俱死士
卒得還者十三所沒哭叛械軍資不可勝紀蕭

北齊書列傳第十三　十六

軌王敬寶事　行史闕其傳裴英起河東人其先
晉末渡淮寓居淮南之壽陽縣祖芳先臨薛安
都入魏官至趙郡守父約勃海相英起聰慧滑
稽好劇談不拘儀檢仕魏至定州長史世宗引
為行臺左丞天保中都官尚書兼侍中及戰沒
贈開府尚書左僕射

封隆之字祖裔小名皮勃海蓨人也父回魏司
空隆之性寬和有度量弱冠州郡辟薄起家奉
朝請領直後汝南王悅開府為中兵參軍初延

昌中道入法慶作亂眾方自號大乘眾五萬餘
遣大都督元遙及隆之擒獲法慶賜爵武城子
俄兼司徒主簿河南尹丞時青齊二州士民反
叛兼司隆之奉使慰諭咸即降歠求安中除撫軍府
長史尒朱兆等屯據晉陽魏朝以河內要衝除
隆之龍驤將軍河內太守尋加郡屬河內要衝除
平北將軍當郡都督未及到郡屬尋加持節後將軍假
莊帝幽崩隆之以父遇害常懷報雪因此遂持
節東歸圖為義舉時高乾告隆之曰尒朱暴逆
禍加至尊弟與兄弟並荷先帝殊常之眷豈可
不出身為主以報讎恥平隆之對曰國恥家怨
痛入骨髓乘機而動今實其時遂與乾定計乃
夜襲州城尅之乾等以隆之素為鄉里所信乃
推為刺史隆之盡心慰撫人情感悅尋與高祖自
晉陽東出隆之遣子子繪奉迎於滏口高祖甚
嘉之既至信都集諸州郡督將僚更等議曰逆
胡尒朱兆窮凶極虐天地之所不容人神之所
捐棄今所在蜂起此天亡之時也欲與諸君翦

除凶羯其計安在隆之對曰尒朱暴虐天亡斯
至神怒民怨眾叛親離雖握重兵其彊易弱而
大王心王室首唱義旗天下之人孰不歸仰
願大王勿疑中興初拜左光祿大夫吏部尚書
尒朱兆等於廣阿十月高祖與戰大破之乃
遣隆之持節為北道大使高祖擊尒朱兆等行冀
於韓陵留隆之鎮鄴城尒朱兆人分置諸州尋徵為
州事仍領俘三萬餘人高祖之將赴都因過
侍中時高祖自洛還師於鄴隆之將赴都因過
謁見啟高祖曰斛斯椿賀拔勝賈顯智等往事
尒朱中復乖阻及討仲遠又與之同猜忍之人
志欲無限又叱列延慶侯景皆在京師王授
以名位此等必構禍隙高祖經宿乃謂隆之曰
侍中昨言實是深慮尋封安德郡公邑三千戶
進位儀同三司于時朝議以尒朱榮佐命前朝
宜配食明帝廟庭隆之議曰尒朱榮為人臣親行殺
逆安有害人之母與子對饗考古詢今未見其
義從之詔隆之參議麟趾閣以定新制又贈其

妻祖氏范陽郡君隆之表以先爵富城子及武

城子轉授弟子老琰等朝廷而從之後既行理無追咎令

斯椿等構之於魏帝逃歸卿里高祖知其被誣

召赴晉陽魏帝尋以本官徵之隆之固辭不赴

仍以隆之行并州刺史魏清河王亶爲大司馬

長史天平初復入爲侍中預遷都之議魏靜帝

陽平民路紹遵聚衆反自號行臺破定州博

事陽平太守高永樂南侵冀州隆之令所部長

詔爲侍講除吏部尚書加侍中以本官行冀州

十九　　尚

樂太守高景等擊破之生擒紹遵送於晉陽元

象初除冀州刺史尋加開府時初召募勇果都

督宰八高法雄封子元等不願遠戍聚衆爲亂

隆之率鄉里人情頗爲本州留心撫字吏民追

之素得鄉里人情頻爲本州留心撫字吏民追

思立碑頌德輔行梁州事又行濟州事徵拜尚

書右僕射武定初北豫州刺史高仲密將叛遣

使陰通消息於冀州豪望使爲內應輕薄之徒

頗相扇動詔隆之馳驛慰撫遂得安靜世宗密

書與隆之云仲密枝黨同惡向西宜飛收其家

累以懲將來隆之以爲恩旨既行理無追咎令

若收治示民不信或難攝所行處大乃啓高

祖事遂得停隆之自義旗始建首參經略奇謀

妙算密以啓聞手書削藁空知於外高祖嘉其

忠謹每多從之復以本官行濟州事轉齊州刺

史武定三年卒官年六十一詔遣主書監神貴

就弔贈物五百段贈使持節都督滄瀛二州諸

軍事驃騎大將軍瀛州刺史司徒公高祖以隆

之勳舊追榮未盡復啓贈使持節都督冀瀛滄

齊濟五州諸軍事冀州刺史太保餘如故謚曰

宣懿高祖後至冀州境次於交津追憶隆之顧

謂冀州行事司馬子如曰封公積德復仁體通

性達自出納軍國垂二十年契闊艱虞始終如

一以其忠信可憑方以後事託之何期報善無

徵奄從物化言念忠賢良可痛惜爲之流涕令

恭軍宋仲羨以太牢就祭焉長子早卒第二子

子繪嗣子繪字仲藻小名撥性和理有器局釋

褐祕書郎中尔朱兆之害魏莊帝也與父隆之
舉義信都奉使詣高祖至信都召署開府圭簿
仍典書記中與元年轉大丞相主簿加伏波將
軍從高祖征尔朱兆及平中山軍還除通直常
侍左將軍領中書全人母憂解職尋復本任太
昌中從高祖定并汾肆歠州平尔朱兆及山胡
等守安僖用事父隆之以猶已懼潛歸鄉里
椿等亦棄官俱還孝靜初兼給事黃門侍郎與
子繪亦棄官俱還孝靜初兼給事黃門侍郎與

太常卿李元忠等並持節出使觀省風俗問人
疾苦還赴晉陽從高祖征夏州二年除衛將軍
平陽太守尋加散騎常侍晉州北界霍大山舊
號千里徑者山坂高峻毋大軍往來吉馬勞苦
子繪啟高祖請於舊徑東谷別開一路高祖從
之仍令子繪領汾二州夫修治旬日而就高
祖親揔六軍路經新道喜加其省便賜穀二百斛
後大軍討復東雍平此蠡壁及喬山紫谷絳蜀等
子繪恂以太守前驅慰勞徵兵運糧軍士無乏

興和初目郡徵補大行臺吏部郎中武定元年
高仲密以武牢西叛周文帝擁眾東侵高祖於
邙山破之乘勝長驅遂至潼關開或諫不可窮兵
極武者高祖揔命群僚議其進止子繪言曰賊
帥才非人雄偷竊名號遂敢率亡叛送死伊
洛天道禍遙一朝免解雖僅以身免而覬覦
蜀失在遲疑悔無及已伏願大王不以為疑高
難遇而易失昔魏祖之平漢中不乘勝而取巳
喪混一車書正在今日天與不取反受其咎時

祖深然之但以時既盛暑方為後圖遂命班師
三年父喪去職四年高祖自鄴西討起為大都督領
箕州兵起鄴從高祖自滏口西趣晉州會大軍
於王壁復以子繪為大行臺吏部郎中及高祖
病篤師還晉陽引入內室面受密旨命宣東
安撫州郡高祖崩祕未發喪世宗親執
海太守令馳驛赴任世宗親執其手曰誠知此
郡未允勳契但時事未安湏卿鎮撫且衣錦晝
遊古人所貴善尸加經略綏靜海偶不勞學晉常

太守向州參也仍聽收集部曲二千人後進秩
一等加驃騎將軍天保二年除太尉長史三年
頻以本官再行南青州事四年坐事免六年行
南兖州事尋除節海州事不行七年改授
合州刺史到州未幾值蕭軌裴英起等江東敗
沒行臺司馬恭發歷陽徑還壽春疆場者多子繪
在州繕器械隨軍略盡城隍樓雉衝壞兼
乃脩造城隍樓雉御所須畢備人
情漸安尋勅於州營造舠艦子繪爲大使揚監

之陳武帝曾遣其護軍將軍徐度等率輕舟從
柵已歷東關入黑胡徑龔合肥規燒舡舫以夜
一更潛寇城下子繪率將士格戰陳人奔退九
年轉鄭州刺史子繪曉達政事長於綏撫歷辛
州郡所在安〈微〉徵爲司徒左長史行魏尹事乾
明初轉大司農尋正除尚書高歸彥作逆召子
將軍大寧二年遷都官尚書加驃騎大
繪入見昭陽殿帝親詔子繪曰冀州賓遠京旬
歸矛敢肆凶悖已勅大司馬平原王段孝先撼

勅重兵乘機電發司空東安王婁叡等率諸軍
絡繹繼進卿世載名德固洽彼州故遣叅贊軍
事隨便慰撫宜善加謀略以稱所寄即以其日
馳傳赴軍子繪行懷州事乘驛之任遠爲七兵
既至州城諭以禍福民吏降歎日夜相繼賊中
動靜小大必知賊平仍勅子繪行州事尋徵
還晉陽詔羣官議定律令加儀同三司後突厥入
逼勅轉祠部尚書河清三年暴疾卒年五十
尚書

世祖深歎惜之贈使持節瀛冀二州軍事冀州
刺史開府儀同尚書右僕射諡曰簡子寶蓋嗣
武平末通直常侍子繪弟子繪武平中勃海太
守霍州刺史陳將吳明徹侵略淮南子繪隋陷
被送揚州齊亡後逃歸隋開皇初終於通州刺
史子繪外兄儒雅而俠氣難仵司空妻定遠子
繪兄之壻也爲瀛州刺史子繪在勃海定遠過
之對妻及諸女謔集言戲微有褻慢子繪大怒
鳴鼓集衆將攻之俄頃兵至數千馬將十四定

遠免冠拜謝父乃釋之隆之弟延之字祖業少
明辨有世用起家員外郎中興和初除中堅將
軍高祖以爲大行臺左光祿大夫封郊城縣子
行勃海郡事以都督從妻昭討樊子鵠事平除
青州刺史之好財利在州多所受納後行晉
州事高祖沙苑失利還延之葉州赴走高祖大
怒同罪人皆死以隆之故獨得免興和二年卒
驃騎大將軍尚書左僕射司徒巽州刺史謚曰
文恭子孝籌嗣隆之弟子孝琬字子積父祖雍州
刺史殿中尚書孝琬七歲而孤獨爲隆之所鞠
養慈愛其篤年十六本州辟主簿魏永熙二年
隆之啓以父爵富城子授爲三年釋褐開府參
軍異州平北府長史以隆之佐命之功贈雅州
祖開府主簿遷從事中郎將領東宮洗馬天徐
二年卒時年三十六帝聞而歎惜焉贈左將軍
太府少卿孝琬性恬靜頗好文詠太子少師邢

劭七兵尚書王昕並達高才與孝琬年位縣隔
晚相逢遇分好遂深孝琬靈櫬言歸二人送於
郊外悲哭悽慟有感路人孝琬弟孝琰字士光
少脩飾學尚有風儀年十六辟州主簿釋褐秘
書郎天保元年寫太子舍人出入東宮甚有令
望丁母憂解任除晉州法曹參軍尋徵還復除
太子舍人皇建初遷授中書舍人已發遙途空擲
祕書丞散騎常侍聘陳使主簿道遙授中
書侍郎還坐事除名天統三年除并省吏部郎
中南陽王友赴晉陽典機密和士開母喪託附
者咸往奔哭鄰中富商丁鄒嚴興等並爲義孝
有一士人亦哭孝琰入弔出謂人曰嚴興典
之南丁鄒之北有一朝士號叫甚哀聞者傳之
縛專恣士開因黃門郎李懷奏南陽王
馬捨離部伍別行戲話時孝琰女爲范陽王妃
爲禮事因假入辭帝遂決馬鞭百餘放出又
遣高阿那肱重決五十幾致於死還京在集書

省上下從是沉廢士開死後為通直散騎常侍
後與周朝通好趙彦深奏之詔以為聘周使副
祖珽輔政又奏令入文林館撰御覽孝珽文筆
不高但以風流自立善於談謔威儀閑雅容止
進退人皆慕之嘗謂祖珽云是衣冠宰相異
於餘人近習聞之大以為恨尋以本官兼尚書
左丞其所彈射多承意旨時有道人靈獻者為
皇太后所幸賞賜隆厚車服過度居任然後主
統後主意不許但太后欲之遂得

常憾焉因有僧尼以他事訴競者辭引曇獻
令有司推劾果其受納貨賄致於極法因
搜索其家大搜珍異悉以沒官由是正授左丞
仍令奏門下事性頗簡傲不諧時俗恩遇漸高
彌自矜誕舉動舒遲無所降屈識者鄙之嘗崔
季舒等以正諫同死時年五十一子開府行參
軍君確君靜等二人徙於邊少子君嚴君賁下
蘂薑室南安之敗君確二人皆坐死
史臣曰高封二公無一人尺土之資騖臂而起

河朔將致勤王之舉以雪莊帝之讎不亦壯哉
既剋本藩成其讓德異夫韓馥愧衰紹之威
然刀謝時雄才非命世是以奉迎塵施用叶本
圖高祖因之遂成霸業重以即膽力飛冠萬
物韓陵之下風飛電轟然則齊氏元功一門而
已但以非潁川元從異豐沛故人腹心之寄有
所未允露其啓跪假手天誅枉濫之極莫過於
此子繪于幹可稱克荷堂構奕世載德斯為
美焉

贊曰烈烈文昭雄圖斯契灼灼忠武英資冠世
門下之酷進退惟谷黃河之濱義亡身封公
矯矯共濟時屯比承明德暉光日新

隋太子通事舍人李　百藥　撰

李元忠
盧文偉
李義深

北齊列傳西

李元忠趙郡柏人也曾祖靈衞定州刺史鉅
鹿公祖恊鎮西將軍父顯甫安州刺史元忠少
厲志操居喪以孝聞襲父爵平棘子魏清河王懌
為司空辟為士曹參軍遷太尉復啟為長沙參
軍懌後為太傅尋被詔為營搆明堂大都督又
引為主簿元忠粗覽史書及陰陽數術解鼓箏
兼好射彈有巧思遭母憂去任未幾相州刺史
安樂王鑒請為府司馬元忠以艱憂固辭不就
初元忠以母老多患乃專心醫藥研習積年遂
善於方技性仁恕見有疾者不問貴賤皆為救
療家素富實其家人在鄉多有舉貸求利元忠
每焚契免責鄉人甚敬重之魏孝明時盜賊蜂
起清河有五百人西戍還經南趙郡以路梗共

北齊列傳西　　二

投元忠綿十四元忠唯受又一四殺五羊以食
之遣奴為道守賊但遣李元忠道送奴如
其言賊皆捨避永安初就拜南趙郡太守以好
酒無政績值洛陽傾覆莊帝晏崩元忠棄官還
家潛圖義舉會高祖率衆東出便自往奉迎乘
露車載素筆濁酒以見高祖因進從橫之策備
陳誠欵深見嘉納時刺史尒朱羽生阻兵據州
元忠先聚衆於西仍與大軍相合擒斬羽生即
令行殷州事中興初除中軍將軍衞尉卿二年
轉太常卿殷州大中正後以從兄瑾年長以中
正讓之尋加征南將軍武帝將納勑后即高祖
長女也詔元忠與當書令羅致欵於晉陽高
祖每於宴席論敘舊事因撫掌欣笑云此人逼
我起兵一四元忠戲謂高祖曰若不與遇公須
止畏如此老公不可遇耳元忠曰止為此翁難
遇所以不去因捋高祖鬚高祖亦悉其
侍中當更不見建義處高祖答曰建義處亦無
雅意深相嘉重馬倒被傷當時殆絕父而方蘇

高祖親自撫視其年封晉陽縣伯邑五百戶後
以微譴失官時朝廷離貳義旗多見猜阻斯
椿等以元忠淡於榮利又不以世事經懷故不
在嫌嫉之地淡於兼中書令天平初復為太常後
加驃騎將軍四年除使持節光州刺史時州境
災儉人皆菜色元忠表求振貸俟秋徵收被報
聽用萬石元忠以為萬石給人計一家不過升
斗而巳徒有虛名不救其弊遂出十五萬石以
振之事託表陳朝廷嘉而不責興和末拜侍中

北齊列傳十四 三 董洪

元忠雖居要任初不以物務干懷唯以聲酒自
娛大率常醉家事大小了不關心園庭之內羅
種果藥親朋尋詣必留連宴賞每挾彈携壺遨
遊里閈開遇會飲酌蕭然自得常布言於執事云
年漸遲暮志力巳衰久忝名官以妨賢路若朝
廷厚恩未便放棄者乞在閑冗以養餘年武定
元年除東徐州刺史固辭不拜乃除驃騎大將
軍儀同三司曾貢世宗蒲桃酒一盤世宗報以
百練縑遺其書曰儀同位高五鉉識懷貞素出

藩入侍經要重而猶家無擔石室若懸磬豈
輕財重義奉時愛巳故也父相嘉尚嗟詠無極
恒恩標賞有意無由忽犀蒲桃良深佩戴聊用
絹百匹以酬清德也其見重如此孫騰司馬子
如嘗共詣元忠見其坐樹下擁被對壺庭室蕪
騰謂二公曰不意今日披藜藿也因呼妻出衣
不弊地二公相顧歎息而去大餉米絹衣服之
忠受而散之三年復以本官領衛尉卿其年卒
於位年六十詔贈縑布五百匹使持節都督定冀

北齊列傳九年補刊 北齊列傳十四 五

殷幽四州諸軍事大將軍司徒定州刺史諡曰
敬惠初元忠將仕勞手執炬火入其父墓中夜
驚起甚惡之旦告其受業師占云大吉言此謂光
照先人終致貴達矣子搔嗣搔字德沉少聰敏
有才藝善音律博弈之屬多所通解貿承諸聲別
造一器號曰八絃時人稱其思理起家司徒行
參軍累遷河內太守百姓安之入為尚書儀曹
郎天保八年卒元忠族弟寘字希聖邑十棘人也
祖伯膺魏東郡太守贈幽州刺史父焜沿書侍

御史河內太守贈青州刺史密少有節操屬尓
朱兆殺逆乃陰結豪右與勃海高昂為報復之
計屬高祖出山東密以兵從舉義遙授并州刺
史封容城縣侯邑四百戶尓朱兆至廣阿高祖
令密募殷定二州兵五千人鎮黃沙井陘二道
及尓韓陵敗還晉陽隨軍平尓兆乃以薛循
義行并州事授密州刺史又除襄州刺史在
州十餘年甚得安邊之術威信聞於外境高祖
頻降手書勞問并賜口馬侯景外叛誘密執之
授以官爵景敗歸朝朝廷以密從景非元心不
之罪也天保初以舊功授散騎常侍復本爵縣
侯卒贈殿中尚書濟州刺史密性方直有行檢
因毋患積年得名醫治療不愈乃精習經方洞
曉針藥毋疾得除當世皆服其明解由是亦以
醫術知名魏末行護軍司馬武邑太守天保初
司空長史太寧武平二郡守銀青
光祿大夫齊亡後卒子道謙武平中侍御史道
謙弟道貞南青州司馬為逆賊邢杲所殺贈北

裴粲列傳十四

五

徐州刺史元宗人愍字魔悴形見魁傑見異
於時少有大志年四十猶不仕州郡唯招致姦
俠以為徒侶孝昌之末天下兵起愍溺居林慮
山觀候時憂賊帥鮮于循禮毛普賢作亂詔遣
大都督長孫稚討之稚聞愍名召兼帳內統
軍軍達呼陀賊來逆戰稚軍為賊所敗愍遂歸
家安樂王元鑒為北道大行臺至鄴以賊衆盛
疆未得前遣使徵愍表授武騎常侍假節別將
鎮鄴城東郭葛榮之圍信都餘黨南抄陽平以
北皆為賊有鑒命愍為前驅別討之顧有斬獲
又鑒謀逆愍乃詐患暴風鑒信之因此得免未
幾大都督源子邕屯安陽大都督裴衍屯鄴城
西討鹽愍棄家口奔子邕仍被徵赴洛除奉車
都尉持節鎮汁河別將汁河在鄴之西北重山
之中并二州交境以葛榮南通故用愍鎮之
榮遣其叔樂陵王葛甚率精騎一萬擊愍愍據
險拒戰甚長不得前尓朱榮至東關愍乃見榮榮
欲分賊勢遣愍別道回襄國襲賊署廣州刺史

裴粲列傳十四

六

田怗軍愁未至襄國已檎葛榮卽表授愁建忠
將軍分廣平易陽襄國南趙郡之中丘三縣為
易陽郡以愁為太守賜爵襄國侯未安末假平
北將軍持節當郡大都督遷樂平太守末之郡
洛京傾覆愁率所部西保石門山潛與幽州刺
史劉靈助及高昂兄弟安末假平末之郡
義舉勸敗愁遂入石門山高祖建義以書招愁
奉書擁衆數千人以赴高祖親迎之除使
持節征南將軍都督相州諸軍事相州刺史兼
尚書西南道行臺都督令愁率本衆西還舊
鎮高祖親送之愁至鄉擴馬鞍山依險為壘徵
糧集兵尒以為聲勢尒朱兆出井陘高祖破兆於
廣阿愁統其本衆尒故城以備尒朱兆相州既
平命愁還鄴除西南道行臺都官尚書復屯故
城尒朱兆等將至高祖徵愁參守鄴城太昌初
除太府卿後出為南荊州刺史當州大都督
州自孝昌以來舊路斷絕前後刺史此曰從間道
始得達州愁勒部曲數千人徑向懸瓠從比陽

復舊道且戰且前三百餘里所經之處卽立郵
亭蠻左大服梁遣其南司州刺史任思祖隨郡
太守桓和等率梁馬步三萬兼發邊蠻圍遇下逄
戌愁躬自討擊破之詔加車騎將軍愁於州內
開立陂渠溉稻千餘頃公私賴之轉行東荊州
仍除驃騎將軍東荊州刺史當州大都督加散
騎常侍天平二年卒贈使持節定殷二州軍儀
同定州刺史元忠族權景遺少雄武有膽力好
結聚亡命共為劫盜鄉里每患之末安末其兄
南鉅廉太守無為以賊罪為御史糾劾禁於州
獄景遺率左右十餘騎詐稱臺使徑入州城劫
無為而出之州軍追討竟不能制由是以俠聞
及高祖舉義於信都景遺赴於軍門高祖素
聞其名接之甚厚命與元忠舉兵於西山以與大
軍俱會擒刺史尒朱羽生以功除龍驤將軍昌
平縣公邑八百戶尒朱兆來代又力戰有功除
使持節大都督左將軍太昌初進爵昌平郡
公增邑三百戶加車騎將軍天平初出為潁州

刺史未幾爲前潁川太守元洪威所襲殺贈侍
中殷滄二州軍事大將軍開府殷州刺史子伽
林襲

盧文偉字休族范陽涿人也爲北州冠族父敞
出後伯假文偉少孤有志尚頗涉經史篤於交
遊少爲鄉閭所敬州辟主簿年三十八始舉秀
才除本州平北府長流參軍說刺史裴儁按舊
迹修瀆亢陂溉田萬餘頃民賴其利修立之功
多以委文偉文偉既善於營理兼展私力家素
貧儉因此置富孝昌中詔兼尚書郎中時行臺
常景啓留爲行臺郎中及北方將軍亂文偉積稻
穀於范陽城時經荒儉多所賑贍彌爲鄉里所
歸尋爲杜洛周所虜洛周敗復入葛榮榮敗歸
家時韓樓據薊城文偉率鄉閭屯守范陽與樓
相抗乃以文偉行范陽郡事防守二年與士卒
同勞苦分散家財拯救貧乏莫不人人感說介
朱榮遣將侯深討樓平之文偉以功封大夏縣
男邑二百戶除范陽太守深乃留鎮范陽及榮

誅文偉知深難信乃誘之出獵閉門拒之深失
據遂赴中山莊帝崩文偉與幽州刺史劉靈助
同謀起義靈助克瀛州所敗文偉行事自率兵赴
定州爲介朱榮兄弟共相影響屬高祖至信
郡仍與高乾邕兄弟共相影響屬高祖至信都
文偉遣子懷道奉啓陳誠高祖嘉納之中興初
除安東將軍安州刺史時安州未賓仍居帥任
行幽州事加鎮軍正刺史時安州刺史盧曹亦
從靈助舉兵助敗因據幽州降介朱兆兆以
爲刺史據城不下文偉不得入州即於郡所爲
州治太昌初遷安州刺史累加散騎常侍天平
末高祖以文偉行東雍州事轉行青州事文偉
性輕財愛賓客善於撫接好行小惠是以所在
頗得人情雖有受納吏民不甚苦之經紀生貲
常若不足致財積聚承候寵要餉遺不絕與和
三年卒於州年六十贈使持節侍中都督定瀛
殷三州軍事司徒尚書左僕射定州刺史諡
曰孝威子恭道性溫良頗有文學州辟主簿李

崇北征以為開府府墨曹參軍自矜門擴范陽屢
經寇難恭道常助父防守士兵尚書郭秀素與
恭道交歡及任事每稱薦之高祖亦聞其名天
平初特除龍驤將軍范陽太守在郡有德惠先
文偉卒贈使持節都督幽平二州軍事幽州刺
史度支尚書諡曰定子詢祖襲爵大夏男有
勳嘗宴文士顯祖勅祖勳毋曰如既
惠與文宗郇延也邢邵盛與盧思道以詢祖為
衔學文章華靡為後生之俊立待之諸賓皆為詢
破何故無賀表使者佇立待之諸賓皆為詢

十一

祖俄頃便成後朝廷大遷除同日催拜詢祖立於
東止軍門外為二十餘人作表文不加點辭理可
觀詢祖初襲爵封大夏男有宿德朝士謂之曰
大夏初成才使自負其才内懷鬱鬱快遂毀
職入為築長城子使楊愔愔聲答曰是誰之咎既至
容服如賊役者以見楊愔愔聲曰故舊皆有所廖
唯大夏未加厩分詢祖屬聲曰
役所作築長城賦其略曰板則離離非緑岡而殖但
何斯材而斯用也草則離離

使十步而有一芳余亦何辭間於荊棘邢邵曾
戲曰卿少年才學富盛戴角者無上齒恐卿不
壽對曰祖初聞此言實懷恐懼見大人蒼蒼
在鬢差以自安邵甚重其敏贍既有口辯好藏
否人物嘗語人曰我昨東方未明過和氏門外
已見二陸兩源森然與槐柳酒列蓋謂源師仁
惠與文宗郇延也邢邵盛與盧思道以詢祖為
冲天者剪其翅關謗毀曰至素小論皆薄其為人
不及詢祖見未能高飛借其羽毛知逸勢

十二

長廣太守邢子廣目二盧云詢祖有規檢襧衡
思道無冰稜文舉頗折節歷太子舍人司徒記
室卒官有文集十卷皆致遺逸嘗為趙郡王妃
鄭氏製挽歌詞其一篇云君王盛海内伉儷盡
襄中女儀掩鄭嬪容映趙宮春艷桃花水秋
度桂枝風逐使叢臺夜明月滿床空恭道第懷
道性輕率好酒頗有慕尚以守范陽勳出身負
外散騎侍郎文偉遣奉啟詣高祖中興初加平
西將軍光祿大夫元象初行臺薛琡表行平州

事徵赴霸府興和中行汾州事懷道家預義舉
高祖親待之出為烏蘇鎮城都督卒官懷道弟
宗道性麁率重任俠歷當書郎通直散騎常侍
後行南營州刺史曾於晉陽置酒賓遊滿坐中
書舍人馬士達目其彈箜篌女妓云手甚纖素
宗道即以婢遺士達士達固辭宗道便命家
人將解其腕鄉人殺牛聚會曾有一舊門生酒於
言辭之間微有踈失宗道遂令沈之於水後坐

督元祕除名文偉族人勇字季禮父壁魏下邳太
酷監除名
守勇初從兄景裕俱在學其叔同稱之曰白頭
必以文通李禮當以武達興吾門在二子也幽
州反者僕骨郍以勇為本郡范陽王時年十八
後葛榮作亂又以勇為燕王義旗之起也盧文
偉召之不應介朱滅後乃赴晉陽高祖起勇丞
相主簿屬治罪令勇典其事琅邪公主虛憍千餘車
違者治罪令勇典其事山西霸儉運山東租輸皆令載實
勇繩刻之公主訴於太祖而勇守法不屈太祖

謂郭秀曰盧勇懍懍有不可犯之色真公直人
也方當委之大事豈直納租而已遷汝北太守
行陝州事轉行洛州事元象元年官軍圍廣州
數旬未拔行臺侯景聞西魏救兵將至集諸將
議之勇進觀形勢於是率百騎各籠一匹馬至
大隗山知魏李景和率軍至勇多置幡旗
於樹頭令騎為十隊鳴角直前擒西魏儀同
守將駱超以城降高祖令勇行廣州事以功授
華斬儀同王征蠻儀同程
儀同三司揚州刺史鎮宜陽叛民韓木蘭陳忻
等常為邊患勇大破之啟求入朝高祖賜勇書
曰吾委鄉楊州唯安枕高卧無西南之虞矣但
依朝廷所委表啟卿之妻子任在州佳當
使漢見之中無在卿前者武定二年卒年三十
朝廷賻物之外別賜布絹四千匹贈司空冀州
二勇有馬五百匹造甲仗六車遺啟盡獻之
刺史諡曰武貞侯
李義深趙郡高邑人也祖真魏中書侍郎父綏

宗殿州別駕義深學涉經史有當世才用解褐

濟州征東府功曹參軍累加龍驤將軍義旗初

歸高祖於信都以為大行臺郎中中興初除平

南將軍鴻臚少卿義深見介朱兆兵盛遂叛高

祖奔之兆平高祖恕其罪以為大丞相府記室

參軍累遷左光祿大夫相府司馬所經稱職轉

并州長史時刺史可朱渾道元不親細務民事

多委義深甚濟機速復為大丞相司馬武定中

除齊州刺史好財利多所受納天保初行鄭州

十五

事轉行梁州事尋除散騎常侍為陽夏太守

段業告其在州聚斂被禁止送梁州竟治未竟

三年遇疾卒於禁所年五十七子駒縣有才辯

尚書郎鄭縣令武平初兼通直散騎常侍聘陳

為陳人所稱後為壽陽道行臺左丞與王琳等

同陷周末逃歸開皇初永安太守卒於絳州長

史子正藻明散有才幹武平末儀同開府行參

軍判集書省事以父駒隆沒陳正藻便謝病解

職憂恩毀瘠居處飲食若在喪之禮人士稱之

隋開皇中歷尚書工部員外郎蘯屋縣令卒於

宜州長史駒驢除弟文師中書舍人齊郡太守義

深兄第六弟稚廉別有傳義深族弟神威曾祖融

名第七人多有學尚第二弟同軌以儒學知

魏中書侍郎神威幼有風栽義傳其家業禮學粗

通義訓又好音樂撰集樂書近於百卷魏武之

末尚書左丞天保初卒贈信州刺史

史臣曰元忠本自素流有聞教義人倫之舉未

以縱橫許之屬莊帝幽崩群胡矯擅士之有志

力者皆望勤王之師及高祖東轅事與心會一

遇雄姿遂遊肝膽以石投水豈徒然哉既享功

名終於止足進退之道有可觀焉文偉望重地

華早有志尚開關東險之際終遇英雄之主雖

禮秩未弘亦為佐命之一詢祖詞情艷發早者

聲名負其十地肆情矜矯京華人士莫不畏其

舌端任遇未聞弱年天逝若得終介眉壽通塞

未可量焉

贊曰晉陽大夏抱質懷文蹈仁履義感會風雲

列傳第十四　　北齊書二十二

列傳十四

十七

隋太子通事舍人李百藥　撰

魏蘭根

崔㥄　子瞻

北齊列傳十五

魏蘭根鉅鹿下曲陽人也父伯成魏太山太守
蘭根身長八尺儀兒奇偉沉覽群書誦左氏傳
周易機警有識悟起家北海王國侍郎歷定州
長流參軍丁憂居喪有孝稱葬常山郡境先
有董卓祠祠有栢樹蘭根以卓凶逆無道不應
遺祠至今乃伐柏以為椁材人或勸之不伐蘭
根盡取之了無疑懼遭父喪廬於墓側負土成
墳憂毀殆於滅性後為司空司徒二府記室參
軍轉夏州平北府長史入為司徒掾出除本郡
太守並有當官之能正光末尚書令李崇為本
郡都督率衆討如如以蘭根為長史因說崇曰
緣邊諸鎮控攝長遠昔時初置地廣人稀或徙
發中原強宗子弟或國之肺腑寄以爪牙中年
以來有司珉實號曰府戸役同廝養官婚班齒

北齊列傳十五

致失清流而本宗舊類各各榮顯顧瞻彼此理
當憤怨更張琴瑟今也其時靜境寧邊事之夫
者宜反鎮立州分置郡縣凡是府戸悉免為民
入仕次敘一准其舊文武兼用威恩並施此計
若行國家庶無北顧之慮矣崇以奏聞事寢不
報軍還除冠軍將軍司徒右長史假節行豫
州事孝昌初轉岐州刺史從行臺蕭寶夤討破
宛州俘其民人為奴婢以美女十人賞蘭根
根辭曰此縣界於強虜易良未接無所適從故

成背叛今當寒者衣之飢者食之奈何將充僕
隸平盡以歸其兄弟部內來多五穗隣州田鼠
為災犬牙不入岐境屬泰隴反叛蕭寶夤敗於
涇州高平虜賊逼囚蘭根降賊
寶夤至雍州牧輯殷亡兵威復振城民復以蘭
剌史佚莫陳仲和推蘭根復任朝廷以蘭根得
西土人心加持節假平西將軍都督涇州東秦南
岐四州軍事兼四州行臺尚書尋入拜光祿大
夫孝昌末河北流人南度以蘭根兼尚書使齊

二

濟二兗四州安撫并置郡縣河間邢杲反於青
兗之間杲蘭根之甥也後詔蘭根銜命慰勞象
不下仍隨元天穆討之還除太府卿辭不拜轉
安東將軍中書令莊帝之將誅尒朱榮也蘭根
聞其計遂密告尒朱世隆榮死蘭根恐莊帝知
之憂懼不知所出時應詔王道習見信於莊帝
蘭根乃託附之求得在外立功道習為啟聞乃
以蘭根為河北行臺定州趣中山蘭根恐與戰大
敗走依勃海高乾屬兄弟舉義因在中山高祖
至以蘭根宿望深禮遇之中興初加車騎大將
軍尚書右僕射及高祖將入洛陽道蘭根先至
京師時廢立未決令蘭根觀察魏後廢帝
神采高明蘭根恐於後難測遂與高乾兄弟及
黃門崔㥄同心固請於高祖言廢帝本是胡賊
所推今若仍立於理不允高祖不得已遂立武
帝廢帝素有德業而為蘭根等搆毀深是時
論所非太昌初除儀同三司尋加開府封鉅鹿

縣侯邑七百户啟授兄子同達蘭根既預義勳
位居端揆至是始叙後岐州封永興縣侯邑千
户高乾之死蘭根懼去宅避於寺武帝大加譴
責蘭根憂怖乃移病解僕射天平初必病篤上
表求還鄉里魏帝遣舍人石長宣就家勞問猶
以開府儀同門施行馬歸於本鄉定州二年卒時年
六十一贈定殷三州軍事定州刺史司徒公
侍中謚曰文宣蘭根雖以功名自立然善附會
出處之際多以計數為先是以不為清論所許
長子相如祕書郎中以建義勳尋加將軍襲父
爵遷安東將軍殷州別駕入為侍御史武定三
年卒次子徹仲蘭宗時佐命功臣配享而不及
蘭根敬仲表訴帝以詔命既行難於追政擺敬
仲為祠部郎中卒於章武太守蘭根族弟明朗
頗涉經史粗有文性累遷大司馬府法曹參軍
兼尚書金部郎中元顥入洛陽明朗為南道行
臺郎中為顥所擒後棄顥逃還除龍驤將軍中
散大夫賜爵鉅鹿侯永安末蘭根為河北行臺

引明朗為左丞及蘭根中出之敗俱歸高祖中興
初拜撫軍將軍出為安德太守後轉衛將軍右
光祿大夫定州大中正武定初為顯祖諮議參
軍出為平陽太守為御史所劾因被禁止遇病
卒軍稍遷尚書郎蔣州長史天保中聘陳使副
還青州長史固辭不就揚愔以聞顯祖大怒謂
愔云何物漢子我與官不肯就明日將過我自
共語是時愔祖已失德朝廷皆為之懼而愔情

■北齊列傳十五　　　五

免坦然顯祖切責之仍云死與長史軇優任卿
選一處愔咨云能殺臣者是陛下不受長史者
是愚臣伏聽明詔顯祖謂愔云何慮無人作官
職苦用此漢何為放其還家永不收採由是積
年沉廢後遇揚愔於路微自披陳楊荅曰發詔
授官咸由聖旨非選曹所恐公不勞見訴愔應
聲曰雖復零兩自天終將雲興四嶽公豈得言
不知楊欣然曰此言極為簡要更不須多語數
日除霍州刺史在職有治方為邊民悅服大寧

中卒於膠州刺史愷從子彥卿魏大司農季景
之子武平中兼通直散騎常侍聘陳使副彥卿
弟澹學識有詞藻武平初殿中侍御史遷中書
人待詔文林館隋開皇中太子舍人著作郎撰
後魏書九十二卷甚得史體時稱其善云
崔悛字長孺清河東武城人也父休魏七兵尚
書贈僕射悛狀兒偉麗善於容止少有名望為
當時所知初為魏世宗挽郎釋褐太學博士永
安中坐事免歸鄉里高祖於信都起義悛歸焉

■北齊列傳十五　　　六

高祖見之甚悅以為諮議參軍尋除給事黃門
侍郎遷將軍右光祿大夫高祖入洛議定廢立
太僕慕容儁盛稱普泰王賢明可以為社稷主悛
曰若期明聖自可待我高王徐登九五既為逆
胡所立何得猶作天子若從儁言王師何名義
舉由是中興普泰皆廢更立平陽王為帝以逯
義功封武城縣公邑一千四百戶進位車騎大
將軍左光祿大夫仍領黃門郎悛居門下特預
義旗頗自矜縱尋以貪汙為御史糺劾因還鄉

里遇赦始出高祖以懷本預義旗復其黃門天
平初為侍讀監典書尋除徐州刺史給廣宗部
曲三百清河部曲千人懷性其家慢寵妾馮氏假
其威刑恣情眼受風政不立初懷為常侍求人
修起居注或曰魏收輕薄之徒耳更引祖鴻勳
為之既居樞要又以盧元明代收為中書郎由
是收銜之及收舅梁過徐州懷備刺史鹵簿而
送之使人相聞魏曰多性儀多稽古之力也收
報曰崔徐州建義之勳何稽古之有懷自以
門閥素高特不平此言收乘宿憾故以挫之罷
州除七兵尚書清河邑中正趙郡李渾嘗謔
聚名輩詩酒正驩譁懷後到一坐無復談話
者鄭伯猷歎曰身長八尺面如刻畫書誓欷為
洪鍾響閨月中貯千卷書使人郷得不畏服懷毎為
以籍地自矜謂盧元明曰天下盛門唯我與爾
傳崔趙李何事者哉崔暹聞而銜之高祖葬後
懷又稿言黃領小兒堪當重任不遲外兄本慎
以懷言呈暹啓世宗絕懷朝謁懷要拜道左世宗

發怒曰黃領小兒何足拜也於是鏁懷赴晉陽
而訊之懷不伏遲引邢子才為證子才執無此
言懷在禁也謂子才曰鄉知我意欲屬大丘不子才
出告懷子瞻云尊公正應欲結姻於陳元康
瞻有女乃許妻元康子求其父元康曰
世宗曰出崔懷名望素重不可以私處言語便以
殺之世宗曰若望資寇敵非所宜
曰懷若在邊或將外叛以英賢資寇敵非所宜
也世宗曰既有季珪之罪還令輸作可乎元康
曰晉讀崔琰傳追恨魏武不弘懷若在作所而
殞後世豈道公不殺也世宗曰自然則奈何元康
崔懷合死朝野莫不知之公誠能以寬濟猛特
輕其罰則仁德彌著天下歸心乃舍之懷進謁
奉謝世宗猶怒曰我雖無堪此言難滅天保初鄉名
作黃領小兒猶恐金石可銷也世宗別封新豐縣
中監起居以禪代之際恭掌儀禮一門婚嫁比是
男邑二百戶迴授第九弟約懷一門
衣冠之美吉凶儀範為當時所稱妻太后為博

陵王納㥄妹為妃勑中使好作法用勿使摧

家笑人婦又顯祖舉酒祝曰新婦宜男孝順當

貴㥄奏曰孝順出自臣門富貴恩由陛下五年

出為東兗州刺史復娉馮氏之部㥄尋遇偏風

而馮氏驕縱受納狼籍為御史所劾與㥄俱召

詣廷尉尋有別勑詰諸表檄多㥄所為然率性

中年六十一㥄歷覽群書兼有詞藻自中興

立後迄於武帝詔誥表檄

豪俊溺於財色諸弟之間不能盡雅穆之美世

論以此譏之㥄素與魏收不協收既專典國史

㥄恐被惡言乃悅之曰昔有班固今則魏子收

笑而憾不釋子瞻嗣

瞻守彥通聰朗強學有文情善容止神采嬋然

言不妄發年十五剌史高昂召署主簿清河公

獄辟為開府西閤祭酒崔暹召署中尉啟除御史

以才望見收非其好也高祖入朝遂晉陽被召

與北海王師陪從俱為諸子賓友仍為相府中

兵參軍轉主簿世宗崩祕未發喪顯祖命瞻

兼相府司馬使鄴魏孝靜帝以人日登雲龍門

其父㥄侍宴文勑瞻令近御坐亦有應詔詩問

邢邵等曰此詩何如其父咸云㥄博雅弘麗瞻氣

調清新並詩人之冠讓罷共嗟云㥄今日

之讟併為崔瞻父子天保初兼省吏部郎

侍郎時盧思道為司徒屬楊愔欲引瞻為中書

中尋丁憂起為中書省因問思道曰我此日多

務都不見崔瞻文詞卿與其親通理當相悉其

道答曰崔瞻文詞之美實有可觀但舉其

風流所以才華見沒惜云此言有理便奏用之

事既施行怡怡又曰昔裴瓚晉世為中書郎神情

高邁每於禁門出入宿衛者肅然動容崔生堂

堂之兒亦當無媿裴子皇建元年除給事黃

門侍郎與趙郡李槩為莫逆之友槩患氣兼性

瞻遺之書曰伏願以時自愛我之常弊諌詞指切在

卿尤甚足下告歸吾於何聞過也瞻患氣兼性

遲重雖居二省竟不堪敷奏加征虜將軍除清

河邑中正肅宗踐祚皇太子就傅受業詔除太

子中庶子徵赴晉陽勅專在東宮調護講讀及
進退禮儀皆歸委焉太子納妃解律氏勅瞻與
鴻臚崔劼撰定婚禮儀注仍面受別旨曰雖有
舊事恐未盡善可好定此儀以為後式太寧元
年除衛尉少卿尋兼散騎常侍聘陳使主瞻之
調韻溫雅南人大相欽服乃言常侍前朝通好之
日何意不來其見重如此還除太常少卿加冠軍
將軍轉尚書吏部郎中因患取急十餘日舊式百
日不上解官吏部尚書尉瑾性褊急以瞻舉指

舒緩曹務繁劇遂附驛奏聞因而被代瞻遂
免歸鄉里天統末加驃騎大將軍就拜銀青光
祿大夫武平三年卒時年五十四贈使持節都
督濟州軍事大理卿刺史諡曰文瞻性簡傲以
才地自矜所與周旋皆一時名望在御史臺恒
於宅中送食備盡珍羞別室伺瞻食便性有
一河東人士姓裴亦為御史伺瞻食罷而
焉瞻不與交言又不命匕箸恣情飲噉方謂裴云我
退明日裴自攜匕箸恣情飲噉瞻方謂裴云我

初不喚君食亦不共君語君遂能不拘小節昔
劉毅在京口貧請蒭炙豈不異於是乎君定名士
於是每與之同食懷昆季仲文為丞相掾高陽
太守清河內史與和中為丞相掾沙苑之敗仲
文持馬尾以渡河波中乍出乍沒高祖望見曰
崔㥄也遽遣船接既濟勞之曰卿為親為君
顧萬死可謂家之孝子國之忠臣加中軍將軍
保初拜散騎常侍光祿大夫七年卒年六十子偓
武平中歷太子洗馬尚書郎偓弟儦學識有

才思風調甚高武平中琅邪王大司馬中兵參
軍㒱定五禮待詔文林館隋仁壽中卒於通直
散騎常侍仁魏潁州刺史魏末有識用朝
侍聘梁使子極武平初太子僕魏末兼通直
歌令隋開皇初魏州刺史品魏末兼通直常
子肇魏東莞太守子約司空祭酒懷族叔景
鳳字繡叔懷五世祖遄玄孫也景鳳涉學以
暨醫術知名魏尚藥典御天保中譙州刺史鳳
兄景哲魏太中大夫司徒長史子國子法峻幼

好學沈覽經傳多伎藝尤工相術天保初高歸藥
典御乾明拜高陽郡太守太子家令武平假儀
同三司辛於鴻臚卿法峻以武平六年從駕在晉
陽嘗語中書侍郎李德林云此日看高相王以
下文武官人相表俱肅粟其事口不忍言唯第一
人更應富貴當在他國不在本朝吾亦不及
見此其精妙如此悷族子肇師魏尚書僕射
亮之孫也父士太諫議大夫肇師少時竦故長

逯憂節更成謹厚涉獵經史頗有文思龍長父
爵樂陵男釋褐開府東閤祭酒轉司空外兵
叅軍遷大司馬府記室叅軍天平初轉通直待
郎爲慰勞青州使至齊州界爲土賊崔迦葉等
所虜欲逼與同事肇師執節不動諭以禍福賊
遂捨之乃定中復兼通直叅元象中數以中舍人接梁
使武定中復兼通直叅常侍聘梁副使轉中
起居注尋兼通直散騎常侍聘梁副使轉中
書舍人天保初叅定禪代禮儀封襄城縣男
仍兼中書侍郎二年卒時年四十九

史臣曰蘭根早有名行爲時論所稱長孺丁望
之美見重當世並功業動迹位遇通顯與李元
忠盧文偉蓋義旗之人物歟魏之要幸附會崔
以門地驕很雖有周公之美猶以爲累德況未
足喻其高下也瞻詞韻溫雅風神秀發亦時
之領袖焉
贊曰崔魏才望見重霸初名教之跡其猶病
諸彥通尚志家風有餘

列傳第十五　　北齊書二十三

北齊書二十四　隋太子通事舍人李　百藥　撰

孫搴

陳元康

杜弼

孫搴字彥舉樂安人也少厲志勤學自檢校
御史再遷國子助教太保崔光引脩國史頻厭
行臺郎以文才著稱崔祖螭反搴預焉逃於王
元景家遇救乃出孫騰以宗情薦之未被知也

▌北齊列十六　一

會高祖西討登鳳陵命中外府司馬李義深相
府城局李士略共作檄文二人皆辭請以搴自
代高祖引搴入帳自為吹火催促之搴援筆立
成其文甚美高祖大悅即署相府主簿專典文
筆又能通鮮卑語兼宣傳號令當煩劇之任大
見賞重賜妻韋氏既士人子女又兼色貌時人
榮之尋除左光祿大夫常領主簿世宗初欲之
鄴惣知朝政高祖以其年少未許搴為致言乃
果行特此自乞特進世宗但加散騎常侍時又

大括燕恒雲朔顯蔚二夏州高平平涼之民以
為軍士逃隱者身及主人三長守令罪以大辟沒
入其家於是所獲甚眾搴之計也搴學淺而行
薄邢邵嘗謂之曰更須讀書搴曰我精騎三千
足敵君羸數萬嘗服膺棘九李諧等調之曰鄉
棘刺應自足何暇外求坐者皆笑司馬子如與高
季式召搴飲酒醉甚而卒時年五十二高祖
親臨之召搴子如叩頭請罪高祖曰折我右臂仰覓
好替還我子如舉魏收李式舉陳元康以繼搴

▌北齊列傳十六　二

馬贈儀同三司吏部尚書青州刺史
陳元康字長猷廣宗人也父終德濟陰內史終
於鎮南將軍金紫光祿大夫元康貴贈吳州刺
史諡曰貞元康頗涉文史機敏有幹用魏正光
五年從尚書令李崇北伐以軍功賜爵臨清縣
男普泰中除主書加威烈將軍天保元年脩起
居注二年遷司徒府記室參軍光為府公高昂
所信待出為瀛州開府司馬加輔國將軍所歷
皆為稱職高祖聞而徵焉稍被任使以為相府

功曹參軍內掌機密高祖經綸大業軍務煩廣
元康承受意旨甚濟速性又柔謹通解世事
高祖嘗怒世宗於內親加毆蹋極口罵之出以告
元康元康諫曰王教訓世子自有禮法儀刑式
瞻豈宜至是言辭懇懇至于流涕高祖從此
為之懲忿時或惡撻報曰我為舍其命
殺邊世宗匿而為之叛高祖知其由使崔暹
淚與若手世宗乃出暹而謂元康曰卿若使崔
得杖無相見也暹在廷解衣將受罰元康趨入
歷階而昇且言文王方以天下付大將軍有一
室崔暹崔季舒崔昂等並被任使張亮張徽
纂並高祖所待遇然委任皆出元康之下時人
語曰三崔二張不如一康魏尚書僕射范陽盧道
虔女為右衛將軍郭瓊子婦瓊以死罪沒官高
祖啓以賜元康為妻元康乃棄故婦李氏識者
非之元康傾於財物事多有進軍而

不能平心處物溺於財利受納金帛不可勝紀
放責交易偏於州郡為清論所譏從高祖破周
文帝於邙山大會諸將議進退之策咸以為野
無青草人馬疲瘦不可遠追元康曰兩雄交戰
歲月已久今得大捷是天授時不可失必須
乘勝追之高祖曰若遇伏兵孤何以濟元康曰
王前涉沙苑還軍彼尚無伏今奔敗若此何能
遠謀若捨而不追必成後患高祖竟不從以功
封安平縣子邑三百戶尋除平南將軍通直常

侍轉大行臺郎中從右丞及高祖疾篤謂世宗
曰邙山之戰不用元康之言方貽汝患以此為
恨死不瞑目高祖崩祕不發喪唯元康知之世
宗嗣事又見任待拜散騎常侍中軍將軍別封
昌國縣公邑一千戶侯景反世宗逼於諸將欲
崔暹以謝之密語元康元康諫曰今四海未清
綱紀已定若以數將在外苟悅其心枉殺無辜
前事顧公慎之世宗乃止高岳討侯景未別世
酈廢刑典豈直上負天神何以下安黎庶晁錯

宗乃遣潘相樂副之元康曰相樂緩於機變不
如慕容紹宗且先王有命稱其堪敵侯景但
推赤心於此人則侯景不足憂也是時紹宗在遠
世宗欲召見之恐其驚叛元康曰紹宗知元康特
蒙顧待新使人來餉金以致其誠歆元康欲安
其意故受之而厚答其書保無異也世宗乃任
紹宗遂以破景賞元康金五十斤王思政入潁
城諸將未有殊功雖敗侯景本非外賊今潁城將
朝政未有殊功雖敗侯景本非外賊今潁城將

陷願公因而乘之足以取之定業世宗令元康
驛馳觀之後乃命曰必可拔世宗於是親征既至
而剋賞元康金百鋌初魏朝授世宗相國齊王
世宗頻讓不受乃召諸將及元康等密議之諸
將皆勸世宗恭應朝命元康以為未可又謂諸
將曰觀諸人語專欲誤王我向已啟王受朝命
置官僚元康功忝或得黃門郎但時事未可耳
崔遑因聞之薦陞元規為大行臺郎欲以分元
康權也元康既貪貨賄世宗內漸嫌之元康頗

亦自懼又欲用為中書令以開地處之事未施
行屬世宗將受魏禪元康與楊愔崔季舒並在
世宗坐大遷除朝士共品藻之世宗家蒼頭奴
蘭固成先掌廚膳甚被寵昵先與世宗杖之數
十其人性躁又恃舊恩遂大忿恚與其同事阿
改謀害世宗阿改時事顯祖軏刀隨從云若
聞東齋叫聲即以加刃於顯祖是日值魏帝初建
東宮群官拜表事罷顯祖出東止車門別有所
之未還而難作固成因進食置刀於盤下而殺

世宗元康以身扞蔽被刺傷重至夜而終時年
四十三楊愔惶狽走出季舒逃匿於廁庫真紇
舍樂扞賊死是時世宗凶問故殯元康於宮
中託以出使南境廒除中書令明年乃詔曰元
康識超往哲才極時英千伊莫窺萬頃難測綜
核戎政彌綸霸道草昧邵陵之謀異贊河陽之
會運籌定策盡力申甫之在隆周子房之處盛
平通冠廓清荊楚心進忠補過七家徇國掃
漢曠世同規殊年共美大業未殫山隤奄及悼

傷既切宜崇戎典贈使持節都督冀定瀛殷滄
五州諸軍事驃騎大將軍司空公冀州刺史追
封武邑縣二千戶舊封並如故謚曰文穆贈物
一千二百段大鴻臚監喪事凶禮所須隨由公給
元康母李氏元康卒後家感發病而終贈廣宗
郡君謚曰貞昭元康子善藏溫雅有監裁武平
末假儀同三司給事黃門侍郎隨開皇中尚書
禮部侍郎大業初於彭城郡贊治元康弟諱平泰
至大鴻臚次季璩鉅鹿太守轉美州別駕

七一

王歸彥反季璩守節不從因而遇害贈衛尉卿

趙州刺史

杜弼字輔玄中山曲陽人也小字輔國自序云
本京兆杜陵人九世祖艱晉殷騎常侍因使沒
趙遂家焉祖彥衡淮南太守父慈度繁時令弼
幼聰敏每奇之同郡甄琛為定州長史簡試諸生
見而策問義解開明應荅如響大為琛所歎異
其子寬與弼為友州牧任城王澄聞而召問深

相嗟賞貫許次王佐之才澄琛還稱之於朝丞
相高陽王等多相招命延昌中以軍功起家除
廣武將軍恒州征虜府墨曹參軍典籤弼長
於筆札每為時輩所推孝昌初除太學博士帶
廣陽王驃騎府法曹行參軍行臺度支郎中遷
除光州曲城令為政清靜務盡仁恕詞訟止息
遠近稱之時天下多難盜賊充斥徵召兵役途
多亡叛朝廷患之乃令兵人所齏戎具道別車
載又稱令縣令自送軍所時光州發兵弼送所部

八

達北海郡州兵一時散亡雅弼所送不動他境叛
兵並來攻劫欲與同去弼率所領親兵格鬪終
莫肯從遂得俱達軍所軍司崔鍾以狀上聞其
得人心如此普泰中吏曹下訪守令尤異弼為
代還東萊太守王昕以弼應訪弼父在鄉為賊
所害弼行喪六年以常調除御史加前將軍太
中大夫領內正字臺中彈奏皆弼所為諸御
史出使所上文簿委弼覆察然後施行遷中軍
將軍北豫州驃騎大將軍府司馬未之官儀同

竇泰揔戎西伐詔彌爲泰監軍及泰失利自殺
彌與其徒六人走還陝州刺史劉貴鏤送晉陽
高祖詰之曰實中尉此行吾前具有法用乃違吾
語自取敗亡尒何由不一言諫爭也彌對曰刀筆
小生唯文墨薄技便宜之事議所不及高祖益
怒賴房謨諫而復免左遷下灌鎮司馬元象初
高祖徵彌爲大丞相府法曹行叅軍署記室事
轉大行臺郎中尋加鎮南將軍高祖又引彌典
掌機密其見信待或有造次不及書敎直付空
紙即令宣讀嘗承開密勸高祖受魏禪高祖
舉杖擊走之相府法曹辛子炎諮事去滇取署
子炎讀署爲樹高祖大怒曰小人都不知避人家
諱杖之於前彌進曰禮二名不偏諱孔子言徵
不言在言不言徵子炎之罪理或可恕令出去高祖
罵之曰眼看人瞋乃復牽經引禮呲令出去彌
行十步許呼還子炎亦蒙釋宥世子在京聞之
語楊愔曰王左右賴有此人方正庶天下皆蒙
其利豈獨吾家也彌以文武在位罕有廉絜言

之於高祖高祖曰彌來我語尒天下濁亂晉俗
巳久今督將家屬多在關西黑獺常相招誘人
情去留未定江東復有一吳兒老翁蕭衍者
專事衣冠禮樂中原士大夫望之以爲正朔
所在我若急作法網不相饒借恐賢將盡投黑
獺士子悉奔蕭衍則人物流散何以爲國爾宜
少待吾不忘之及爾彌之役彌又請先除
內賊却討外寇高祖問內賊是誰彌曰諸勳貴
掠奪萬民者皆是高祖不荅因令軍人皆張
弓挾矢舉刀按矟以夾道使彌冒出其間曰必
無傷也彌戰慄汗流高祖然後喻之曰箭雖注
不射刀雖舉而不擊矟雖按而不刺爾猶頓喪魂膽
諸勳人身觸鋒刃冒百死而一生縱其貪鄙所取
大不可同之循常例也彌于時大恐因頓顙謝
曰愚癡無智不識至理今蒙開曉始見聖達之
心後從高祖破西魏於邙山命爲露布彌手即
書絹曾不起草以功賜爵定陽縣男邑三百戶
加通直散騎常侍中軍將軍奉使詣關魏帝見

之於九龍殿曰朕始讀莊子便值秦名定是體
道得真玄同齊物聞卿釋學聊有所問經中佛
性法性為一為異彌對曰佛性法性止是一理詔
又問曰佛性既非法性何得為一對曰性無不
在故不說二詔又問曰說者皆言法性寬佛性
狹成狹若論性體非寬非狹詔問曰既言成寬
狹成狹既別非二如何彌對又問曰在寬成寬
成狹何得非寬非狹若定是狹亦不能成寬
曰以非寬狹故能成寬狹若論性所成雖異能成
恒上悅稱善乃引入經書庫賜地持經一部帛
一百匹平陽公淹為并州刺史高祖又命彌帶
并州驃騎府長史高祖又命彌帶
軍旅帶經從役注老子道德經二卷表上之曰
臣聞乘風理弋追逸羽於高雲臨波命鈎引沉
鱗於大壑茍得其道為工其事在物既寂用亦
固然竊惟道德二經闡明幽極旨冥動寂用周
凡聖論行也清净柔弱語迹也成功致治寔眾
流之江海乃群藝之本根臣少覽經書偏所篤

好雖從役軍府而不捨遊息鑽味既久斐文疊
如有所見比之前注微謂異於舊說情發於中
而彰諸外輕以管窺遂成穿鑿無取於遊刃有
慚於運斤不足破秋毫之論何以解連環之結
本欲止於門內貽厥童蒙兼以近資愚鄙私備
言在察春末奉旨俍蒙垂誘令上所注老子謹
冒封呈并序如別詔荅去李君遊神冥賮獨觀
恍惚玄同造化宗極群有從中被外周應可以裁
成自已及物運行可以資用隆家寧國義屬
斯文鄉才思優洽業尚通遠息樓儒門馳騁玄
肆既啓專家之學且暢釋老之言戶列門張途
通性達理事兼申能用俱表彼賢所未悟老
所未聞旨極精微言窮深妙朕有味二經卷於
舊說歷覽新注所得已多嘉尚之來良非一緒
已敕殺青編藏之延閣又上二本於高祖一本
於世宗武定中遷衛尉卿會梁遣貞陽侯淵明
等入寇彭城大都督高岳行臺慕容紹宗豐諸

軍討之認彌為軍司謀臺左右臨發世宗賜胡
馬一匹語彌曰此廄中第二馬孤恒自乘騎令
方遠別聊以為贈又令陳政務之要可為鑒戒
者錄一兩條彌請口陳曰天下大務莫過賞罰
二論賞一人使天下人喜罰一人使天下人服但
骰二事得中自然盡美世宗大悅曰言雖不多但
於理甚要握手而別破蕭明於寒山別與領軍
潘樂攻拔梁潼州仍與岳等撫軍恤民合境傾
於顯陽殿講說

賴六年四月八日魏帝集各僧於顯陽殿講說
佛理彌與吏部尚書楊愔中書令邢劭祕書監
魏收等並待法延勅彌昇師子座當眾敷演昭
玄都僧達及僧道順並緇林之英問難鋒至往
復數十番莫有能屈帝曰此賢若生孔門則何
如也闕中遣儀同王思政據潁州太尉高岳等
攻之彌行潁州事攝行臺左丞時大軍在境調
輸繁費彌均其苦樂公私兼舉大為州民所稱
潁州之平也世宗曰卿試論王思政所以被擒
彌曰思政不察逆順之理不識大小之形不度

強弱之勢有此三蔽宜其俘獲世宗曰古有逆
取順守大吳困於小越弱燕能破強齊卿之三
義何以自立彌曰王若順而不大大而不強鄙
不順於義或偏得如聖旨令兼備眾勝鄙
言可以還立世宗曰凡欲持論有定指邪得
廣包眾義欲以多端自固彌曰此蓋天意欲顯大
眾義義博故言非義外施言世宗曰若爾何
故周年不下孤來即拔彌曰此蓋天意欲顯大
王之功顯祖引彌為兼長史加儱將軍轉中書令

仍長史進爵定陽縣侯增邑通前五百戶彌志
在匡贊知無不為顯祖將受魏禪自晉陽至平
城都命彌與司空司馬子如馳驛先入觀察物
情踐祚之後勅命左右箱入柏問以預定策之
功遷驃騎將軍衛尉卿別封長安縣伯嘗與邢
邵扈從東山共論名理邢以為人死還生恐為
晝足彌答曰蓋謂人死歸無非有能生之力然
物之未生人復何獨致恠邪云聖人設教本由勸
獎故懼以將來理聖各遂其性彌曰聖人合德

天地齊信四時言則爲經行則爲法而云以虛
示物以說勸民將同魚腹之書有異鑿枘之語
安能使北辰降光謂龍宮韞櫝就如所論福果
可以鎔鑄性靈弘獎風教爲益之大莫極於斯
此即真教何謂非實罪云死亦之言漸精神盡也
弱曰此所言漸如射箭盡手中盡也小雅曰無
草不死月令又云靡草死動植雖珠亦此之類、
無情之卉尚得還生含靈之物何妨再造若云
草死猶有種在則復人死亦有識識種不見謂

以爲無者神之在形亦非自瞑離朱之明不能
觀雖蔣濟觀眸賢愚可察鍾生聽曲山水呈狀
乃神之工豈神之質猶玉帛之非禮鍾鼓之非
樂以此而推義斯見矣邢云季札言無不之亦
言散盡若復聚而爲物不得言無不之也弱曰
骨肉下歸於土魂氣則無不在此乃形墜魂遊
往而非盡如鳥出巢如虵出穴由其尚有故無
所不之若令無此之將爲適延陵有察微之識
知其不隨於形仲尼發習禮之歎美其斯與形

〔十五〕

別若許以廓然則入皆以季子不謂高論執此
爲無邢云神之在人猶光之在燭燭盡則光窮
人死則神滅弱曰舊學前儒每有斯語輒疑斯
惑咸由此起盖辨之者未精思之者不篤竊有
末見可以爲諸燭則因質生光質大光亦大則
神不係於形小神不小故仲尼之智必不短
於長狄孟德之雄乃遠奇於崔琰神之於形亦
猶君之有國國實君之所統君非國之所生
與同生執云俱滅邢云捨此適彼生生恒在周

孔自應同莊周之鼓缶和桑扈之循歌弱曰共
陰而息尚有將別之悲窮輒以遊亦興中途之
生之類也類化而相生猶燭去此燭復然彼燭
歎況邢聯體同氣爲異物稱情之服何害於
聖邢云鷹化爲鳩鼠變爲鴑黃母爲鱉皆是
立光去此燭得燃彼燭神去此形亦託彼形又
弱曰鷹未化爲鳩鳩則非有鼠既二有何可兩
何感哉邢云欲使土化爲人木生眼鼻造化神
明不應哉如此弱曰腐草爲螢老木爲蝎造化不

〔十六〕

能誰其然也其復言別與邢書三夫建言明理宣
出典誕而違孔背釋獨為若子莊不師聖物各
有心馬首欲東誰其能禦奘取於適裏何責於
得一逸韻雖復高管見未喻前後往復再三邢邵
理屈而止文多不載又以本官行鄭州事未發
為冢客告弼謀及収下獄案治無實又乃見原
因此絕朝見復坐第二子廷尉監臺卿斷獄稽
遷與寺官俱為郎中封靜哲所訟事既上聞顯
祖發忿遂徙弼臨海鎮時楚州人東方白額謀

反南北響應臨海鎮為賊帥張綽潘天合等所
攻弼率屬城人終得全固顯祖嘉之勅行海州
事即所徙之州在州奏通漣道并韓信故道又
於州東帶海而起長堰外遏鹹潮內引淡水粉
並依行轉徐州刺史未之任又除膠州刺史弼
儒雅寬恕尤曉吏職所在清潔為吏民所懷耽
好玄理老而愈篤又注莊子惠施篇易上下繫
名新注義苑並行於世弼性質直前在霸朝多
所匡正及顯祖作相致位僚首初聞揖讓之議

猶有諫言顯祖嘗問弼云治國當用何人對曰
鮮單車馬客會須用中國人顯祖以為此言譏
我高德政居要不能下之乃於眾前面折去黃
門在帝左右何得聞善不驚唯好減削抑挫德
政深以為恨數言其短又令王書杜弼珍密啟
弼在長史日受人請屬大營婚嫁顯祖內銜之
弼特恃舊仍有公事陳請十年夏上因飲酒積
衍失遂遣就州斬之時年六十九既而悔之驛
追不及及長子裴第四子光遠徙臨海鎮次子臺

卿先從東豫州乾明初並得還鄴天統五年追
贈弼使持節揚郢二州軍事開府儀同三司尚
書右僕射揚州刺史諡曰文肅裴字長儒臺卿並有學
業臺卿文筆尤工見稱當世裴字子美平中
大理少卿兼散騎常侍聘陳使主末年吏部郎
中隋開皇中終於開州刺史臺卿字少山歷中
書黃門侍郎兼太著作修國史武平末國子祭
酒領尚書左丞周武帝平齊命尚書左僕射陽
休之以下知名朝士十八人隨駕入關裴兄弟

並不預此名臺鄉後難被徵爲其龍耳疾放歸

隋開皇中徵爲著作郎歲餘以年老致事詔許之

特優其禮終身給祿未幾而終

史臣曰孫搴便蕃左右處文墨之地入幕未久

情義已深及倉卒致殞高祖折我右臂雖戎雄

未卷愛惜才子不然何以成霸王之業大史

於鴻毛斯其義也元康以智能才幹委質霸

公云非死者難處死者難或重於太山或輕

朝綱繆帷幄任寄爲重及難無苟免忘生殉

者亦難也顯祖弱齡藏器未爲朝臣所知及此

夷等弑逆之際趣而避之是則非處死者難死

義可謂得其地焉楊愔自謂罥行奇才冠絕

李渾

宮之難以年次推重故受終之議時承之許焉

王怒未怠卒蒙顯戮直言多矣能無災是者乎

杜弼識學甄明發言讜正禪代之際先起異圖

贊曰彥舉驅馳才高行詖元康忠勇舍生存

義卬卬輔玄思極談天道亡時晦身没名全

列傳第十六

北齊書二十四

隋太子通事舍人李　百藥　撰

張纂
張亮
張耀
趙起
徐遠
王峻
王紘

張纂字徽纂代郡平城人也父烈叒乾太守纂
初事尒朱榮又為尒朱兆都督長史為兆使於
高祖遂被顧識高祖舉義山東劉延擾相州拒
守時纂亦在其中高祖攻而援之而纂參丞相
軍事纂性便僻左出內稍見親待仍補行
臺郎中高祖啓減國封分賞文武纂隨例封
壽張伯魏武帝末高祖赴洛以趙郡公琛為行臺
守晉陽以纂為右丞轉相府曹參軍事除右
光祿大夫使於茹茹以銜命稱旨歷中外丞相二

府從事中郎邙山之役大獲俘虜高祖令纂部
送京師魏帝賜絹五百疋封武安縣伯復為高
祖行臺右丞從征玉壁大軍將還山東行達晉
州忽值寒雨士卒飢凍至有死者纂以邊禁不
聽入城于時纂為別使遇見高祖輒令開門內之分
寄民家給其火食多所全濟高祖聞而善之纂
位俟景作亂潁川招引西魏纂以纂為南道行臺
事高祖二十餘歲傳通教令甚見親賞世宗嗣
與諸將率討之還除瀛州刺史會世宗入為太

子少傅後與平原王叚孝先行臺尚書辛術等
攻圍東楚仍接廣陵涇州敕城賊帥東方白額
授儀同三司監築長城大使領步騎數千鎮防
北境還遷遷護軍將尋卒
張亮字伯德西河隰城人也少有幹用初事尒
朱兆拜平遠將軍以功封隰城縣伯邑五百戶
朱兆討兆於晉陽兆奔秀容兆左右皆密通誠
欵唯亮獨無啓疏及兆敗竄於窮山令亮及倉
頭陳山隄斬已首以降皆不忍兆乃自縊於樹

伯德伏屍而哭高祖嘉歎之授丞相府參軍事
漸見待委以書記之任天平中為世宗行臺郎
中典七兵事雖為臺郎而常在高祖左右遷行
臺右丞高仲密之叛也與大司徒斛律金守河
陽周文帝於上流放火舡燒河橋亮乃備小艇
百餘艘皆載長鎖鎖頭施釘火舡將至即馳小
艇以釘釘之引鎖向岸火舡不得及橋橋之獲
全亮之計也武定初拜太中大夫薛琡嘗夢亮
於山上挂絲以告亮曰占之曰山上絲幽字也

北齊傳十七　三

君其為幽州乎數月亮出為幽州刺史屬侯景
叛除平南將軍梁州刺史尋加都督潁等十一
州諸軍事兼行臺殿中尚書轉都督二豫揚潁
等八州軍事征西大將軍豫州刺史尚書右僕
射西南道行臺攻梁江夏潁陽等七城皆下之
亮性質直勤力彊濟深為高祖世宗所信委以
腹心之任然少風格好財利父在左右不能廉
絜及歷諸州咸有贓洿聞武定末徵拜侍中
汾州大中正天保初授光祿勳加驃騎大將軍

儀同三司別封安定縣男轉中領軍尋卒於位

贈司空公

張耀字靈光上谷昌平人也父鳳晉州長史耀
少而貞謹頗曉吏職解褐給事中轉司徒水曹
行參軍義旗建高祖擢為中軍大都督韓軌府
長史及軌除瀛冀二州刺史又以耀為軌諮議
參軍後為御史所劾州府僚佐及軌左右以贓
罪掛網者百有餘人唯耀以清白獨免徵為丞
相府倉曹顯祖嗣事遷相府掾天保初賜爵都

北齊傳十七　四

亭鄉男攝倉庫二曹事諸有賜給常使耀典之
轉祕書丞遷尚書右丞顯祖嘗因近出令耀居
守帝夜還須耀不時開門勒兵嚴備帝駐蹕門外
父之催迫甚急耀以夜深事難辯須火至固
識門乃可開於是獨出見帝帝笑曰卿欲學郅
君章也乃使耀前開門然後入深嗟賞之賜以
錦采出為南青州刺史未之任肅宗輔政累遷
祕書監耀歷事東世秦職恪勤咸見親待未嘗
有過每得祿賜散之宗族性節儉率素服飲

食取給而巳好讀春秋月一遍　時人慕之賈粱
道趙彥深嘗謂耀曰君研尋女氏豈求服虔杜
預之紕繆邪耀曰何為然乎左氏之書備敘言
非欲詆訶古人之得失也天統元年世祖臨朝
事惡者可以自戒善者可以慮幾故麏巳溫晉
耀奏事遇暴疾仆於御前帝下座臨視呼數聲
不應帝泣曰豈失我良臣也旬日卒時年六十
三詔稱耀忠貞平直溫恭廉慎贈開府儀同三
司尚書右僕射瑤州刺史諡曰貞簡

高隆允等傳 ── 北齊列傳七　五

趙起字興洛廣平人也父達幽州録事參軍起
性沉謹有幹用義旗建高祖以段榮為定州刺
史以起為榮典籤除奉車都尉出為定州刺
府騎曹累加中散大夫世宗嗣事出為建州刺
史累遷侍中起高祖世頻為相府騎兵曹典
知兵馬十有餘年至顯祖即祚之後起罷州還
關雖歷位九鄉侍中常以本官監兵馬出内驅
使居腹心之寄與二張相亞出為西兗州刺史
紃刻禁止歲餘以無驗獲免河清二年徵遠晉

陽三年又加祠部尚書開府儀同天統初轉太常鄉
食琅邪郡幹二年除滄州刺史加六州都督武
平中卒扵官

徐遠字彥遠廣寧石門人也其先出自廣平嘗
祖定為雲中軍將平朔戍主因家於朔遠少習
吏事督功曹辟除廮陶縣令高祖太守率戶赴
城都督除功曹事未幾與高祖太守率戶赴義旗署防
永相騎兵參軍事常征伐克濟軍務深為高祖
所知累歷鉅鹿陳留二郡太守天保初為御史

嘉湖十年列 ── 北齊傳十七　六

所刻遇赦沉廢二年顯祖以遠勤舊舊將用為
領軍府長史累遷東徐州刺史入為太中大夫
河清初加衛將軍右光禄大夫天統二年授儀同三司東楚州
諸軍事東楚州刺史天統二年除使持節都督東楚州
尉四年加開府右光禄大夫天統二年授儀同三司東楚
亡產業遠躬自赴救對之流涕仍為經營皆得
暴寬和有恩惠至東楚其年冬邑郭大火城民
安立長子世榮中書舍人黃門侍郎
王峻字巒嵩高靈丘人也明悟有幹略高祖以為

相府墨曹參軍坐事免官久之顯祖為儀同開
府引為城局參軍兼遷恒州大中正世宗相府
外兵參軍隨諸軍平淮陰賜爵北平縣男除營
州刺史營州地接邊城賊數為民患峻至州遠
設斥候廣置疑兵每有賊發常出其不意要擊
之賊不敢發合境獲安是刺史陸士茂詐殺
失韋八百餘人因此朝貢遂絕至具峻乃命將
士要其行路失韋東至大破之虜其首帥而還
因厚加恩禮放遣之失韋遂廈誠歟朝貢不絕

■北齊卷十七　七　徐起

峻有力焉初茹茹主菴羅辰率其餘黨東徙峻
度其必來預為之備末幾菴羅辰到頓軍城西
峻乃設奇伏大破之獲其名王郁久閭豆提提
等數十人送於京師菴羅辰於此遁走帝甚嘉
之遷祕書監廢帝即位除洛州刺史河陽道行
臺左丞旦建中詔於洛州西界掘長塹三百里
置城戍以防間諜河清元年徵拜祠部尚書
詔晉陽校兵馬俄而還鄴轉太僕卿及車駕
巡幸常與吏部尚書尉瑾輔皇太子諸親王同

知後事仍賜食梁郡幹遷侍中除都官尚書及
周師寇逼詔峻赴本官臨東安王妻叡與王
晉等自鄴率衆赴河陽禦之車駕幸洛陽以懸
瓠為周人所據復詔峻為南道行臺與妻叡率
軍南討未至周師棄城走仍使慰輯汞鄶二州
四年春還京師坐違格私度禁物并盜截軍粮
有司依格處斬家口配沒特詔決鞭一百除名
配甲坊蠲其家口會救免停廢私門天統二年
授驃騎大將軍儀同三司尋加開府武平初除

■嘉靖十年刊　北齊傳十七　八

侍中四年卒贈司空公

王紘字師羅太安狄那人也為小部酋帥父基
顧讀書有智略初從葛榮及榮授基為北王
州刺史後茹茹榮破而基據城不下仚朱榮遣使
喻之然後茹降榮後以基為府從事中郎令率衆
鎮磨川榮死紇豆陵步蕃虜基歸河西後基
先於葛榮軍與周文帝據有關中高祖遺基顗
仚朱兆高祖平兆以基為都督除義寧太守基
長史侯景同使於周文帝留基不遣基後逃歸

除冀州長史久後行肆州事元象初界邊南益州
北豫州刺史所歷皆好聚歛然性和直吏民不
其患之興和四年冬為奴所害時年六十五贈
征東將軍吏部尚書定州刺史少好弓馬善
騎射頗愛文學性機敏應對便捷年十三見楊
州刺史太原郭元貞元貞撫其背曰汝讀何書
對曰誦孝經元貞曰孝經云何曰在上不驕為下不
亂貞曰吾作刺史豈其驕乎紇曰公雖不驕君在
子防未萌亦願留意元貞稱善年十五隨父在

九

北豫州行臺侯景與人論掩衣法為當
右尚書故顯僑曰孔子云微管仲吾其被髮左
衽矣以此言之衽為是紇進曰國家龍飛朔
野雄步中原五帝異儀三王殊制掩衣左右何
為是非景奇其早慧賜以名馬興和中世宗召
為庫直除奉朝請世宗暴崩紇冒刃捍衞以
足是非景奇其早慧賜以名馬興和中世宗召
節賜爵平春縣男賚帛七百段綾錦五十疋錢
三萬并金帶駿馬 仍除晉陽令天保初加寧遠
將軍顏為顯祖所知待帝嘗與左右飲酒曰快

哉大樂紇對曰亦有大樂亦有大苦帝曰何為
大苦紇曰長夜荒飲不罷亡國破家身死名滅
所謂大苦帝默然後貴紇曰爾與紇異舍樂同
事我兄弟舍樂死尔何為不死紇曰君亡臣死
自是常節但賊豎力薄斫輕故臣不死帝使燕
子獻友縛紇長廣王捉頭帝手刃將下紇冒死
遽言崔季舒逃走避難位至僕射尚書冒死效
命之士反見屠戮右未有此事帝投刀於地
曰王師羅不得殺遂捨之乾明元年昭帝作相

十

補中外府功曹參軍事皇建元年進爵義陽縣
子河清三年與諸將征突厥加驃騎大將軍天
統元年除給事黃門侍郎加射聲校尉四遷散
騎常侍武平初開府儀同三司紇上言突厥與
宇文男來女往必當相與影響晉南地冦邊宜選
九州中男彊弩多據要險之地伏願陛下哀忠
念舊愛孤恤寡矜愚嘉善會過記功敢骨肉之
情廣寬仁之路思去堯舜之風慕禹湯之德克已
復禮以成美化天下幸甚五年陳人冦淮南詔

令羣臣共議禦之捉封輔相請出討擊紇曰官軍
頻經失利人情騷動若復興兵極武出頓江淮
恐北狄惡寇乘我之弊傾國而來則世事去矣
莫若薄賦省徭息民養士使朝廷協睦遐邇歸
心征之以仁義鼓之以道德天下皆當肅清豈
直偽陳而已高阿那肱謂衆人從王武儒者南
席衆皆同焉尋兼待中聘於周使還即正未幾
而卒紇好著述作鑒誡二十四篇頗有文義
史臣曰張紇等竝趨事霸朝申其功用皆有齊
之良臣也伯德之慟哭伏屍靈光之拒關駐蹕
有古人風焉
贊曰篡亮曜起徐遠紘峻奉日高昇凌風遠
振樹一死拒關終明信順

斐瓛列傳七　十一

列傳第十七　北齊書二十五

隋太子通事舍人李　百藥　撰

薛琡
敬顯儁
平鑒

北齊列傳十八　　　一

薛琡字曇珍河南人其先代人本姓叱干氏父
豹子魏徐州刺史琡形兒魁偉少以幹用稱為
典客每引客見儀望甚美魏帝召而謂之曰
卿風度峻整姿兒秀異後當升進以處何官琡
曰宗廟之禮不敢不敬朝廷之事不敢不忠自
此以外非庸臣所及正元中行洛陽令部內肅
然有犯法者未加拷掠直以辭理窮覈多得其
情於是豪猾畏威事務簡靜時以父早京師見
囚悉召集華林理問寬滯遷洛陽繫獄唯有三人
魏孝明嘉之賜縑百疋遷吏部尚書崔亮奏立
停年之格不簡人才專問勞舊琡上書言黎元
之命繫於長吏若得其人則蘇息任非其器必為
患更深若使選曹唯取年勞不簡賢否便義均

北齊列傳十八　　　二

行鴈次若貫魚執簿呼名一吏足矣數人而用
何謂銓衡請不依書奏不報後因引見復見
諫曰共治天下本屬百官直言之士是以漢朝常令三公
大臣舉賢良方正有道直言之士是以漢朝常令三公
薦時賢以補郡縣明立條格防其阿黨之端詔
在養民臣請依漢氏更立四科令四方初定務
撫黎元自晉末以來此風遂替今以為長吏監
下公卿議之事亦寢元天穆討邢杲以琡為
行臺尚書時元顥已據鄴城天穆集文武議其
所先議者咸以杲眾甚盛宜先經略琡以為邢
杲聚眾無名雖彊猶賊元顥篡逆親來稱義
舉此恐難測杲留眾盜狗竊非有遠志宜先討
天穆謂琡曰君情所欲逐先討杲降軍還入洛
天穆以丞相長史琡宿有能名深被禮遇軍國之
事多所聞知琡亦推誠盡節屢進忠讜高祖大
舉西代將度蒲津琡諫曰西賊連年饑饉無可
食嗟故冒死來入陝州欲取倉粟今高司徒已

圍陝城粟不得出但置兵諸道勿與野戰比及
年秀麥秋人民盡應餓死寶矩黑獺自然歸降
宜王無渡河也倏景亦曰令者之舉兵衆極大
萬一不捷卒難收歛不如分為二軍相繼而進
前軍若勝後軍合力前軍承之高祖皆不納遂
有沙苑之敗累遷尚書僕射卒臨終敕其子歛
以時服殮月便葬不聽千求贈官自制喪車不
加彫飾但用麻為流蘇繩用網絡而已明器等
物竝一不令置

【北齊列傳十六】 三

瑒父在省遘閒明簿領當官剖斷
敏速如流然天性險已情義不篤外似方格內
實浮動受納貨賄曲法舞文深情刻薄多所傷
害士民畏惡之魏東平王元匡姜張氏媱逸放
恣琡初與女通後納以為婦感其讒言逐出前妻
于氏不認其子家內怨忿音見相告列深為世所
譏鄙贈青州刺史

敬顯儁字孝英平陽人少英俠有節操交結豪
傑為羽林監高祖臨晉州儁因使調見與語說
之乃啓為別駕及義舉以儁為行臺右部郎中

從攻鄴令儁督造土山城拔又從平西胡轉都
官尚書與諸將征討累有功從高祖平寇難
破周文帝敗倏景平壽春定淮南又略地三江
口多築城戍累除兗州刺史卒

平臨金字明達燕郡薊人父勝安州刺史卒
敏頤有志力受學於徐遵明不為章句雖崇儒
業而有豪俠之氣孝昌末盜賊蜂起見天下將亂
乃之洛陽與慕容儼騎馬為友鑒性巧夜則胡
書以供衣食謂其宗親曰運有汚隆亂則治

【北齊列傳十六】 四

并州戎馬之地介朱王命世之雄杖義達旗奉
辭問罪勞忠竭力今也其時遂相率奔尔朱榮
於晉陽因陳靜亂安民之策大奇之即署參
軍前鋒從平鄴密每陣先登除撫軍襄州刺史
高祖起義信都鑒自歸高祖謂曰者皇綱
中弛公已早竭忠誠今尔朱披猖又能去逆從
善搖落之時方識松筠即啓授征西懷州刺史
鑒奏請於州西故斬道築城以防過西寇朝廷
從之尋而西魏來攻是時親築之城糧伏未集

舊來之水眾情大懼南門內有一井隨波即竭
鑒乃具衣冠俯井而祝至旦有井泉涌溢合城
取之魏師敗還以功進位開府儀同三司時和
士開以伎辛勢傾朝列令人求鑒愛妾劉氏鑒
即送之仍謂人曰老公失阿劉與死何異要自
為身作計不得不然由是除齊州刺史鑒歷牧
八州再臨懷州所在為吏所思立碑頌德入為
都官尚書令

列傳第十八　　　北齊書二十六

隋太子通事舍人李 百藥 撰

万俟普 子洛
可朱渾元
劉豊
破六韓常
金祚
韋子粲

万俟普字普撥太平人其先匈奴之別種也雄

北齊列傳十九　一

果有武力正光中破六韓拔陵構逆授普太尉
率部下降魏授後將軍第二領人酋長高祖起
義普遠通誠款高祖甚喜嘉之斛斯椿逼帝西出
授司空泰州刺史據覆靳城高祖平夏州普乃
率其部落來奔高祖躬自迎接授普河西公累
遷太尉朔州刺史卒
子洛字受洛干豪壯有武藝云騎射過人為鄉間
所伏拔陵及隨父歸順除顯武將軍隨尒朱榮
每有戰功累遷汾州刺史驃騎將軍乃起義信

都遠送誠款高祖嘉其父子俱至甚優其禮復除
撫軍兼靈州刺史武帝入關除左僕射天平中
隨父東歸封建昌郡公再遷領軍將軍與諸將
圓獨孤如願出於金墉及河陰之戰並有功高祖
以其父普尊老將之嘗親扶上馬洛免冠
稽首曰願出死力以報深恩及此役也諸軍北
渡橋洛以軍不動謂西人曰万俟受洛干在此
能來可來也西人畏而去高祖以雄壯名其所
營地為回洛城洛慷慨有氣節勇銳冠時當世

北齊列傳十九　二

推為名將興和初卒

可朱渾元字通元自云遼東人世為渠師魏時
擁衆內附嘗祖護野肱終於懷朔鎮將遂家焉
元寬仁有武略少與高祖相知北邊擾亂遂將
家屬赴定州值鮮于修禮作亂元擁衆屬焉葛
榮併修禮復以元為梁王遂奔尒朱榮以為別
將隸天光征關中以功為渭州刺史侯莫陳悅
之殺賀拔岳也周文帝率岳所部遷止圓悅元
時助悅悅走元收其衆入據秦州為周攻圓苦

戰結盟而罷元既早遇高祖知遇兼其母兄在
東嘗有思歸之志恒遣表疏與高祖陰相往來
周文攻圍苦邑元智勇知元懷貳發兵攻之乃
乃率所部發自渭州西北渡河源二州周文遣
兵邀之元戰必摧之引軍歷河源二州境乃得
東出靈州刺史曹泥女壻劉豐與元深相交結
元因說豐以高祖英武非常剋成大業豐自此
便有委質之心遂資送元從靈州東北入雲
州高祖聞其來也遂遣平陽守高嵩持環一枚以

裴蕭列傳十九　　　三

賜元并運資糧遠遣候接元至晉陽引見執手
賜帛千定并奴婢田宅兄弟四人先在并州者
進官爵元所部將帥皆賞以爵邑封元縣公除
車騎大將軍討西魏儀同金紫皇甫智達於東
雍擒之遷并州刺史又與諸將征代頗有剋捷
降下天保初封扶風王頻從顯祖討山胡范如
累有戰功遷太師薨贈假黃鉞太宰錄尚書元
善以於御衆行軍用兵務在持重前後出征未嘗
貞敗及卒朝廷深悼之皇建初配享世宗廟庭

劉豐字豐生普樂人也有雄姿壯氣果毅絕人
有口辯好說兵事破六韓拔陵之亂豐以守城
之功周文授以普樂太守魏永安初除靈州鎮城大都
督周文遂率豐不受乃遣攻圍不剋豐
豐遠慕高祖威德乃率戶數萬來奔高祖上豐
為平西南汾州刺史遂與諸將征討平定寇亂
又從高祖破周文於河陰除豐功居多高祖執手
嗟賞之為左衛將軍出除殺州王思政據長社

裴蕭列傳十九　　　四

世宗命豐與清河王岳攻之豐連水攻之策遂
遏洧水以灌之水長魚鱉皆游焉九月至四月
城將陷豐與行臺慕容紹宗見北有白氣同入
船忽有暴風從東北來正晝昏暗飛沙走礫船
纜忽絕漂至城下豐游水向土山為浪所激不
時至西人以鈎鈎之並為敵人所害豐壯勇善戰為
諸將所推死之日朝野駭惋贈大司馬司徒公
尚書令謚曰忠子曄嗣
破六韓常字保年附化人匈奴單于之裔也右
谷蠡王潘六奚沒於魏其子孫以潘六奚為氏

後人訛誤以為破六韓世領部落其父孔雀世
襲酋長孔雀少驍勇時宗人叛陵為亂以孔雀
為大都督司徒加平南王孔雀率部下一萬人降
於尒朱榮詔加平北將軍第一領民酋長常
沉敏有膽略善騎射累遷平西將軍高祖嘉之上
常為撫軍與諸將征討又從高祖攻擊諸寇累遷
車騎大將軍開府封平陽公除洛州刺史常啓
世宗曰常自鎮河陽以來頻出關尒朱道北

北齊列傳十九　五

制巳北洛州巳南所有要害頗所知悉而太谷
南口去荊路踰一百經赤工坂是賊往還東西
大道中間瞻絕一百五十里賊之糧饟唯經此
路馬謂於彼選形勝之處營築城戍安置士馬
截其遠還自然不能更有行送世宗、其討道
大司馬解律金等築楊志百家呼延三鎮當秩
滿還晉陽拜太保滄州刺史卒贈尚書令司徒
公太傅第一領民酋長假王諡曰忠武
金祚字神敬安定人也性驍雄尚氣任俠魏正

光中龐右賊起詔雍州刺史元猛討之召募狼
家以為軍導祚應選以軍功累遷龍驤將軍靈
州刺史高祖舉義尒朱天光率關右之眾與仲
遠等北抗從高祖歸高祖除車騎大將軍邙山之戰
二州天光敗歸高祖留祚東奏撫督三州鎮靜
以大都督從破西軍祚除華州刺史加開府儀
同三司別封臨濟縣子卒贈司空

北齊列傳十九　六　釣

壹子爨字暉茂京兆人曾祖閭魏咸陽守爨尚
都水使者子爨仕郡功曹史累遷為大行臺郎
中從尒朱天光平關右周武入關以為南汾州
刺史神武命將出討城陷子弟俱被獲送晉陽
蒙牧免以爨為并州長史累遷豫州刺史卒初
子爨兄弟十三人姪親屬閭門一百口悉在西
魏以字爨陷城不能死難多致誅滅歸國爨富貴
唯與六弟道諧二人而巳諧與爨俱入國爨富貴
之後遂特棄道諧令其獨居所得虜祿略不相
及其不顧恩義如此

列傳第十九

北齊書二十七

隋太子通事舍人李　百藥　撰

元坦

元斌

元孝友

元暉業

元弼

元韶

【北齊列傳二十】

元坦魏獻文皇帝咸陽王禧第七子禧誅後

兄翼樹等五人相繼南奔故坦得承龔改封數

城王永安初復本封咸陽郡王累遷侍中莊帝

從容謂曰王才非荀蔡中歲屢遷當由少長朕

家故有超授初禧死後諸子貧之坦兄弟為彭

城王韶所收養故有此言孝武初其兄樹見禽

之樹既長且賢慮其代已密勸朝廷以法除

之坦知之泣謂坦曰我往因家難不能死亡寄

食江湖受其爵命今之來非由義至求活而

已當望柴華汝何肆其猜忌忘在原之義腰斬

雖偉善無可稱坦作色而去樹死竟不臨哭坦

歷司徒太尉太傅加侍中太師錄尚書事宗正

司州牧雖祿厚位尊貪求滋甚賣獄鬻官不知

紀極為御史劾奏免官以王歸第尋起為特進

出為冀州刺史專復聚歛每百姓納賦除正稅

外別先責絹五疋然後為受性好畋漁無日不

出秋冬獵雉兔春夏捕魚解鷹為大常數百頭

自言寧三日不食不能一日不獵入為大常天

保初佳倒降爵封新豐縣公除特進開府儀同

三司坐與子世寶與通直散騎侍郎彭貴平因酒

醉誹謗妄說圖讖有司奏當死詔並宥之坦配

北營州死配所

元斌字善集魏獻文皇帝父高陽王雍從孝

莊於河陰遇害斌火龍祖爵歷位侍中尚書左

僕射斌美儀貌性寬和居官重慎頗為齊文

襄愛賞齊天保初准例降爵為高陽縣公拜

右光祿大夫二年從文宣討契丹還至白狼河以

罪賜死

元孝友祖魏大武皇帝兄臨淮王譚無子令孝
友襲爵累遷滄州刺史爲政溫和好行小惠不
能清白而無所侵犯百姓亦以此便之魏靜帝
宴文襄於華林孝友因醉自譽文曰陛下許賜
臣能舍罪於是君臣俱笑而不罪孝友明於政
理嘗奏表曰今制百家爲黨族二十家爲閭五
家爲比隣百家之內有師二十五人徵發皆免
苦樂不均羊少狼多復有蠶食此之爲弊久矣
京邑諸坊或七八百家唯一里正二史庶事無
闕而況外州平請依舊置三正之名不改而百
家爲於四閭二比計族少十二丁得十二四實
絹略計見管之戶應二萬餘族一歲出貲二十
四萬五千丁爲一番兵計得一萬六千兵此
富國安人之道也古諸侯娶九女士一妻一妾
晉令諸王置妾八人郡君侯妾六人官品令第
一第二品有四妾第三第四有三妾第五第六
有二妾第七第八有一妾所以陰教聿脩繼嗣

有廣繼嗣孝也脩陰教禮也而聖朝忽棄此
數由來漸久將相多尚公主王侯娶后族故無
妾媵習以爲常婦人不幸生逢今世舉朝既是
無妾天下殆皆一妻設令人彊志廣娶則家道
離索身事迍邅內外親知共相嗤怪凡今姑姊
女工自云不受人欺畏他笑我王公猶自一心
逢迎必相勸以妬忌以制夫爲婦德以能妬爲
已下何敢二意夫妬忌之心生則妻妾之禮廢
妻妾之禮廢則姦淫之兆興斯臣之所以毒恨
者也請以王公第一品娶八通妻以備九女稱
事二品備七三品四品備五五品六品則一妻
二妾限以一周悉令充數若不充數及待妾非
禮使妻妬加捶撻免所居官其妻無子而不娶
妾斯則自絶無以血食父請科不孝之罪離
遣其妻臣之亦心義唯家國欲使丁立倉儲以
禮貴賤各有其宜省人帥以出兵凶無不合
豐穀食設賞格以擒姦盜行典令以示朝章庶
使足食足兵人信之矣又冐申妻妾之數正欲

使王侯將相功臣子弟靦覥滿朝傳祚無窮此
臣之志也詔付有司議奏不同孝友又言今人
生為皂隸葬儀擬王侯存沒異途無復節制崇
龍盛祭儀鄰里相榮積為至孝又夫婦之
始王化所先共食合瓢足以成禮而今之富者
彌奢同牢之設甚於祭槃累魚成山山有林木
之像驚鳳斯存徒有煩勞終成委棄仰惟天意
其或不然請自茲以後若婚葬過禮者以違旨
論官司不加糺劾即與同罪孝友在尹積年以

《北齊列傳二十》 五

法自守甚者聲稱然性無骨鯁善事權勢為正
直者所譏齊天保初准例降爵封臨淮縣公拜
光祿大夫二年冬被詔入晉陽宮出與元暉業
同被害

元暉業字紹遠魏景穆皇帝之玄孫少險薄多
與惡盜交通長乃變節涉史亦頗屬文慷慨
尚有志節歷位司空太尉加特進領中書監錄
尚書事文襄晉問之曰比何所披覽對曰數尋
伊霍之傳不讀曹馬之書暉業以時運漸謝不

復圖全唯事飲啗一日羊三日犢又嘗賦
詩云昔居王道泰濟濟富屋英今逢世路阻
狐兔鬱縱橫齊初降封美陽縣公開府儀同三
司特進暉業之在晉陽也無所交通居常閑暇
乃撰魏藩王家世號為辨宗錄四十卷行於世
位望隆重又以性氣不倫每被猜忌天保二年
從駕至晉陽於宮門外叩馬諫曰天不及老
嫗背負重巒與人何不打碎之我出此言即知死
也然兩亦詎得幾時文宣聞而殺之亦斷臨淮

《北齊列傳二十》 六

公孝友孝友臨刑驚惶失措暉業神色自若仍
鑿金冰沈其屍暉業弟昭業頗有學問位諫議大
夫莊帝幸洛南昭業立於閶闔門外叩馬諫大
避之而過後勞免之位給事黃門侍郎儒將軍
右光祿大夫卒諡曰文侯

元彌字輔宗魏司空之子性剛正有文學位中
散大夫以世嫡應龍襲先爵為季父尚書僕射麗
因于氏親寵遂奪彌王爵橫授內兄子誕於是
彌絕交棄人事託疾還私第宣武中為侍中彌上

表固讓入嵩山以穴為室布衣疏食卒建元元
年子暉業訴復王爵永安三年追贈尚書令司
徒公謚曰天獻初嘗夢人謂之曰君身不得
傳世封其紹先爵者君長子紹遠也弼覺即告
暉業終如其言也

元詡字世胄魏孝莊之後避尒朱之難匿於高
山性好學美容儀初尒朱榮將入洛父劭恐以
詔寄所親滎陽太常鄭仲明仲明尋為城人所
殺詡因亂與乳母相失遂與仲明兄子僧副避
難路中賊逼僧副恐不免因令下馬僧副謂
客曰窮鳥投人尚或稱愍況諸王如何棄平僧
副舉刃過之客乃退詡逢一老母姓程哀之隱
於私家十餘日莊帝訪而獲焉龍襄封彭城王齊
神武帝以孝武帝后配之魏室奇寶多隨后入
詔家有二王鉢相盛可轉而不可出馬瑙榼容
三升王縫之皆稱西域鬼作也歷位太尉侍中
錄尚書司州牧進太傅齊天保元年降爵為縣
公詔性行溫裕以高氏壻頗膺時寵能自謙退

臨人有惠政好儒學禮致才彥愛林泉脩第宅
華而不侈文宣帝剗韶顯聞加以粉黛婦人
服以自隨曰我以彭城為媵御譏之元氏微弱比
之婦女十年大史秦云今年當除舊布新文宣
謂詡曰漢光武何故中興詡曰為誅諸劉不盡
於是乃誅諸元以厭之遂以五月誅元世哲景
武等二十五家餘十九家並禁止之詔幽於京
螽地牢絕食噉衣袖而死及七月大誅元氏自
昭成已下並無遺焉或父祖為王或身常貴顯

或兄弟強壯皆斬東市其嬰兒投於空中承之
以矟前後死者凡七百二十一人悉投屍漳水
剖魚多得爪甲都下為之久不食魚
替曰元氏蕃熾憑慈靈道隨終運命偶湮刑

列傳第二十

北齊書二十八

此卷牽合比史而成

隋太子通事舍人李　百藥　撰

李渾　子湛　渾弟繪
族子公緒
李璵　弟瑾　弟曉
族弟
鄭述祖　子元德

李渾字季初趙郡柏人人也曾祖靈魏鉅鹿公
父遵親冀州征東府司馬京兆王愉冀州起逆
害遵渾以父死王事除給事中時四方多難乃
謝病求為青州征東府司馬與河間邢邵北海

北齊列傳二十一　　一

王昕俱奉老母攜妻子同赴青州未幾而尒朱
榮入洛衣冠殲盡論者以為知機永安初除散
騎常侍並泰中崔社客反於海山攻圖青州詔
渾為征東軍都官尚書行臺赴援而社客宿將
多謀諸城各自保固壁清野時議有異同渾曰
社客賊之根本圍城復龍蹦踟躕朔為合之眾易可
崩離若簡練驍勇銜枚夜龍徑趣鹽㒼下出其不
意咄嗟之間便可擒殄如社客執擒則諸郡可
傳檄而定何意冒熱攻城疲損軍士諸將遲疑

渾乃浚未明達城下賊徒驚散生擒社客斬首
送洛海隅清定後除光祿大夫兼散常侍髇使至
梁梁武謂之曰伯陽之後久而彌盛趙李人物
今實居多常侍曾經將領令復充使文武不墜

北齊列傳二十一　　二

良屬斯人使還為東都守以賊徵還世宗使武
士提以入渾抗言曰將軍今日猶自禮賢耶世
宗笑而捨之天保初除太子少保邢邵為少師
楊愔為少傅論者為榮以禪代儀注賜涇陽
男刪定麟趾格尋除海州刺史六友共攻州

城城中多石無井常食海水賊絕其路城內先
有一池時旱久涸一朝天兩泉流涌溢賊以為
神應時駭散渾督勵將士捕斬渠帥渾妻郭氏
在州干政納貨坐免官卒
子湛字處元涉獵於文史有家風為太子舍人
兼常侍聘陳渾與弟繪偉俱為聘梁使至湛文
為使副是以趙郡人士目為四使之門
繪字敬文年六歲便自顧入學家人偶以年俗
忌約而弗許伺其伯姊筆順之間而輒竊用未

幾逐通口急就草內外異之以為非常兒也及長
儀見端偉神情朗儁河間邢晏即繪舅也與繪
清言歎其高遠每稱曰若披雲霧如對珠玉宅
相之寄良在此生乎王繪寄寅八引為主簿記室
事中郎徵至洛時勑侍中西河王祕書監從
專管表檄待以賓友之禮司徒高邕辟為從
景選儒學十人緝撰五禮繪與太原王乂同掌
軍禮魏靜帝於顯陽殿講孝經禮記繪與從弟
褰裴伯莊魏收盧元明等俱為錄議素長筆
扎尤能傳受緝綴詞議簡舉可觀天平初世宗
用為丞相司馬每罷朝文武總集對揚王庭常
令繪先發言端為群僚之首音辭辯正風儀都
雅聽者悚然武定初兼常侍為聘梁使至梁武
帝問繪高相今在何處繪曰今在晉陽蕭遍邊
冠梁武曰黑獺若為形容高相作何經略繪曰
黑獺遊魂關右不世奇銳觀釁攻昧取亡斃必不遠
丞相奇略不世奇銳觀與梁人沈言氏族表押曰
梁武曰如卿言極佳與梁人沈言氏族表押曰

未若我本出自黃帝姓在十四之限繪曰見所
出雖遠當共車千秋分一字耳一坐大笑前後
行人皆通啟求市繪獨守清河尚梁金重其廉潔
使遷拜平南將軍高陽內史郡境舊有猛獸民
常患之繪欲修檻遂因闕死咸以為化感所致
馬父立使慰之曰孤在晉知山東守唯卿一人
用意及入境觀風信如所聞但善始令終將位
至不次河間守崔謀悖其弟遷勢欲得繪兮慶角
鶡羽繪答書曰鶡有六翮飛則沖天麋有四足
走便入海下官膚體疏嬾手足蹇鈍不能逐飛
追走遼事安人是時世宗使遷選司徒長史遷
薦繪既不果感謂申此書天保初為司徒右長
史繪質性方重未嘗趨事權勢以此父而屈沈卒
公緒冀州司馬疾去官後以侍御史徵不至卒
魏末冀州穆渾族兄藉之子性聰敏博通經傳
公緒字穆渾族兄藉之子性聰敏博通經傳
公緒沈宴樂道不關世務故哲心不仕尤善陰
陽圖緯之學嘗語人云吾每觀齊之分野福德

不多國家世祚終於四七帝年則及亡之歲上
距天保元年二十八年矣公緒潛居自待雅好
著書撰典言十卷又撰質疑五卷喪服章句一
卷古今略記二十卷玄子五卷趙語十三卷竝
行於世
李瑒字道璵隴西成紀人涼武昭王暠之五世
孫父韶並有重名於魏代璵溫雅有識量韞褐
太尉行參軍累遷司徒右長史及遷都於鄴留
於後監掌府藏及撤運宮廟村木以明幹見稱

北齊列傳第卅

五

累遷驃騎大將軍東徐州刺史解州還遂禪老
疾不求仕齊受禪進與前將軍道從於圓丘
行禮瑒意二不願榮名兩朝雖以宿舊被徵過事
即絕朝請天保四年卒子詮韞誦韞無行誦與
妻穆提婆子懷虎超遷臨漳令儀同三司韞與
陸令萱女弟私通令萱奏授太子舍人瑾六十彤
道瑜名在魏書才識之美見稱當代瑾字
之儁之書詩之禮之行之疑之並有器望行之與
兄弟深相友愛又風素夷簡為士友所稱范陽

盧思道足其兄弟子甞贈詩云水衡稱逸人潘陽
有世親形骸預冠盖心思出風塵時人以為實錄
璵從弟曉字仁略魏太尉虔子學涉有思理釋
褐員外侍郎爾朱榮之害朝士將行曉衣冠為
鼠所嚙遂不成行得免河陰之難及遷都鄴曉
便寓居清河託從母兄崔悛宅給良田三十頃
曉遂築室安居訓勗子姪無復官情武定末以
世道方泰乃入都從仕除頓丘守卒
鄭述祖字恭文滎陽開封人祖義魏中書令父

北齊列傳卅

六

道昭魏祕書監述祖少聰敏好屬文有風檢為
先達所稱譽褐司空行參軍天保初累遷太
子少師儀同三司兖州刺史時穆子容為濟省
使歎曰古人有言聞伯夷之風貪夫廉懦夫有
立令於鄭兖州見之矣初述祖父為兖州於城
南小山起齋亭刻石為記述祖時年九歲及為
刺史往尋舊迹得一破石有銘六字中岳先生鄭
道昭之白雲堂述祖對之嗚咽悲動碑傍有人
入市盜布其父怒曰何忍欺人君執之以歸首

述祖特原之自是之後境內無盜人歌之曰大
鄭公小鄭公相去五十載風教猶尚述祖能
鼓琴自造龍吟十弄云骨夢人彈琴寢而寫得
當時以為絕妙所在好為山池松竹交植盛饌
以待賓客將迎不倦述祖皆下馬時在鄉單馬出行忽
有騎者數百見述祖顧問從人皆不見心甚異之未幾被徵而
拜述祖顧問從人皆不見心甚異之未幾被徵而
終歷顯位及病篤乃自言之且曰吾今老矣一
生富貴足矣以清白之名遺子孫死無所恨遂
卒於州述祖女為趙郡王叡妃述祖常坐受王
拜命坐王乃坐妃後王更娶鄭道蔭女坐
受道蔭拜王命坐乃敢坐王謂道蔭曰鄭尚書

子元德從父弟元禮字文規少好學愛文藻名望
風德如此又貴重宿舊君不得壁旦之
元德多藝術官至琅邪守
世宗引為館客歷太子舍人崔昂妻即元禮之
姊也魏收又昂之妹夫嘗持元禮數篇詩示盧
思道乃謂思道云看元禮比來詩詠亦當不減

魏收苔云未與見元禮賢貝於魏收但知妹夫踈於
婦弟元禮入周卒終始州別駕

列傳第二十一　　北齊書二十九

此卷雖非北史而無論贊疑尚非正史

列傳第二十二

　崔暹　子達拏

　高德政

　崔昂

隋太子通事舍人李　百藥　撰

【北齊列傳二十二】

崔暹字季倫博陵安平人漢尚書定之後也世
爲北州著姓父穆州主簿暹少爲書生避地勃
海依高乾以妹妻乾弟慎後臨光州啓暹爲長
史趙郡公琛鎮定州辟爲開府諮議隨琛徙晉
陽高祖與語說之兼丞相長史高祖舉兵將入
洛留暹佐琛知後事謂之曰夫相知豈在新
舊暫軍戎之事留守任劇家弟年少未閑事宜
百後事一以相屬握手殷勤至於三四後暹爲左
丞吏部郎主議麟趾格進親遇日隆世宗好爲
言邢邵宜任府僚兼任機密世宗因以徵邢
見親重言論之際劭遂與暹世宗不悅謂暹曰
卿說子才之長子才言卿短此癡人也暹曰
子才言暹短暹說子才長此實事不爲嫌高

慎之叛與暹有隙高祖欲殺之世宗救免武定
初遷御史中尉選畢義雲盧潛宋欽道李憺崔
瞻杜弼崔伯偉崔子武子廣皆爲御史世
稱其知人世宗欲假暹威勢諸公在坐令暹避
視徐步兩人掣裾而入世宗分庭對揖暹不讓
席而坐觴再行便辭退世宗曰下官薄有蔬食
願公少留暹曰適受勅在臺以檢校遂不待食
而去世宗降階送之旬日後世宗與諸公出之
東山暹於道前驅爲赤棒所擊世宗回馬避之

【北齊列傳二十二】　　二

暹後彈尚書令司馬子如及尚書元茨雍州刺
史慕容獻文彈大師咸陽王坦并州刺史可朱
渾道元罪狀極筆並免官其餘死黜者甚眾高
祖書與鄴下諸貴曰崔暹昔事家弟爲定州長
史後吾兒開府諮議及暹左丞吏部郎五未知
其能也始居憲臺爾糾咸陽王司馬令並
是吾對門布衣之舊尊貴親昵無過二人同時
獲罪吾不能救諸君其慎之高祖如京師羣官
迎於紫陌高祖握暹手而勞之曰往前朝廷豈

無法官而天下食貪婪莫肯糾劾中尉盡心為國
不避豪強遂使遠邇蕭清羣公奉法衝鋒陷陣
大有其當曲官正色令始見之令榮華富貴直是
中尉自取高歡父子無以相報賜讓良馬使騎
之以從且行且語讓下拜馬驚走高歡為擁之
而授繕魏帝宴於華林園謂高祖曰自頃朝貴
牧守令長之中有用心　公平直言彈劾不避親戚者王可
勸酒高祖降堦跪而言曰唯御史中尉崔讓一
人謹奉明旨敢以酒勸井臣所射賜物千四乞
回賜之帝曰崔中尉為法道俗齊整讓謝曰此
自陛下風化所加大將軍臣澄勸獎之力世宗
退謂讓曰我尚書何況餘人由是威名日盛
內外莫不畏服高祖崩未發喪世宗以讓為度
支尚書兼僕射毒以心腹之寄讓憂國如家以
天下為己任世宗車服過度讓每切諫世宗亦為之
止或有勸失讓毋厲色誅之毎催文帳讓故緩之不
因數百世宗盡欲誅之

以時進世宗意釋以竟獲免自出身從官常日
晏乃歸侵曉則與兄弟閒毋之起居暮則嘗食
視寢然後至外齋對親賓一生不問家事魏梁
通和要貴皆遣人隨聘使交易寄求經梁
武帝聞之為繕寫以幡花贊唄送至館焉然而
好大言調戲無節密令沙門明藏著佛性論而
署已名傳諸江表子達拏年十三讓命儒者權
會教其說周易兩字乃集朝貴名流令達拏昇
高座開講周易趙郡睦仲讓陽屈之讓喜躍奏為司
徒中郎鄴下為之語曰講義兩行得中郎此皆
讓之短也顯祖初嗣霸業司馬子如等挾舊怨
言讓罪重謂宜罰之高隆之亦言且寬政網去
苛察法官黜崔讓則得遠近人意顯祖從之又
多論軍國大事帝乃令都督陳山提等
搜讓家甚貧匱唯得高祖世宗與讓書千餘紙
於馬城則召土供保夜則置地牢歲餘奴告
讓謀反鏁赴晉陽無實釋而勞之尋遷大常卿

帝謂群臣曰崔太常清正天下無雙卿等不及
初世宗欲以妹嫁遲而會世宗崩遂寢至是舉
臣謹於宣光殿貴戚之子多在焉顯祖歷與之
語於坐上親作書與暹曰賢子達挐甚有才學
亡兄女樂安主魏帝外甥內外敬待勝朕諸妹
思成大兄宿志乃以主降達挐天保末為右僕
射帝謂左右曰崔暹暹諫我飲酒過多然我飲何
所妨言晉兄弟杜口僕射獨能犯顏內外深相
感愧十年遷以疾卒帝撫靈而哭贈開府達挐
溫良清謹有識學少歷職為司農卿入周謀反
伏誅天保時顯祖嘗問樂安公主達挐於次何
似答曰甚相敬重唯阿家憎兒顯祖召達挐母
入內殺之投屍漳水青滅達挐殺主以復讎
高德政字士貞勃海蓨人父顯魏滄州刺史德
政幼而敏惠有風神儀表顯祖引為開府參軍
知管記事甚相親狎高祖又權為相府掾委以
腹心遷黃門侍郎世宗嗣業如晉陽顯祖在京

居守令德政參掌機密彌見親重世宗暴崩事
出倉卒羣情草草勸將等以續戎事重勸帝早
赴晉陽帝亦回遑不能自決夜中召楊愔杜弼
崔季舒及德政等始定策焉以楊愔居守德政
與帝舊相昵愛言無不盡散騎常侍徐之才館
客宋景業先為天文圖讖之學又陳山提家客
楊子術有所援引並因德政勸顯祖行禪代之
事德政又披心固請帝乃手書與楊愔具論諸
人勸進意德政恐猶豫不決自請馳驛赴京
魏禪恐其稱義兵挾天子而東向王將何以待
為長史密啟顯祖云關西之才相告之才云今與
讓之事諸將等忽聞皆愕然莫敢荅者時杜弼
至帝便發晉陽至平都城召諸勳將入告以禪
之顯祖入召弼入與徐之才相告之才云今與
王爭天下者彼意亦欲為帝壁言如逐兔滿市一
人得之眾心皆定令彼先受魏禪關西自應息
心縱欲屈強止當遣我稱帝必宜知機先覺無

容後久敦人弗無以答帝已遣馳驛向鄴書與
太尉高岳尚書令高隆之領軍婁敷侍中張亮
黃門趙深楊愔等馳傳至高陽驛帝使約
曰知諸貴等意不須來唯楊愔見高岳等並還
帝以眾人意未協又先得大后已曰汝父如龍
汝兄如虎尚以人臣終汝何容欲行舜禹事此
亦非汝意正是高德政教汝何於是乃旋晉陽
自是居常不悅徐之才宋景業等每言之並雜

〔七〕

占陰陽緯候必宜五月應天順人德政亦勸不
已仍白帝追魏收至令撰禪讓詔冊九錫建
臺及勸進文表至五月初帝發晉陽德政又
録在鄴諸事條并密書與楊愔大略令撰儀注防察齊室
事條并密書與楊愔即召太常卿邢邵七
童王提以五月至鄴楊愔
兵尚書崔悛度支尚書陸操詹事王昕黃門
侍郎陽休之中書侍郎裴讓之等議撰儀注
六日要魏太傅咸陽王坦碑撮集引入北宮留

于東齋受禪後乃放還宅帝初發至亭前所乘
馬忽倒意甚惡之大以沉吟至平城都便不復肯
進德政徐之才苦請帝曰馬子如先去若為形容
恐其漏泄不果即命司馬子如杜弼馳驛續入
觀察物情七日子如等至鄴眾人以事勅之決
無敢異言八日楊愔書中旨以魏襄城王昶并
司空公潘相樂在昭陽殿引見高彥仰臣等眛死聞奏
有終齊王聖德欽明萬方歸仰臣等五行遞遷有始
事魏孝靜

〔八〕

願陛下則堯禪舜魏帝便斂容曰此事推挹已
父謹當遜避又道若尔潤作詔中書侍郎崔劼
奏去詔已作訖即付楊愔進於魏靜帝凡有十
餘條悉書魏靜玄安置朕何所復若為去楊愔
對在北城別有館宇還備法駕依常伏衛而
魏靜帝於是下御坐就東廊口詠范蔚宗後漢
書贊去獻生不辰身播國屯終我四百來作虞
賓所司尋奏請發魏靜帝曰人念遺簪弊屨
欲與六宮別可乎乃入與夫人嬪御以下訣別莫

不歟掩涕媚趙國李氏口誦陳思王詩云王
其愛至體俱肴黃綾期靜帝登車出萬春門
直長趙道德在車中陪帝百官在門外拜辭遂
入北城下司馬子如南宅帝至城南頓所受禪
之日除德政為侍中尋封藍田公七年遷尚書
右僕射兼侍中食勃海郡幹德政與尚書令楊
愔綱紀政事多有弘益顯祖末年縱酒酗醉所
為不法德政屢進忠言後召德政飲不從又進
言於前諫曰陛下道我尋休今乃其於既往其

九

若社稷何其若太后何帝不悅又謂左右云高
德政恂以精神凌逼人德政甚懼乃稱疾屏居
佛寺兼學坐禪為退身之計帝謂楊愔曰我大
憂德政其病何似惜以禪代之際因德政言情
切至方致誠歆常內忌之由是荅云陛下若用
作冀州刺史病即自差帝從之德政見除書而
起帝大怒召德政謂之曰聞爾病我為爾針親
以刀子刺之血流灑地又使曳下斬去其趾劉
桃枝挺刀不敢下帝起臨階砌切青桃枝曰爾

頭即墮地因索大刀自帶欲下階桃枝乃斬足
之三指帝怒不解禁德政於門下其夜開城門
以舉送還家旦日德政妻出寶物滿四牀欲以
寄人帝奄至於宅見而怒曰我府藏猶無此物
詰其所從得皆諸元略之遂曳出斬之時妻出
拜又斬之并其子祭酒伯堅除鮮卑此即合死
舉臣曰高德政常言宜用漢除鮮卑此即合死
又教我誅諸元我今殺之為諸元報讎也帝後
悔贈太保嫡孫王臣覬焉

十

崔昂字懷遠博陵安平人也祖挺魏幽州刺史
昂年七歲而孤伯父吏部尚書孝芬嘗謂所親
曰此兒終當遠至是吾家千里駒也昂性端直
少華沉深有志略堅實難傾動少好章句頗綜
文詞世宗入輔朝政召為開府長史時勳將親
之任世宗廣開幕府引為記室參軍委以腹心
族賓客在都下放縱多行不軌孫騰司馬子如
之門尤劇昂受世宗密旨以法繩之未幾之間
內外齊肅遷尚書左丞其年又兼度支尚書左

永兼尚書近代求有唯昂獨為冠首朝野榮之

武定六年甘露降於宮闕文武官寮同賀顯陽

殿魏帝問僕射崔暹尚書楊愔等曰自古甘露

之瑞漢魏多少可各言往代所降之處德化感

致所由次問昂昂曰案符瑞圖王者德致於天

則甘露降吉凶兩門不由符瑞故桑雄為戒勿

休帝為斂容曰朕既無德何以當此亦受禪遷

啟中興小鳥孕大未聞福感所願陛下雖休勿

散騎常侍兼太府卿大司農卿二寺所掌世號

繁劇昂校理有術下無姦偽經手歷目知無不

為朝廷歡其至公又奏上橫市妄費貳事三百一

十四條詔下依啟狀速議以聞其年與太子少

師邢邵議定國初禮仍封華陽男又詔刪定律

令損益禮樂令尚書右僕射薛琡等三人在領

軍府議定文勅昂云若諸人不相導納卿可依

事啟聞昂奉勅笑曰正合生平之願昂素勤慎

奉勅之後彌自警勖部分科條校正今右轉廷

尉卿昂本性清嚴几見顗貪董疾之若儻以是

十一

治獄文深世論不以

平怒相許顯祖幸東山百

官預議外射堂帝召昂於御坐前謂曰舊人多

出為州我欲以臺閣中相付當用卿為今僕勿

望刺史卿六十外當與卿本州中閒州不可得

也後九卿以上陪集東宮帝指昂及尉瑾司馬

子瑞謂太子曰此是國家柱石汝宜記之未幾

復侍講金鳳臺帝歷數諸人咸有罪負至昂曰

崔昂直臣魏收才士婦兄妹夫俱省罪過天保

十年策拜儀同燕子獻百司陪列昂在行中帝

特召昂至御所曰歷思群臣可綱紀省闈者唯

異卿一人即日除為兼右僕射數日後昂因入

奏事帝謂尚書令楊愔曰昨不與崔昂正者言

其木速欲明年真之終是除正何事早晚可除

正僕射明日即拜為真楊愔少時與者卒即不平顯

祖崩後遂免昂僕射除儀同三司後坐事除名

卒祖部尚書昂有風調才識崔昂後坐事除名

名然好探揣上意感時主或列陰私罪失深

為顯祖所知賞發言獎護人莫不能毀議曹律

十二

令京畿密獄及朝廷之大事多委之尚嚴猛好
行鞭撻雖苦楚萬端對之自若前者崔暹李舒
為之親援後乃高德政是其中表常有挾恃意
色矜高以此不為名流所服子液嗣

列傳第二十二　　北齊書三十

王昕 弟晞

北齊書三十一

隋太子通事舍人率 百藥 撰

王昕字元景北海劇人六世祖猛秦符堅隸相
家於華山之鄜城父雲仕魏朝有名望昕少篤
學讀書太尉汝南王悅辟騎兵參軍重舊事王出
射武服持刀陪從昕未嘗依行列悅好逸遊或
騎驅信宿昕輒棄還悅乃令騎馬在前手為驅
策昕含怒高拱任馬所之左右言其誑慢悅曰
府望惟在此賢不可責也悅散數錢於地令諸
佐爭拾之昕獨不拾悅又散銀錢以目昕昕乃
取其一悅與府寮飲酒起自移牀人爭進手昕
獨執版却立悅於是作色曰我帝孫帝子帝弟
帝叔今為宴通親起與林卿是何獨為倨傲對
曰元景位望微劣不足使殿下式瞻儀形安敢
以親王寮宷從厮養之役悅謝焉坐卞皆引滿
酬暢昕先起卧閣室頻召不至悅乃自詣呼之
曰懷其才而忽府主可謂仁乎昕曰簡辛沉湎

其亡也忽諸府主自忽微寮敢任其咎悅大笑
而去累遷東萊太守後吏部尚書李神儁奏言
比因多故常侍遂無員限令以王元景等為常
侍定限八員加金紫光禄大夫武帝或時祖露
與近臣戲狎每見昕即正冠而斂容焉昕體素
其肥遭喪後遂終身羸瘠楊愔重其德業必為
人之師表遷秘書監昕少與邢邵俱為元羅賓
友及守東萊邵舉室就之郡人以邵是邢杲從
弟會兵將執之昕以身蔽伏其上呼曰欲執邢

子才當先殺我邵乃免焉昕雅好清言詞無淺
俗在東萊獲殺其同行倡者詰之未服昕謂之
曰彼物故不歸卿無羔而何以自明邢邵後
見世宗說此言以為笑樂昕聞之故詣邵曰卿
不識造化還謂非濟世所須罵之曰好門戶惡
祖以昕疏誕非濟世所須罵之曰王元景每嗟
身又有讒之者曰王元京每罵水運不應遂絕
帝愈怒乃下詔徙幽州後徵還除銀青光禄大
夫判祠部尚書事帝忽臨漳令嵇曄及舍人李

文師以曄賜辞農洛文師賜崔士順為奴甥子
黙私謂昕曰自古無朝士作奴子黙遂以昕言
啓顯祖仍曰王元景比陛下於殺紂楊愔微為
解之帝謂愔曰王元景比陛下以元景比元景所
見方搖膝吟詠遂斬於御前則投戶漳水天保十
年也有文集二十卷子顗昕毋清河崔氏學識
有風訓生九子並風流蘊藉世號王氏九龍
弟晞字叔郎小名沙弥幼而孝謹淹雅有器度

裴譚列傳三十三　三

好學不倦美容儀有風則魏末隨毋兄東適海
隅與邢子良遊處子良愛其清悟與其在洛兩
兄書曰賢弟弥郎意識深遠曠達不羈簡於
造次言必詣理吟詠情性往往麗絕恐足下方難
為兄不暇慮其不進也魏永安初第二兄暉聘
梁啓晞釋褐除員外散騎侍郎徵署廣平王開
府功曹史晞願養母竟不受署毋終後仍屬逢
鄴遨遊菴洛悅其山水與泛陽盧元明鉅鹿魏
季景結侶同契往天陵山浩然有終焉之志及

西魏將獨信入洛署為開府記室晞稱先被
犬傷困篤不起有故人疑其所傷非狾書勸令
起晞復書曰辱告存念見令起疾循復眷旨似
疑吾所傷未必是狾吾豈願其必狾但理契無
疑耳就足下疑之亦有過說足下既疑其非狾
亦可疑其是狾其疑半矢若疑其是狾則難救
雖狾亦無損疑而不狾或至死若王晞無
然則過療則致萬全過不療或至死若王晞無
可惜也則不足取既取之便是可惜奈何奪其

北齊列傳第三十三　四一

萬全代其或死且將軍威德所被威飛霧襲方
掩八紘豈在一介若必從隗始須濟其生靈
足下何必從容為將軍言也於是方得寬俄而
信返與晞遂歸鄴齊神武訪朝廷子弟忠孝謹密
者令與諸子遊晞與清河崔瞻頓丘李度范陽
盧正通首應此選文襄時為大將軍握晞等手
曰我弟並向成長志識未定近善狎惡不能不
移吾弟並成立不貪義方卿位常亞吾弟若苟
便迴邪致相註誤罪及門族非止一身晞隨神

武到晉陽補中外府功曹參軍帶常山公演友
齊天保初行太原郡事及文宣昏逸常山王數
諫帝疑王假辭於睎欲加大辟王私謂睎曰博
士明日當作一條事為欲相活亦圖自全宜深
諫勿怪乃於眾中杖睎二十帝尋發怒聞睎得
杖以故不殺睎鉗配甲方居三年王又固諫爭
大被毆捶閉口不食太后極憂之帝謂左右曰
儻小兒死奈我老毋何於是每問王疾謂曰努
力強食當以王睎還汝乃釋睎令往王抱睎曰

裴刻傳卅三　　　五

吾氣力惙然恐不復相見睎流涕曰天道神明
豈令殿下遂斃此舍至尊親寫入兄尊為人主
安可與校計殿下不食不飲太后亦不食不縱
自惜不惜太后平言未卒王強坐而飯睎由是
得免從還為王友王復錄尚書事新除官念
詣王謝職去必辭睎言於王曰受爵天朝拜恩
私第自古以為干紀朝廷文武出入辭謝宜一
約絕主上顧顯賴殿下扶翼異王納言常從容謂
睎曰主上起居不惰卿耳目所具五品且可以前

逢一怒遂尒結舌卿宜為撰諫草五吾當伺便極
諫睎遂條十餘事以呈切諫王曰今朝廷乃尒
欲學介子足夫輕一朝之命狂藥令人不自覺
刀箭豈復識親踈旦禍出理外將順旨慎一日
業何奈皇天何乙且將明日見睎曰吾長夜九思
不自勝且乃至是平明日王歔欷
今便自意便命火反對睎焚之後王承聞苦諫遂
至忤旨帝使力士反接拔白刃注頸罵曰小子
何知欲以更干非我是誰敎汝王曰天下睎曰

北齊列傳第卅三　　　六

除臣誰敢有言帝催遣捶楚亂杖挾數十會
醉臥得解尒後褻黷之好遍於宗戚所往留連
畫作夜唯常山邸多無適而去及帝崩濟南嗣
立王謂睎曰一人垂拱吾曹亦保其祚因言
廷寬仁恕恕真守文良主吾曹亦保其祚東宮
委一胡人今卒覽萬機駕馭雄傑如聖德幼冲
未堪多難而使他姓出納詔命必權有所歸殿
下雖欲守藩職其可得也王黙然思念久之曰何以
保家祚得靈長不王黙然思念久之曰何以處

我晞曰周公抱成王朝諸侯攝政七年然後復
子明辟幸有故事惟殿下慮之王曰我安敢自
擬周公晞曰殿下今日地望欲避周公得耶王不
荅帝臨發勑王從駕除晞并州長史及王至
鄴誅揚燕等詔以王為大丞相都督中外諸軍
事都督攝文武還至并乃延晞謂曰不早用卿
言使羣小弄權幾至傾覆令君側雖獲暫清終
當何以處我晞曰殿下將往時非復人理所及有
教出處今日事勢遂關天時地位猶可以名

頃奏趙郡王叡為左長史晞為司馬每夜載入
畫則不語以晞儒緩恐不允武將之意後進晞
密室曰比王侯諸貴每見煎迫言我違天不祥
恐當或有變起吾正欲以法繩之晞曰朝廷比
者踈遠親戚寧思骨血之重殿下倉卒所行非
復人臣之事芒刺在背交戰于頸上下相疑何
由可久且天道不恒虧盈迭至神幾變化朓蟇
斯集雖執謙抱糕神器便是違上玄之意墜
先帝之基王曰卿何敢發非所宜言須致卿於

法晞曰竊謂天時人事同無異謀是以冒犯雷
霆不憚斧鉞今日得披肝膽抑亦神明攸贊王
曰拯難匡輔方俟聖哲吾何敢私議幸勿多言
尋有詔以丞相府僚一班晞以司馬
領吏部郎中郎陸杳將出使臨別
握晞手曰相王功格區宇天下樂推出使無由
物無異望者等願披赤心而忽奉外使無面
盡短誠寸心謹以仰白晞尋述杳言王曰若內
外咸有異望趙彥深朝夕左右何因都無所論

自以卿意試密與言之晞以事體因陳問彥深
曰我比卿亦驚此音謠每欲陳聞則口噤心戰第
既發論吾亦昧死一披肝膽因亦同勸是時諸
王公將論校四方岳牧表陳符命乾明元年八月
昭帝踐祚詔晞曰何為自同外客略不可見自
今假非局司但有所懷隨宜作一牒候少隙即
徑進也因勑尚書陽休之鴻臚卿崔劼等三人
每日本職務罷並入東廊共舉錄歷代廢禮隆
樂職司廢置朝饗異同輿服增損或道德高儁

父在沉淪或巧言眩俗言妖邪害政爰及田市舟
車徵稅通塞婚葬并儀軒貴賤齊衰有不便於時
而古今行用不已者或自古利用而當毀棄者
悉令詳思以漸條奏未待頻備遇憶續聞朝晡
給與御食畢景聽還時百官請建東宮勑未許
每令晞就東堂監視太子冠服導引趨拜爲太
子太傅晞以局司奉璽綬皇太子釋奠又兼中
庶子帝謂曰今既當劇職不得尋常舒慢也
帝將比征勑問外間比何所聞晞曰道路傳言車

駕將行帝曰庫莫奚南侵我未經親戎因此聊
欲習武晞曰鑾駕巡狩爲復何爾若輕有驅使
恐天下失望帝曰此懦夫常慮吾自當臨時斟
酌帝使齋帥裴澤主書蔡暉伺察群下好相諫
者朝士呼爲裴蔡時二人奉車駕比征後人言
陽休之王晞數與諸人遊宴不以公事在懷帝
杖休之晞歷各四十帝斬人於前問晞曰此人
合死不晞曰罪實合死但恨其不得地死帝聞
刑人於市與衆棄之殿廷非殺戮之所帝改容

曰自今當爲王公改之帝欲以晞爲侍中苦辭
不受或勸晞勿自疎晞曰我少年以來閱要人
多矣充屈少時鮮不敗績且性實疎緩不堪時
務人主恩私何由可保萬一披猖求退無地非
不愛作熱官但思之爛熟耳百官嘗賜射晞中
的當得絹爲不書箭有司不與晞陶然曰我
今可謂武有餘文不足矣晞無子帝將賜晞
妻使小黃門就宅宣旨皇后相聞晞
妻終不言晞以手拊背而退帝聞之笑孝昭崩

哀慕殆不自勝因以羸敗武成本忿其儒緩由
是彌嫌之因奏事大被訶叱而雅步晏然歷
徐州刺史祕書監武平初遷大鴻臚加儀同三
司監脩起居注待詔文林館性閑淡寡欲雖王
事鞅掌而雅操不移在幷州雖戎馬填閭未嘗
以世務爲累良辰美景嘯詠遨遊登臨山水以
談讌爲事人士謂之物外司馬常詣晉祠賦詩
曰日落應歸去魚鳥見留連忽有相王使至召
晞不時至明日丞相西閤祭酒盧思道謂晞曰

昨被召巳朱顏得不以魚鳥致怪晞綬笑曰昨
晚陶然顏以酒漿被責鄉輩亦是留連之一物
豈直在魚鳥而巳及晉陽陷敗與同志避周兵
東北走山路險迴懼有土賊而晞溫酒服膏曾
不一廢毎未肯去行侶尤之晞曰莫尤我我行
事若不悔又作三公矣齊亡周武以晞爲儀同
大將軍太子諫議大夫隋開皇元年卒於洛陽
年七十一儀同三司曹州刺史

列傳第二十三

陸法和

隋太子通事舍人李百藥　撰

王琳

陸法和

陸法和不知何許人也隱於江陵百里洲衣食
居處一與苦行沙門同老自幼見之容色常
不定人莫能測也或謂目出甞高遍遊諸居
入荊州汶陽郡高要縣之紫石山無故捨所居
山俄有蠻賊文道期之亂時人以為預見萌兆

及侯景始告降於梁法和謂南郡朱元英曰賈
道共檀越擊侯景去元英曰侯景為國立効師
六擊之何也法和曰正自如此及景渡江法和
時在青谿山元英往問曰景圍城其事云何
法和曰及人取果宜待熟時不撩自落檀越但
待侯景熟何勞問也固問之乃曰檀越去亦不剋
景遣將任約擊梁湘東王於江陵法和乃詣湘
東乞征約召諸蠻弟子八百人在江津二日便
發湘東遣胡僧祐領千餘人與同行法和登艦

大笑曰無量兵馬江陵多神祠人俗恆所祈禱
自法和軍出無復一驗人以為神皆從行故也
至赤沙湖與約相對法和乘輕舡不介甲冑沿流
而下去約軍一里乃還謂將士曰聊觀彼龍睡
當不損客主一人而破賊然有惡處遂縱火舩
於前而逆風法和執白羽麾風風勢即返
約眾皆見梁兵步於水上於是大潰皆投水而
死約逃竄不知所之法和曰明日午時當得及
期而未得人問之法和曰吾前於此洲水乾時
建一剎語檀越等此雖為剎實是賊標今不
向標下求賊也如其言果於水中見約抱剎仰
頭裁出軍遂擒之約言就師目前死法和曰
檀越有相必不兵死且於王有緣決無他慮王
於後當得檀越力乃以檀越還魏
圍江陵約以兵赴救力戰焉約平約往進
見王僧辯於巴陵謂曰貧道已斷侯景粮其
更何能為檀越宜即遂取乃請還謂湘東王曰

侯景自然平矣無足可慮蜀賊將至法和請守
巫峽待之乃摠諸軍而往親運石以填江三日
水遂分流橫之以鐵鎖武陵王紀果遣蜀兵來
渡峽口勢感進退不可王琳與法和經略一戰
而殄之軍次白帝謂人曰諸葛孔明可謂名將
吾自見之此城旁有其埋弩箭鏃一斛許因插
表令掘之如其言又嘗至襄陽城北大樹下畫
地方二尺令弟子掘之得一龜長尺半以杖叩
之曰汝欲出不能得已數百歲不逢我者豈見

天日平為此三歸龜乃入草初八臺山多惡疾
人法和為采藥療之不過三服皆差即求為弟
子山中毒虫猛獸法和授其禁戒不復噬螫所
泊江湖必於筆側結表云此處放生漁者皆無
所得才有少獲輒有大風雷舡人懼而放之風
雨乃定晚雖將兵猶禁諸軍漁捕有竊違者中
夜猛獸必來欲噬之或亡其舡纜有小弟子戲
截虵頭來詣法和法和曰汝何意殺虵因指以
示之弟子乃見虵頭齚袴襠而不落法和使懺

懺為虵作功德又有人以牛試刀一下而頭斷
來詣法和法和曰有一斷頭牛就卿徵命殊急
若不為作功德法和曰有人弗信少日果
死矣法和又為人置宅圖墓以避禍求福嘗謂人
曰勿繫馬於其柱入門側有雄馬繫因繫
馬於其人行過鄉曲門有雄馬走出將解之馬已
斃矣梁元帝謂其僕射王裒曰我未嘗有意用陸
縣公法和不稱臣其啟文朱印名上自稱司徒
梁元帝以法和功業稍重遂就加司徒都
督剌史如故部曲數千人通呼為弟子唯以道
術為化不以法獄加人又列肆之內不立市永
牧佐之法無人領受但以空槛篷在道間上開
一孔受錢賈客店人隨貨多少計其孔目輸之於庫
檻中行掌之司夕方開取條其孔目限自委
又法和平常言若不出口時有所論則雄辯無
敵然猶帶蠻音善為攻戰其在江夏大聚兵艦

真嘉情九年鑑刊　—　北齊傳　五　四

欲襲襄陽而入武關梁元帝使止之法曰法
和是求佛之人尚不希釋梵天王坐處豈王
位但於空王佛所與主上有香火因緣見王
應有報至故求援耳今既被疑是業定不可改
也於是設供食具大餾薄餅及魏擊兵法和自
鄴入漢口將赴江陵梁元帝使人逆之曰此自
能破賊但鎮鄴州不須動也法和乃還州開其
城門著鹿白布衫布袴邪巾大繩束腰坐葦席
終日乃脫之及聞梁元帝敗滅復取前凶服着
之哭泣受弔梁人入魏果見餾餅焉法和始於
百里洲造壽王寺　既架佛殿更截梁柱曰後四
十許年佛法當遭雷電此寺幽僻可以免難及
魏平荊州宮室焚燼揔管欲發取壽王佛殿嫌
其材短乃停後周氏滅佛法此寺隔在陳境故
不及難天保六年春清河王岳進軍臨江法和
舉州入齊文宣以法和爲大都督十州諸軍事
太尉公西南大都督五州諸軍事荊州刺史官
湘郡公宋莅爲鄴州刺史官爵如故莅弟蓮爲

散騎常侍儀同三司湘州刺史義興縣公梁將
侯瑱來逼江夏齊軍棄城而退法和與宋莅兄
弟入朝文宣聞其奇術虛心相見備三公鹵簿
於城南十二里供帳以待之法和遙見主城下
馬禹步辛術謂曰公既萬里歸誠主上虛心相
待何爲作此術法和手持香爐步從路車至於
館明日引見給通幰油絡網車伏身百人詣闕
通名不稱官爵不稱臣但云荊山居士文宣宴
法和及其徒屬於昭陽殿賜法和錢百萬物千
段甲第一區田一百頃奴婢二百人生資什物
稱是宋莅千段其餘儀同刺史以下各有差法
和所得奴婢盡免之曰各隨緣去錢帛散施一
日便盡以官所賜宅營佛寺自居一房與凡人
無異三年間彌爲太尉世猶謂之居士無疾而
告弟子死期至時燒香禮佛坐繩牀而終浴訖
將斂屍小縮止三尺許文宣令開棺視之空棺
而已法和書其所居壁而塗之及剝落有文曰
十年天子爲尚可百日天子急如火周年天子

遞代坐又曰一母生三天兩天共五年說者以
為妻太后生三天兩天子自孝昭即位至武成傳位
後主共五年焉法和在荊郢有少姬年可二十
餘自稱越姥身披法服不嫁恒隨法和東西或
與其私通十有餘年令者賜棄別更他淫有司
考驗並（實越姥因）兩改適生子數人
王琳字子珩會稽山陽人也父顯嗣梁湘東王
國常侍琳本兵家元帝居藩琳姊妹並入後庭
見幸琳由此未弱冠得在左右少好武遂為將

帥太清二年侯景渡江遣琳獻米萬石未至都
城陷乃中江沈米輕舸還荊州稍遷岳陽內史
以軍功封建寧縣侯侯景遣將宋子仙據郢州
琳攻剋之擒子仙又隨王僧辯破景後拜湘州
刺史琳果勁絕人又能傾身下士所得賞物不
以入家廄下萬人多是江淮群盜平景之勳與
杜龕俱為第一特寵縱暴於建業王僧辯禁之
不可懼將為亂啓請誅之琳亦疑禍令長史陸
納率部曲前赴湘州身經上江將行謂納等

曰吾若不返子將安之咸曰注明死相報泣而別
及至帝以下吏而廷尉卿黃羅漢太府卿張載
宣喻琳軍陸納等及軍人並哭對使者莫肯受荊
命乃執黃羅漢殺張載載性深刻為帝所信荊
州疾之如讎故納等因人之欲抽腸繫馬腳使
繞而走腸盡氣絕又臠割備五刑而斬之梁元
遣王僧辯討納納等敗走長沙是時湘州未平
武陵王兵又甚盛江陵公私恐懼人有異圖納
啓申琳罪請復本位永為奴婢梁元乃鏁琳送

長沙時納兵出方戰會琳至僧辯升諸樓車以
示之納等投戈俱拜舉軍皆呼曰乞王郎入城即
出及放琳入納等乃降湘州平仍復大位使琳
拒蕭紀紀平授衡州刺史梁元性多忌以琳所
部甚眾又得眾心故出之嶺外又受都督廣州
刺史其友主書李膺帝所住遇琳告之曰琳蒙
援擢常欲畢命以報國恩今天下未平遷琳嶺
外如有萬一不虞安得琳乃忖官正疑分望有
限可得與官爭為帝乎何不以琳為雍州刺史

使鎮武當琳自放兵作田為國禦侮祥若警急動
靜相知乾若遠棄嶺南相去萬里一旦有變將
欲如何琳非願長坐棄荊南正以國計如此耳膺將
然其言不敢啟遂率其衆鎮嶺南迄梁元為魏
圍逼乃徵琳赴援除湘州刺史琳師次長沙元知
魏平江陵巳立梁王詧乃為梁元舉琳屯兵長沙知
素遣別將侯平率舟師攻梁琳屯兵長沙傳檄
諸方為進趨之計時長沙藩王蕭詧及上遊諸
將推琳主盟侯平雖不能渡江頻破梁軍又以

琳兵威不接翻更不受指麾琳遣將討之不剋
又師老兵疲不能進乃遣使奉表詣齊并獻馴
象又使獻馱於魏求其妻子亦稱臣于梁陳霸
先既殺王僧辯推立敬帝以侍中司空徵琳不
從命乃太營樓艦將圖義舉琳將帥各乘一艦
每行戰艦以千數以野豬為名陳武帝遣將侯
安都周文育等誅琳乃受梁禪安都歡曰我其
敗乎師無名矣逆戰於沌口琳乘平旦與執鉞
而麾之禽安都文育其餘無所漏唯以囚鐵虎

一人背恩斬之鑱安都文育實琳所坐艦中令
一闔堅監守之琳乃移湘州軍府就郢城帶甲
十萬練兵於白水浦琳巡軍而言曰可以為勤
王之師矣溫太真何人哉江南渠帥熊曇朗周
迪懷貳琳遣李孝欽樊猛與余孝頃同討之三
將軍敗並為敵所囚安都文育等盡逃還建業
初魏剋江陵之時永嘉王莊年甫七歲逃匿人
家後琳迎還湘中衛送東下及敬帝出質于
齊請納莊為梁主文宣遣兵援送仍遣兼中書
令李騊駼冊拜琳為梁丞相都督中外諸軍錄
尚書事令人辛慤游詮之等齎璽書江表宣勞
自琳以下皆有頒賜琳乃遣兄子叔寶率所部
十州刺史子弟赴鄴奉莊篡梁祚於郢州莊授
琳侍中使持節大將軍中書監政封安城郡公
其餘並依齊朝前命及陳霸先即位琳乃輔莊
次于濡須口齊遣楊州道行臺慕容儼率衆臨
江為其聲援陳遣安州刺史吳明徹江中夜上
將龔襲盆城琳遣巴陵太守任忠大敗之明徹僅

以身免琳兵思東下陳遣司空侯安都等拒之
侯瑱等以琳軍方盛引軍入蕪湖避之時西南
風忽至琳謂得天道將直取楊州侯瑱等徐出
蕪湖躡其後比及兵交西南風翻為瑱用琳兵
放火燧以擲舸者皆反燒其舸艦琳舸艦潰亂兵
士透水死十二三其餘皆棄舸上岸為陳軍所
殺殆盡初琳命左長史袁泌御史中丞劉仲威
同典兵侍御莊及軍敗泌遂降陳仲威以莊投
歷陽琳尋與莊同降鄴都孝昭帝遣琳出合肥
鳩集義故更圖進取琳乃繕艦分遣招募淮南
傖楚皆願戮力陳合州刺史裴景暉琳兄珉之
壻也請以私屬導引齊師孝昭委琳與行臺右
丞盧潛率兵應赴沉吟不決景暉懼事泄挺身
歸齊孝昭賜琳璽書令鎮壽陽其部下將帥悉
聽以行乃除琳驃騎大將軍開府儀同三司楊
州刺史封會稽郡公又增兵杖兼給鏡吹琳水
陸戒嚴將觀釁而動琳屬陳氏結好於齊使琳更
聽後圖琳在壽陽與行臺尚書盧潛不協更相

是非被召還鄴武成弘而不問除滄州刺史後
以琳為特進侍中所居屋簷無故剝破出赤蛆
數升落地化為血蠕蠕而動又有龍出於門外
之地雲霧起晝晦會陳將吳明徹來寇帝勑領
軍將軍尉破胡等出援秦州令琳共為經略
謂所親曰今太歲在東南歲星居斗牛分太白
已高皆利為客我將有喪又謂破胡曰吳兵甚
銳宜長策制之慎勿輕鬥破胡不從遂戰軍大
敗琳單馬突圍僅而獲免還至彭城帝令便赴
壽陽并許召募又進封琳巴陵郡王陳將吳明
徹進兵圍之堰淝水灌城而皮景和等屯於淮
西竟不赴救明徹晝夜攻擊城內水氣轉侵人
皆患腫死病相枕從七月至十月城陷被執百
姓泣而從之吳明徹恐其為變殺之城東北二十
里時年四十八哭者聲如雷有一叟以酒脯來
酹時盡哀收其血懷之而去傳首建康懸之於
市琳故吏梁驃騎府倉曹參軍朱瑒致書陳尚
書僕射徐陵求琳首曰竊以朝市遷貿傳舊

梗之風歷運推移表忠貞之跡故典午將滅徐廣
為晉家遺老當塗已謝馬乎稱魏室忠臣用能
播美於刑書垂名於後世梁故建寧公琳洛濱
餘冑沂州舊族立功代郎勛績中朝當離亂之
辰捴方伯之任佘乃輕躬殉主以身許國是追
繼徒蘊包胥之念終遵萇弘之旨泊王粲光啓
鼎祚有歸於是遠跡山東寄命河北雖輕旅臣
之歡猶懷客卿之禮感茲知已忘此捐軀至使

【箋刻傳十四】　十三

身没九泉頭行千里誠後馬革裹屍遂其生平
之志原野暴骸會彼人臣之節然身首異處有
足悲者封樹靡上良可愴焉場草遵末席隆薛
君之吐握荷魏公之知遇是用悽巾雨袂痛可
識之顏回腸疾切猶生之面伏惟聖恩博厚
明詔爰發赦王經之哭許田橫之葬瑒雖芻賤
竊亦有心琳經莅壽陽頗存遺愛曾遊江右非
無餘德比肯東閣之吏繼躍西園之賓願歸彼
境還脩家宅多庶孤墳旣築或飛衡主之珧豐碑

武樹時留隨淚之人近故舊王綰等已有論牒
仰家制議不遂所陳昔廉公告近即泚川而建
坐域孫叔云亡仍艻陂而植楸由此言之抑
有其例不使壽春城下唯傳報葛之人滄州島
志節又明徹亦數夢琳求首泣為發陳主而許
上獨有悲田之客昧死陳祈伏待刑憲陵嘉其
之仍輿開府儀同主簿葬會葬者數人場等
淮南權瘞八公山側義故會有揚州人芋知勝等
乃問道北歸別議迎接尋有揚州人芋知勝等

【箋刻傳十四】　十四

五人密送葬柩達于鄴贈十五州諸軍事揚州
剌史待中特進開府錄尚書事謚曰忠武王葬
給輼輬車琳見閑雅立叢委地喜怒不形於
色雖無學業而體強記內敏軍府佐吏千數皆識
其姓名刑罰不濫輕財愛士得將卒之心少任
將帥屢經喪亂雅有忠義(節雖本圖不遂鄴
人亦以此重之待遇甚厚及敗為陳軍所執吳
明徹欲全之而其下將領多琳故吏爭來致請
并相資給明徹由此忌之故及於難當時田夫

野老知與不知莫不爲之歔欷流泣觀其誠信
感物雖李將軍之恂恂善誘殆無以加焉琳十
七子長子敬在齊襲王爵武平末通直常侍第
九子衎隋開皇中開府儀同三司大業初卒於
渝州刺史

列傳第二十四　　北齊書三十二

北齊列傳五

十五

隋太子通事舍人李　百藥　撰

蕭明

蕭祗

蕭退

蕭放

徐之才

蕭明蘭陵人梁武帝長兄長沙王懿之子
在其本朝甚為梁武所親愛少歷顯職
封須陽侯大清中以為豫州刺史梁主既納
侯景詔明率水陸諸軍趨彭城大圖進取又
命兗州刺史南康嗣王會理揔帥馭君率指
授方略明渡淮未幾官軍破之盡俘其眾魏
帝升門樓觀引見明及諸將釋其禁送於
晉陽世宗禮明甚重謂之曰先王與梁主和
好十有餘年聞彼禮佛文常云奉為魏主
并及先王此甚是梁主厚意不謂一朝失信
致此紛擾自出師薄伐無戰不克無城不陷

今自欲和非是力屈境上之事知非梁主本心
當是侯景違命扇動耳侯可遣使諮論若猶
存及諸人並即放還於是使人以明書告梁主
梁主乃致書以慰世宗天保六年梁元為西魏
所滅顯祖詔立明為梁主前所獲梁將湛海珍
等皆聽從明歸令上黨王率眾以送是時梁太
尉王僧辯司空陳霸先在建康推晉安王方智
為丞相顯祖賜僧辯霸先璽書僧辯未奉詔上
黨王進軍明又與僧辯書往復再三陳禍福僧
辯初不納既而上黨王破東關斬裴之橫表
危懼僧辯乃啟上黨求納明逮舟艦迎接王饗
梁朝將士及與明刑牲歃血載書而盟於梁與
東度齊師北反侍中裴英起衛送明入建康王
稱尊號改承聖四年為天成元年大赦天下宇
文黑獺賊贊等不在赦例以方智為大傅授王
僧辯大司馬明上表遣第二息章馳到京都拜
謝宮闕冬霸先龔殺僧辯復立方智以明為太

傳建安王霸先奉　表朝廷云僧辯陰謀篡逆故
誅之方智請稱臣永爲藩國齊遣行臺司馬恭
及梁人盟於歷陽明年詔徵明霸先猶稱藩將
遣使送明會明頵發背死梁永嘉王蕭莊將
霸先相抗顯祖遣兵納梁永嘉王蕭莊在江上與
爲陳人所敗送入朝封爲侯朝廷許以興復竟
號天啓王琳摠其軍國追諡明皇帝位於郢州年
九年二月自盜城濟江三月即帝位於郢州年
不果後主亡之日莊在鄴飲氣而死

蕭祗字敬式梁武弟南平王偉之子也少聰敏
美容儀在梁封定襄侯位東揚州刺史于時江
左承平政寬人慢祗獨莅以嚴切梁武悅之遷
北兗州刺史太清二年侯景圍建鄴祗聞臺城
失守遂來奔以武定七年至鄴文襄令魏收邢
邵與相接對歷位太子少傅領平陽王師封清
河郡公齊天保初授右光祿大夫領國子祭酒
時梁元帝平侯景復與齊通好文宣欲放祗等
還南俄而西魏剋江陵遂留鄴都卒贈中書監

三

車騎大將軍揚州刺史
蕭退梁武帝弟司空鄱陽王恢之子也退在梁
封湘潭侯位青州刺史建鄴陷與從兄祗俱入
東魏齊天保中位金紫光祿大夫卒子慨深沉
有禮樂善好學攻草隸書南士中稱爲長者歷
著作佐郎待詔文林館卒於司徒從事中郎
蕭放字希逸隨父祗至鄴祗卒放居喪以孝聞
所居廬室前有慈烏來集各據一樹每臨時舒翅悲
以前馴庭飲啄午後更不下樹

鳴全似哀泣家人則之未常有闕時以爲至孝
之感服闋襲爵武平中待詔文林館放性好文
詠頗善丹青因此在宮中披覽書史及近世詩
賦監畫工作屏風等雜物見知遂被眷待累遷
太子中庶子散騎常侍
徐之才丹陽人也父雄事南齊位蘭陵太守以
醫術爲江左所稱而徽發五歲誦孝經
八歲略通義旨曾與從兄康造梁太子詹事汝
南周捨宅聽老子捨爲設食乃戲之曰徐郎不

四

用心思義而但事食乎之才荅曰蓋聞聖人虛
其心而實其腹捨嗟賞之年十三召為太學生
粗通禮易彭城劉孝綽河東裴子野吳郡張峻
等每共論易及喪服儀酬應如響咸共歎曰
此神童也孝綽又云徐郎燕領有班定遠之相
陳郡袁昂領丹陽尹群為主簿入務事宜皆被
顧訪郡廨遭火為昂所見功曹白請免職昂重其
才術仍特原之豫章王綜出鎮江都復除豫章

王國右常侍又轉綜鎮北主簿及綜入魏三軍
散走之才退至呂梁橋斷路絕遂為魏統軍石
茂孫所止綜入魏旬月位至司空魏聽綜收欲
僚屬乃訪之才在彭泗啟魏帝云之才大善醫
術兼有機辯詔徵之才孝昌二年至洛勒居南
館禮遇甚優舋子踐啟求之才還宅之才藥石
多効又關涉經史發言辯捷朝賢競相要引為
之延譽武帝時封昌安縣侯天平中齊神武徵
赴晉陽常在內館禮遇稍厚于武定四年自散騎

常侍轉祕書監文宣作相普加黜陟楊愔以其
南土之人不堪典祕書轉受金紫光禄大夫以
魏收代領之之才甚怏怏不平之才少解天文
兼圖讖之學共館客宗景業校吉凶知午年
必有革易因髙德政啟之文宣聞而大悅時自
妻太后及勳貴臣咸云關西旣是勳敵恐其有
挾天子令諸侯之辭不可先行禪代事之才獨
云千人逐免一人得之諸人咸息須定大業何
容翻欲學人又援引證據備有條目帝從之登

祚後彌見親密之才非唯醫術自進亦為首唱
禪代又戲謔滑稽言無不至於是大被狎昵尋
除侍中封池陽縣伯見文宣政令轉嚴求出
趙州刺史竟不獲述職猶為弄臣皇太后建二年除
西兗州刺史未之官武明皇太后不豫之才療
之應手便愈頃即徵還旣博識多聞由
既善醫術雖有外授頃即徵還武明太后又病之
是於方術尤妙大寧二年春武明太后又病之
才弟之範為尚藥典御勑令診候內史皆令呼

太后為石婆盖有㑴㦯忌故改名以厭制之範出
告之才曰童謠周里跂云求伽求伽豹祠嫁石婆斬
家作媒人唯得一畳紫綖靴令太后忽改名私
所致恠之才曰跂求伽胡言去巳豹祠嫁石婆
豈有好事斬家作媒人但令合葬自斬家唯得
紫綖靴者得至四月何者紫之為字此下系綖
靴者革旁斬家諸醫莫能識之才曰蛤精疾也
者執當在四月之中之範問至四月一日后果崩有
人患脚跟腫痛諸醫莫能識之才曰此蛤精疾也

由乘舩入海垂脚水中疾者曰實曾如此之才
為剖得蛤子二大如榆莢又有以骨為刀子靶
者五色斑斕之才曰此人瘤也問得處云於古
冢見髑髏額骨長數寸試削視有文理故用之
其明悟多通如此天統四年累遷尚書左僕射
俄除兖州刺史特給銳吹一部之才醫術最高
偏被命召武成酒色過度悅惚不恒嘗病發自
云初見空中有五色物稍近變為觀世音之才云此
地數丈亭亭而立食頃變為觀世音之才云此

色欲多大虛所致即處湯方服一劑便覺稍遠
又服還變成五色物數劑湯疾竟愈帝毎發動
輙遣騎追之針藥所加應時必効故頻有端執
之與人秋成小定更不發動和士開欲依次
轉進以之才附籍兖州即是本屬遂奏附除剌
史以胡長仁為右僕射我辛苦其月八日勅驛
開召恨用之才処任使無所侵暴但不甚閑法理顧
追之才帝以十日崩之才十一日方到既無所
及復還趙州在職無所侵暴但不甚閑法理顧

亦踈慢用捨目由五年冬後主徵之才尋左僕
射闕之才自可復禺之績武平元年重除尚
書左僕射之才於和士開陸令萱母子曲盡甲
狎二家苦疾救護百端由是遷尚書賣西陽
郡王祖珽執政除之才侍中太子太師之才恨
曰子野沙汰我斑目疾故以師曠比之才聰
辯强識有兼人之敏尤好劇談體語公私言聚
多相嘲戲鄭道育常戲之才為師公之才曰既
為汝師又為汝公在三之義頓居其兩又嘲王

昕姓云有言則訐近犬便狂加頸足而爲馬施
角尾而爲羊盧元明因戲之去卿姓是未入
人名是字之誤即蒼云卿在亡爲虐在丘爲
虛生男則爲虜養馬則爲驢姓又嘗與朝士出遊
遙望羣犬競走諸人試令目之之才即應聲云
女南祖李諧於廣坐因稱其父名曰卿
生否之才曰平耳又曰卿此言於理平乎諧遽
爲是宋鵲爲是韓盧爲逐本斯東走爲負帝
出避之道逢其甥高德正德正曰舅顏色何不
悅諧告之故德正徑造坐席連索熊白之才謂
坐者曰箇人譚底衆莫知之才曰生不爲人所
知死不爲人所譚此何足問唐白建方典時
人言云并州赫赫唐與白之才曰
爲諸令史祝曰見鄉等位當作唐白又以小史
好爵筆故嘗執管就元文遙口曰借君齒囓其不
遂如此歷事諸帝以戲狎得寵武成怒齒問
諸醫尚藥典御鄧宣文以實對武成顚牙問
後以問之才拜賀曰此是智牙生智牙者聰明

長壽武成悅而賞之爲僕射時語人曰我在江
東見徐勉作僕射朝士莫不使我何由可活之今我亦是徐
僕射我何由可活之今我亦是徐
妹之才從文襄求得爲妻和士開知之乃淫其
妻之才遇見而避曰妨少年戲笑其賢
如此年八十卒贈司徒公錄尚書事諡曰文明
長子林字少卿太尉司馬次子同卿太子庶子
之才以其無學術每歡去終恐同廣陵散矣弟
之範亦醫術見知位太常卿特聽龍襄之才爵
西陽王入周授儀同大將軍開皇年中卒

列傳第二十五　　　北齊書三十三

此卷與北史同

隋太子通事舍人李　百藥　撰

楊愔　　燕子獻　宋欽道　鄭頤

楊愔字遵彥小名秦王弘農華陰人父津魏時
累為司空侍中愔兒童時口若不能言而風度
深敏出入門閒未嘗戲弄六歲學史書十一受
易好左氏春秋幼喪母曾詣舅源子恭子恭
易問讀何書曰誦詩子恭曰誦至渭陽未邪
愔便號泣感噎子恭亦對之歔欷遂為之罷酒

北齊列傳三十六　一

子恭後謂津曰常謂秦王不甚察惠從今已後
更欲刮目視之愔一門四世同居家甚隆盛昆
季就學者三十餘人學庭前有奈樹實落地群
兒咸爭之愔頹然獨坐其季父暐適入學館見
之大用嗟異顧謂賓客曰此兒恬裕有我家風
宅內有茂竹遂為愔於林邊別室命獨處
其中常以銅盤具盛饌以飯之因以督厲諸子
曰汝輩但如遵彥謹慎自得竹林別室銅盤重
肉之食愔從父兄黃門侍郎昱特相器重嘗謂

人曰此兒駒齒未落已是我家龍文更十歲後
當求之千里外昱嘗與十餘人賦詩愔一覽便
誦無所遺失及長能清言美音制風神俊悟容
止可觀人士見之莫不敬異有識者多以遠大許
之正光中隨父之并州性既恬默又好山水遂
入晉陽西縣雍山讀書孝昌初津為定州刺史
愔亦隨父之職以軍功除羽林監賜爵魏昌男
不拜及中山為杜洛周陷全家被囚繫未幾洛
周滅又沒葛榮榮欲以女妻之又逼以偽職愔

北齊列傳三十六　二

乃託疾密含牛血數合於眾中吐之仍偽喑不
語榮以為信然乃止永安初還洛時愔從父兄
侍郎時年十八元顥入洛愔從父兄昱為北
中郎將鎮河梁愔適侃處便乘間與失守夜至
河侃雖奉辭從車駕北渡而潛欲南奔愔固諫止
之遂相與亡匿従達建州除通直散騎常侍以
河間邢邵隱於嵩山及莊帝誅爾朱榮其従兄
世故未夷志在潛退乃謝病與友人中直侍郎
侃參讚帷幄朝廷以其父津為并州刺史北道

大行臺愔隨之任有邯鄲人楊寬者求義從出
藩愔請津納之俄而孝莊崩愔時適欲還都
行達邯鄲過楊寬家為寬所執至相州見刺史
劉誕以愔名家盛德甚相哀念付長史慕容白
澤禁止焉為遣隊主鞏榮貴防禁送都至安陽亭
愔謂榮貴曰僕家世忠臣輸誠魏室家亡國破
一至於此雖曰囚虜復何面目見君父之讎得
一繩之惠以自縊於此榮貴深相憐
感遂與俱逃愔乃投高昂兄弟既潛竄累載屬

神武至信都遂投刺轅門便引見贊揚興運陳
訴家禍辭哀壯涕泗橫集神武為之改容即
署行臺郎中大軍南攻鄴揚愔於馬前叩頭請
罪愔時人不識恩義蓋亦常理我不恨卿無
假驚怖時鄴未下神武命愔作祭天文燎畢而
城陷由是轉大行臺右丞于時霸圖草創軍國
務廣文檄教令皆自愔出及崔㥄遭離家難以
喪禮自居所食唯鹽米而已哀毀骨立神武愍以
之恟相開慰及韓陵之一戰愔每陣先登朋僚咸

共怪歎曰楊氏儒生今遂為武士仁者必勇定
非虛論頃之表請解職還葬并門之內贈太師
太傅丞相大將軍二人太尉錄尚書及中書
令者三人僕射尚書及中書令者五人刺史太守者二十
餘人追榮之盛古今未之有也及喪柩進發書
凶儀衛器豆二十餘里會葬者將萬人是日隆冬
盛寒風雪嚴厚愔跣步號哭見者無不哀之尋
徵赴晉陽仍居本職愔從兄幼卿為岐州刺史
以直言忤旨見誅愔聞之悲懼因哀感發疾後

取急就鴈門溫湯療疾所郭秀素害其能因致書
恐之曰高王欲送卿於帝所仍勸其逃亡愔遂
棄衣冠於水濱若自沉者變易名姓自稱劉士
安入高山與沙門曇謨徵等屏居削跡又潛
光州因東入田橫島以講誦為業海隅之士謂
之劉先生太守王元景陰佑之神武知愔存
愔從兄寶猗齋書慰諭仍遣光州刺史奚思業
令搜訪以禮發遣神武見之悅除太原公開府
司馬轉長史復授大行臺右丞封華陰縣侯遷

給事黃門侍郎妻以庶女又兼散騎常侍爲聘
梁使至磑戍州內有倫家舊佛寺精廬禮拜
見太傅容像悲感慟哭歐血數升遂發病不成
行輿疾還鄴父之以本官兼尚書吏部郎中武
定末以望實之美超拜本官領太子少傅
別封陽夏縣男又詔監大史遷尚書右僕射尚
軍侍學典選如故天保初以本官加侍中衛將
太原長公主即魏孝靜后也會有雉集其舍又
拜開府儀同三司尚書右僕射改封華山郡公
九年徙尚書令又拜特進驃騎大將軍十年封
開封王文宣之崩百僚莫有下淚惜悲不自勝
濟南嗣業任遇益隆朝章國命一人而已推誠
體道時無異議乾明元年二月爲昭帝所誅時
年五十天統末追贈司空惜貴公子早著聲譽
風表鑒裁爲朝野所稱家門遇禍唯有二弟一
妹及孫女數人撫養孤幼慈旨溫顏咸出人
表重義輕財前後賜與多散之親族贅壻從弟
十數人竝待而舉火頻遭迍厄身履饑危一殯

之惠酬答必重姓名之儁拾而不問典選二十
餘年獎擢人倫以爲已任然取士多以言貌者
致謗言以爲惜之用人似貧士市瓜取其大者
惜聞不屑爲其聰記強識半面不忘每有所召
問或單稱姓或單稱名無有誤者後有選人魯
漫漢自言稱我不下以方翹鄴面在元子思
不識卿漫漢驚服人調之曰以定體漫漢果
坊騎禿尾草驢獨見我不下以方翹鄴我何
自不虛又令吏唱人名誤以盧士深爲士琛士
深自言惜曰盧郎王潤所以從王自尚公主後
衣紫羅袍金鏤大帶遇李庶頗以爲恥謂曰我
此衣服都是內裁既見子將不能無愧及居端
揆權綜機衡千端萬緒神無滯用自天保五年
已後一人喪德維持匡救實有賴焉每天子臨
軒公卿拜授施號發令宣詔冊惜辭氣溫辯
神儀秀發百僚觀聽莫不悚動自居大位門絕
私交輕貨財重仁義我前後賞賜積累巨萬散之
九族架篋之中唯有書數千卷太保平原王隆

之與愔鄰宅常見其門外有富胡數人謂左
右曰我門前幸無此物性周密畏慎若不足
每聞後命愀然變色文宣大漸以帝山長廣二
王位地親逼深以後事為念愔與尚書右僕射
平秦王歸彥侍中燕子獻黃門侍郎鄭子默受
遺詔輔政遇深以二王威望先重咸有猜忌之心
常山王隨梓宮之鄴留長廣王鎮晉陽執政後
初在晉陽以大行在殯天子諒闇議令常山王
在東館欲奏之事皆先諮決二旬而止仍欲以
生疑貳兩王又俱從至于鄴子獻立計欲處太
皇太后於北宮政歸皇太后又自天保八年已
來尉賞多濫至是愔先自表解其開府封諸
叔竊恩榮皆從黜免由是嬖寵失職之徒盡歸
心二叔高歸彥初雖同德後屢舞權以疏忌之
跡盡告兩王可朱渾天和又云若不誅二王
少主無自安之理欽道面奏帝稱二叔威權既
重宜速去之帝不許曰可與令公共詳其事愔
等議出二王為刺史以帝仁慈恐不可所奏乃

通啟皇太后具述安厄有宮人季昌儀者北豫
州刺史高仲密之妻坐仲密事入宮太后與昌
儀宗情甚相昵愛太后以啟示之昌儀密啟太
皇太后愔等又議不可令二王俱出乃奏以長
廣王為大司馬并州刺史常山王為太師錄尚
書事及二王拜職於尚書省大會百僚愔等並
將同赴子默止之云事不可量不可輕脫愔云
吾等至誠體國豈有常山拜職有不赴之理何
為忽有此慮長廣且伏家僮數十人於錄尚書

後室仍與席上勳貴數人相知并與諸勳約
行酒至愔等我各勸雙盃彼必致辭我一曰捉
酒二曰捉酒三曰何不捉爾輩即捉彼必致辭及
愔大言曰諸王構逆欲殺忠良邪尊天子削諸
侯赤心奉國未應及此常山王欲綬之長廣王
曰不可於是愔及天和欽道皆被拳杖亂毆擊
頭面血流各十人捧之使薩孤康買執子默於
尚藥局子默曰不用智者言以至於此豈非命
也二叔率高歸彥賀拔仁斛律金擁愔等唐突

入雲龍門見都督吒利騶招之不進使騎殺之
開府成休寧拒門歸帥彥賀拔仁斛律金擁惜等
唐突喻之乃得入送惜等於御前長廣王及歸
彥在朱華門外太皇太后臨昭陽殿太后及帝
側立常山王遵彥等欲擅朝權威福自己王公以
肉相連足屏氣共相唇齒以成亂階若不早圖
必為宗社之害臣與湛等共執遵彥等領入官未
律金等惜獻皇帝基業共執遵彥等領入官

敢刑戮專輒之失罪合萬死帝時嘿然領軍劉
桃枝之徒仗衛叩刀仰視帝不眴之太皇太后
令却仗不肯又屬聲曰奴輩即今頭落乃却因
問楊郎何在賀拔仁曰已出太皇太后愴然曰
楊郎所能留使不好耶乃讓帝曰此等懷逆欲
殺我二見次及我爾何縱之帝猶不能言太皇
太后怒且悲王公皆泣太皇太后曰豈可使我
母子受漢老嫗甚酌太后拜謝常山王叩頭不
止太皇王太后謂帝何不安慰爾叔帝乃曰天子

亦不敢與叔惜豈敢惜此漢輩但願乞兒性命
兒自子殿去此等任叔父處分遂皆斬之長廣王
以子默昔讒已作詔書故先拔其舌截其手太
皇太后臨惜喪哭曰楊郎忠而獲罪以御金為
之一眼親內之曰以表我意常山王亦悔殺之

先是童謠曰白羊頭禿羝羝生角又曰羊
羊喫野草不喫野草遠我道人不遠打爾朏又曰
阿麼姑禍也道人姑夫死也羊也角文為用刀
道人謂廢帝小名太原公主嘗作尼敬曰阿麼

姑惜子獻天和皆帝姑夫云於是乃以天子之
命下詔罪之罪止一身家口不問尋復簿錄五
家王睎固諫乃各沒一房孩幼兄弟皆除名導
彥死仍以中書令趙彥深代揔機務鴻臚少卿
陽休之私謂人曰將涉千里殺騏驥而策蹇驢
可悲之甚惜所著詩賦表奏書論其多誅後散
失門生鳩集所得者萬餘言
燕子獻字季則廣漢下洛人少時相者謂之曰
使俊在胡代富貴在齊趙其後遇宇文氏稱霸

關中用為典籤將命使於妃如子獻欲驗相者
之言來歸高祖見之大悅尚淮陽公主甚被待
遇顯祖時官至侍中開府濟南即位之後委任
彌重除右僕射子獻素多力頭又少疑當狠狙
之際排眾走出省門解律光逐而擒之子獻歎
曰丈夫為計運至於此矣可朱渾天和道元
之奉子弟也以道元勳重尚東平公主累遷領軍
大將軍開府濟南王即位加特進恃陵公興

楊愔同被殺

宋欽道廣平人魏吏部尚書弁孫也初為大將
軍主簿典書記後為黃門侍郎又令在東宮教
太子事鄭子默以文學見知亦被親寵欽道本
文法吏譜識古今凡有疑事必諮於子默二人
幸於兩宮雖諸王貴臣莫不敬憚欽道又遷秘
書監與楊愔同詔贈吏部尚書趙州刺史
鄭頤字子默彭城人高祖據魏彭城守自榮陽
徙焉顧聰敏頗涉文義初為太原公東閤祭酒
與宋欽道特相友愛欽道每師事之楊愔始輕

十二

宋鄭不為之禮俄而自結人主與參顧命欽道
復舊與濟南欸狎共相引致無所不言乾明初
拜散騎常侍二人權勢之重與愔相埒

列傳第二十六　　北齊書三四

此卷與北史同

十二

隋太子通事舍人李　百藥　撰

裴讓之　弟諏之

皇甫和

李構

張宴之

陸卬

王松年

劉禕

北齊列傳二十七

裴讓之字士禮年十六喪父殆不勝哀其毋辛
氏泣撫之曰棄我滅性得為孝子乎由是自勉
辛氏高明婦人又閑禮度夫喪諸子多幼弱廣
延師友或親自教授內外親屬有吉凶禮制多
取則為讓之少好學有文俊辨早得聲譽魏天平
中舉秀才對策高第累遷屯田主客郎中譙天平
能賦詩裴讓之為太原公開府記室與楊愔友
善相遇則清談音日惜每去此人風流警拔裴
文季李為不云矣梁使至帝令讓之攝主客郎第

二弟諏之奔關右兄第五人皆拘繫神武問
諏之何在荅曰晉吳圖二國諸葛兄第各得
心況讓之老毋在君臣分定失忠與孝義天不
為伏願明公以誠信待物物亦不信懟物
安能自信以此定霸猶却行而求道耳神武善
其言兄弟俱釋歷文襄大將軍主簿兼中書舍
人後兼散騎常侍聘梁文襄嘗入朝讓之導引
容儀蘊籍文襄目之曰士禮佳舍人遷長兼中
書侍郎領舍人齊受禪靜帝遜居別宮與諸臣
別讓之流涕歔欷以癸堂儀注封寧都縣男帝
欲為黃門郎或言其體重不堪趨侍乃除清河太
守至郡未幾楊愔惜謂讓之諸弟曰我與賢兄交
歡企聞善政適有人從清河來云敫吏敫迹盜
賊清靖暮月之期翻然更速清河有二豪吏田
轉貴孫舍興父吏姦猾多有侵削因事遂
取財計賦依律不至死讓之以其亂法殺之時
清河王岳為司州牧遣部從事案之待中高德
政舊與讓之不恊案奏言當陛下受禪之時讓

之眷戀魏朝嗚呼流涕比爲內官情非所願

既而楊愔請救之云罪不合死文宣大怒謂愔

曰欲得與裴讓之同家耶於是無敢言者事奏

音賜死於家譚之次弟諲之

諲之字士正少好儒學釋褐太學博士嘗從常

景借書百卷十許日便返景疑其不能讀每卷

策問應答無遺景歎曰應奉五行俱下樹衡覽

便記今復見之於裴生矣楊愔闢門葬訖諲之頻

作十餘墓誌文皆可觀讓之及皇甫和弟亮

並知名於洛下時人語曰諲勝於讓不如亮司空

高乾致書曰相屈爲戶曹參軍諲之復書不受

署沛王開大司馬府辟爲記室遷鄴後諲之留

在河南西魏領軍獨孤信入據金墉以諲之爲開

府屬號曰洛陽遺彥信敗諲之居南山洛州刺

史王元軌召爲中從事西師忽至尋退遂隨西

師入關周文帝以爲大行臺倉曹郎中卒贈徐

州刺史讓之字士平七歲便勤學早知名景遠司

徒主簿楊愔每稱歎云河東士族官不少唯此家

兄弟全無鄉音諲之雖年少不妄交遊唯與隴

西辛術趙郡李繪頒丘李構清河崔贍爲忘年

之友昭帝梓宮將還鄴崔儀郎尤悉歷代故

事儀注喪禮皆能裁正爲永昌太守客旅過郡

出私財供給人間所無預代下出爲吏人所懷

仕周卒伊川

皇甫和字長諧安定朝那人其先因官寓居漢

中祖澄南齊秦梁二州刺史父徽字子玄梁安

定略陽二郡守魏正始二年隨其妻父夏侯道

遷入魏別上勳書欲以徼爲元謀徽曰創謀之

始本不關預雖貪榮賞內媿於心遂拒而不許

梁州刺史羊靈祐重其敦實表爲征虜府司馬

卒和十一而孤母夏侯氏才明有禮則親授以

經書及長深沉有雅量尤明禮儀宗親吉凶多

相諮訪卒於濟陰太守

李構字祖基其祖褐開府參軍累遷譙州刺史卒構

方正見稱祖平魏尚書僕射構少以

從父弟繪釋褐大司農諲諧子方雅好學風流規檢

甚有家風稍遷臨漳令魏書出庶與盧斐王松

年等訟其不平逡黜斃撤魏收書王惠龍自云太

原人又言王顥不善事盧等同附盧玄傳李平為

陳留人去其家貧賤故斐文等致訟語楊愔云魏

收合誅愔黨助魏收遂自顯祖罪詔斐文等並髠頭

鞭二百庶死於臨漳獄中庶兄岳痛之終身不

歷臨漳縣門

張宴之字熙德幼孤有至性為母鄭氏教誨動

依禮典從允朱榮平元顥賜爵武成子累遷尚

參軍兼記室宴之文士兼有武幹與岳帷帳

書二千石中高岳征潁川復以為都督中兵

之謀又常以短兵接刃親獲首級深為岳所嗟

賞天保初文宣嘗為高陽王納宴之女為妃令

晉陽成禮宴之後圍陪坐賓皆賦詩宴之詩

云天下有道主明臣直雖休勿休永貽世則文

宣笑曰得卿箴諷深以慰懷後行北徐州事尋

即具為吏人所愛御史崔子武督察州郡至此

徐州無所橾劾唯得百姓所制清德頌數篇乃

歎曰本求罪狀遂聞頌聲遷兗州刺史未拜卒

贈齊州刺史

陸卬字雲駒少機悟美風神好學不倦博覽羣

書五經多通大義善屬文其為河間邢邵所賞

邵又與子彰交遊常謂子彰曰吾以卿老蚌遂

出明珠意欲為君拜紀可平由是名譽日高儒

雅搢紳所推許起家員外散騎侍郎歷文襄

大將軍主簿中書舍人兼中書郎以本職兼

太子洗馬自梁末歲有父聘即每兼官燕

接在帝席賦詩即必先成雖未能盡工以敏速

見美除中書侍郎脩國史以父憂去職居喪盡

禮哀毀骨立詔以本官起文襄時鎮鄴嘉其至

行親詣門以慰勉之即母魏上庸公主初封藍

田高明婦人也甚有志操即母魏上庸公主所

生故邢邵常謂人云藍田生玉固不虛矣主教

訓諸子皆稟義方雖創巨痛深出於天性然動

依禮度亦毋氏之訓焉即兄弟相率廬於墓側

負土成墳朝廷深所嗟尚發詔襃揚改其所居

里為孝終里服音當龍裒不忍騎侯天保初常山
王薦即哭幹文宣面授給事黃門侍郎遷吏部
郎中上洛王思宗為清都尹辟為邑中正食貝
丘縣幹遺母喪哀慕毀悴殆不勝喪至沉篤頓
昧伏枕又感風疾第五第搏遇疾臨終謂其兄
第曰大兄尩病如此性至慈愛搏之死日必不
得使大兄知之哭泣聲必不可聞徹致有感慟
家人至於祖載方始告之即聞而悲痛一慟便
絶年四十八即自在朝篤慎固密不說人短不
伐巳長言論清遠有人倫鑒裁朝野其悲惜之
贈衛將軍青州刺史諡曰文所著文章十四卷
行於世齊之郊廟諸歌多即所制子文嗣龍驤尉
始平侯

王松年少知名文襄臨　并州辟為王簿累遷通
直散騎常侍副李緯使梁還歷位尚書郎中魏
收撰魏書成松年有謗言文宣怒禁止之仍加
杖訓歲餘得免除臨漳令遷司馬別駕本州大
中正孝昭權拜給事黃門侍郎帝每賜坐與論

政事甚善之孝昭崩松年馳驛至鄴都宣遺詔
發言涕泗近於宣罷容色無改辭吐諧韻宣訴
號慟自絶於地百官莫不感慟還晉陽兼侍中
護梓宮還鄴諸舊臣避形迹無敢盡哀唯松年
哭甚流涕朝士咸恐武成雖忿松年戀舊情切
亦雅重之以本官多委焉兼御史中丞發晉陽
定律令前後大事多委焉加散騎常侍食高邑縣侯參
之鄴在道遇疾卒贈吏部尚書并州刺史諡曰
平第三子邵最知名

劉禕字彥英彭城人父世明魏兗州刺史禕性
弘裕有威重容止可觀雖昵友密交朝夕遊處
莫不加欽好學善三禮吉凶儀制尤所留心魏
孝昌中釋巾太學博士累遷雎州刺史邊人服
其威信甚得疆場之和世宗輔政降書襃獎去
以卿家世忠純亦代冠冕賢弟賢子並與五共
事懷抱相託亦自依然宜勗心力以副所委貞
慮不富貴秩滿還歸鄉里侍父疾音不入朝父
喪沉頓累年非杖不起世宗致辟禕稱疾不動

隋太子通事舍人李　百藥　撰

邢邵

邢邵字子才河間鄚人魏太常貞之後父虬魏
光祿卿小字吉少時有避遂不行名年五歲魏
吏部郎清河崔亮見而奇之曰此子後當大成
位望通顯十歲便能屬文雅有才思聰明彊記
日誦萬餘言族兄虬嘗有人倫鑒謂子弟曰宗室
中有此兒非常人也少在洛陽會天下無事與
時名勝專以山水遊宴為娛不暇勤業嘗因霖
雨乃讀漢書五日略能遍記之後因飲謔倦方
廣尋經史五行俱下一覽便記無所遺忘嘗記
麗既贍且速未二十名動衣冠嘗與右北
平陽固河東裴伯茂從兄杲河南陸道暉等至
北海王昕舍宿飲相與賦詩凡數十首皆為誦之
奴戲旦曰奴行諸人求詩不得邵皆為誦之諸
人有不認詩者奴還得本不誤一字諸人方之
王粲吏部尚書隴西李神儁大相欽重引為忘年

之交釋巾為魏宣武挽郎除奉朝請遷著作佐
郎深為領軍元义所禮义新除尚書令神儁以
與陳郡袁翻在席义表足使袁公變色孝昌
初與黃門侍郎李琰之對典朝儀自孝明之後
文雅大盛邵雕蟲之美獨步當時每一文初出
京師為之紙貴讀誦俄遍遠近于時袁翻與范
陽祖瑩位望通顯文筆之美見稱先達邵後與范
思華瞻深共嫉之每洛中貴人拜職多憑邵為
謝表嘗有一貴勝初受官大集賓食翻與邵俱
在坐翻意主人託其為讓表遂命邵作之翻甚
不悅每告人云邢家小兒嘗客作章表自買黃
紙寫而送之邵恐為翻所害乃辭以疾屬鳳尚書
令元羅出鎮青州啟為府司馬遂在青土終日
酣賞盡山泉之致永安初累遷中書侍郎所作
詔誥文體宋麗及爾朱兆入洛京師擾亂邵與
弘農楊愔避地嵩高山普泰中兼給事黃門侍
郎尋為散騎常侍太昌初勑令恒直內省給御

史令覆按尚書門下事凡除大官先問其可否
然後施行除衛將軍國子祭酒以親老還鄉詔所
在特給兵力五人幷令歲入朝以備顧問毋憂哀
娶過禮後楊愔與魏收及邵請置學參奏曰世室明
堂顯於周夏費兩學盜自虞穀所以宗配上帝以
著堯夫之嚴宣祐而敷教典用能享國長父風微萬祀者
言畜青衿而敷教典用能享國長父風微萬祀者
也羌暨亡秦改革其道坑儒滅學以敝黔黎故
九服分朋祈終二代炎漢勃興更修儒術故西

【北齊列傳二十八】 【二】

京有六學之義東都有三本之盛逮自親晉播
亂相因兵革之中學校不絕仰惟高祖孝文皇
帝禀聖自天道鏡今古列校序於鄉黨教詩書
續以水旱戎馬生郊雖逮為山還停一簣而明堂
禮樂之本乃樹荊棘之林膠庠德義之基空多就戰
竪之跡城隍嚴固之重關埒石之功塼構顯堂
之要少樓榭之飾加以風雨稍侵漸致虧墜非

所謂追隆堂構儀刑萬國者也伏聞朝議以高
祖大造區夏道侔姬文擬祀文明堂式配上帝今
若基址不脩仍同立畎即使高皇神享關於國
陽宗事之典有聲無實此臣子所以匪寧億兆
所以仰望世已又聞官方授能所以任事事既
任矣酬之以祿如此則上無曠官之議下絕尸
素之謗于國子雖有學官之名無教授之實何
異兔絲燕麥南箕北斗昔劉向有言王者宜
興辟雍陳禮樂以風天下夫禮樂所以養人刑

【北齊列傳二十八】 【四】

法所以殺人而有司勤勤請定刑法至於禮樂
則曰未敢是敢於殺人不敢於養人也臣以為
當今四海清平九服寧晏經國要重理應先營
脫復稽延則劉向之言徵矣但事不兩興須有
進退以臣愚量宜罷尚方彫靡之作頗首永寧
之勞及諸事役非世急者三時農隙修此數條
主木之功幷減瑤光村瓦之力兼分石窟鐫琢
之勞裨之禮蔚爾而復興諷誦之音煥然而更
作美樹高塼嚴壯於外槐宮棘寺顯麗於中更

明古今重遵鄉飲敦進郡學精課經業如此則
元凱可得之於上序游夏可致之於下國豈不
休歟靈太后令曰配饗大禮為國本比以戎
馬在郊未遑脩繕今四表旦安寧當勑有司別議
經始累遷太常卿中書監攝國子祭酒是時朝
臣多守職帶領二官甚少邵頓居三職並是時朝
文學之首當世榮之世宗幸晉陽路中頻有甘
露之瑞朝臣皆作甘露頌尚書符令邵為之序
及文宣皇帝崩凶禮多見評訪勑撰哀策後授
特進卒邵率情簡素內行脩謹兄弟親姻之間
稱為雍睦博覽墳籍無不通曉晚年九以五經
章句為意窮其指要吉凶禮儀公私諧票屢疑
去惑為世指南每公卿會議事關典政邵援筆
立成證引該洽帝命朝章取定俄頃詞致宏遠
獨步當時與濟陰溫子昇為文士之冠世論謂
之溫邢鉅鹿魏收雖天才艷發而年事在二人
之後故子昇死後稱邢魏為雖望實兼重不
以才位傲物脫略簡易不脩威儀車服器用充

事而已備不居坐卧恒在一小屋東餉之屬
或置之於梁上賓至下而共敢天姿質素特安異
同士無賢愚皆能顧接對客或解衣覓蝨且與
劇談有書甚多而不甚讎校見人校書常笑同愚
之甚天下書至死讀不可遍為能始復校此且誤
書思之更是一適妻弟李季節子學之士讀
才曰世間人多不聰明思誤書何由能得子才
曰若思不能得便不勞讀書與婦甚踈未嘗
宿自云嘗書入內閣為猶所吠三言畢便撫手
大笑性好談賞文能關獨公事歸休恒須賓客
自伴事寘婢甚謹養孤子恕慈愛特深在兗州
有都信云恕疾痛便憂之發寢廢食顏色貶及卒
人士為之傷心痛悼甚章不冊哭賓客吊慰
未有也有集三十卷見行於世子大寶有文情
薛子大德大道略不識字焉

魏收

魏收字伯起小字佛助鉅鹿下曲陽人也曾祖
緝祖韶父子建字敬忠贈儀同定州刺史收年
十五頗已屬文及隨父赴邊好習騎射欲以武
藝自達滎陽鄭伯調之曰魏郎弄戟多少收慙
遂折節讀書夏月坐板床隨樹陰諷誦積年板
床為之銳減而精力不輟以文華顯初除太學
博士及爾朱榮於河陰濫害朝士收亦在圍中
以日晏獲免吏部尚書李神儁重收才學奏授
司徒記室參軍永安三年除北主客郎中節閔
帝立妙簡近侍詔試收為封禪書收下筆便就
不立草文將千言所改無幾時黃門郎賈思
同侍立深奇之帝曰雖七步之才無以過此遷
散騎侍郎尋勅典起居注并修國史兼中書侍
郎時年二十六孝武初又詔收攝本職文誥填
積事咸稱旨黃門郎崔悛從齊神武入朝薰灼

於世收初不詣門悛為帝登祚赦云朕託體孝
文收嗤其率直貞剛李愔以告之悛深慙忌
時節閔帝祖令收為詔悛乃宣言收普泰世出
入帷幄帝嗟一日造詔詞旨然則義旗將加彈刻
為逆人又收父老合解官歸侍南臺將有賤生
賴尚書令平未齒錄因此怖懼上籍遣還鄉秩侍
弟仲同先未齒錄因此怖懼上籍遣還鄉秩侍
孝武嘗大發士卒狩於嵩少之南旬有六日時
天寒朝野嗟怨帝與從官及妃主俱豔飾
多非禮度收欲言則懼欲嘿不能已乃上南狩
賦以諷焉時年二十七雖富豔麗而終歸雅
正帝手詔報焉甚見褒美鄭伯謂曰卿不遇老
夫猶應逐兔初神武固讓天柱大將軍魏帝勅
收為詔既報所請欲加相國譙品秩收以實對
帝遂止收既詔令未測主相之意以前事不安求解
詔許焉父之除帝兄子廣平王贊開府從事中
郎收不敢辭乃為庭竹賦以致已意尋兼中書
舍人與濟陰溫子昇河間邢子才齊譽世號三

才時孝武獵忌神武內有閒隙收遂以疾固辭
而免其舅崔孝芬怪而問之收曰懼有晉陽之
甲尋而神武南上帝西入關收兼通直散騎常
侍副王昕使梁昕風流文辯收辭藻富逸梁主
及其羣臣咸加敬異先是南北初和李諧盧元
明首通使命二人才兼盍為鄰國所重至此梁
主稱曰盧李命世王魏中興未知後來復何如

耳收在館遂買吳姆入館其部下有買姆者收
亦喚取遍行奸穢梁朝館司皆為之獲罪人稱
其才而鄙其行在途作聘游賦辭甚美盛使還
尚書右僕射高隆之求南貨於昕收不能如志
遂諷御史中尉高仲密禁止昕收於其臺久之
得釋及孫騰死司馬子如救免司馬子如薦收為
中外府主簿以受旨乖忤頻被嫌責加以箠楚
久不得志會司馬子如本使霸朝收假其餘光
子因宴戲言於神武曰魏收天子中書郎一
國大才願大王借以顏色由此轉府屬然未甚
優禮收從叔李景有才學歷官著名並在收前

然收常所欺忽李景收初赴并頓丘李子應者故
大司農諧之子也以華辯曾謂收曰霸朝
便有二魏收率爾曰以從叔見比此耶耶輸之
比卿耶耶輸者故尚書令陳留公繼伯之子也愚
癡有名好自入市肆高價買物商賈共所唾玩
收忽李景方之不遜例多如此收本以文才必
望穎脫見知位既不遂求修國史

文襄白國史事重公家父子霸王功業皆須具
載非收不可文襄啟收兼散騎常侍修國史武
定二年除正常侍領兼中書侍郎仍修史魏帝
宴百僚問何故名人日皆莫能知收對曰晉議
郎董勛答問稱俗云正月一日為雞二日為狗
三日為猪四日為羊五日為牛六日為馬七日
為人時邢邵亦在側甚忌收自為魏帝與梁和好書
下紙每云想彼彼自稱猶著此欲示無外之意收定
報其書乃云想彼增內清晏今萬國安和梁人復書
依以為體後神武入朝靜帝授相國固讓令收為啟啟曰

成上王文襄時侍側神武指收曰此文當復為
崔光四年神武於西門豹祠宴集謂司馬子如
曰魏收為史官書吾善惡聞北代時諸貴常餉
史官飲食司馬僕射頗曾餉不因共大笑仍謂
收曰卿勿見元康等在吾目下趨走謂吾以為
勤勞我後世身名在卿手勿謂我不知尋加兼
著作郎收昔在洛京輕薄尤其人號云魏收驚
蛺蝶文襄嘗遊東山令給事黃門侍郎賈宴
文襄曰魏收特才無宜遭須出其短往復數番

收忽大唱曰楊遵彥理屈已倒惜從容曰我輝
有餘暇山立不動若遇當塗恐嗣嗣遂逝當塗
者魏嗣嗣著蛺蝶也文襄先知之大笑稱善文
襄又曰向語猶微且更指斥惜應聲曰魏收在
并作一篇詩對衆讀訖云打從叔李景出六百
我亦先聞衆人皆笑收雖自申雪不復抗拒絡
餉米亦不辨此遠近所知非敢妄語文襄宣曰
我亦病之侯景叛入梁寇南境文襄時在晉陽令
身病聞衆人皆入梁寇南境文襄時在晉陽令
收為檄五十餘紙不日而就又檄梁朝令送侯

景初夜執筆三更便成文過七紙文襄善之魏
帝曾季秋大射普令賦詩收詩末尺書徵建
鄴折簡召長安文襄壯之顧諸人曰在朝今有
魏收便是國之光來雅俗文墨通達樂橫我亦
使子才子昇時有所作至於詞氣並不及之吾或意
有所懷忘而不語語有又勅兼主客郎接梁使謝
史文襄勅收以書喻之範得書仍率部伍西上

班徐陵侯景既陷梁鄴陽王範時為合州刺
皆以周慈此亦難有又勅兼主客郎接梁使謝
刺史崔聖念入擄其城文襄謂收曰今定州卿
有其力猶恨尺書徵建鄴未効耳文襄朋查
如晉陽令與黃門郎崔李舒高德正吏部郎中
尉瑾於北第掌機密轉祕書監兼著作郎又除
定州大中正時廣將受禪楊愔奏收置之別館
令撰禪代詔冊諸文遺徐之才守門不聽出天
保元年除中書令仍兼著作郎封富平縣子二
年詔撰魏史四年除魏尹故侯以祿力專在史
閣不知部事初帝令羣臣各言爾志收曰臣願

得直筆東觀早成魏書故帝使收專其任又詔

平原王高隆之摠臨之署名而已帝勑收曰好直
筆我終不作魏太武誅史官始魏初鄧彥撰代
記十餘卷其後崔浩典史游允程駿李彪崔光
李琰之徒而世修其業浩為編年體彪始分作
紀表志傳書猶未出宣武時命邢巒追撰孝文
起居注書太和十四年又命崔鴻王遵業補續
焉下記孝明事其委悉濟陰王暉業撰辨宗室
錄三十卷收於是部通直常侍房延祐司空司

馬辛元植國子博士刁柔裴昂之尚書郎高孝
幹專摠斟酌以成魏書辨定名稱隨條甄舉又
搜採亡遺綴續後事備一代史籍表而上聞之
勒成一代大典凡十二紀九十二列傳合二百
一十卷五年三月奏上之秋除梁州刺史收以
志未成奏請終業許之十一月復奏十志天象
四卷地形三卷律曆二卷禮樂四卷食貨二卷
刑罰二卷靈徵二卷官氏二卷釋老一卷凡二
十卷續於紀傳合二百三十卷分為十二帙其

史三十五例二十五序九十四論前後二表一

啟焉所引史官恐其炎遷唯取學流先相依附
者房延祐平元植暉仲讓雖渉朝位並非史
才刁柔裴昂之以儒業見知全不堪編緝高孝
幹以左道求進修史諸人祖宗姻戚多被書錄
飾以美言收頗急不甚能平凡有怨者多沒其
善每言何物小子敢共魏收作色舉之則使
天按之當使入地初收在神武時為太常卿
修國史得陽休之助因謝休之曰無以謝德當
為卿作佳傳休之父固魏世為北平太守以貪
虐為中尉李平所彈獲罪載在魏起居注書
云固為此平其有惠政坐公事免官又云李平
深相敬重爾朱榮於魏為賊收以高氏出自爾
朱且納榮子金故減其惡而增其善論云既修
德義之風則韋彭伊霍天何足數時論既言收
著史不平文宣詔收於尚書省與諸家子孫共
加論計前後投訴百有餘人云遺其家世職位
或云其家不見記錄或云妄有非毀收皆隨狀

苔之范陽盧斐父同附出族祖玄傳下頓丘李
庶家傳稱其本是梁國家人斐庶譏議云史書
不直收性急不勝其憤啓誣其欲加屠害帝大
怒親自詰責斐曰臣父仕魏位至儀同功業顯
著名聞天下與收無親遂不立傳博陵崔綽位
止本郡功曹更無事述是收外親乃為傳首收
曰綽雖無位名義可嘉所以合傳帝曰卿何由
知其好人收曰高允曾為綽讚正應稱揚亦如卿為人作
司空才士為人作讚正應稱揚亦如卿為人作

九

劉文

文章道其好者豈能皆實收無以對戰懍而已
但帝先重收才不欲加罪時太原王松年亦謗
史及斐庶並獲罪各被鞭配甲坊或因以致死
盧思道亦抵罪然猶以羣口沸騰粉魏史且勿
施行令羣官博議聽有家事者入署不實者陳
業於是眾口誼然號為穢史投牒者相次無以
抗之時左僕射楊愔右僕射高德正二人勢傾
朝野與收皆親收遂為其家立傳二人不欲
言史不實抑塞訴辭終文宣世更不重論矣高

書陸操審謂愔曰魏收魏書可謂博物宏才有
大功於魏室愔謂收曰此謂不刋之書傳之萬
古但恨論及諸家枝葉親姻過為繁碎與舊史
體例不同耳收曰往因中原喪亂人士譜牒遺
逸略盡是以具書其支派望令六親觀過知仁以免
九責八年夏除太子少傅監國史復參議律令
三臺成文宣曰臺成須有賦懍時所作者自邢邵
皇居新殿臺其文甚壯麗時所作者自邢邵
已下咸不逮焉收上賦前數日乃告邵邵後告

十

劉畫

三兀四

人曰收甚惡人不早言之帝曾遊東山勑收作
詔宣揚威德壁喻關西俄頃而訖詞理宏壯帝
對百寮大嗟賞之仍兼太子詹事收娶其舅女
崔昂之妹產一女無子魏太常劉芳孫女中書郎
崔肇師女夫家坐事帝並賜收為妻時人比之
賈充置左右夫人然無子後病其恐身後嫡勝
不平乃殺二姬及疾瘲追憶作懷離賦以申意
文宣每以酣宴之次云太子性懦宗社事重終
當傳位常山收謂楊愔曰古人云太子國之根

本不可動搖至尊三爾後每言傳位常山令臣
下疑貳若實便須決行此言非戲魏收既忝師
傅正當守之以死但恐國家不安懼以收言白
於帝曰此便止帝數宴喜收每預侍從皇太子
之納鄭良娣也有司備設牢饌帝既酣飲起而
自毀覆之仍詔收皆知我意不須牢曰臣愚謂良
帝大笑握手曰卿知我意安德王延宗納趙
姊既東宮之妾理不須牢仰惟聖懷緣此毀去
郡李祖收女為妃後帝幸李宅宴而妃母宋氏

薦二石榴於帝前問諸人莫知其意帝投之收
曰石榴房中多子王新妃母欲子孫衆多帝大
喜詔收卿還將來仍賜收美錦二疋十年除儀
同三司帝在宴席口勅以收為中書監中書郎
李慆於樹下造詔盛才難於率爾
久而未訖比成帝已醉醒遂不重言慆仍不奏
事竟寢及帝崩於晉陽驛召收及中山太守陽
休之參議吉凶之禮并掌詔誥仍除侍中遷太
常卿文宣謚及廟號陵名皆收議也及孝昭居

中宰事命收禁中為諸詔文積久不出轉中書
監皇建元年除兼侍中右光祿大夫仍儀同監
史收先副王昕使梁不相悩睦時昕弟晞親密
而孝昭別令陽休之兼中書詔誥收
留在鄴蓋晞所為收大不平謂太子舍人盧詢
祖曰若使卿作文誥我亦不言又除祖珽為著
作郎欲以代收司空主簿李庶文詞士也聞而
告人曰詔誥悉歸陽子烈著作復遣祖孝徵文
史頓失恐魏公發背於時詔議二王三恪收執

王肅杜預義以元司馬氏為二王通曹備三恪
詔諸禮學之官皆執鄭立五代之議孝昭后姓
元議慆不欲廣及故議從收文除兼太子少傅
解侍中帝以魏史未行詔收更加研審收奉詔
頗有改正及詔行魏史收以為直置秘閣外人
無由得見於是命送一本付鄴并省一本付鄴下
任人寫之大寧元年加開府清河二年兼右僕
射時武成酣飲終日朝事專委侍中高元海
海凡庸不堪大任以收于名振俗都官尚書畢

義雲長於斷割乃虛應倚仗收畏避一不能匡救
為議者所護帝於華林別起玄洲死備山水臺
觀之麗詔於閣上盡收其見重如此始收與溫
子昇邢邵稍為後進邵既被踈出子昇以罪幽
死收逮大被任用獨步一時議論更相毀詈
有朋黨收每議陋邢邵文邵又云江南任昉文
體本踈魏收非直摸擬亦大偷竊任昉年沈俱
常於沈約集中作賊何意道我偷任昉乃曰伊
有重名邢魏各有所好武平中黃門郎顏之推

以二公意問僕射祖珽班呇曰見邢魏之臧否
即是任沈之優劣收以溫子昇全不作賦邢雖
有一兩首又非所長常云須作賦始成大才
士唯以章表碑誌自許此外更同見戲曰武定
二年已後國家大事詔命軍國文詞皆收所作
每有敕急受詔或時中使催促收筆下有
同宿構敏速之工邢溫所不逮其災議典禮與
邢相埒既而趙郡公增年獲免收知而過之事發
除名其年又以託附陳使封孝琰牒令其門客

與行遇岷崙舶至得奇貨猓然襂表美玉盈尺
等數十件罪當流以贖論三年起除清都尹尋
遣黃門郎元文遙敕收曰卿舊人事我家最久
前者之罪情在可恕比令卿為尹非謂美授但
初起廚斟酌如此朕豈可用卿之才而忘卿身
待至十月當還卿開府尋為真收以子姪之書申
夫二年行齊州刺史篇其詞曰吾覽管子之書
言曰任之重者莫如身途之畏者莫如口期之

遠者莫如年以重任行畏途至遠期惟君子為
能及矣追而味之喟然若夫立為重獨
潛戴而不傾山藏稱固亦趨負而弗僨呂梁獨
浚能行歌而匪惕焦原作險或蹎蹶而不驚九
陵方集故眇然而迅舉五紀當定想賓平而上
征苟任重也有度則任之而愈固乘危也有術
蓋乘之而靡恤彼其遠而能通果應之而可必
當神理之獨爾亦人事其如一鳴呼處天壤之
間勞死生之地攻之以嗜欲牽之以名利梁肉

不期而共臻珠玉無足而俱致於是乎驕奢仍
作危亡旋至然則上知大賢唯幾哲或出或
處不常其節其舒也濟世成務其老也聲銷迹
滅玉帛子女椒蘭律呂諮諫無所先稱肉度骨
膏屑挑舌死惡莫之前勳名共山河同父志業
與金石比堅斯蓋棟不橈遊刃若然逮於厭
德不常喪其金璞馳鶩人世鼓動流俗挾湯日
而謂寒包嶧膠漆謂堅寒暑其促及利而成害

北齋列傳二十九　十五　劉

化榮而就辱欲戚更來得喪仍續至有身禦魑
魅鬼沉惟獄詎非足力不彊迷在當局孰可謂
車戒前傾人師先覺聞諸君子雅道之士遊遂
經術獸餞文史筆有奇鋒談有勝理孝悌之至
神明通矣審道而行量路而止自我及物先人
後已情無繫於榮悴心靡滯於慍喜終猶有一
丘壑不待價於城市言行相顧慎終猶始或左或右
於斯鬱為羽儀悋居展事知無不為或左或右
則髦士攸宜無悔無吝故高而不危異乎勇進

忘退皆得患失射千金之產邀萬鍾之秩投烈
風之門趨炎火之室載躓而墜其貽宴或蹲乃
喪其貞吉可不畏歟可不戒歟門有倚禍事不
可不密牆有伏寇言不可而失諦其言宜端
其行言之不善行之不正鬼執彊梁人囚徑廷
幽本奪其魄明天其命不服非法不行非道公鼎
為己信私王非身寶過緇為紺蹄藍作青持繩
視直置水觀平時然後取未若無欲知止知足
庶免於辱是以為必察其幾舉必慎於微知幾

北齋列傳二十九　十六　後書

慮微斯二則既寮且慎福祿收歸昔蘧珍識
四十九非顏子鄰幾三月不違跬步無已至於
千里覆一簀進及於萬閃故去行遠自邇可大
望莫蓍而莑夫奚益而非損有損而不害益不
欲多利不欲大唯居德者畏其甚體真者懼其
大道遵則羣謗集任重而眾怨會其達也則尼
父栖邊其忠也而周公痕狠無百人之我厚在
我不可而覆無百人之我俠在我不可而咎如

山之大無不有也谷之虛無不受也能剛能
柔重可負也能信能順險可走也能知能愚期
可久也周廟之人三緘其口漏巵在前欹器留
後俾諸來斎傳之坐右其後輩臣多言魏史不
寶武成復勅更審收文回換姿為盧同音傳崔
綽返更附出楊愔家傳本云有魏華陰人此其不
巳至是加八字又先云太原人此其失也乃尋
除開府中書監武成崩未發喪在內諸公以後
主即位有年疑於赦令諸公引收訪焉乃
宜有恩澤乃從之掌詔誥除尚書右僕射撫議
監五禮事位特進收奏請趙彥深和士開徐之
才共監先以告士開士開䜣以不學收曰天
下事皆由王五禮非王不決士開謝而許之多
引文士令執筆儒者馬敬德熊安生權會實
之武平三年薨贈司空尚書左僕射諡文貞有
集七十卷收頗學大才然性編不能達命體道
見當途貴遊每以言色相悅然提獎後輩以名

行為先浮華輕險之徒雖有才能弗重也初河
閒邢子才及李景與收益以文章顯世稱大邢
小魏言尤俊也收少子才十歲子才每曰佛助
寮人之偉後收稍與子才爭名文宣時子才曰
爾才不及魏收收益得志自序去先稱溫邢後
曰邢魏然收陋邢心不許也收既輕疾好聲
樂善胡舞文宣末數於東山與諸優獪徒與
猶鬪胡寵狎之收與外兄博陵崔甞其以雙聲
嘲收曰愚魏收收益曰顏嚴腥瘦是誰所生
羊頤猶頗頭圍皐平飯房笑籠著孔朝玎其辯
捷不拘若是既緣史筆多慨於人齊之歲收
[家被發棄其骨于外先養弟子仁表為嗣至
尚書膳部郎中隋開皇中卒於溫縣令

列傳第二十九　　北齊書三十七

正史
此傳與北史同但不序世家又無論贊疑非

隋太子通事舍人李　百藥　撰

辛術

元文遙

趙彥深

辛術字懷哲少明敏有識度解褐司空冑曹參
軍與僕射高隆之其典營構鄴都官室術有思
理百工克濟冊遷尚書右丞出為清河太守政
有能名追授并州長史遭父憂去職清河父老
數百人詣闕請立碑頌德文襄嗣事與尚書左
丞宋遊道中書侍郎李繪等並追詣晉陽俱為
上客累遷散騎常侍武定八年侯景叛除東南
道行臺尚書封江夏縣男與高岳等破侯景擒
蕭明遷東徐州刺史為淮南經略齊天保元年
侯景渡江西祖稅術率諸軍度淮斷之燒其稻
數百萬石還鎮下邳人隨術北渡淮者三千餘
家東徐州刺史郭志殺郡守文宣聞之勑術自
今所統十餘州地諸有犯法者刺史先啓聽報

以下先斷後表聞齊代行臺兼總人事自術始
也安州刺史臨清□□守盱眙斬城二鎮將犯法
術皆案奏殺之雎州刺史及所部郡守俱犯大
辟朝廷乃以其奴婢百口及貲財盡賜術三辭不
見許術乃攜安撫城鎮相繼歡附前後二十餘
曰昔鍾離意云孔子忍渴於盜泉便以珠璣破
地足下今能如此可謂異代一時及王僧辯破
侯景術招攜安撫城鎮相繼歡附前後二十餘
州於是後鎮廣陵獲傳國璽送鄴文宣告

於太廟此璽即秦所制方四寸上紐交盤龍其
文曰受命于天既壽永昌二漢相傳又傳魏晉
懷帝敗沒於劉聰聰敗段匹磾磾又傳魏晉
送于建鄴歷宋齊梁梁敗侯景景得之景敗侯
趙永和中濮陽太守戴僧施得之遣督護何融
帝思賢以璽投景南兗州刺史郭元建送于術
故術以進為殿中尚書領太常卿仍與
朝賢議定律令遷吏部尚書食南兗州梁郡幹
遷鄴以後大選之職知名者數四五有得失未

能盡美文襄帝少年高朗所弊者踈奏叔德沉
密謹厚所傷者細楊愔風流辨給取士失於浮
華唯術性尚貞明閉不遺孝之前後銓衡在術
參軍管庫必擇門取士以才器循名責實容新舊
最為折衷甚為當時所稱舉天保末文宣嘗令
政少愛文史晚更修學雖在戎旅手不釋卷及
慈勤於所職未嘗暫懈臨軍以威嚴牧人有惠
無謗讜其所旌擢後亦皆致通顯術清儉寡嗜
術選百員官參選者二三千八術題目士子人

定淮南凡諸貲物一毫無犯唯大收典籍多是
宋齊梁時佳本鳩集萬餘卷并顧陸之徒名畫
二王巳下書數亦不少俱不上王府唯入私
門及還朝頗以饋遺權要物議以此少之十年
卒年六十皇建二年贈開府儀同三司中書監

青州刺史子閣卿尚書郎閣卿弟衡卿有識學
開府參軍事隋大業初卒於太常丞
元文遙字德遠河南洛陽人魏昭成皇帝六世
孫世五世祖常山王遵父曒有孝行父卒廬於

墓側而終文遙貴贈特進開府儀同三司中書
監論曰孝文遍敬惠風成濟陰王暉業每云此
子王佐才也暉業嘗大會賓客有人將何遜集
初入洛諸賢皆贊賞之河間邢邵試命文遙誦
之幾遍可得文遙一覽便誦時年十餘歲濟陰
王曰我家千里駒今定如何邢云此殆古未有
起家員外散騎常侍遭父喪服闋除太尉東閤
祭酒以天下方亂遂解官侍養隱於林慮山武
定中文襄徵為大將軍府功曹受禪於登壇

所受中書舍人宣傳文武號令楊遵彥每云堪
解穰侯印者必在斯人後忽被中旨幽執竟不
知所由如此積年文宣後自幸禁獄執手愧謝
親解所著金帶及御服賜之即日起為尚書祠
部郎中孝昭輔政除大丞相府功曹參軍典機
密及踐祚除中書侍郎封永樂縣伯參軍國大
事及帝大漸與平秦王歸彥趙郡王叡等同受
顧託迎立武成即位任遇轉隆歷給事黃門侍郎
散騎常侍侍中中書監天統二年詔特賜姓高

氏籍屬宗正第依歲時入朝再遷尚書左僕射進
封寧都郡公侍中文遙歷事三主明達世務每臨
軒多命宣勑號本文武聲韻高即發吐無滯然探
測上旨時有委巷之言故不為知音所重齊因魏
朝宰縣多用斯濫至於士流恥居百里文遙以縣
令為字人之切遂請革選於是密令搜揚貴游子
弟發敕用之猶恐其披訴惣召集神武門令趙
郡王叡宣旨唱名厚加慰喻十人為縣自此始也
既與趙彥深和士開同被任遇雖不如彥深清貞
守道又不為士開貪淫亂政在祂孟季之間然
性和厚與物無競故時論不在彥深之下初文遙
自洛遷鄴惟有地十頃家貧所資衣食而已觀之
將季宗姓惟有地十頃家貧所資衣食而已觀之
貴此人尚在乃將家逃竄文遙即以與之
以與之彼人愧而不受彼此俱讓遂為閑田至後
主嗣位趙郡王叡妻定遠等謀出和士開文遙
亦參其議叡見殺文遙由是出為西兖州刺史
詣闕別士開曰虞得言地使元家見作令僕

深媿朝廷既言而悔仍執手慰勉之猶慮文遙自
疑媿其子行恭為尚書郎以慰其心士開有死自東
徐州刺史行恭入朝竟不用卒行恭美姿貌有父風
兼俊才位中書舍人待詔文林館齊亡陽休之
等十八人同入開府稍遷司勳下大夫行恭少顏恣文遙令
位尚書郎坐事徙瓜州而卒行恭美少顏恣文遙令
與范陽盧思道交遊文遙嘗謂思道云小兒比日
微有所知是大弟之力然自撝劇飲甚得師風思
道嘗云郎辭情俊邁自是克荷堂構而自撝劇飲
亦天性所得行恭弟行如亦聰慧早成平末佳者作佐郎
趙彥深自云南陽死人漢大傅喜之後高祖父難
為清河太守有惠政遂家焉清河後改為平原
故為平原人也本名隱避齊廟諱改以字行父
奉伯仕魏位中書舍人行洛陽令彥深貴贈司
空彥光謂賓客曰古人觀眸子以知人此人當
司徒崔光謂賓客曰事母甚孝年十歲曾候司
必遠至性聰敏善書計安閑樂道不雜交遊為
雅論所歸服昧爽輒自掃門外不使人見率以

為常初為尚書令司馬子如賤客供寫書子如
善其無誤欲將入觀省含隱靴無氈衣帽穿弊
子如給之用為尚書令史神武
在晉陽索二史子如舉彥深後拜子如開府參
軍超拜水部郎及文襄為尚書令選沙汰諸
曹郎隱以地寒被出為滄州別駕神武必令兼太
言於神武徵補大丞相功曹參軍專掌機密文
翰多出其手捫其頷曰若天假卿年必大有所至
軍令以手捫其頷曰若天假卿年必大有所至

北齊列傳三十　七

每請司徒孫騰曰彥深小心恭慎曠古絕倫及
神武朋殂祕喪事文襄慮河南有變仍自巡撫乃
委彥深後事轉大行臺都官郎中臨發握手泣
曰以母弟相託幸得此心既而內外寧靜彥深
之力及還發要深加聚美乃披郡縣簿為選封
安國縣伯從征潁川時引水灌城彥深單身沒西
魏將王思政猶欲死戰文襄令彥深出城
告喻即日降之便手牽思政出城文襄謂彥深
曰吾昨夜夢獵遇一群豕吾射盡獲之獨一大

豕不可得卿言當為吾取須更獲豕而進至是
文襄笑曰夢驗矣即解思政佩刀與彥深曰使
卿常獲此利文宣嗣位仍典機密進爵為侯天
保初累遷祕書監以為忠謹毎郊廟必令兼太
僕卿執御陪乘轉大司農帝或巡幸徐州即輔贊太
子知後事出為東南道行臺尚書徐州刺史為
政尚恩信為吏人所懷多所降下所營軍奧士
庶追號趙彥深頓文宣嘗勞勉徵為侍中
仍掌機密河清元年進爵安樂公累遷尚書左

北齊列傳三十　八

僕射齊州大中正監國史遷尚書令為特進封
宜陽王武平二年拜司空轉祖珽所間出為西
兗州刺史四年徵為司空轉司徒丁母憂尋起
為本官七年六月暴疾薨時年七十彥深歷事
累朝常參幾近溫柔謹慎喜怒不形於色自皇
建以還禮遇稍重每有引見或外御榻常呼官
號而不名也凡諸選舉先令銓定提獎人物皆
行業為先輕薄之徒弗之齒也令孝昭既執朝權
羣臣密多勸進彥深獨不致言孝昭嘗謂王晞

云若言衆心皆謂天下有歸何不見彦深有語
晞以告彦深不獲已陳請其為時重如此常遜
言恭己未嘗以驕矜待物所以或出或處去而
復還毋傳氏雅有操識彦深三歲傳便嬌居家
人欲以改適自括言以死彦深三歲傳謂之曰若天哀矜
貧而小何以能濟彦深涕泗及彦深拜太常
太當仰報傳感其意對之流涕及彦深拜太常
卿還不脫朝服入見毋跪陳幼小孤露蒙訓
得至於此毋子相泣之然後政服後為宜陽

國太妃彦深有七子仲將知名仲將沉敏有父
風溫良恭儉對妻子亦未嘗怠慢終日儼然
學涉羣書善草隸雖與弟書書字楷正云草不
可不解若施之於人即似相輕易若與富家中
甲幼又恐其疑所在宜爾是以必須隸筆彦深
气轉以萬年縣子授之位給事黃門侍郎散騎
常侍隋開皇中任吏部郎終於安州刺史齊朝
宰相善始令終唯彦深一人然諷朝廷以子叔
堅為中書侍郎頗招物議時馮子琮子慈明祖

班子君信並相繼居中書故時語云馮祖及趙
穢我鳳池然叔堅身材最劣
列傳第三十　　　北齊書三十八

此卷與北史同

列傳第三十一　　隋太子通事舍人李

百藥　撰

崔季舒

祖班

崔季舒字叔正博陵安平人父瑜之魏鴻臚卿

季舒少孤性明敏涉獵經史長於尺牘有當世

才具年十七為州主簿為大將軍趙郡公琛所

器重言之於神武神武親簡丞郎補季舒大行

臺都官郎中文襄輔政轉大將軍中兵參軍甚

見親寵以魏帝左右須置腹心擢拜中書侍郎

文襄為中書監移門下機事摠管歸中書又季

舒善音樂故內伎亦通隸焉內伎屬中書自季

始也文襄毋進書魏帝有所諫請或文辭繁雜

朝悕與季舒論之云崔中書是我姊夫報答霸

季舒輒脩飾通之得申勸戒而已靜帝報霸

侍郎領主衣都統雖迹在魏朝而心歸霸府密

謀大計皆得預聞於是賓客輻湊傾心接禮甚

得名譽勢傾崔暹暹甞於朝堂屏人拜之日暹

北齊列傳第卅一　　一

若得僕射皆叔父之恩其權重如此時勳貴多

不法文襄無所縱捨外議以季舒及崔暹等所

為甚被怨疾及文襄將赴晉陽黃門

郎楊愔之勸季舒從行曰一旦不朝其間容刀

季舒性愛聲色心在閒放遂不請行欲恣其行

樂司馬子如緣宿憾及尚食典御陳山提等共

列其過狀由是季舒及暹各鞭二百徙北邊天

保初文宣知其無罪追為將作大匠遷侍中

俄兼尚書左僕射儀同三司大被恩遇乾明初

楊愔以文宣遺旨停其僕射遭毋喪解任起服

除光祿勳兼中兵尚書出為齊州刺史坐遣人

渡淮平市亦有贓賄事為御史所劾會赦不問

武成居藩曾病文宣令季舒療病備盡心力大

寧初追還引入慰勉累拜度支尚書開府儀同

三司昭陽殿成勅令監造以判事式為胡長仁

言其短出為西兗州刺史為進典籤於吏部密

青免官又以託請靈宣王宅史馬鞭數十及武成

崩不得預於哭泣久之除膠州刺史遷侍中開

北齊列傳第卅一　　二

縱貧賤廝養亦為之療庶子長君尚書右丞兵
部郎中次鏡玄著作佐郎並流於遠惡未幾季
舒等六人妻以年老放出後南安王思好更稱
朝廷罪惡以季舒等見害云為詞悉召六人兄弟
子姪隨軍趣晉陽滅齊詔斛律光與季舒等六
人同被優贈季舒贈開府儀同大將軍定州刺
史云

府食新安河陰二郡幹加左光祿大夫待詔文
林館撰御覽加特進監國史季舒素好圖籍
暮年轉更精勤兼推薦人士獎勸文學時議翕
然遠近稱美祖班受委奏季舒揔監內作班被
出韓長鸞以為班黨亦欲出之屬車駕適晉
陽季舒與張雕議以為壽春被圍大軍出拒信
使往還溲滇節度兼道路小人或相驚恐去大
駕向并長逃若不啟諫必動人情遂與從
駕文官連名進諫時貴臣趙彥深唐邕段孝
等初亦同心臨時疑貳季舒與爭未決長鸞遂
奏去漢兒文官連名揔署聲云諫止向并其實
未必不反且加誅戮帝即召巳署官人集含章
殿以季舒張雕劉逖封孝琰裴澤郭遵等為首
斬之殿庭長鸞令棄其屍於漳水自外同署將
加鞭撻趙彥深執諫獲免奉季舒等家屬甲女徙
北邊妻女子婦配冥官小男下蠶室沒貲産
季舒大好醫術天保中於徙所無事更銳意研
精遂為名手多所全濟雖位望轉高未曾解急

祖班字孝徵范陽狄道人也父瑩魏護軍將軍
班神情機警詞藻遒逸少馳令譽為山所推起
家秘書郎對策高第為尚書儀曹郎中典儀注
嘗為冀州刺史万俟受洛制清德頌其文典麗
由是神武聞之時文宣為并州刺史署班開府
倉曹參軍神武口授班三十六事出而疏之一
無遺失大為僚類所賞時神武送魏蘭陵公主
出塞嫁蠕蠕收賦出塞及公主送蘭陵公主
班皆和之大為時人傳詠班性踈率不能廉慎
守道倉曹雖云州局乃受山東課輸大文綾并

連珠孔雀羅等百餘定令諸嫗擲樗蒲調新曲
招城市年少歌儛為娛遊諸倡家與陳元康穆
子容任冑元士亮等為聲色之遊參軍元景獻
故尚書令元世儁子也其妻司馬慶雲女是魏
孝靜帝姑博陵長公主所生班忽迎景獻妻赴
席與諸人遞寢亦以貨物所致其豪縱淫逸如
此常云丈夫一生不負已文宣罷州班例應
隨府規為倉局之間致請於陳元康康為白
由是還任倉曹班又委體附參軍事攝典籤陸
子先并為畫計請糧之際令子先宣教出粟十
車為寮官捉送神武親問之班自言不受署歸
罪子先神武信而釋之班出而言曰此丞相天
緣明鑒然實孝徵所為性不羈放縱至腰東
刺史司馬世雲家飲酒遂藏銅疊二面廚人請
搜諸客果於班懷中得之一見者以為深恥所乘
老馬常稱騙駒又與寡婦王氏姦通每人前相
聞往復裴讓之與班甲妳於眾中嘲班曰卿班
那得如此謔異老馬十歲猶號騙駒一妻耳順

尚稱娘子千時喧然傳之後為神武中外府功
曹神武宴秦屬於坐失金叵羅實太后令飲酒
者皆脫帽於班髻上得之神武不能罪也後為
祕書丞領舍人事文襄州客至請賣華林遍略
文襄多集書人一日一夜寫畢退其本曰不湏
也班以略略數秩賀錢樗蒲文襄杖之四十又
與令史李雙等作晉州啓請粟三千
過典籤事高景略詭其實不實密以問彥深彥
石代功曹參軍趙彥深宣神武教給城局參軍
深荅都無此事遂被推檢班即引伏神武大怒
決鞭二百配甲坊加鉗其轂倍徵未及科會并
州定國寺新成神武謂陳元康溫子昇曰昔作
芒山寺碑文時稱妙絕今定國寺碑當使誰作
詞也元康伯薦班寺學并解鮮甲語乃給筆札
就禁所具二日內成其文甚麗神武以其工而
且速特恕不問然猶免官散參相府文襄嗣事
以為功曹參軍及文襄遇害元康被傷劍重倩
班作書屬家累事并云祖喜邊有少許物宜早

索取珽乃不通此書喚祖喜私問得金二十
五鋌唯與喜二鋌餘盡自入已盜元康家書數千
卷祖喜懷恨遂告元康二弟叔諶季璩等叔諶
以語楊愔愔頻眉苦曰恐不益之者因此得停
文宣作相珽擬補之益官通略一部受納擄法
廄絞上尋與平陽公淹令錄珽

北齊列傳三十二

從事中郎王士雅推檢并與平陽公淹令錄珽
付禁勿令越逸淹遣田曹參軍孫子寬往喚珽
受命便關私逃黃門郎高德正副留臺事謀云

七

珽自知有犯驚恐是常但宣二命向祕書稱奉
并州約束須五經三部仰丞親檢催遣如此
則珽意安夜當還宅然後掩取珽果如德正圖
遂還宅蒲晚就家掩之縛珽選廷尉據犯枉法
廄遂奏免死除名天保元年復被召從駕依除
罰例遂奏免死於晉陽珽天性聰明事無難學凡諸伎
免例參於晉陽
藝莫不措懷文章之外又善音律解四夷語及
陰陽占候醫藥之術尤是所長文宣帝雖嫌其

數犯憲而愛其才伎令直中書省掌詔誥珽通
密狀列中書侍郎陸元規勑令裴英推問元規
以應對忤旨被配甲坊除珽尚藥丞尋還曲御
又奏造胡桃油復為割截免官文宣毎規之常
呼為賊文宣崩普選舊除為草武太守孝昭所
勑中書門下二省斷珽奏事珽善為胡桃油以
等誅不之官授著作郎數上啟除為孝昭所

北齊列傳三十二

徵夢殿下乘龍上天王謂曰若然當使兄大富
塗盡殿下乘龍上天王因言殿下有非常骨法孝

八

貴及即位是為武成皇帝擢拜中書侍郎帝於
後圜使珽彈琵琶和士開胡舞各賞物百段士
開忌之出為安德太守轉齊郡太守以毋老乞
還侍養詔許之會江南使人來聘為中勞使尋
為太常少卿散騎常侍假儀同三司掌詔誥初
珽於乾明皇建之時知武成陰有大志遂深自
結納曲相祗奉於天保世頻被責心常自
之珽至是希旨上書請追尊太祖獻武皇帝為
神武高祖文宣皇帝改為威宗景列皇帝以悅

武成從之時皇后愛少子東平王儼願以為嗣

武成以後主體正居長無二宮難於移易班私於士開

曰君之寵幸振古無二宮車一日晚駕如欲何

以克終士開求策為班曰說主上云裏宣

昭帝子俱不得立今宜命皇太子早踐大位以

定君臣若事成主中宮少主皆德君此萬全計也

士開許諾因有彗星出太史奏云除舊布新之

徵班於是上書言陛下雖為天子未是極貴按

春秋元命苞云乙酉之歲除舊革政今年太歲

乙酉宜傳位東宮令君臣之分早定且以上應

天道并上魏獻文禪子故事帝從之由是拜祕

書監加儀同三司大被親寵既見重二宮遂志

於軍相先與黃門侍郎劉逖友善乃疏侍中尚

書令趙彥深等泄彥深先詣帝自陳大怒執

不敢通其事頗漏聲令逖奏之逖懼

班詰曰何故毀我士開班因厲聲自陳曰臣臣由士開

得進本無欲毀之意陛下令既問臣臣不敢不

以實對士開文遙彥深等專弄威權控制朝廷

與吏部尚書尉瑾內外交通共為表裏賣官鬻

獄政以賄成天下謠謗若為有識所知安可聞

於四裔陛下不以為意臣恐大齊之業隳矣帝

曰我以其儉餓故收養之班曰不敢誹謗陛下取人女帝

乃買取將入後宮平帝益怒以刀鐶築口鞭杖

亂下將撲殺之大呼曰不殺臣陛下不得名若

欲得名莫殺臣為陛下合金刑遂少獲寬放班

又曰陛下有一范曾不用知可如何帝又怒曰

爾自作范曾以我為項羽邪班曰項羽人身亦

何由可及但天命不至耳項羽布衣率烏合眾

五年而成霸王業陛下藉父兄資財得至此臣

以項羽未易可輕臣何止方於范曾縱張良至

位非輔弼踈外之人竭力盡忠勸陛下禪位使

不能及張良身傳太子由因四皓方定漢嗣

陛下尊為太上子居宸扆於已及子俱保休祚

蕞爾張良何足可數帝愈憲令以土塞其口班

且吐且言無所屈撓乃鞭二百配甲坊尋徙於
光州刺史李祖勳遇之甚厚別駕張奉禮希大
臣意上言班雖為流囚常與刺史對坐勅報曰
牢掌奉禮曰牟者地牟也乃為深坑置諸內苦
中以燕菁子燭熏眼因此失明武成崩後勅夜
加防禁梏不離其身家人親戚不得臨視夜
之就除海州刺史是時陸令萱外干朝政其子
心腹深沉欲行伊霍事儀同姊弟嘗得平安何
不早用智士邪和士開亦以班能決大事欲以
為謀主故棄除舊怨虛心待之與陸媼言於帝
曰襄宣昭三帝其子皆不得立今至尊猶在帝
位者實祖孝徵此人有大功宜報重恩幸徵
心行雖薄祖略出人緩急真可憑仗且其雙言
必無反意請喚取問其謀計從之入為銀青光
禄大夫祕書監加開府儀同三司和士開死後
仍說陸媼出彥深以班為侍中在晉陽通密啟
請誅琅邪其計既行漸被任遇又太后之被幽

也班欲以陸媼為太后撰魏帝皇太后故事為
太姬言之謂人曰太姬雖云婦人寔是雄傑女
媧已來無有也太姬亦稱班為國師國寶猶是
拜尚書左僕射監國史加特進入文林館揔監
撰書封燕郡公食太原郡幹給兵七十人所住
宅在義井坊旁拓隣居大事儵築陸媼自往案
行勢傾朝野侔律光甚惡之遙見去邊境消息
乞索小人欲行何計數常謂諸將云多事
處分兵馬趙令嘗與吾等參論之盲人掌機密
來全不共我輩語止恐懼他國家事又班頗聞
其言因其女皇后無寵以讒言聞上曰百外飛
上天明月照長安令其妻兄鄭道蓋奏之帝問
班證實又說謠云高山崩櫪樹舉盲老翁背上
下大齊多事老毋不得語班并去盲老翁是臣
云與國同憂戚勸上行語其多事老毋以道女
侍中陸氏帝以問韓長鸞穆提婆并令高元海
叚七良密議之眾人未從因光府軍封士讓啟
告光反遂滅其族班又附陸媼求為領軍後主

許之詔須頒覆奏取侍中餉律孝卿署名孝卿密
告高元海語俟呂芬穆婆云孝徵漢兒兩眼
又不見物豈合作領軍也明旦面奏具陳班不
合之狀并書班與廣寧王孝珩交結無大臣體
班亦見帝令引入班自分蹤并與元海素相嫌
必是元海諸臣帝弱頭不能諱曰自然班列元海
共司農卿尹子華太府少卿李叔元平凖令張
叔略等結朋樹黨遂除子華仁州刺史叔元襄
城郡太守叔略南營州錄事參軍陸媼又唱和
之復除元海鄭州刺史班自是專主機衡揔知
騎兵外事內外親戚皆得顯位後主亦令中要
數人扶侍出入著紗帽直至永巷出萬春門向
聖壽堂每同御榻論支政事委任之重羣臣莫
此自和士開執事以來政體隨壞班推崇高望
始奏罷京畿府併於領軍連百姓皆歸郡縣宿
官人稱職內外稱美復欲增損政務沙汰人物
衞都督等號位從舊官名文武章服並依故事
又欲黜諸闒緩及羣小輩推誠朝廷爲致治之

方陸媼穆提婆議同異班乃諷御史中丞麗
伯律令劾主書王子冲納賂知其事連穆提婆
欲使職罪相及望此并及陸媼猶恐後主
溺於近習因后黨爲援請以皇后兄胡君欲
爲侍中領軍又徵君兄梁州刺史君璧欲
以爲御史中丞陸媼聞而懷怒方排毀即出
君瑜爲金紫光祿大夫徵中領軍君璧還鎮梁
州皇后之廢頗亦由此王子冲釋而不問班日
益以踈又諸官者更共讒毀之無所不至後主
益舉之此來看之極是罪過人實難知也婢合
故死本見和士開道孝徵多博學言爲貴
問諸太姬憫嘿不對及三問乃下牀拜曰老婢
死後主令韓長鸞檢案得出粉受賜十餘事以
前與其重甚言不殺遂解班侍中僕射出爲北
州刺史班故求面見主韓長鸞積嫌於班遂人推
出梐閣班不肯行長鸞爲乞令軍士
牽曳而出班求見主韓長鸞爲乃令軍士
還解其開府儀同郡公直爲刺史至州會有陳

寇百姓多反斑不關城門守堤者皆令下城靜坐街巷禁斷行人雜犬賊無所聞見者不測所以疑惑人走城空不設警言備斑忽然令大叫鼓譟聒天賊大驚登時走散後復結陳向城斑乘馬自出令錄事參軍王君植率兵馬乃親臨戰賊先聞其盲謂為不能拒抗忽見親在戎行彎弧縱鏑相與離怪曼之而罷時穆提海憾之不已欲令城陷没賊雖知危急不追斑且戰且守十餘日賊竟本走城卒保全卒於州子君信涉

獵書史多諸雜藝位兼通直散騎常侍聘陳使副中書郎斑出亦見廢免君信弟君彥容貌短小言辭澀訥少有才學隋大業中位至東平郡書佐郡陷羅護讒因為李密所得密其禮之署為記室軍書羽檄皆成其手及密敗為王世充所殺斑弟孝隱亦有文學魏末為詞章雖不逮見亦機警言有辯兼解音律常侍迎梁使時徐君房庾信來聘名譽甚高魏朝聞而重之接對者多取一時之秀為盧元景之徒並降階

攝職更遞司賓孝隱少勵其中物議稱美孝隱從父弟茂頗有辭情然好酒性率不為時重大寧中以經學為本鄉所薦除給事以疾辭仍不復仕斑受任寄故令呼茂不獲已暫來就之斑欲為官茂乃逃去斑族弟崇儒少學有辭藻幹局知名武平末司州別駕通直常侍入周為容昌郡太守隋開皇初終宕州長史

列傳第三十一　北齊書三十九

隋太子通事舍人李　百藥　撰

尉瑾

馮子琮

赫連子悅

唐邕

白建

尉瑾字安仁父慶賓為親肆長州刺史瑾少而敏悟
好學恭善稍遷直後司馬子如執政瑾取其外
生皮氏安由此擢拜中書舍人既是子如姻戚
因命瑾在鄴北宮共高德正典機密蕭宗輔政
敎往委詣因與先達名輩微相款狎世宗入朝
累遷吏部尚書世祖踐祚趙彥深本子如賓僚
重又吏部銓衡所歸事多祕密由是朝之幾事
顧亦預聞尋兼右僕射攝選未幾即真病卒世
祖方在三臺歡酒文遊奏聞遂命樂罷能瑾
外雖通顯內闕風訓闈門穢雜為世所鄙然亦
元文遙和士開並帝鄉故舊相薦達佳遇彌

能折節下士意在引援名流但不別之及官高
任重便大躁急省內郎中將論事者逆即瞋罵
不可諮承既居大選彌自驕很子德載嗣
馮子琮信都人此燕主馮跋之後也父靈紹度
支郎中子琮性聰敏涉獵書傳為蕭宗曾閱簿領試令口
府沨曹典機密攝庫部蕭宗曾閱簿領試令口
陳子琮闇對無有遺失子琮妻胡皇后妹也遷
殿中郎加東宮管記又奉別詔令共胡長粲輔
導太子轉庶子天統元年世祖禪位後主世祖
御正殿謂子琮曰少君左右宜得正人以卿心
存正直今以後事相委除給事黃門侍郎領主
衣都統世祖在晉陽既居舊殿少帝未有別所
詔子琮監造大明宮宮成世祖親自巡幸怪其
不其宏麗子琮對曰至尊幼年纂承大業欲令
敦行節儉世祖稱善又萬邦兼此北連天關不宜過復
崇峻世祖崩此北連天關不宜過復先恬侍
疾祕喪三日不發子琮問士開不發喪之意士
開引神武文襄初崩並祕喪不舉至尊年少恐

王公有貳心意欲普建集涼風堂然後與公詳
議時太尉錄尚書事趙郡王叡先恇居內頹帷
惺之謀子琮素知士開忌叡外任奪定遠禁衛之權
定遠恐其矯遺詔出叡外任奪定遠禁衛之權
因苔云大行神武之子仝上又是先皇傳位聲
臣苔貴者皆是至尊父子之恩但令在內賁臣
一無改易王公已下必無異世異事殊不得
與霸朝相比且公出官門已經數日外退之事
行路皆傳父而不舉恐有他變於是乃發喪元

文遙以子琮太后妹夫恐其獎成太后干政說
趙郡王及士開出之拜鄭州刺史即令之任子
琮除州非後主本意中旨敕勤特給部鼓吹
加兵五十人并聽將物度關至州未幾太后為
齊安王納子琮長女為妃子琮因請假赴鄴遂
授吏部尚書其妻恃親放縱請謁公行賄貨填
積守宰除授先定錢帛多少然後奏聞其所通
致事無不允子琮亦不禁制俄遷尚書左僕射
仍攝選和士開居要目父子琮舊所附託甲辭

曲躬軍事諮稟士開府寮宋異是時內官除授多由士
開奏撮子琮既恃內戚兼選曹目擅權寵顧
生間隙琅邪王儼殺士開子琮與其事就內省
絞殺之子琮微有識監及位望轉隆宿心頓改
擢引非類以為深交縱其子弟官位不依倫次
又專營婚嫁歷選上門例以官爵許之旬日便

齡子慈正

赫連子悅字士欣勃勃之後也魏永安初以軍
功為濟州別駕及高祖起義信景為刺史景本
爾朱心腹子悅勤景起義景從之除林慮守世
宗往晉陽路由是郡因問所不便悅苔云臨水
武安二縣去郡遙遠山嶺重疊重步艱難若東
屬魏郡則地平路近世宗笑曰卿徒知便民不
覺損幹子悅苔云所言曰民疾苦不敢以私潤
負心世宗云卿能如此其善其善仍勑依事施
行在郡滿更徵為臨漳令後除鄭州刺史于時
新經河清大水民多逃散子悅親加恤隱戶

益增治為天下之最入為都官尚書鄭州民八
百餘請立碑頌德有詔許焉後以本官兼吏部
子悅在官唯以清勤自守既無學術又闕風儀
人倫清鑒去之彌遠一旦居銓衡之首大招物
議由是除太常卿卒

葉列傳三十二

唐邕字道和太原晉陽人其先自晉昌徙焉父
靈芝魏壽陽令邕少明敏有治世才具太昌初
或薦於高祖命其直外兵曹典執文帳邕善書
計彊記默識以幹濟見知擢為世宗大將軍府
參軍及世宗崩事出倉卒顯祖部分將士鎮壓
四方夜中召邕支配造次便了顯祖其重之顯
祖頻年出塞邕必陪從專掌兵機識悟閑明承
憂敏速自督將以還軍吏以上勞劾由緒無不
諳練每有顧問占對如響自餘軍國或於御前簡閱雖三
五千人邕多不執文簿唱官位姓名未嘗謬
誤七年於羊汾堤講武令邕總屬諸度事畢
仍監宴射之禮是日顯祖親執邕手引至太后
前坐於丞相斛律金之上啓太后云唐邕強幹

一人當千仍別賜錦綵錢帛邕非唯強濟明辨
然亦善揣上意進取多途是以恩寵日隆委任
彌重顯祖又嘗對邕白太后云唐邕分明彊記
每有軍機大事手作文書口且囑分耳又聽受
實具異人一日之中六度賜物又嘗解所服青
鼠皮裘賜邕云朕意在車馬金帛與卿共弊耳
年從幸晉陽除兼給事黃門侍郎領中書舍人
顯祖嘗登童子佛寺望并州城曰此是何等城
或曰此是金城湯地天府之國帝云我謂唐邕
是金城此非金城也其見重如此其後語邕曰
卿勤勞既久欲除卿作州頻勅楊遵彥更求一
人堪代卿者遵彥云遍訪文武如卿之徒實
不可得所以遂停此意卿宜勉之顯祖或時切
青侍臣不稱旨者觀卿等舉措不中與唐邕作
奴仆見賞遇多此類蕭宗作相除黃門侍郎於
華林園射特賜錦綵寶器服玩雜物五百種天
統初除侍中并州大中正又拜護軍將餘如故
以軍民教習田獵依令十二月別三圍以為

人馬疲弊奏請二每月兩圍世祖從之後出為趙
州刺史餘官如故世祖謂曰朝臣未有帶侍
中護軍中正作刺史者以卿故有此舉放卿百餘
日休息至秋閒當即追還當州者屬周師來寇丞相高阿
今封晉昌王錄尚書事屬周師來寇丞相高阿
那肱率兵赴不其從允因此有隙肱
諸之遺侍中斛律孝卿宣旨責譲留身禁止尋
釋之車駕將幸晉陽勅孝卿揔知騎兵度支事
多自决不相詢稟邑自恃從霸朝以來常典摳
要麻事六帝恩遇甚重一旦為孝卿所輕負氣
鬱快形於辭色帝平陽敗後狼狽還鄴都邑懼
那肱諸之恨斛律孝卿輕已遂留晉陽與妻妾
斂顧等崇樹安德王為帝信宿城陷邑遂降周
依例授儀同大將軍卒於鳳州刺史邑性識明
敬通解時事齊氏一代典執兵機凡是九州軍
士四方勇募彊弱多少蕃代往還及器械精麤
糧儲虛實精心勤事莫不諳知自大寧以來奢
侈靡費比及武平之末府藏漸虛邑度支取捨

北齊列傳第二十二　七　陳立

大有裨益然既被任遇意氣漸高其未經府寺
陳訴越覽詞牒條數甚多俱為憲臺及左丞彈
料並御注放免司空從事中郎封長業太尉記
室參軍汪濤並為徵官錢達限邑各杖背二十
齊時宰相未有過謫朝士者至是甚駭物聽邑
三子長子君明開府儀同三司開皇初卒於應
州刺史次子君徹中書舍人隋順戎二州刺史
大業中卒於武賁郎將少子君德以邑降周伏
法齊朝因高祖作丞相府外兵曹騎兵曹分掌
兵馬及天保受禪諸司監咸歸尚書唯此二曹
不廢令唐邑曰建王治謂之外兵省其後邑建
位望轉隆各為省王令中書舍人分判二省事
故世稱唐白云
白建字彥舉太原陽邑人也初入大丞相府騎兵
曹曲執文帳明解書計為同局所推天保十年
兼中書舍人蕭宗輔政除大丞相騎兵參軍河
清三年突厥入境代忻二牧悉是細馬合數萬
匹在五臺山北柏谷中避賊退後勒建就彼檢

北齊列傳第二十二　八　陳立

校續使人詣建聞領馬送定州付民養飼建以
馬久不得食瘦弱遠送恐多死損遂違勅以便
宜從事隨近散付軍人啓知勅許焉戎乘無損
建有力焉武平末歷特進侍中中書令建雖無
他才勤於在公屬王業始基戎寄爲重建興唐
邑俱以典執兵馬致位卿相晉陽國之下都每
年臨幸詔差科責成州郡本藩寮佐爰及命
幸諮承陳請趨走無暇諸子幼稚俱爲州郡主
簿新君選補必先召辟男婚女嫁皆得勝流當
世以爲榮寵之極武平七年卒

列傳第三十二　　北齊書四十

暴顯

皮景和

鮮于世榮

綦連猛

元景安

獨孤永業

傅伏

高保寧

暴顯字思祖魏郡斥丘人也祖明魏琅邪太守
朔州刺史因家邊朔父誕魏恒州刺史左衞將
軍樂安公顯幼時見一沙門指之曰此郎子有
好相表大必為良將貴極人臣語終失僧莫知
所去顯少經軍旅善於騎射曾從魏孝莊帝出
獵一日之中手獲禽獸七十三孝昌二年除羽林
監中興元年除襄威將軍晉州車騎府長史後
從高祖於信都舉義授中堅將軍散騎侍郎帳內

大都督加安東將軍銀青光祿大夫屯留縣開國
侯天平二年除渤海郡守元象元年除雲州大中
正燕武儒將軍加從高祖與西師戰於邙山大
當州大都督從高祖鎮東將軍二年除征南將軍
守河橋鎮擄中潭城武定二年除征南將軍廣州
刺史侯景及於河南為景所攻顯率左右二十餘
騎竄出賊營拔難歸國時高岳慕容紹宗等
即配顯士馬隨岳等破景於渦陽武定六年拜太
府卿從世宗平王思政於潁川授潁州刺史七年
轉鄭州刺史八年加驃騎將軍進侯為公通前食
邑二千三百戶天保元年加儀大將軍刺史如故
三年與清河王高岳龍歷陽取之為賊貨解鄭
州大理禁止處斷未訖為合肥被圍遣與步汗薩
慕容儼等同攻梁北徐州擒刺史王彊梁秦州刺
史慕容儼等攻梁於郢州復以
與高岳南臨漢水攻下梁西楚州五年授儀同
史嚴超達戰於涇城破之五年授儀同三司其冬又
時梁將蕭循與侯瑱等圍慕容儼於郢州復以
顯為水軍大都督從攝口入江救之師還加開府儀

同三司賞帛五百疋十年食幽州范陽郡幹乾
明元年除車騎大將軍皇建元年轉封樂安郡
開國公三年除趙州刺史河清元年遷洛州刺
史二年復除朔州刺史秩滿仍歸天統元年加特
進驃騎大將軍封定陽王四年卒年六十六
皮景和琅邪下邳人也父慶寶魏實淮南王開府
中丘景軍事正光中因使懷朔遇世亂因家廣
寧之石門縣景和少通敏善騎射初以親信事
高祖後補親信副都督武定二年征步落稽世
宗疑賊有伏兵令景和將五六騎深入一谷中值
賊百餘人便共格戰景和射數十人莫不應弦
而倒高祖嘗令景和射一箭而獲之深
見嗟賞除庫直正都督景和射初授假節通州刺
史封永寧縣開國子後從襲庫莫奚加左右
大都督又從度黃龍征契丹定稽胡尋從討
茹茹主菴羅辰於隥北又從平茹茹餘燼景和
矯捷有武用每有戰功十年食安樂郡幹明
元年除武衛將軍無給事黃門侍郎蕭宗作相

以本官攝大丞相府從事中郎大寧元年除儀
同三司散騎常侍武衛大將軍尋加開府二年
出為梁州刺史三年突厥圍逼晉陽令景和馳
驛赴京督領後軍赴并州未到閒賊已退仍除領
左右大將軍食齊郡幹又除并省五兵尚書天
統元年遷殿中尚書二年除侍中景和氶武職
之中兼長吏事又性識均平故頻有美授周通
好之後冠蓋往來常令景和對接每與使人同射
百發百中甚見推重武平中詔令中黃門
等監治恒令景和按覆據理執正由是過無枉
濫後除特進中領軍封廣漢郡開國公又隨斛
律光率眾西討剋姚白亭二城別封永寧郡開
國公又除領軍將軍文從軍拔宜陽城封開封
郡開國公琅邪王之殺士開也兵指西闕內
外惶惑莫知所為景和請後主出千秋門自號
令事平除尚書右僕射趙州刺史尋遷河南
行臺尚書右僕射洛州刺史陳將吳明徹寇淮
南令景和率眾拒之除領軍大將軍封文城郡王

轉食高陽郡幹軍至祖口值土人陳喧等作
亂景和之又有陽平人鄭子饒詐依佛道設
齊會用米麵不多供贍甚廣密從地藏漸出餅
飯愚人以為神力見信於魏衡之間將衆漸盛
謀泄掩討漏逸乃潛度河聚衆數千自號為逆亂
王巳破乘氏縣又欲襲西兖州城景和自號長樂
州遣騎數百擊破之斬首二千餘級生擒子饒
送京師熹之及吳明徹圍壽陽勑令景和與賀
拔伏恩等赴救景和以尉破胡軍始喪敗怯懦不

敢進頓兵淮口頻有勑使催促然始度淮屬壽
陽巳陷狼狽北還器械軍資大致遺失陳將蕭
摩訶率步騎於淮北舍陵城截之景和得整旅
逆戰摩訶退歸是時拒吳明徹者多致傾覆唯
景和全軍而還由是獲賞除尚書令別封西河郡開
國公賜錢二十萬酒米十車時陳人聲將度淮
令景和傅軍西兖州為拒中節度武平六年病卒
年五十五贈侍中使持節都督定常朔幽定平
六州諸軍事太尉公錄尚書事定州刺史長

子信機悟有風神微涉書傳武平末開府儀同
三司武衛將軍於動賞負子第之中稱其識鑒於
并州降周軍援上開府軍正大夫隋開皇中卒
於洮州刺史少子宿達武平末太子齋帥有才
藻檢行開皇中通事舍人丁毌憂起復將赴京
辭于世榮慟哭而絕父而獲蘇不能下食三日致死
鮮于世榮漁陽人也父寶業懷朔鎮將武平初
贈儀同三司祠部尚書朔州刺史世榮少而沈
敢有器幹與和二年為高祖親信都督稍遷平

西將軍賜爵石門縣子後頻從顯祖討茹茹
破稽胡又從高岳平郢州除持節河州刺史食
朝歌縣幹尋為蕭宗承相府諮議參軍皇建中
除儀同三司武衛將軍天統二年加開府又除
鄭州刺史幹武平中以平信州賊除領軍將軍轉
食上當黑郡幹從平高思好封義陽王七年後主
幸晉陽令世榮以本官判尚書右僕射事貳北
平王北宮留後尋有勑令與吏部尚書袁書修
在尚書省檢試舉人為乘馬至虎雲龍門外入省

北間為憲司舉奏免官後主圍平陽除世隆領軍
將軍周師入鄴除領軍大將軍太子太傅於
城西拒戰敗被擒為周武所殺世榮雖武人無文
藝以朝危政亂每竊歎之見徵稅無獻賜與過
度發言歎惜子貞武平末假儀同三司
綦連猛字武兒見代人也其先姬姓六國末避亂
出塞保祁連山因以山為姓北人語訛故曰綦
連氏父元成燕郡太守猛少有志氣便習弓
馬永安三年爾朱榮徵為親信至洛陽榮被

害即從爾朱世隆出奔建州仍從爾朱兆入洛
其年又從兆討紇豆陵步藩補都督並奏元年
加征虜將軍中散大夫猛父母兄弟皆在山東
爾朱京緾欲投高祖猛父王以爾父兄皆在
山東每懷不信猛若不走今夜必當殺猛可走
去猛以素蒙兆恩拒而不從京緾乃舉猛曰我今亦欲去
猛從我不猛又不從京緾乃舉猛曰爾不從我
必剝爾猛乃從之去城五十餘里即背京緾復歸
猛朱又背敗乃歸高祖高祖問曰爾朱京緾將爾投

我猛中路背去何也猛乃具陳服事之理不可
貳心高祖曰爾莫懼服事人法須如此遂補都
督步落稽等起逆在覆金山使猛討之大捷特
被賞賚元象元年從高祖回河陽與周文帝戰
於邙山二年除平東將軍中散大夫其年又轉
中外府帳內都督賞邙山之功封廣興開國君
世宗遣猛就館接之雙帶兩鞬左右馳射無共
試力挽彊梁人引弓兩張力皆三石猛遂併取四

張疊而挽之過度梁人嗟服之其年除撫軍
將軍別封石城縣開國子食肆州平寇縣幹天
保元年除都督東秦州刺史別封雍州京兆郡
覆城縣開國男從顯祖討契丹大獲戶口又隨
斛律敦北征茹茹敦令猛輕將百騎深入覘候
還至白道與軍相會因此追躡遂大破之資帛
三百段七年除武衛將軍儀同三司九年轉武
衛大將軍乾明初加車騎大將軍皇建元年封
石城郡開國伯尋進爵為君二年除領左右大

將軍從蕭宗討癸賊大捷獲馬二千疋牛羊三
万頭河清二年加開府突厥侵逼晉陽勑猛將三
百騎覘賊速近行至城北十五里遇賊前鋒以
敵眾多遂漸退避賊中有一驍將超出來鬭猛
遙見之即亦挺身獨出與其相對俯仰之間
刺賊落馬因即斬之三年別封武安縣開國
君加驃騎大將軍天統元年還右衛大將軍乃
奉世祖勑恒令在嗣王左右燕知內外機要之
事三年除中領軍四年轉領軍別封義寧
縣開國君五年除并省尚書左僕射餘如故
除并省尚書令領軍大將軍封山陽王猛自和
士開死後漸預朝政疑議與奪咸咨畫趙彥
深以猛將之中頗疾姦佞言議時有可采故
引知機事祖珽既出彥深以猛為趙之黨與力
除光州刺史已發至牛蘭忽有人告和士開被
害尋見釋削王爵止以開府赴州在任覽惠清
悼吏民稱之淮陰王阿那肱與猛有舊每欲攜

引之嘗有勑徵詣關似欲委安寄韓長鸞等
退難復除膠州刺史尋徵還令在南兗防捍後主平
陽敗還又徵赴鄴除大將軍齊七入周尋卒
元景安魏昭成五世孫也高祖虔魏陳留王
父永少為奉朝請自積射將軍為元天穆
薦之於尒朱榮立孝莊之謀賜爵代郡公
加將軍太中大夫二夏幽三州行臺左丞持節
招納降戶四千餘家榮又啟封永朝將軍天平
邑三百戶持節南幽州刺史假撫軍將軍天平
初高祖以為行臺左丞尋除潁川刺史又為北
揚州刺史天保中徵拜大司農卿遷銀青光祿
大夫依例降爵為乾鄉男大寧二年遷金紫光
祿大夫景安沉敏有幹局少工騎射於事人釋
禍尒朱榮大丞相府長流參軍高祖平洛陽領軍又
轉榮大丞相府長流參軍高祖平洛陽領軍要
昭薦補京畿都督隨父永啟迴代郡公授之加前
將軍太中大夫隨武帝西入天平末大軍西討
景安臨陣自歸高祖嘉之即補都督興和中轉

領親信都督邵山之役力戰有功賜爵西華縣都
鄉男代郡公如故世宗入朝景安隨從在鄴于
時江南欵附朝貢相尋景安妙閑馳騁雅有
容則每梁使至恒令與斛律光皮景和等對客
騎射見者稱善世宗嗣事啓減國封分錫將士
封石保縣開國子邑三百戶加安西將軍又授
戶餘如故天保初加征西將軍轉子為伯增邑通前六百
通州刺史加鎮西將軍轉子為伯與勢縣開國
伯帶定襄縣令賜姓高氏三年從破庫莫奚於代

三百四　北齊列傳三十三　十一　王才

川轉領左右大都督餘官並如故四年從討契
丹於黃龍領北平太守後頻從駕再破茹茹遷武
衛大將軍又轉領左右大將軍兼七兵尚書時
初築長城鎮戍未立突厥盛慮或侵邊情仍
詔景安與諸軍綠塞以備守督領既多
且所部軍人富於財物遂賄貨公行顯祖聞之
遣使推檢同行諸人贓汙狼籍唯景安纖毫無犯
帝深嘉歡乃詔轉都官尚書加儀同三司食高平
之以彰清節又

郡幹又拜儀同三師乾明元年轉七兵尚書加車
騎大將軍皇建元年又兼侍中馳驛詣鄴慰勞
百司巡省風俗肅宗曾與羣臣於西園讌射文
武預者二百餘人設侯去堂百四十餘步中的
者賜與良馬又金玉錦綵等有一人射中獸頭
去鼻寸餘景安最後有一矢未發帝令景安
解之景安徐整容儀操弓引滿正中獸鼻帝嗟
賞稱善特賚馬兩疋玉帛雜物又加常等大

三百四　北齊列傳三十三　十二　吳明

將軍天統初判并省尚書右僕射尋出為徐州
刺史四年除豫州道行臺尚書豫州刺史加開府
儀同三司武平三年進授行臺尚書令刺史如故歷
陽郡王景安之在邊州鄰接他境綏和邊鄙不相
侵暴人物安之又管內蠻多華少景安被以威恩咸
得寧輯比至武平末招慰生蠻輸租賦者數萬
戶六年徵拜領軍大將軍入周以大將軍大義郡開
國公率眾計稽胡戰没子仁武平末儀同三司武
衛隋驃騎將軍卒於丹陽太守初永兄祚襲

爵陳留王祚卒子景皓嗣天保時諸元帝室
親近者多被誅戮宗如景安之徒議欲請姓
高氏景皓曰當得棄本宗遂他姓大丈夫寧可
玉碎不能瓦全景安遂以此言白顯祖乃收景
皓誅之家屬徙彭城由是景安獨賜姓高氏自
外聽從本姓永弟种子孫字景豫美姿儀有
器幹永安中羽林監元顯入洛以守河內功賜
爵永安君後為濮陽郡守魏种子詔引為開
府諮議參軍出鎮定州啟為定州司馬又

景安告景皓慢言引豫言相應和豫占云佘時
以次神權景皓兄兄莫妄言及問景皓與豫所
列符同獲免自外同閭語者數人皆流配遠方
豫卒於徐州刺史
獨孤永業字世基本姓劉中山人母改適獨孤
氏永業幼孤隨母為獨孤家所育養遂從其
姓焉止於軍士之中有才幹便引馬被簡擢補
定州六州都督宿衛晉陽或稱其有識用者世
宗與語悅之超授中外府外兵參軍天保初除中

書舍人豫州司馬永業解書計諸歌舞甚為顯
祖所知乾明初出為河陽行臺右丞遷洛州刺
史又轉左丞刺史如故加散騎常侍且陽深在
敵境周人於黑澗築城戍以斷糧道永業亦築
鎮以抗之治邊甚有威信遷行臺尚書至河清三
年周人寇洛州永業恐刺史段思文不能自固
馳入金墉助守周人為土山地道曉夕攻戰經
三旬大軍至寇乃退永業又在河南善於招撫
歸降者萬計選其二百人為爪牙每先鋒以寡

敵眾周人憚之加儀同三司賞賜甚厚性鯁直
不交權勢斛律光求二婢弗得毀之於朝廷
清末徵為太僕卿以乞伏貴和代之於是西境
為領軍將軍河洛民庶多思永業朝廷又以
律豐洛因以為北道行臺僕射幽州刺史尋徵
感剔河洛人情騷動武平三年遣永業取斛
彊場不安除永業河陽道行臺僕射洛州刺
史周武帝親攻金墉永業出兵禦之問曰是何
達官作何行動周人曰至尊自來主人何不出

看客永業曰客行怒速是故不出乃通夜辦馬
槽二千周人聞之以爲大軍將至乃解圍去永業
進位開府封臨川王有甲士三萬初聞晉州敗請
出兵北討奏寢不報永業憤憤又聞并州亦陷
爲周將常山公所迫乃使其子湝達生降於周
周武授永業上柱國宣政末出爲襄州總管大
象二年爲行軍總管崔彥睦所殺

傳伏太安人世父元典儀同北蔚州刺史伏少從
戎以戰功稍至開府水橋領民大都督周帝前攻
河陰伏自橋夜渡入守中潬城南城陷被圍二
旬不下救兵至周師還伏謂行臺乞伏貴和曰
賊已疲弊願得精騎二千追擊之可捷也貴和
弗許武平六年除東雍州刺史會周兵來逼伏
出戰却之周剋并州執獲行臺尉相貴以之招
伏伏不從後主親救晉州以伏爲行臺右僕射
周軍來掠伏擊走之周克并州遣韋孝寬與其子世
來招伏曰并州已平故遣公見來報便宜下授上
大將軍武鄉郡開國公即給告身以金馬磁二酒

鍾爲信伏不受謂曰事君有死無貳此見
爲臣不能竭忠爲子不能盡孝人所雖疾願即
斬之以號令天下周帝自鄴還至晉州遣高阿
那肱等百餘人臨汾召伏伏出軍陪水相見問
至尊今在何處阿那肱曰已被捉獲別路入關
伏仰天大哭率衆入城於廳事前北面哀號良
父然後降周帝親執其手曰爲臣當若此朕平
曰臣三世蒙齊家衣食被任如此革命不能自
死著見天地周帝見之曰何不早下伏流涕而對

齊國唯見公一人乃自食一羊肋以骨賜伏曰
骨親肉踈所以相付遂別引之與同食令於侍伯
邑宿衛授上儀同勅之曰若即與公高官恐歸
投者心動努力行無應不富貴問前救河陰
得何官職伏曰蒙一轉授特進永昌郡開國公
周帝謂後主曰朕前三年教習兵馬決意往取
河陰正爲傳伏能守城不可動是以收軍而退
公當時賞授何其薄也賜伏金酒厄後以爲岷
州刺史尋卒齊軍晉州敗後兵將空有全節者

其殺身成仁者有儀同于苟生鎮南兖州
周帝破鄴赦書至苟生自縊死又有開府中
侍中宦者田敬宣本字鵬鶱人也年十四五便
好讀書既爲閹寺伺隙便周章詢諸毋至文
林館氣喘汗流問書之外不暇他語及視古人
節義事未甞不感激沈吟顔之推重其勤學
甚加開奬後遂通顯後主之奔青州遣其西出
參伺動靜爲周軍所獲問齊主何在紿云已去
歐捶服之每折一支辭色愈厲竟斷四體而卒

又有雷顯和晉州敗後爲建州道行臺左僕射
周帝使其子招焉顯和禁其子而不受聞鄴
城敗乃降主夫幷州使開府紇奚永安急於
突厥他鉢略可汗及聞齊滅他鉢寠永安於
谷渾使下永安抗言曰本國旣敗永安豈惜賤
命欲開氣自絶恐天下不知大齊有死節唯
乞一刀以顯示遠近他鉢嘉其壯列贈馬七十
匹而歸

高保寧代人也不知其所從來武平末爲營州
刺史鎮黃龍夷夏重其威信周師將至鄴幽
州行臺潘子晃徵黃龍兵保寧率驍銳幷契
丹靺鞨萬餘騎將赴救至北平知子晃以發劒
又聞鄴都不守便歸營周帝遣使招慰不受勑
書范陽王紹信在突厥中上表勸進范陽
寶寧爲丞相及盧昌期據范陽城起兵寶寧
引紹信集夷夏兵數萬騎來救之至潞河知周
將宇文神舉已屠范陽還據黃龍竟不臣周

史臣曰皮景和等爰自霸基策名戎幕間關

夷險迄於末運位高任重咸遂本誠亦各遇其
時也傳伏之徒俱表忠節不然則丹青簡冊安
可貴乎
贊曰唯此諸將榮名是保不忿不忘以斯終老
傳子之輩逢茲不造未遇烈風誰知勁章

列傳第三十三　　北齊書四十一

隋太子通事舍人李　百藥　撰

陽斐

盧潛

崔劼

盧叔武

陽休之

袁聿修

——

陽斐字叔鸞比平漁陽人也父藻魏建德太守
贈幽州刺史孝莊時斐於西兖督護流民有功
賜爵方城伯歷侍御史兼都官郎中廣平王開
府中郎修起居注興和中除起部郎中兼通直
散騎常侍聘於梁梁常書羊品之叛人也與
斐有舊經貴朝遷革本李盧亦詣宅相見卿何致
來已又經貴朝遷革本李盧亦詣宅相見卿何致
難斐曰柳下惠則可吾不可梁主乃親謂斐曰
羊品極願相見今二國和好天下一家安得復
論彼此斐終辭焉使還除廷尉少卿石濟河溢

橋壞斐脩治之又移津於白馬中河起石潭兩
岸造關城累年乃就東郡太守陸士佩以黎陽
關河形勝欲因山即壑以為公家苑囿遺斐書
曰當諮大將軍以足下為匠者斐答書拒曰當
今殷夏啓聖運遭昌曆故大丞相天啓霸功丹
造太極大將軍光承先構嗣績丕顯國步始康
民勞未息誠宜輕徭薄賦勤恤民隱詩不云乎
民亦勞止汔可小康惠此中國以綏四方古之
帝王亦有表山刊樹未足盡其意下輦成宴詎
能窮其情正足以靡天地之財用劉生民之髓
腦是故孔子對葉公以來遠酬哀公以臨民所
問雖同所急異務故也相如壯上林之觀揚雄
騁羽獵之辭雖係以隤墻填壍亂以收置落網
而言無補於風規祗足昭其愆廢也尋轉尚書
右丞天保初除都水使者顯祖親御六軍比校突
事免久之除鎮南將軍尚書吏部郎中以公
厭仍詔斐監築長城作罷行南譙州事加通直
散騎常侍寄陽道行臺左丞遷散騎常侍食

陳留郡幹未幾除徐州刺史帶東南道行臺左
丞乾明元年徵拜廷尉卿遷衞大將軍兼都官
尚書行太子少傅從殿中尚書以本官監瀛州諸軍事
抗表致仕侯詔不許頃之拜儀同三司食廣阿
縣幹卒於位贈使持節都督北豫光二州諸軍
事驃騎大將軍儀同三司中書監北豫州刺史
謚曰欽簡子師孝中書舍人

盧潛范陽涿人也祖之魏濟州刺史父文符
通直侍郎潛容貌瑰偉善言談少有成人志尚
儀同賀拔勝辟開府行祭軍補侍御史世宗引
為大將軍西閤祭酒轉中外府中兵祭軍機事
強濟為世宗所知言其終可大用王思政見獲
於潁川世宗重其才識潛曾從容白世宗云思
政不能死節何足可重世宗謂左右曰我有盧
潛便是更得一王思政天保初除中書舍人以
奏事忤旨免尋除左民郎中坐議魏書與王
松年李庶等俱被禁止會清河王岳救江陵
特赦潛以為岳行臺郎還還中書侍郎尋遷

黃門侍郎黃門鄭子默言潛從清河王岳南討
清河王令潛說梁將侯瑱大納賂遺還不奏聞
顯祖杖潛一百仍截其鬚左遷魏尹丞尋除司州
別駕出為江州刺史所在有治方蕭宗作相以
潛為揚州道行臺左丞先是梁將王琳為陳兵
所敗擁其主蕭莊歸壽陽朝廷以琳為揚州刺
史勅潛與琳接潛輯諧內外甚得邊俗之和陳
州與陳冦鄰為南討經略琳部曲義多在揚
泰謐二州刺史王奉國合州刺史周令珍前後
入冦潛輒破平之以功加散騎常侍食彭城郡
幹遷合州刺史左丞如故又除行臺尚書尋授
儀同三司王琳銳意圖南潛以為時事未可屬
陳遣移書至壽陽請與國家和好潛為奏聞仍
上啓且願息兵依所請由是與琳有隙更相表
列世祖追琳入京除潛揚州刺史領行臺尚書
潛在淮南十三年任總軍民大樹風績其為陳
人所憚陳主與其邊將書云盧潛猶在壽陽聞
其何當還此此虜不死方為國患卿宜深備之

顯祖初平淮南給十年優復年滿之後達天統
武平中徵稅煩雜又高元海執政斷漁獵人家
無以自資諸商胡負官責息者官者陳德信
縱其妄注淮南富家令州縣徵責又勑送突厥
馬數千疋於揚州管內令士家貴買之錢直始
入便出勑括江淮間馬並送官厩由是百姓搔
擾切齒嗟怨潛隨事撫慰兼行權略故得寧
靖武平三年徵為五兵尚書揚州道行臺尚書五
酒肉篤信釋氏大設僧會以香華緣道流涕送
之潛歡曰正恐不久復來耳至鄴未幾陳將吳
明徹度江侵掠復以潛為揚州道行臺尚書五
年與王琳等同陷尋死建業年五十七其家購
屍歸葬開府儀同三司尚書右僕射兗州刺
史無子以弟士遜子元孝為嗣士遜字子淹少
為崔昂所知卬此昆季足為後生之俊但恨
其俱不讀書耳歷侍御史司徒祭酒尚書郎鄴
縣令尚書左右丞吏部郎中出為中山太守帶
定州長史齊二後卒潛從祖兄懷仁字子友魏

司徒司馬道將之子懷仁涉學有文辭情性恬
靖常蕭然有閑放之致歷大尉記室弘農郡守
不之任卜居陳留界所著詩賦銘頌二萬餘言
又撰中表實錄二十卷懷仁有行檢善與人交
與琅邪王衍隴西李壽之情好相得憎語衍去
昔太丘道廣許子將之間去其稊生性憎鍾會過
而絕言五卪劇李孟之少有名望官歷太子舍
人定州別駕東平大守武平中都水使者卒官
平末卒懷仁兄子莊之少有名望泰其衍以為然武
平末尚書郎沈靖有才識風儀蘊籍容止可觀
天保中尚書郎王昕以雅談獲罪諸弟尚守而不
墜自茲以後此道頓微昌衡與順丘李若彭城
劉泰玟河南陸彥師隴西辛德源太原王脩並
為後進風流之士昌衡從父弟思道魏慱士道
亮之子神情俊發少以才學有盛名武平末
黃門侍郎待詔文林館思道父兄正達正思正山
魏右光祿大夫道幼之子正達尚書郎正思北

徐州刺史太子庶事儀同三司正山永昌郡守
兄弟以后男武平中並得優贈正山子公順早
以文學見知武平中符璽郎待詔文林館與博
陵崔君洽隴西本師上同志友善從駕晉陽
寓居僧寺朝士謂康寺三少為物論推許正達
熙裕襲固從祖虛淡守道有古人之風為親表
所敬重潛從祖兄澹之魏尚書義僖之子清靖
寔欲卒於司徒記室參軍

崔劼字彥玄本清河人曾祖曠南度河居青州
之東時宋氏於河南立冀州置郡縣即為東清
河郡人南縣分易更為南平原貝丘人也世為
三齊大族祖靈延宋長廣太守父光魏太保劼
少而清虛寡欲好學有家風魏末自開府行參
軍歷尚書儀曹郎祕書丞修起居注中書侍郎
興和三年兼通直散騎常侍使于梁天保初以
議禪代除給事黃門侍郎加國子祭酒直內省
典機密清儉勤愼甚為顯祖所知拜南青州刺

史在任有政績皇建中入為祕書監齊州大中
正轉鴻臚卿遷度支尚書俄授京省尋
祖之將禪後主先以問劼劼諫以為不可由是忤
轉五兵尚書監國史在臺閣之中見稱簡正世
意出為南兗州刺史代還重為度支尚書儀同
三司食文登縣幹尋除中書令加開府待詔文
林館監撰新書遇病卒時年六十六贈齊州刺
史尚書右僕射諡曰文貞初和士開擅朝曲求
物譽諸公因此頗為子弟廝之胄多廁
京官而劼二子拱擒並為外任弟廝之從容謂
劼曰拱擒幸得不几何為不在省府之中清華
之所而並出外藩有損家代劼曰立身以來恥
以一言自達令兒見與身何異卒無所求聞
者莫不歎服拱天統中任城王湝丞相諮議參
軍管記室擒揚州錄事參軍廝之沉隱有識量
以學業見稱自臨水令為琅邪王儼大司馬西
閤祭酒遷領軍功曹參軍武平中卒
盧叔武范陽涿人青州刺史文偉從子也父光

宗有志尚叔武兩兄觀仲並以文章顯於洛下
叔武少機悟豪率輕俠好奇筞其諸葛亮之為
人賀拔勝荊州開府長史勝不用其計棄城奔
梁叔武歸本縣築室臨陂陂優遊自適世宗降辟
書辭疾不到天保初復徵不得已布褁乘露車
至鄴楊愔惜往恨之以為初為司徒諮議稱疾不受蕭
宗即位召為太子中庶子加銀青光祿大夫問
以世事叔武勸討關西畫地陳兵勢曰人衆敵
者當任智謀鈞者當任勢力故強者所以制弱
富者所以兼貧今大齊之比關西強弱不同貧
富有異而我馬不息未能吞并此失於不用強
也輕兵野戰勝負難必是胡騎之法非深謀
遠筭萬全之術也宜立重鎮於平陽與彼蒲州
相對深溝高壘運糧積甲築城戍以屬之彼若
閉關不出則取其黃河以東長安窮感自然困
死如彼出兵非十萬以上不為我敵所供粮食
皆出關內我兵士相代年別一番穀食豐饒運
送不絕彼來求戰我不應之彼若退軍即乘其

弊自長安以西民疏城遠敵兵來往實有艱難
與我相持農作且廢不過三年彼自破矣帝深
納之又願自居平陽成此謀略上令元文遙與
叔武叅謀撰平西筞一卷未幾帝崩事遂寢世
祖踐祚拜儀同三司都官尚書出為合州刺史
武平中遷太子詹事右光祿大夫叔武在鄉時
有粟千石每至春夏鄉人無食者令自載取既
秋任其償都不計校然而歲常得倍餘旣
在朝通貴自以年老兒子又多遂營一大屋曰
歌於斯哭於斯收曾來詣之訪以洛京舊事
不待食而起去難為子費叔武留之良久食至
但有粟飱蔡菜木椀盛之片脯而已所將僕從
亦盡設食一與此同齊滅歸范陽遭亂城陷叔
武與族弟士遂皆以寒餒致斃周將宇文神舉
以其有名德收而葬之叔武孫臣客父子規
魏尚書郎林慮郡守臣客風儀甚美少有志尚
雅有法度好道家之言其姊為任城王妃天保
末任城王致之於朝廷由是權拜太子舍人遷

司徒記室請歸侍祖母李李強之令仕不得已而順命除太子舍人太子中庶子武平中兼散騎常侍轉陳還卒於路贈鄭州刺史鴻臚卿

陽休之字子烈右北平無終人也父固魏洛陽令贈太常少卿休之儁爽有風素少勤學愛文藻弱冠擅聲幽州刺史常景王之與宗室及鄉人數千家南奔章武轉至青州是延年並召為州主簿魏孝昌中杜洛周破城休時葛榮冠亂河北流民多湊青部休之知將有

變乃請其族叔伯彥等曰客主勢異競相凌侮禍難將作如鄙情所見且潛歸京師避之諸人多不能從休之垂涕別去俄而邢杲作亂伯彥等咸為士民所殺一時遇害諸死者十人唯休之兄弟獲免莊帝立解褐員外散騎侍郎尋以本官領御史遷給事中大尉記室參軍加輕車將軍李神儁監起居注啟休之與河東裴伯茂范陽盧元明河間邢子明等俱入撰次永安末洛州刺史李海啟除冠軍長史普泰中兼

通直散騎侍郎加鎮遠將軍尋為太保長孫稚府屬尋勑與魏收李同軌等修國史太昌初除尚書祠部郎中尋進征虜將軍中散大夫賀拔勝出為荊州刺史啟補驃騎長史勝為行臺又請為右丞勝經略樊沔又請為南道軍司俄而魏武帝入關勝令休之奉表詣長安參謀時高祖亦啟除休之大常少卿尋屬勝南奔仍隨至建業休之聞高祖推奉靜帝乃白勝啟梁武求還以天平二年達鄴仍奉高祖命赴晉陽其

年冬授世宗開府主簿明年春世宗為大行臺復引為臺郎中四年高祖幸汾陽之天池於池邊得一石上有隱起其文曰六王三川高祖獨帳中問之此文字何義休之對曰六者是大王之字王者當王有天下此乃大王符瑞受命之徵既於天池得此石可謂天意命王也吉不可言高祖又問三川何義休之曰河洛伊洛陽也涇渭洛為三川河洛伊洛陽也涇渭洛今雍州也大王若受天命終應統有關右高祖曰世人

無事常道我欲反今聞此更致紛紜慎莫妄言
也元象初録荊州軍功封新泰縣開國伯食邑
六百戶除平東將軍太中大夫尚書左民郎中
興和二年兼通直散騎常侍副清河崔長謙使
於梁武定二年除中書侍郎時有人士戲嘲休
之云有觸蕃之羝羊乘連錢之驄馬從晉陽而
向鄴懷屬書而盈把會敕不治五年兼尚書典
書請詣啓高祖禁止尚書左丞盧斐以其文
御七年除太子中庶子遷給事黃門侍郎進號

中軍將軍幽州大中正八年兼侍中持節奉璽
書詣并州敦喻顯祖爲相國齊王是時顯祖將
受魏禪發晉至平陽郡爲心未一旦還并
州恐漏泄仍斷行人休之性疎放使還說其
事鄴中悉知於後高德政以間顯祖忿之坐詔
發齊受禪除散騎常侍修起居注頃之尋以
脫誤左遷驍騎將軍積前事也尋以禪讓之際
參定禮儀別封始平縣開國男以本官兼領軍
司馬後除都水使者歷司徒掾中書侍郎尋除

中山太守顯祖朋徵休之至晉陽經紀喪禮乾
明元年兼侍中巡省京邑仍拜大鴻臚卿領中
書侍郎皇建初以本官兼度支尚書加驃騎大
將軍領幽州大中正肅宗留心政道每訪休之
治術休之荅以明賞罰慎官方禁潘侈恤民
惠爲政治之先帝深納之大寧中除都官尚書
轉七兵部河清三年出爲西兗州刺史天統
初徵爲光祿卿監國史休之在中山及治西兗
俱有惠政爲吏民所懷去官之後百姓樹碑

頌德尋除吏部尚書食陽武縣幹除儀同三司
又加開府休之多識故事譜悉民族凡所選用
莫不允愜俱允加金紫光祿大夫武平元年除
中書監尋除本官兼尚書右僕射二年加左光
祿大夫兼中書監三年加特進五年正中書監
餘並如故尋以年老致仕抗表辭位帝優荅
不許六年除正尚書右僕射未幾文領中書監
休之本懷平坦爲士友所稱晚節說祖珽撰御
覽書成加特進及珽被黜便布言於朝廷云先

有嫌陳又鄧長顒顏之推奏立文林館之推本
意不欲令看舊貴人居之休之便相附會與少
年朝請叅軍之徒同入待詔又魏收監史之日
立高祖本紀取平四胡之歲爲齊元收在齊州
恐史官改奪其意上表論之武平中收死後便
收存日猶兩議未決死後便動作內外發詔
從其議後領中監便謂人云我已三爲中書監
用此何爲隆化還辭與朝多有遷授封休之燕
郡王又謂其所親云我非奴何意忽有此授九
此諸事深爲時論所鄙休之好學不倦博綜經
史文章雖不華靡亦爲典正邢魏祖珽後以先達
見推位望雖高虛懷接物爲搢紳所愛重周武
平齊與吏部尚書袁書修衛尉卿崔達挐
尚書元脩伯大理卿司農卿趙彥深
祕書監源文宗散騎常侍兼中書侍郎李若
散騎常侍給事黃門侍郎李孝貞給事黃門侍
郎盧思道給事黃門侍郎顏之推通直散騎常

侍郎兼中書侍郎李德林通直散騎常侍兼中書
舍人陸乂中書侍郎薛道衡中書舍人高行恭
辛德源王邵陸開明十八人同徵令隨駕後赴長
安盧思道有所撰錄云休之與孝貞思道同
被召者是其誣罔焉尋除開府儀同歷納言中
大夫太子少保大象末進位上開府除和州刺
史隋開皇三年罷任終於洛陽年七十四所著
文集三十卷又撰幽州人物志並無文藝休之
強武平末尚書水部郎中辟強悅無文藝休之
亦引入文林館爲時人嗤鄙焉
袁書修字叔德陳郡陽夏人魏中書令瓘之子
也出後叔父躍七歲遭喪居處禮度有若成人
九歲州辟主簿性深沉有鑒識清淨寡欲興物
無競深爲當書崔休之所知賞魏太昌中釋褐太
保開府西閤祭酒年十八領本州中正尋兼尚
書度支郎仍歷五兵左民郎中武定末太子中
舍人天保初除太子庶子以本官行博陵太守
數年大有聲績遠近稱之八年兼太府少卿尋

轉大司農少卿又除太常少卿皇建二年遭母
憂去職尋詔復前官加冠軍輔國將軍除吏
部郎中未幾遷司徒左長史加驃騎大將軍領
兼御史中丞司徒錄事參軍參軍事盧思道私
貨庫錢四十萬娉太原王義女為妻而王氏先
納陸孔文禮娉為定聿修坐為首寮又是國
之司憲知而不刻被責免中丞尋遷祕書監天
統中詔與趙郡王叡等議定五禮出除信州刺
史即其本鄉也時人榮之為政清靖不言而治

長史以下爰逮鰥寡孤幼皆得其歡心武平初
御史普出過諸州梁鄭兗疆境連接州之四
面悉有舉刻御史竟不到信州其見知如此及
解代還京民庶道俗追別滿道或將酒脯涕泣
留連竟欲遠送既盛暑恐其勞弊往往為之
駐馬隨舉一酌示領其意辭謝令還還京後州民
鄭播宗等七百餘人請為立碑斂縑布數百匹
託中書侍郎李德林為文以紀功德府省為奏
勅報許之尋除都官尚書仍領本州中正轉兼

吏部尚書儀同三司尚書尋即真聿修少平和
溫潤素流之中最有規檢以名家子歷任清華
時望多相器待許其風監在郎署之日值趙彥
深為水部郎中同在一院因成交友彥深後被
沙汰停秩門生藜藿聿修猶以故情存問來往
彥深任吏部尚書甚深雖人才無愧蓋由其接
引為吏部用銘威目以物望非笑之語會馮子
以僕射攝選婚相尋聿修常非笑之每於省中語
公管婚日不暇給及自居選曹亦不能免時論

以為地勢然也在官廉謹當時少匹魏齊世臺
郎多不免交通餽遺聿修在尚書十年未曾受
升酒之饋尚書邢邵與聿修舊欵每於省中語
戲常呼聿修為清郎大甯初聿修以太常少卿
邵為兗州刺史別後遣送白紬為信聿修退紬
出使巡省仍命考校官人得失經歷兗州時邢
不受與邢書云今日仰遇有異常行瓜田李下
古人所慎多言可畏譬之防川願得此心不貽
厚責邢亦忻然領解報書云一日之贈率爾不

思老夫忽忽意不及此欷承來百五戶無間然弟
昔為清郎今日復作清卿矣及在吏部屬政塞
道喪若違忤要勢即恐禍不旋踵雖以清白自
守猶不免請謁之累齊亡入周授儀同大將軍
吏部下大夫大象末除東京司宗中大夫隋開
皇初加上儀同遷東京都尚書東京廢又朝
又除都官尚書三年儀同出為熊州刺史尋卒年七
十二子知禮武平末儀同開府參軍事隋闓皇
中侍御史歷尚書民部考功侍郎大業初卒於

十九

太子中舍人

史臣曰崔彥玄弈世載德不忝其先虞盧詹事任
俀好謀志尚宏遠陽儁射位高望重㩧㩧為時
宗衮尚書清明在躬以器能見任與陽斐盧潛
並朝之良也有齊季世權歸俀幸賴諸君維持
名教不然則拔本塞源裂冠毀冕安可道哉
贊曰惟兹數公心安寵辱不夷不惠坐鎮流俗

列傳第三十四　　北齊書四十二

李稚廉

封述

許惇

羊烈

源彪

隋太子通事舍人李　百藥　撰

李稚廉趙郡高邑人也齊州刺史義深之弟稚
廉少而寡欲為兒童時初不從家人有所求請
嘗故以金寶授之終不取強付輒擲之於地州
牧以其蒙稚而廉故名曰稚廉聰敏好學年十
五頗尋覽五經章句屬葛榮作亂本郡紛擾
違難起京永安中釋褐奉朝請普泰初開府記
室龍驤將軍廣州征南府錄事參軍不行尋轉
開府諮議參軍事前將軍天平中高祖擢為泰
州開府長史平北將軍稚廉諧將士軍民樂
悅高祖頻幸河東大相嗟賞轉為世宗驃騎府
長史詔以濟州控帶川陸接對梁使尤須得人

世宗薦之除濟州儀同長史又瀛州長史高祖
行經冀州捡合河北六州文籍商校戶口增損
高祖親自部分多在馬上徵責文簿指景取備
事緒非一稚廉每應立成恂先期會莫不雅合
深旨為諸州准的高祖顧謂司馬子如曰觀稚
廉處分快人意因集文武數萬人令郎中杜
弼宣旨慰勞仍詣諸州長史守令等諸人並謝
罪稚廉獨前拜恩觀者咸歎美之其日賜以牛
酒高祖還并以其事告世宗喜而語人曰吾足
知人矣世宗嗣事召詣晉陽除霸府掾謂杜弼
曰并州之基須好長史各舉所知時平干有
所稱皆不允眾人未荅世宗乃謂陳元康曰我
教君好長史處李稚廉即其人也遂命為并州
長史常在世宗第內與隴西辛術等六人號為
館客待以上賓之禮天保初除安南將軍太原
郡守顯祖嘗召見問以治方語及政刑寬猛帝
意深文峻法稚廉固以為非帝意不悅語及楊
愔誤稱為楊公以應對失宜除濟陰郡守帶西

兗州刺史徵拜太府少卿尋轉廷尉少卿遷太
尉長史肅宗即位兼散騎常侍省方大使行還
所奏多見納用除合州刺史亦有政績未滿行
懷州刺史還朝授兼太僕卿轉大司農卿趙州
大中正天統元年加驃騎大將軍大理卿世稱
平直為南青州刺史未幾徵為并省都官尚書
武平五年三月卒於晉陽年六十七贈儀同三
司信義二州刺史吏部尚書

封述字君義渤海蓨人世父軌廷尉卿濟州刺
史述有幹用年十八為濟州征東府鎧曹參軍
高道穆為御史中尉啓為御史遷大司馬清河
王開府記室參軍兼司徒主簿太昌中除尚書
三公郎中以平幹稱天平中增損舊事為麟趾
新格其名法科條皆述刪定梁散騎常侍梁晏
將軍府從事中郎監京畿事武定五年除彭城
子沈警來聘以述兼通直郎使梁還遷世宗大
太守當郡督再行東徐州刺史武定七年除廷
尉少卿八年兼給事黃門侍郎齊受禪與李獎

董璡

等八人充大使巡省方俗問民疾苦天保三年
除清河太守遷司徒左長史行東都事尋除海
州刺史大寧元年徵授大理卿河清三年勅與
錄尚書趙彥深僕射魏收尚書陽休之國子祭
酒馬敬德等議定律令天統元年遷度支尚書
三年轉五兵尚書還朝加儀同三司武平元年除南
兗州刺史更蒲還朝除左光祿大夫又除殷中
尚書述久為法官明解律令議斷平允深為時
人所稱而厚積財產一無餽遺雖至親密友貧
病困篤亦絕於拯濟朝野論甚鄙之外貌方
整而不免請謁迴避趨顏致嗤駁前妻河內
司馬氏一息為娶隴西李士元女大輸財娉及
將成禮猶競懸達述忽取供養像對士元打像
作誓曰封公何慮常得應急像須誓便
用一息娶范陽盧莊之女述又逕府訴云送壻
乃嫌腳跛評則云鹹薄銅器又嫌古廢皆為
吝嗇所及每致紛紜子元武平末太子舍人述
弟詢字景文魏員外郎武定中永安公開府法

陳彬

曹稍遷尚書起部郎中轉三公郎出為東平原
郡太守遷定州長史又除河間郡守入為尚書
左丞又為濟南太守隋開皇中卒詢涉經史
清素自持歷官皆有幹局才具治郡甚著聲績
民吏敬而愛之
許惇字季良高陽新城人也父護魏高陽章武
太守當時運都鄴陽平即是畿郡責辦賦

北齊列傳三十五
五
男

以能判斷見知時人號為入鐵主簿稍遷陽平
一郡太守惇清識敏速達於從政任司徒主簿
省無催又勳貴屬請朝夕徵求惇並御之以道
上下無怨治為天下第一特加賞異圖形於闕
詔頒天下遷魏尹出拜齊州刺史轉梁州刺史
洽並有聲遷大司農會侯景背叛王思政入據
潁城王師出討惇常督漕軍無之絕引洧水灌
城惇之策也遷殿中尚書惇美鬚髯下垂至帶
省中號為長鬣公顯祖嘗因酒酣握惇鬚髯
稱美遂以刀截之唯留一握惇懼因不復敢長
時人又號為齊鬚公世祖踐阼領御史中丞為

膠州刺史尋追為司農卿又遷大理卿再為度支
尚書歷太子少保少師光祿大夫開府儀同三
司尚書右僕射特進賜爵萬年縣子食下邳郡
幹以年老致仕於家三年卒惇少純直晚更浮
動齊朝體式本州大中正以京官為之同郡邢
邵為中書監德望甚高博與邵競中正遂馮附
宋欽道出邵為刺史邵甚鄙薄之雖又廢朝
行歷官清顯與文紀弟文經收陽休之崔劼徐之才
之徒比肩同列諸人或談說經史或吟詠詩賦重

北齊列傳三十五
六

相嘲戲欣笑滿堂惇不解劇談又無學術或音
坐杜口或隱几而睡深為勝流所輕子文紀武
平末度支郎中文經勤學方雅身無
擇行口無戲言武平末殿中侍御史隋開皇初
侍御史兼通直散騎常侍聘陳使副主爵侍
郎卒於相州長史惇兄遜字仲讓子文高司徒掾
中平原太守卒贈信州刺史遜子文高乾明
羊烈字信卿太山鉅平人也晉太僕卿琇之八
世孫魏梁州刺史祉之弟子父靈珍魏兗州別

駕烈少通敏自修立有成人之風好讀書能言
名理以玄學知名魏孝昌中烈從兄侶為太守
據郡起兵外叛烈潛知其謀深懼家禍與從兄
廣平太守乾馳赴洛陽告難朝廷加厚賞烈
告人云辟如斷手全軀所存者大爾豈有幸從
兄之敗以為已利乎卒無所受弱冠州辟主簿
又兼治中從事刺史方以吏事為意以幹濟見
知釋巾太師咸陽王行參軍事遷祕書郎顯祖初
為儀同三司開府倉曹參軍事天保初授太子
步兵校尉輕車將軍尋遷并省比部郎中除司
徒屬頻歷尚書祠部左右民郎中所在咸為稱
職九年除陽平太守治有能名是時頻有災蝗
犬牙不入陽平境勑書褒美焉皇建二年遷光
祿少卿加龍驤將軍兗州大中正又進號平南
將軍天統中除大中大夫兼光祿少卿武平初
除驃騎將軍義州刺史尋以老疾還鄉周大象
中卒烈家傳素業閨門修飾為世所稱一門女
不再醮魏太和中於兗州造一尼寺女寡居無

七

子者並出家為尼咸存戒行烈天統中與尚書
畢義雲爭兗州大中正義雲盛稱門閥云我累
世本州刺史卿世為我家故吏烈苦云卿自畢
軌被誅以還寂無人物近日刺史皆是疆場之
上彼此而得何足為言豈若我漢之河南尹冑
之大傳名德學行百代傳美且男清女貞足以
相冠自外多可稱也蓋譏義雲之帷薄焉祉子
深魏中書令深子蕭以學尚知名世宗大將軍
府東閤祭酒乾明初翼州治中趙郡王為巡省

大使蕭以遲緩不任職解朝議以蕭無罪尋復
之天統初遷南兗州長史武平中入文林館撰書
尋出為武德郡守烈弟脩有才幹大甯中卒於
尚書左丞子玄正武平末將作丞隋開皇中民
部侍郎卒於隴西郡贊治
源彪字文宗西平樂都人也父子恭魏中書監
司空文獻公文宗學涉機警少有名譽魏孝莊
永安中以父功賜爵臨潁縣伯除員外散騎常
侍天中四年涼州大中正遭父憂去職武定初

八

服闕吏部召領司徒記室加平東將軍世宗攝
選沙汰臺郎以文宗為尚書祠部郎中仍領記
室轉太子洗馬天保元年除太子中舍人乾明
初出為范陽郡守皇建二年拜涇州刺史文宗
以恩信待物甚得邊境之和為隣人所欽服前
政被抄掠者多得放還天統初入為吏部郎中
議遷御史中丞典選如故尋除散騎常侍仍攝
吏部加驃騎大將軍屬泰州刺史宋蕆素朝廷
以州在邊垂以文宗往蒞涇州頗著聲績除泰
州刺史乘傳之府特給後部皷吹文宗為治如
在涇州時李孝貞聘陳陳主謂孝貞曰齊朝
還遣源涇州來瓜步直可謂和通矣尋加儀同
三司武平二年徵領國子祭酒三年祕書監陳
將吳明徹寇江南歷陽瓜步相尋失守趙彥深
於起居省密訪文宗曰吳賊休張遂至於此僕
妨賢旣久憂懼交深今者之勢計將安出弟往
在涇州甚悉江淮間情事令將何以禦之對曰
荷國厚恩無由報效有所聞見敢不盡言但朝

■齊刺傳三五 九 陳彪

廷精兵必不肯多付諸將數千已下復不得與
吳楚爭鋒命將出軍反為彼餌破胡人品之
所知進旣不得退又未可敗績之事匪朝伊夕
王出而能入朝野傾心脫一旦參差悔無所及以
今日之計不可再三國家待遇淮南失之同於
蕆箭如文宗計者不過專委王琳淮南招募三
四萬人風俗相通能得死力兼令舊將淮北捉
兵足堪固守且琳之於雲頊不肯北面事之明
矣竊謂計之上者若不推赤心於琳別遣餘人

■蕭刺傳三五 十 王志

制肘復成速禍彌不可焉彥深歎曰弟此良圖
足為制勝千里但口舌爭來十日已不見從時
事至此安可盡言因相顧流涕武平七年周武
平齊與陽休之表聿修等十八人同勑入京授
儀同大將軍司成下大夫隋開皇初授莒州刺
史至州遇疾去官開皇六年卒年六十六文宗
以貴遊子弟身朝列才識敏贍以幹局見知然
好遊詣貴要之門故時論以為善於附會子師
少好學明辨有識悟尤以吏事知名河清初司

空滅軍事歷侍御史太常丞尚書左外兵郎中
隋開皇中尚書比部考功郎大業初卒於大
理少卿文宗弟文舉亦有才幹歷尚書比部二
千石郎中定州長史帶中山郡守卒於太尉長
史文宗從父兄楷字郁延有器幹善章縣歷
尚書左民部郎中治書侍御史長樂中山郡守
京畿長史黃門郎假書侍儀同三司齊滅朝貴知名
清素寡欲明識理體少歷顯職尚書郎治書侍
入周京者度支尚書元修伯魏文成皇帝之後
著聲績及為度支屬政荒國蹙儲藏虛竭賦役
御史司徒左長史數郡太守光州刺史所在皆
繁興修夕孜孜與錄尚書唐邕迴換取捨頗有
宰相朝夕奏請與錄尚書唐邕迴換取捨頗有
裨益周朝授儀同大將軍載師大夫其事行史
闕故不列於傳齊末又有并省尚書隴西辛愁
散騎常侍長樂潘子義並以才幹知名入仕周
隋位官通顯去

論曰李子稚廉等以材能器幹所在咸著聲名封

十一

——

述聚積財賄敝於鄙吝季良以學淺為累文
宗以附會見稱然則羊李二賢足為俱美士人
君子可不慎與
贊曰惟茲數賢幹事自固生被雌黃歿存綠
素封及源許終為身蠹

列傳第三十五　　北齊書四十三

黃列傳三十五　　十二

儒林

　　　　隋太子通事舍人李　百藥　撰

李鉉
刁柔
馮偉
張買奴
劉軌思
鮑季詳
▍叢傳卅六　　　　　　　　　一
邢峙
劉晝
權會
馬敬德
張思伯
張雕
孫靈暉

班固稱儒家者流蓋出於司徒之官助人君順
陰陽行教化者也聖人所以明天道正人倫是

以古先哲王率由斯道高祖生於邊朔長於戎
馬之閒因魏氏喪亂之餘屬尒朱殘酷之舉文
章咸遏盜禮樂同夲弦歌之音且絶纽丑之容將
盡及仗義建旗掃清區縣以正君臣以齊上下
至平一人播越九鼎潛移文武神器顧眄斯在
猶且援立宗支重安社稷豈非跼名教之地漸
仁義之風與屬彊場多虞夷車威駕雖庠序之
制有所未遑而儒雅之道遠形心慮魏天平中
范陽盧景裕同從兄禮於本郡起逆高祖免其
罪置之賓館以經教授太原公以下及景裕卒
又以趙郡李同軌繼之二賢並大蒙恩遇待以
殊禮同軌之亡復徵中山張雕渤海李鉉刁柔
中山石曜等遞爲諸子師友及天保大寧武平
之朝亦引進名儒授皇太子諸王經術然爱自
始基既昃於季世唯濟南之在儲宮性識聰敏頗
自砥礪以成其美自餘多驕恣傲狠動違禮度有
日就月將無聞焉爾鏤氷雕朽迄用無成蓋由
由也夫帝子王孫禀性淫逸況義方之情不篤

邪僻之路競開自非得自生知體包上智而內

有聲色之娛外多犬馬之好安能入便篤行出

則友賢者也徒有師傅之資終無琢磨之實下

之從化如風靡草是以世冑之門空聞強學者

使貴遊之輩飾以明經可謂稽山竹箭加之以

括羽俯拾圭璋特達可知焉而晉氏司存或失其

守師保疑丞皆賞勳舊國學博士徒有虛名唯

國子一學生徒數十人耳欲求官正國學可

得平冑子以通經仕者唯博陵崔子發廣平宋

遊鄉而已自外莫見其人幸朝章寬簡政網踈

閭遊手浮惰十室而九故橫經受業之侶遍於

鄉邑負笈從官之徒不遠千里伏膺無怠善誘

不倦入閭里之內乞食為資憇桑梓之陰動逾

千數燕趙之俗尤甚齊制諸郡並立學置

博士助教授經學生俱差逼充負士流及豪富

之家皆不從調備貟既非所好墳籍固不關懷

又多被州郡官人驅使縱有遊情亦不撿治皆

由上非所好之所致也諸郡俱得察孝廉其博

士助教及遊學之徒通經者推擇充舉與射策十

條通八以上聽九品出身其尤異者亦蒙抽擢

凡是經學諸生多出自魏末大儒徐遵明門下

河北講鄭康成所注周易遵明以傳盧景裕及

清河崔瑾景裕傳權會傳郭茂權會自入

京都郭茂恆在門下教授其後能言易者多出

郭茂之門河南及青齊之間儒生多講王輔嗣

所注周易師訓蓋寡齊時儒士罕傳尚書之業

徐遵明兼通之遵明受業於屯留王聰傳授浮

陽李周仁及渤海張文敬及李鉉權會此鄭康

成所注非古文也下里諸生略不見孔氏注解

武平末河間劉光伯劉士元始得費甝義

疏乃留意焉其詩禮春秋尤為當時所尚諸生

多兼通之三禮並出遵明之門徐傳業於李鉉

祖儁田元鳳馮偉紀顯敬仲呂黃龍夏懷敬李鉉

又傳授刁柔張買奴鮑季祥邢峙劉晝熊安生

安生又傳授孫靈暉郭仲堅丁恃德其後生能通

禮經者多是安生門人諸生盡通小戴禮於周

儀禮兼通者十二三為通毛詩者多出於魏朝
博陵劉獻之獻之傳李周仁傳董令度程
歸則歸則傳劉軌思伯劉軌思其後能言
詩者多出二劉之門河北諸儒能通春秋者並
之精微又有衛說陳達潘叔慶雖不傳徐氏之
門亦為通解又有姚文安秦道靜初亦學服氏之
服之慎所注亦出徐生之門張買奴馬敬德並
嶧張思伯張雕劉晝鮑長暄王元則並得服氏

氏其公羊穀梁二傳儒者多不錯懷論語孝經
諸學徒莫不通講諸儒如權會李鉉刁柔熊安
生劉軌思馬敬德之徒多自出義疏雖曰專門
亦皆粗習也本序所錄諸生或終於郡國或名
略存其姓名而已俱取其尤通顯者列於儒林
窀不達縱能名家又闕
古熊安生名在周史光伯元士著於隋書軌
不重述
李鉉字寶鼎渤海南皮人也九歲入學書急就

篇月餘便通家素貧常春夏務農冬乃入學
年十六從浮陽李周仁受毛詩尚書章武劉子
猛受禮記常山房虬受周官儀禮漁陽鮮于靈
馥受左氏春秋鉉以鄉里無可師者遂與州里
楊元懿河間宗惠振等結侶詣大儒徐遵明受
業居徐門下五年常稱高第二十三禮義疏及三
傳異同周易義例合三十餘卷用心精苦曾三
冬不畜枕每至睡時假寐而已年二十七歸養

二親因教授鄉里生徒怕至數百燕趙間能言
經者多出其門年三十六丁父喪服闋以鄉里
夏文籍來遊京師讀所未見書州舉秀才除太
學博士武定中　李同軌卒後高祖令世宗在京
妙簡碩學以教諸子世宗以鉉應旨詔詣晉陽
時中山石曜北平陽絢北海王晞清河崔瞻廣
平宋欽道及工書人韓毅同在東館師友諸王
鉉以去聖久遠文字多有乖謬感孔子必也正
名之言乃喟然有刊正之意於講授之暇遂覽

說文爰及倉雅刪正六藝經注中謬字名曰字
辨邢顯祖受禪從駕還都天保初詔銓與殿中尚
書邢邵中書令魏收等參議禮律仍兼國子博
士時詔此平太守景業西河太守綦毋懷文等
草定新曆錄尚書平原王高隆之令銓與通直
常侍房延祐國子博士刁柔參考得失尋正國
子博士廢帝之在東宮顯祖詔銓以經入授甚
見優禮數年病卒特贈廷尉少卿及還葬故郡
太子致祭莫之禮并使王人將送儒者榮之陽

元諡宋惠振官亦俱至國子博士
刁柔字子溫渤海人也父整魏車騎將軍贈司
空柔少好學綜習經史尤留心禮儀性強記至
於氏族內外多所諳悉初為世宗挽郎出身司
空行參軍喪母居喪以孝聞永安中除中堅將
軍奉車都尉加冠軍將軍中散大夫元象中隨
例到晉陽高祖以為求安公府長流參軍又令
教授諸子天保初除國子博士中書舍人魏令
撰魏史啟柔等與同其事柔性頗專固目是所

聞收常所嫌憚又參議律令時議者以為立五
等爵邑承襲者無嫡子立嫡孫無嫡孫立嫡子
弟無嫡子弟立嫡子孫弟柔以為無嫡子立嫡
孫不應立嫡子弟議曰柔案禮立適以長故謂
長子為嫡嫡子死以嫡孫之子為嫡孫則曾
立亦然則嫡嫡孫死以嫡孫之子為嫡孫則曾
不為長子不繼祖與禰也禮記公儀仲子之
之喪檀弓曰何居我未之前聞仲子舍其孫而
立其弟何也子服伯子曰仲子亦猶行古人之
道也昔者文王舍伯邑考而立武王發微子舍
其孫盾而立弟衍仲子亦猶行古之道鄭注曰
仲子為親者諱耳立子非也文王之立武王權
也微子嫡子死立其弟衍紂禮也子游問諸孔
子曰不立孫注曰據周禮然則商以嫡子死立
嫡子之母弟周以嫡孫注曰嫡子死立嫡孫
故春秋公羊之義有嫡子而死嫡孫先
立弟文家尊尊先立孫喪服云為父後者出母
無服小記云祖父卒而後為祖母後者三年為

出母無服者喪者不祭故也為祖母三年者大
宗傳重故也今議以嫡子孫死而立嫡子母弟
嫡子母弟者則為父後為嫡矣嫡子母弟本非嫡
以無嫡故得為父後則為嫡孫之弟理亦應得為
父後則是父卒然後為祖後者服斬既得為祖
服斬而不得為傳重者未之聞也若用商家親
親之義本不應嫡子孫死而立嫡子孫或從周家
尊尊之文當宜復云嫡婦不為舅後者則姑為
愚用惑焉小記復云嫡婦不為舅後者姑為

九

之小功注云謂夫有廢疾他故若死無子不受
重者小功庶婦之服凡父母於子舅姑於婦將
不傳重於嫡及將所傳重者非嫡服之皆如眾
子庶婦也言死無子者謂絕世無子非嫡無
子如其有子焉得云無後夫雖廢疾猶
以嫡為名既在而欲廢其子者其如禮何
禮有損益代相沿革必謂宗嫡可得而繼者則
為後服斬亦宜有因而改七年夏卒時年五十
六柔在史館未久逢勤成之際志存偏黨親書

中與其內外通親者並虛美過實深為時論所
譏焉
馮偉字偉節中山安喜人也身長八尺衣冠甚
偉見者蕭然軒舉少從李寶鼎遊學李重其聰
敏恆別意試問之多所通解尤明禮傳後還鄉
里閉門不出將三十年不問生產不交賓客專
精習思無所不通趙郡王出鎮定州以禮迎接
命書三至縣令又自為其整
駕致請佐史前後星馳報之縣令又自為其整

十

冠履不得已而出王下廳事迎之止其拜伏分
階而上留之賓館甚見禮重王將舉充秀才固
辭不就歲餘請還王知其不願拘束以禮發遣
贈遺甚厚一無所納唯受時服而已及還終不
交人事郡縣令每親至其門歲時或置羊酒
亦辭不納門徒束脩一毫不受耕而飯蠶而衣
簞食瓢飲不改其樂音以壽終
張買奴平原人也經義該博門徒千餘人諸儒
咸推重之名聲甚盛歷太學博士國子助教天

保中卒

劉軌思渤海人也說詩甚精少事同郡劉敬和
敬和事同郡程歸則故其鄉曲多為詩者軌思
天統中任國子博士

鮑季詳渤海人也甚明禮聽其離文析句自然
大略可解兼通左氏春秋少時恒為李寶𦫖都
講後亦自有徒衆諸儒稱之天統中卒於太學

博士從弟長暄兼通禮傳武平末為任城王湝
丞相掾恒在京教授貴遊子弟齊亡後歸鄉里

裴叡列傳三十六　　李　　十一

講經卒於家

邢峙字士峻河間鄭人也少好學就盧墳典遊
學燕趙之間通三禮左氏六秋天保初郡舉孝
廉授四門博士遷國子助教以經入授皇太子
峙方正純厚有儒者之風厨宰進太子食有菜
曰邪蒿峙命去之曰此菜有不正之名非殿下
所宜食顯祖聞而嘉之賜以被褥縑續拜國子
博士皇建初除清河太守有惠政民吏愛之以
年老謝病歸卒於家

劉晝字孔昭渤海阜城人也孤貧愛學負笈
從師伏膺無倦與儒者李子寶崔瞻同鄉里甚相親
愛受其三禮又就馬敬德習服氏春秋俱通大
義恨下里少墳又知大府少卿宋

世良家多書乃造焉世良納之恣意披覽晝夜
不息河清初還冀州舉秀才入京考策不第乃
恨不學屬文方復緝綴辭藻言其古拙制一首
賦以六合為名自謂絕倫吟諷不輟乃歎曰儒
者勞而少工見於斯矣我讀儒書二十餘年而

裴叡列傳三十六　　十一

答策不第始學作文便得如是曾以此賦呈魏
收收謂人曰賦名六合其愚已甚及見其賦又
愚於名賦又撰高才不遇傳三篇在自建大寧
之朝又頻上書言切直多非世要終不見收
采自謂博物奇才言好矜大每云使我數十卷
書行於後世不易齊景之千駟也而容止舒緩
舉動不倫由是貢無仕進天統中卒於家年五
十二

馬敬德河間人也少好儒術負笈隨大儒徐遵

明學詩禮略通大義而不能精遂留意於春秋
左氏沈思研求晝夜不倦解義為諸儒所稱教
授於燕趙間生徒隨之者眾河間郡王每於教
學追之將舉為孝廉固辭不就乃詣州求舉秀
才舉秀才倒取文士州將以其純儒無意推薦
欽德請試方略乃策問之所苔五條皆有文理
乃欣然舉送至京依秀才策問唯得中第乃請
試經業問十條並通擢授國子助教遷太學博
士天統初除國子博士世祖為後主擇師傅趙
彥深進之入為侍講其妻夢猛獸將來向之敬
德走超辣辣妻伏地不敢動敬德占之曰吾當
得大官超辣過九卿也爾伏地夫人也後主既
不好學敬德侍講甚疎時以春秋入授武平
初猶以師傅之恩超拜國子祭酒加儀同三司
金紫光祿大夫領瀛州大中正卒贈開府瀛
安州諸軍事瀛州刺史其後侍書張景仁封王
趙彥深去何容侍書封王子元熙龍長
封敬德廣漢郡王子元熙字長明少傅父亦

業兼事文藻以故自青州集曹參軍超遷通
直侍郎待詔文林館轉正員武平中皇太子將
講孝經有司請擇師友帝曰馬元熙朕師之子
文學不惡可令教見於是以孝經入授皇太子
儒者榮其世載性和厚在內甚得名譽皇太子
亦親敬之隋開皇中卒於秦王文學
張景仁濟北人也幼孤家貧以學書為業遂
工草隸選補內書生與親郡姚元標潁川韓毅
同郡袁買奴榮陽李超等齊名世宗並引為實
客天保八年敕授太原王紹德書除開府參軍
後主在東宮世祖選善書人性行淳謹者令侍
書景仁遂被引擢小心恭慎後主愛之呼為博
士歷太子門大夫貞外散騎常侍後
主登祚除通直散騎常侍及奏御筆點除通字
遂正常侍左右與語猶稱博士胡人何洪珍有
寵於後主欲得通婚朝士以景仁在內官位稍
高遂為其兄子取景仁第二息子瑜之女因此
表裏恩遇日隆景仁多疾每遣徐之範等治療

給藥物珍羞中使問疾相望於道是後敕有司
恆就宅送御食遷假儀同三司銀青光祿大夫
食恆山縣幹車駕或有行幸在道宿處每送步
障為遮風寒進位儀同三司尋加開府儀同餘
年封建安王洪珍死後長顗猶存舊款更相彌
縫得無墜退除中書監以疾辛贈侍中齊州等
官並如故每旦須參即在東宮傅止及立文林
館中人鄧長顗希旨奏即在東宮傅止及立文林
更無餘伎以洪珍故擢授中書舍人轉給事黃
門侍郎長息子王起家員外散騎侍郎景仁性
本卑謙及用胡人巷伯之勢坐致通顯志操以
改漸成驕傲良馬輕裘求衰徒從擁冗高門廣宇
當衢向街諸子不思其本自許貴遊志操以
來八體取進一人而已

五州刺史司空公景仁出自寒微本無識見一
旦開府侍中封王其妻姓奇莫知氏族所出容
制音辭事事庸俚既詔除王妃與諸公主郡君
同在朝謁之例見者為其懇悚子瑜蒲傅父業

權會字正理河間鄭人也志尚沈雅動遵禮則
少受鄭易探賾索隱妙盡幽微詩書三禮文義
該洽兼明風角玄象魏定初本郡貢孝廉
策居上第解褐四門博士仍射策甲科除館客
甚敬重焉命世子達摩如暈盡師傳之禮會因此聞
達遷欲會勢恥於左官固辭遷亦識其意遂罷薦
舉尋被尚書符追著作修國史監知史局事
皇建中轉加中散大夫餘並如故會參掌雖敕
不慕榮勢與馬敬德等為諸王師會性情靜
雖明風角解玄象至於私室輒不及言學徒有
家書夜承閑受其學業會欣然演說未嘗懈怠
而貴遊子弟莫其德義者或就其宅或寄宿停
報如嚮動必稽古辭不虛發由是為儒宗所推
請問者終無所說每云此學可知不可言諸君
教授不關性其儒悵似不能言及臨機若難酬
並貴遊子弟不由此進問也唯有一子
亦不以此術教之其謹密也如此曾令家人遠
行又而不及其行還垂欲至宅乃逢寒雪寄息

他舍盒皆方處學堂講說忽有旋風瞥然吹入
戶會乃笑曰行人至何意中俱遂命使人令詣
某處追尋果如其語毎為人占筭小大必中但
用父辭冢象以辯吉凶易占之屬都不經口會
本貧生無僕隸初任助教之日恂恂乘驢上下且
其職事處多毎須經歷及其退食非晚不歸曾
夜出城東門鐘漏已盡會唯獨乘驢忽有二
人漸漸失路不由本道會心甚怪之遂誦易經

牽頭一人隨後有似相助其回動輕漂有異生
隨驢因爾迷悶至明始覺方知隨驢之處乃是
郭外繞去家數里有一子字子龔聽敏精勤幼
有成人之量不幸先亡臨送者為其傷會唯一
哭而罷時人尚其達命武平年自府還第在路
無故馬倒遂不得語因爾暴亡時年七十六注
易一部行於世會生畏馬位望所至不得不乘
果以此終

張思伯河間樂城人也善說左氏傳爲馬敬德

上篇一卷不盡前後二人忽然離散曾亦不覺

之次撰刊例十卷行於時亦治毛詩章句以二
經教齊安王廓武平初國子博士
張雕中山北平人也家世貧賤而慷慨有志節
雅好古學精力絕人負篋從師不遠千里編通
五經尤明三傳弟子遠方就業者以百數諸儒
服其強辯魏末以明經召入霸府高祖令與諸
子講讀起家殄冠將軍稍遷太尉長流參軍定
州主簿從世宗赴并除常山府長流參軍天保
中為永安王府參軍事顯祖崩於晉陽攫兼祠
部郎中典喪事從梓宮還鄴乾明初除國子博
士遷平原太守坐贓賄失官世祖即位以舊恩除
通直散騎侍郎琅邪王儼求博士精儒學有司
以雕選時彥得人尋為儼侍講馬敳德卒乃入授
騎常侍復為儼講值帝侍講與張景仁並被尊禮
經書帝其重之以為侍讀與張景仁並被尊禮
同入華光殿共讀春秋加國子祭酒假儀同三
司待詔文林館胡人何洪珍大蒙主上親寵與
張景仁結爲婚姻雕以景仁宗室自託於洪珍

傾心相禮情好日密公私之事雕常為其指南

時穆提婆韓長鸞與洪珍同侍惺知雕為洪

珍謀主甚忌惡之洪珍又奏雕監國史尋除侍

中加開府秦度支事大被委任言多見從特敕

泰事不趨呼為博士雕自以出於微賤致位大

論議抑揚無所回避宮掖不急之費大存減省

臣勵精在公有匪躬之節欲立功效以報朝恩

左右縱恣之徒必加禁約數諫切寵要獻替惟

辰上亦深倚伏之方委以朝政雕便以澄清為

巳任意氣甚高嘗在朝堂謂鄭子信曰向入省

中見賢家唐令處分極無所以若作數行兵帳

雕不如邕若致主堯舜身居稷契則邕不如我

其矜誕如此長鸞等慮其千政不巳陰圖之會

雕與侍中崔季舒等諫帝幸晉陽長鸞因諸之

故俱誅死臨刑帝令段孝言詰之雕致對曰臣

起自諸生謬被抽擢接事累世常蒙恩遇位至

開府侍中光寵隆洽每思塵露微益山海今者

之諫臣實首謀意善功惡無所逃死伏願陛下

珍愛金玉開發神明數引賈誼之倫論說治道

令聽覽之間無所擁蔽則臣雖死之日猶生之

年歔流涕俯而就戮侍衛左右莫不憐而壯

之時年五十五子德冲等徙於北邊南安之反

德冲及弟揭俱死德冲和謹謙讓善於人倫

聰敏好學頗涉文史以希師之子早見摧擢歷

負外散騎侍郎太師府掾入為中書舍人隨例

待詔其父之戮也德冲在殿庭執事目見冤酷

號哭殞絕於地久之乃蘇

孫靈暉長樂武強人也魏大儒秘書監惠蔚靈

暉之族曾王父也靈暉少明敏有器度惠蔚一

子早卒其家書籍多在焉靈暉年十歲便好學

日誦數千言唯尋討惠蔚手錄章疏不求師友

三禮及三傳皆通宗旨然始就鮑季詳熊安生

質問疑滯其所發明熊鮑無以異也舉冀州刺

史秀才射策高第授員外將軍後以儒術甄明

擢授太學博士遷北徐州治中轉潼郡太守天

統中敕令朝臣推舉可為南陽王綽師者吏部

尚書尉瑾表薦之徵為國子博士授南陽王經

王雖不好文學亦甚相敬重啟除其府諮議參

軍絧除定州刺史仍隨之鎮所為得瞖靈暉

唯默默憂頸不能諫止絧欲以管記馬子結為

諮議參軍乃表請轉靈暉為王師以子結為諮

議朝廷以王師三品啟奏不合後王於啟下手

苔云但用之仍手報南陽書並依所奏儒者甚

以為榮絧除大將軍靈暉以王師領大將軍司

馬絧誅傳廢從絧死後每至七日及百日終靈

暉恆為絧請僧設齋轉經行道齋已後數年卒

子萬壽聰識機警博涉羣書禮傳俱通大義有

辭藻尤其詩詠機涉羣休之辟為開府行參軍

隨奉朝請滕王文學豫章長史卒於大理司直

馬子結其先扶風人也世居涼土太和中入

洛父祖俱清官子結兄弟三人皆涉文學陽休

之牧西兗子廉子尚子結與諸朝士各有詩言

贈陽揔為一篇酬苔即詩云三馬俱白眉者也

子結以開府行參軍擢為南陽王諮記隨絧定

州絧每出遊獵必令子結走馬從禽子結既儒

緩衣垂帽落或嗷或啼令騎驅之非墜馬不止

絧以為歡笑由是漸見親狎啟為諮議云

石曜字白曜中山安喜人亦以儒學進居官至

清儉武平中黎陽郡守值斛律武都出為兗州

刺史武都即丞相咸陽王世子皇后之兄性甚

貪暴先過衛縣令丞以下聚斂絹數千匹以遺

之及至黎陽令左右調動曜及郡治下縣官曜

手持一縑而謂武都曰此是老石機杼聊以奉

贈自此來並須出於吏民吏民之物一毫不敢

輒犯武都亦知曜清素純儒笑而不責甚者石子

十卷言甚淺俗後終於誰州刺史此外行事史

闕焉

贊曰大道既隱名教是遵以斯建國以此立身

帝圖雜霸朝儒風未純何以不隆引之在人

隋太子通事舍人李　百藥　撰

文苑

祖鴻勛

李廣　　　　麥與　韋道遜

樊遜　　　　朱才　荀仲舉

劉逖

荀士遜　　　睦豫　古道子

顏之推

裴傳第三十七　一

夫玄象著明以察時變天文也聖達立言化成
天下人文也達幽顯之情明天人之際其在文
乎逖聽三古彌綸百代制禮作樂騰實飛聲若
或言之不文豈能行之遠也子曰文王旣沒文
不在茲大聖蘊武邁千載其間英賢卓犖不
可勝紀咸宜韜筆寢牘未可言文詞擅美顏回則庶幾將
其然也至夫游夏以後塵卿雲未能輟簡於是辭人才
子波駭雲屬鬱振鵷鷺之羽儀縱雕龍之符采人

謂得玄珠於赤水策奔電於崑丘開四照於春
華成萬寶於秋實然則文之所起情發於中人有
六情稟五常之秀情感六氣順四時之序其有
帝資懸解天縱多能摛藻於生知間珪璋於
先覺璧言彫雲之自成五色猶儀鳳之冥會八音
斯固感英靈以特達非勞心所能致也縱其情
思底滯關鍵不通但伏膺無怠鑽仰斯切馳騖
勝流周旋益友彌暨年廣其聞見專心屏於涉求
畫績飾以丹青彫琢成其器用是以學而知之

竹素列傳三七　二

猶足賢乎已也謂石為獸射之洞開精之至也
積歲解牛𣤶然游刃習之久也自非渾沌無可
鑿之姿窮奇懷不移之情安有至精久習而不
成功者焉善乎魏文之論也人多不彊力貧
賤則懾於饑寒富貴則流於逸樂遂營目前之
務而遺千載之功日月逝於上體貌衰於下忽
然與萬物遷化斯志士大痛也沈休文云自漢
至魏四百餘年辭人才子文體三變然自玆厥
後軌轍尤多江左梁末彌尚輕險始自儲宮刑

平流俗雜沉滯以成音故雖悲而不雅矣逮武
平政乘時蓋薀唯藻思之美雅道猶存厥後柔順以
成文蒙大難而能正原夫兩朝叔世俱稟淫聲
而齊氏變風屬諸絃管梁時變雅在乎篇什莫
非易俗所致此為亡國之音欲殊感物
或異何哉蓋隨君上之情欲也有齊自霸圖云
啟廣延昆儒開四門以納之舉八絃以摛之鄴
陽盧元明鉅鹿魏季景清河崔長儒河間邢子
陽子烈並其流也復有范陽祖鴻勳亦參文士
明范陽祖孝徵樂安孫彥舉中山杜輔齊北平
參軍編諸其後李廣孫李德林盧詢祖恩道
之列天保中季愔陸卬崔瞻陸元規並在中書
始以文章筆多名曇建之朝常侍王晞獨擅其美
河清天統之辰杜臺卿劉逖魏騫亦參知詔敕
自惜以下在省唯撰述除官詔旨其關涉軍國
文辭多是魏收作之又在武平李若荀士遜李
德林薛道衡喬中書侍郎諸軍國文書及大詔

〔三〕

諧俱是德林之筆道衡諸人皆不預也後主雖
溺於羣小然頗好諷詠時曾讀詩賦語人
云終有解作此理不及長亦少留意初因畫屏
風教通直郎蘭陵蕭放及晉陵王孝式錄古名
賢烈士及近代輕艷諸詩以充圖畫帝彌重之
後復追蘇州錄事參軍蕭慤趙州功曹放及之
推意欲更廣其事又祖班輔政愛重之館客放及
之推同入撰大狶依霸朝謂之推
長顯漸說後主屬意斯文三年祖班奏立文林
館於是更召引文學士謂之待詔文林館焉班
又奏撰御覽及特進魏收太子太師徐之
才中書令崔劼散騎常侍張雕中書監陽休之
子舍人王邵衛尉丞李孝基殿中侍御史魏澹
監撰班等奏進通直散騎侍郎韋道遜陸乂太
尉睦道闕考功郎中崔子樞左外兵郎薛道衡
并省主客郎中盧思道司空東閣祭酒崔德太
學博士諸葛漢奉朝請鄭公超殿中侍御史鄭

〔四〕

子信等入館撰書幷敕放愍之推等同入撰例
復令散騎侍郎封孝琰前樂陵太守鄭元禮衛
尉少卿杜臺卿通直散騎常侍王訓前兗州長
史羊肅通直散騎常侍馬元熙并省三公郎中
劉珉開府行參軍李師上溫君悠入館亦令撰
書復命特進崔李舒前仁州刺史劉逖散騎常
侍李孝貞中書侍郎李德林續入待詔尋又詔
諸人各舉所知又有前濟州長史李若前廣武
太守魏騫前西兗州

【羊索傳三十七　五　李師順】

仁惠鄭州司馬江旴前通直散騎侍郎辛德源
陸開明通直郎封孝褰大尉掾張德沖并省石
民郎高行恭司徒戶曹參軍古道子前司空功
曹參軍劉顗獲嘉令崔德儒給事中李元楷晉
州治中陽師行司空祭
酒陽辟彊司空士曹參軍盧公順司徒中兵參
軍周子深開府參軍王友伯崔君洽魏師蕤並
入館待詔又敕右僕射段孝言亦入焉御覽成
後所撰錄人亦有不時待詔付所司處分者凡

此諸人亦有文學膚淺所會親識妄相推薦者
十三四為雖然當時操筆之徒搜求略盡其外
如廣平宋孝王信都劉善經輩三數人論其才
性入館諸賢亦十三四不逮之也待詔文林亦
是一時盛事故存其姓名自邢子才以還或
身終魏朝已入前史或名位既重自有列傳或
附其家世或名存後書覼略而不載今綴序祖
鴻勳等列於文苑者焉自外有可錄者存之

篇末

【正求傳三十七　六　住昌】

祖鴻勳涿郡范陽人也父忻仕魏歷縣門咸陽
太守治有能名卒於金紫光祿大夫贈中書監
幽州刺史謚惠矣鴻勳弱冠與同郡盧文偉並
為州主簿僕射臨淮王彧表薦鴻勳有文學宜
試以一官敕除奉朝請人謂之曰臨淮舉卿便
以得調竟不相謝恐非其宜鴻勳曰為國舉才
臨淮之務祖鴻勳何事從而謝之或聞而喜曰
吾得其人矣及嘉樂南遷出為防河別將守滑
臺永安初元羅為東道大使署封隆之邢邵李

渾李象鴻勳竝爲子使除東萊此太守以父老
疾爲請覓不之官城陽王徽表鴻勳爲司徒
法曹參軍事赴洛徵謂之曰今來何也鴻勳臨相舉身
不到門今來何也鴻勳臨淮相舉身謝恩
轉廷尉正後去官歸鄉里與陽休之書曰陽生
大弟吾比以家貧親老時還故郡在本縣之西
界有雕山焉其巓閞遠水石清麗高巖四匝
田數頃家先有野舍於斯而遭亂荒廢今復經
始即石成基憑林起棟蘿生映宇泉流統階月

▲蕭傳三毛 七 金滋

松風草綠庭綺合日華雲實傍沼星簪下流
煙共霄氣而舒卷園中桃李雜椿柏而蔥蒨時
一褰裳涉澗貪杖登峯心悠悠以孤上身飄飄
而將逝杳然不復目知在天地間矣若此者久
之乃還所住孤坐危石撫琴對水獨詠山阿奉
酒望月聽鳳聲以與思閒鶴唳以動懷企莊生
之逍遙慕尚子之清曠首戴薄蒨身衣縕褐出
藝粱稻歸奉慈親綵步當車無事爲貴斯已適
矣吾且必撫塵哉而吾生既報糸名聲之韁鏁就良

工之剖厥振佩紫臺之上鼓袖丹壃之下采金
匱之漏簡訪玉山之遺文斂精神於丘墳盡心
力於河漢摛藻期之聲繡發議必在芬香茲自
羨耳吾無取焉嘗試論之夫崐峯積玉光澤者
前毀瑤山欲桂芳茂者先折是以東都有挂冕
之臣南國見捐情之士斯豈惡老氏谷神之
蓋欲保其七尺終其百年耳今弟官位既達聲
華已遠象申函乾龔膏用明哉覽老氏谷神之
談應體留庚止足之逸若能虦然清尚解佩捐

▲蕭傳三毛 八 何丹

簪則吾於茲山莊可辦一得把臂入林挂巾垂
枝攜酒登巘舒席平山道素志論舊歡訪升法
語玄書斯亦樂矣何必富貴乎去矣陽子途延
趨別緗尋此旨杳若天漢已矣書不盡意梁
使將至敕鴻勳對客高袒曾彷至井州作骨祠
記好事者號其文位至高陽太守在官清素妻
子不免寒餒時議高之天保初卒官
李廣子弘基范陽人也其先自遼東徙焉廣傳
涉羣書有才思文議之美少與趙郡李奏齊名

為邢魏之亞而訥於言敏於行魏末豐州王延明

鎮徐州署廣長流參軍釋褐逤逆將軍介朱仲

遠樸為大將軍記室加諫議大夫荊州行臺辛

纂上為行臺郎中尋為車騎府錄事參軍中尉

崔暹精選御史顯祖初嗣霸業命掌書記天保初

脩國史南臺文奏多其辭也平陽公淹祖為中

尉轉侍御史皆是世胄廣獨以干學兼御史

欲以為中書郎遇其病篤而止廣曾欲早朝未

明假寐忽驚覺謂其妻云吾向似睡忽見一人

北齊列傳三十七　九　宋華

出吾身中語云君用心過苦非精神所堪今辭

君去因而怳怳不樂數日便遇疾積年不起資

產屢空藥石無繼廣雅有鑒識度量弘遠坦平

無私終曾薦畢義雲於崔暹廣卒後義雲集其

文筆十卷託親收為之敘其族人子道亦有文章

樊遜字孝謙河東北猗氏人也祖琰父衡並無

官宦而衡性至孝喪父負土成墳植柏方數十

畝朝夕號慕遜少學常為兄仲優饒旣而自責

曰名為人弟獨受安逸可不愧於心乎欲同勤

事業毋馮氏謂之曰汝欲謹小行耶遜感母言

遂專心典籍恒書壁作見賢思齊四字以自勸

勉屬本州淪陷寓居鄴中為臨漳小史縣令裴

鑒蒞官清幹致曰崔瑞等為遷賓客有謗其靖

加賞重擢為主簿仍薦之於右僕射崔暹與遜

東李廣渤海封丗彤孝琬等為遷賓客人有謗

默不能趣時者遜常服東方朔之言陸沉丗俗

避丗金馬何必深山蒿廬之下遂借陸沉公子

樊傳毛　十

為主人擬客難製客誨以自廣後崔遜大會賓

客大司馬襄城王元旭時亦在坐論欲命府僚

遷指遜曰此人學富于高行參軍也旭目之

曰豈能就耶遜曰家無蔭第不敢當此武定七

年丗宗崩遷徙於邊裔賓客咸散遜往陳留

而居之梁州刺史劉殺鬼以遜兼錄事參軍仍

舉秀才尚書案舊令下州三載一舉秀才為五

年已貢開封人鄭祖獻計至此年未合舉別駕

王聰抗議右丞陽斐不能却尚書令高隆之曰

難遂于學優貴異待明年仕非遠遜貢還本州八
年轉兼長史從軍南討軍還殺兔移任潁川又
引遜兼潁州長史天保元年本州復召拜秀州
二年春會朝堂對策龍中書膏郎張子融等入至
年不調被付外上書請從開龍詔不報梁州重
表奏遜為秀才十五年正月制詔問升中紀號孝
謙對曰臣聞巡狩之禮勒在虞書當省方之義著
於易受巷往帝前王匪唯一姓封金刊王憶有餘

人仲尼之觀梁唐不能盡識夷吾之對齊桓所
存未義炎炎成德之軍必待太平苟非其人更
靈鍾秦皇無道致炎精雨風炎漢武者淫有奉車
之害及文叔受命炎精更輝四海安泳天下輯
睦劍賜嗣士馬駕戴車乃用張純之文始從伯
陽之說至於魏晉離各有君豈異德而孰其能撰
議將濟士言於前徒稅紙墨豈衣准發論於後終
未施行世歷三朝年將十祀啟聖衆之期竝豈為昌
會然負水德不競函谷封塗天馬負歌苟芋絕

貢我大祖收寶雞之瑞握鳳皇之書體一德以
宦朝屆三分而事主湯此妖窟易如沃雪但昌
既受命發分行誅雖太自出高中國宜戰置之
度外望其遷善伏惟陛下以禪武之姿天然而
略馬多非異北將果山西涼至白露下此上太
池江漢復恐迎風縱火芝艾共棼按此六軍未
行東臨碣石力欲吞巴蜀而掃蜻聞函下露長洲而
申九代天周發牙璟漢馳使義在濟民非聞
好戰至如投鼠忌器之說蓋是常談文德凌遲

之言豈識權道今三臺令子六郡良家葦萬銳須
時收糧待詔未若龍駕虎服先收隴右之民電
轉雷驚鳥困取荊南之地其貴秦舉長平金積貧弟
楚攻鉅鹿狂矢實流況我威靈能無惱讚值使
彼之百姓一觀六軍似見周王若逢司隸然後
除其奇今輿其約法振旅而還正戈為武標示金
南海勒石東山紀天地之奇功於千載
若今馬見不死子陽尚在便欲案明堂之圖草
射牛之禮比德論功多斬往列升中告禪臣用

有疑又問求才審官考謙對曰臣聞彫獸畫龍
徒有風雲之勢金舟玉馬終無水陸之功三駕
禮賢將收實用一毛不拔復何足取是以兢作
虞賓遂全箕山之操周移商鼎不納孤竹之言
但處士盜名雖云久矣朝臣竊位蓋亦實多漢
拜丞相便有鍾鼓之妖魏鼎不納孤竹之言
笑故山林之與朝廷得容非毀肥遯之與賓王
龍有優劣至於時非蹈海而曰耄作泰民事異
出關而言恥從衛亂復皇千帝座不易高高

之心月犯少微終存耿介之志自我太嶽之後
克廣洪業禹至神宗舜乃格文祖陛下受天明之
命光華日月委自納麓乃格文祖儀天地以設
官象星辰而布職漢家神鳳賜用紀年魏民青
龍簪將改號上廞列宿感是異人下法山川莫
非奇士所以畫堂甲觀脩德曰新廟昌鼎歌鍾王
勳歲委循名責實選眾與能朝無銅臭之公世
絕錢神之論昔百里相秦名存雀籙蕭張輔沛
姓在河書今日公卿抑亦天授與之為治何欲

不從未必稽首天師方聞牧馬之銜膝行山上
始得治身之道但使帝德休明自彊不息甲夜
觀書文曰通泰周昌桀紂之論欣然開納劉毅
桓靈之比終自含弘高懸王爵唯能是與管庫
糜遺漁釣畢錄無今桓譚非讖官上於郡丞趙
精貞才位終於計掾則天下宅心幽明知感歲
斂詩稱多士易曰羣龍從此而言可以無愧又
問釋道兩教孝謙對曰臣聞天道性命聖人所

不言蓋以理絕涉求難為稱謂伯陽道德之論
莊周逍遙之旨遺言取意猶有可尋至若至簡
金書神經祕錄三尺九轉之奇絳雪玄霜之異
淮南成道犬吠雲中子喬得仙劍飛天上皆是
憑虛之說海棗之談求之如係風學之如捕影
而燕君齊后秦皇漢帝信彼方士甚異其真徐
福去而不歸藥大往而無獲猶謂升遐倒影抵
掌可期祭鬼求神庶或不死江壁既返入驪
山之墓龍媒已至終下茂陵之墳方知劉向之

信洪寶沒有餘責王充之非黃帝比爲不相又
末葉已來大存佛教寫經西土畫像南宮昆池
地黑以爲劫燒之灰春秋夜明謂是降神之日
法王自在變化無窮置世界於微塵納須彌於
黍米蓋理本虛無示諸方便而妖妄之輩苟家於
出家藥王燔軀波論灑血假未能然猶當克命
寧有改形易貌有異生人恣意放情還墜同俗物
龍官餘論鹿野前言此而得容道風前墜伏惟
陛下受天明命屈已濟民山鬼劾靈海神率職

湘中石鷰霑沐時雨而羣飛臺上銅烏颴和風而
朽轉以周都洛邑治在鎬京漢宅咸陽魂歸豐
沛汾晉之地王迹維始眷言縛幸且勞經略猶
復降情文苑斟酌百家想執玉於瑤池念求珠
於赤水竊以王母獻環由感周德上天錫珮實
報禹功二班勒史兩馬製書未見三世之辭無
聞一乘之旨帝樂王禮尚有時而沕革左道怪
民亦何疑於沙汰又問刑罰寬猛孝謙對曰臣
聞惟王建國刑以助禮猶寒暑之賛陰陽山川

之通天地爰自末葉法令稍滋秦篆無必窮書
楚竹不能盡載有司因此開以二門高下在心
寒熱隨意周官三典棄之若吹毛漢律九章違
之如覆手遂使長平獄氣得酒而後消東海孝
婦因災而方雪詔書挂壁有善而莫適姦吏到
門無求而不尋其本錘鯀王朗迫怨張蒼訥梅
者守迷不尋皆由上失其道民不見德而議
陶共尤文帝便謂化屍起僵在復肉刑致治興
邦無關周禮伏惟陛下睠三坐朝留心政術明

罰以糾諸族申恩以孩百姓黃旗紫蓋已絕東
南白馬素車將降輕道者復峻典深文臣實未
悟何則人肖天地俱稟陰陽安則願存擾則圓
死故王者之治務先禮樂如有未從刑書乃用
寬猛兼設水火俱陳未有專任商韓而能長乂
昔秦歸士會晉盜來奔舜舉皋陶不仁自遠但
令釋之定國迭作理官冀遂文公泣繼爲郡守科
聞律令一此憲章欣聞汲黯之言斷昭平之
罪則天下自治大道公行乳獸含牙倉鷹垂翅

楚王錢府不復須封漢獄寬囚自然家理後服
之徒既承風而慕化有截之內皆蹈德而詠仁
號以成康何難之有又問禍福報應之德謙對曰
臣聞五方易辦尚待指南百世可知猶須吹律
況復天道祕遠神迹難源不有通靈孰能盡臨
乘查至於河漢親牽牛假寐遊於上玄止連
罹火造化之理既寂寞而無傳報應之來固難
得而妄說但秦穆有道勾甚錫手號公涼德蔑
收降禍高明在上定自有知不可謂神寔昧難

遇其時寧關性命之理子胥無首馬遷附下受
信若夫仲尼厄於陳蔡孟軻困於齊梁自是不
誅取辱何可尤人至如恊律見親擢舩得幸從
此而言更不足怪周王漂杆致天之罰白起誅
降行已之意是以七百之祚仍加姬氏杜郵之
戮還屬武昔漢問上計不過日蝕晉策秀才
止於寒火前賢往士咸用為難推古比今臣見
其易然草萊百姓過荷恩私三折寒膠再遊金
馬王言昭貴恩若有神占對失圖伏深悚懼尚

書權第必遜為當時第一二月清河王岳為
大行臺率眾南討以遜從軍明年顯祖納貞陽
矦為梁王岳假大行臺郎中使於南與蕭脩
矦瑱和解遜往來五日得情等報書岳因與脩
盟于江上大軍還鄴遜仍被都官尚書崔昂舉
德懷秀才古道子廣平郡李廉李漢子渤海

州秀才馬敬德許散愁韓同寶洛州秀才傅懷
校定羣書供皇太子遜與冀州秀才高乾和瀛
薦詔付尚書考為清平勤幹送吏部七年詔令
同被尚書召共刊定時祕府書籍紕繆者多遜
簿王九元前開府水曹參軍周子深等十一人
郡孝廉鮑長暄陽平郡孝廉景孫前梁州府主
乃議曰案漢中壘校尉劉向受詔校書每一書
音表上輒言臣向書中外書合若千本以相比然後校
太常博士書令所讎校供擬極重出自蘭臺御諸甲館
殺青今所讎校供擬極重出自蘭臺御諸甲館
向之故事見存府閣即欲刊定必籍眾本太常
御邢子才太子少傅魏收吏部尚書辛術司農

11-329

少卿穆子容前黃門郎司馬子瑞故國子祭酒
李業興竝是多書之家請牒借本參校得失祕
書監尉瑾移尚書都坐凡得別本三千餘卷五
經諸史殆無遺闕八年詔尚書開東西二省官
選所司策問遜為當時第一左僕射楊愔辟遜
為其府佐遜辭曰門族寒陋訪第不必不成乞補
員外司馬愔曰才高不依常例特奏用之九
年有詔超除員外將軍後世祖鎮鄴召入司徒
府管書記及登祚轉授主書遷員外散騎侍郎

■裴叔則傳三十七

天保初病卒

十九

劉逖字子長彭城叢亭里人也祖芳魏太常卿
父骶金紫光祿大夫少而聰敏好弋獵騎射以
行樂為事愛交遊善戲謔郡辟功曹命主簿
魏末徵詣霸府世宗以為永安公浚開府行參
軍逖遠離鄉家倦於羈旅發憤自勵專精讀書
晉陽都會之所霸朝人士伎集咸務於宴集逖
在遊宴之中卷不離手值有文籍所未見者則
終日諷誦或通夜不歸其好學如此亦留心文

藻頗工詩詠天保初行平陶縣令坐苦役事免十
餘年不得調乾明年兼員外散騎常侍使於梁
主蕭莊遠兼三公郎中皇建元年除太子洗馬
肅宗山朋從世祖赴晉陽除散騎侍郎兼儀曹郎
中久之兼中書侍郎和士開寵要逖附之正授
中書侍郎入典機密兼散騎常侍還
除通直散騎常侍又除假儀同三司聘周使副二國
加散騎常侍逖修國史
始通禮儀未定逖與周朝議論往復斟酌古今
事多合禮儀兼文辭可觀其得名譽使還拜儀

北齊傳三十七

二十

善錦

同三司世祖崩出為江州刺史祖珽執政徙為
仁州刺史世祖班既出徵還待詔文林館重除散
騎常侍奏門下事未幾虜崔季舒等同時被戮
時年四十九初逖與祖珽以文義相得結雷陳之
契又為弟俊聘珽之女珽之將免產深等也先
以告逖仍付密啟令其奏聞產深等頗知之先
自申理珽由此疑逖告其所為及珽被出逖
遣弟難婚其輕交易絕如此所制詩賦及雜文

文筆三十卷子逸民開府行參軍逸弟譽少聰
明好文學天統武平之間歷殿中侍御史兼散
騎侍郎迎勞陳使尚書儀曹郎周大象末卒於
黎州治中子玄道有人品識用定州騎兵參軍
逖從子顗字君卿祖歐魏尚書為高祖所殺顗
父濟及濟弟玦俱奔江南顗出後武定中從玦
還北玦賜爵臨潁子大寧中卒於司徒司馬顗
好文學工草書風儀甚美歷瀛州外兵參軍司
空功曹待詔文林館除大理司直隋開皇中廓
州司馬卒

荀士遜廣平人也好學有思理為文清典見賞
知音武定末舉司馬秀才迄天保十年不調皇
建中馬敬德薦為主書世祖時轉中書舍人狀
貌甚醜以文辭見用曾有事須奏值世祖在後
庭因左右轉通者不得士遜姓名乃云醜舍人
世祖即曰必士遜也看封題果是內人莫不忻笑
後主即位累遷中書侍郎號為稱職與李若等
撰典言行於世齊滅年卒

顏之推字介琅邪臨沂人也九世祖含從晉元
東度官至侍中右光祿西平侯父勰梁湘東王繹
鎮西府諮議參軍世善周官左氏之推早傳家
業年十二值繹自講莊老便預門徒虛談非其
所好還習禮傳博覽羣書無不該洽詞情典麗
甚為西府所稱繹以為其國左常侍加鎮西墨
曹參軍好飲酒多任縱不脩邊幅時論以此少
之繹遣世子方諸出鎮郢州以之推掌管記值
侯景陷郢州行臺郎中王則以

獲免屢被免四送建鄴景平還江陵江繹已自
立以之推為散騎侍郎奏舍人事後為周軍所
破大將軍李顯重之薦往弘農令掌其兄陽
王慶遠書翰值河水暴長具舟將妻子來奔經
砥柱之險時人稱其勇決顯祖見而悅之即除
朝請引於內館中侍從左右頗被顧眄天保末
從至天池以為中書舍人令中書郎段孝信將
敕書出示之推之推營外飲酒孝信還以狀言
顯祖乃曰且停由是遂寢河清末被舉為趙州

功曹參軍尋詔文林館司徒錄事參軍之推
聰穎機悟博識有才辯工尺牘應對閑明大為
祖珽所重令掌知館事判署文書尋遷通直散
騎常侍俄領中書舍人帝時有取索恒令中使
傳旨之推票承宣告館中皆受進止所進文章
皆是其封署於進賢門奏之待報方出兼善於
文字監校繕寫為勳要者所嫉常欲害之崔季舒
等將諫也之推取急還宅故不連署及召集諫

二十三

接顧遇逾厚為勳敏號為稱職帝其加恩於
所從之推因官者侍中鄧長顒進奔陳之策仍
門侍郎及周兵陷晉陽帝輕騎還鄴竄共投陳
人之推亦被喚入勘無其名方得免禍尋除黃
勸募吳士千餘人以為左右取青徐路奔陳
國帝納之以告丞相高阿那肱等不願入陳
乃云吳士難信不須募之勸帝送珍寶累重向
青州且守三齊之地若不可保浮海南度雖
不從之推計策然猶以為平原太守令守河津
齊亡入周大象末御史上士隋開皇中太子召

為學士甚見禮重尋以疾終有文三十卷撰家
訓二十篇並行於世曾撰觀我生賦文致清遠
其詞曰仰浮清之藐藐俯沉奧之茫茫已生民
而立教刀司牧以分疆內諸夏而外夷狄驟五
帝而馳三王大道寖而日隱頗以云亡吾
趙武之作聾漢靈之不祥施頭頟成此漠神華泯為龍麤典
午失其珠臺囊盧潤朝成出漠神華泯為龍麤典
王所以東運我祖宅於是南翔
王去琅邪之遷越宅金陵之舊章作羽儀於新
邑樹杞梓於水鄉傳清白而勿替守法度而不
忘逮微躬之九葉頹世濟之聲芳問我民之安
在鍾猒惡於有梁養蒸黎之飛獸
命遂爲反子貪心之野狼
北而還積愤附養士而有忌志也
特封臨賀王
發憤於蕭牆投景主以攻臺城
躡張勤王踰於十萬曾不解其撰呪噬將相之
骨髓皆屈體於犬羊

二十四

忽以厭世，白日顯而無光，旣饗國而五十，何克終之弗康。嗣君聽於巨猾，每凜然而負乘。自東晉之遘難，寓禮樂於江湘，迄此幾於三百，左衽浹於四方。詠苦胡而永歎，吟微管而增傷。世祖赫其斯怒，奮大義於沮漳。（孝元帝時為荊州刺史）授鉞函與鶴勝，建飛翬及餘艎。北徇兵於漢曲，南發騎於衡陽。（岳陽王為雍州刺史荊州都督府）失寵歎扶車之不立，宜帝寃兄亡而弟及。（昭明太子薨乃立詧為太子）（晉安王為太子）菑承華之，（遠皇孫之）閒王道之。（豫晉王之薨出封）

多難各私求於京邑，襄陽阻其銅符，長沙閒其（河東岳陽乃遺世子方等為荊州大軍捷至河東不暇遺拒世子方等戰世子既殂殞而妊攻昆故河東急而逆戰言時襄陽杜岸兄屈通走河東桴諸顒族擄投岳陽所以湘州見陷而）王粒，（皆昭明子）遠自戰於其地，豈大勳之暇集。杜倒戈而夜入，子旣殂殞而妊攻昆，亦圍而叔襲褚，乘城而宵下。

相誅而涕泣，周且其猶病諸孝武悔而含笑骨肉，行路彎弓而含笑骨肉，幕府之事，般諓謀見擇於人軍未成冠而登仕財，其兄戈而夜人，大獲剛泉襄擄投湘，岳陽所以湘州見陷而，通走河東桴諸顒族擄投，其見戕而夜人小資其子女王帝遘欲又使競乘圍河東而逆戰世子旣殂殞而妊攻昆故河東急而逆戰言時襄陽杜岸兄屈

之能衛（錫童注）

罕羽翼於風雲，及荊王之定霸，始離恥而圖雪。（武昌盧州拒疾景將任約又第二子緻領二萬人屯諸為世子拜中撫軍將軍鎮州刺史以盛騖勢濫充選）舟師次平武昌，撫軍鎮於夏汭，於多士在參戎之盛列，惎四白之調護六友，（時遷中撫軍外兵參軍掌記奧文珪英等與世子遊勳）之談說奧文珪英等，雖形就而，心和匪余懷之所說，繄深宮之生貴烈垂堂與，倚衡欲推心以厲物，樹劍齒以先聲。（中撫軍時年十五）

憖敕求之不器，乃盡地而取名，伐禦武於文吏，（以虞預為郢州司馬領城防事委軍政於儒生以鮑泉為郢州也行路彎弓而含笑骨饒卒疲數戰失利乃令宋子仙）白波之猝駭，逢赤岸之燒城，王疑坐而對寇，自（委軍政於儒生弊漏軍饒卒疲數戰失利乃令宋子仙景自上救之舟艦）詗拱以臨兵，莫不縕縷而化鵠，皆自取首以，（任約步道偷郢州景欲攻荊州路由巴陵）破臚將眦睨於渚宮，先憑凌於他道，（永寧公王僧辯擁巴陵景欲攻荊州路由巴陵景欲攻荊州）懲永寧之龍蟠，（永寧公王僧辯擁巴陵辯擄巴陵景進軍巴陵齊護重之）犇虜快其餘毒之，電掃，（於赤亭津將軍陸法和破任約景退走大潰任約景進）於赤亭，草幸先生之無勸，賴勝公之我保，縲囚骨平野，草幸先生之無勸，賴勝公之我保

之推執在景軍例當見殺景行臺郎中王劉覬錄於
則初無舊識弈三拔護獲免四以還都訊荷性命之重
代世宗招歸魂於蒼旻時解衣就訖而襪全
賜衒若人以終老賊棄甲而來復肆蚩菗距之鵰
鴦積假屍復而弑帝憑衣霧於舊壤陷戎俗於四
月癸聞道之十年　臺城陷後梁武曾獨坐默然
鍾毀而莫懸野蕭條以橫骨邑閒寂而無煙畤
黍離於清廟愴秀於空塵鼓卧而不考景
百家之或在中原冠帶臨晉渡江者
五宗而前翦焉獨昭君之哀奏唯翁圭之悲紈
子女見讎　經長千以掩抑顏家巷展白下以流連
以下七世墳　深燕雀之餘思感桑梓之遺虐得此
心於尼甫信茲言乎仲宣遊西土之有眾資方
叔以薄伐　撫鳴鏑而雷咤振雄旗
而雲窟千里追其飛走三載窮於巢窟屠兮无
於東郡挂到支於北闕　既斬侯景烹屍於建業市
傳首荊州懸於都街　弔幽魂之冤枉掃園陵之蕪没船道

是以冊興夏祀於焉不忽但遺恨於炎崑火延
宮而累月　侯景既走義師火燒宮殿蕩盡採橙
侍昇壇之五譚欽漢宮之復覲赴楚民之有望
攝絳衣以奏言黍散於官謗
或校石渠之文
顧佩甌之不筭濯波濤而無量屬瀟湘之負罪
陵　兼岷峨之自王武陵　貯既定以鳴鑾焉惰東都
納　書千兩而煙煬溥天之下斯文書盡喪
虜書千兩而煙煬溥天之下斯文書盡喪
之大壯　繼秦兵初聞賦來知為厭為歡息頗滅是師出無名
名之不抗　守金城之湯池轉絳宮之玉帳自曉孝元
　　　　徒有道而師直鼠無
驚北風之復起慘南歌之
江東三分之一梁丘剝亂散逕亡唯孝元鳩合海內無
重十餘萬史籍以來未之有也兵敗悉焚於海內無
復書　憐輿孺之何辜矜老疾之無狀奪諸懷而
棄草蹄於塗而受　掠寇乘輿之殘酷鞭人神之
府

無狀載下車以黝䘮捫棺之藁葬雲而無心以
容與風懷憤而慘恨井伯飲牛於秦中子卿牧
羊於海上留釧之妻人銜其斷絕擊聲之子家
纏其悲愴小臣恥其獨死實有塊於胡顏辜痾
痾而就路 脚氣策駑駦以入關 官疲驢 瘦馬 下無景
之無還者乃玄牛之雄九龍之路土圭測影璠
璣審度或先聖之規模下前王之典故與神鼎
而偕沒切仙弓之永慕爾其十六國之風教七

十代之州壤接耳目而不通詠圖書而可想何
黎垠之匪昔徒山川之猶襄每結思於江湖將
取弊弁於羅網聆代竹之哀怨聽出塞之獠即對
皓月以增愁臨芳鐏而無賞日太清之內豐蔡彼
天齊而外侵始感國於淮湑遂壓境於江潯族
之亂齊氏深忻梁家土宇江比淮北唯餘盧江晉熙高唐新蔡西陽濟昌數郡至孝元之敗於是盡矣以江為界也
獲仁厚之麟剋儁秀之南金美眾旅而納主
車五百以旬夏臨齊遣上黨王渙率兵數萬納梁貞陽侯明為主
觀樂釋鍾儀之鼓琴 梁武聘使謝挺徐陵始得還南凡厥梁臣皆以禮遣

竊聞風而清耳傾見日之歸心試拂著以貞筮
遇交泰之吉林 以推聞梁人返國故有䡖齊之心子歲旦筮東行吉不遇泰乎
坎刀喜曰天地交泰而更冒坎重險行而不失其信此吉卦也但恨小往大來耳後遂吉也
秦而更楚假南路於東尋乘龍門之一曲歷砥
柱之雙岑冰夷風薄而雷响陽度山載而谷沉
伴㧤龜以憑澹類斬蛟而赴深昏揚舻於分陝
曙結纜於河陰 一夜而至 水路七百里 梁滅故不得還南
忠信以行吟遺 命而事旅舊國從於採芑
先廢君而誅相託憂朝而易市 至鄴便值陳興與之
遂用滯於漳濱私自怜其何已謝黃鵠之迴集
悲翠鳳之高岑曾微令思之對忽羈彥先之仕
纂書盛化之旁待詔崇文之襄 齊文林館待詔者僕射陽休之祖孝徵以下三十餘人皆詣進賢門奏其撰修文殿御覽續嶺文章流別等書時以通直散騎常侍遷黃門
珥貂蟬而就列執麈尾以入齒 故人祖僕射珽以珥貂密士納帝令也
郎也 欷一相之故人 賀萬乘之
知已祇夜語之見已忘懷敢之足恃諫諮言之
予戢慯險情之山水由重丧以寒勝用去薪而
沸止 時武職疾文人之推蒙禮遇每情創萹故侍中崔季舒等六人以獲誅之推爾日隣禍而

僕流或有毀之推於祖僕射者
僕射察之無實所知如舊不忘　子武成之燕冀遵春
坊而原始唯驕奢之是憍亦佞臣之云是　武俊
牙而亂起　祖孝徵用事則朝野翕然有綱紀
絲之良質情琭玉之遺祉用夷吾之治臻眠秋
平陽之爛燋次太原之破竹　晉州小失利便棄軍
誠急苦荒於度政愧驅除之神速摩
走向　宜定未改於弦望遂　三十一　及都而　神速摩
昇降懷填墓二淪覆迷識主而狀以鏡已樓而
擇木六馬紛其顚沛千官散於犇逐無寒瓜以
療饑廳庋秋螢而照宿
胡越生於蓽轂壯安德之一戰邀文武之餘福
屍狼藉其如莽血玄黄以成谷
可再來猶賢死廟而慟哭乃詔余以典郡據要
路而問津
郊鄉道於善鄰

禮願為式微之實忽成言而中悔矯陰踈而陽
親信諂謀於公主竟受陷於姦臣　襄九圍以制命
今八尺而由人四七之期必盡百六之數迄屯
之遼曠愧無所而容身夫有過而自訟始發矇
為上國之人　鳥焚林而鍜鶡魚奪水而暴鱗嘆宇宙
備荼苦而蓼辛
於天具遠絕聖而棄智妄鎖義以羈仁舉世溺
而欲拯王道鬱以求申既銜石以塡海終戰
以入秦亡壽陵之故步臨大行以遠巡向使潛
於草芥之下甘為畎畝之人無讀書而學劍莫
抵掌以膏身委明珠而樂賤醉白璧以安貧
堯舜不能榮其素樸架紆無以汙其清塵此窮
何由而至茲辱安所自臻而今而後不敢怨天
而泣麟也之推集在思魯自為次曰思魯次曰敏
楚不忘本也之推集在思魯自為序錄

袁聿字元明陳郡人梁司空昻之孫也父君方
梁侍中襄蕭莊時以侍中奉使貢莊敗除琅邪
王儼大將軍談論議入館遷太中大夫
韋道遜京兆杜陵人曾祖蕭隨劉義眞祖
儒自宋入魏寓居河南洛陽官至華山太守道
遜與兄道密道建道儒並早以文學知名道密
魏永熙中開府祭酒道儒因惠恍惚沈廢於家道建
天保末卒司農少卿 道儒歷中書黃門侍郎道
遜武平初尚書在中兵加通直散騎侍郎 入館

北齊列傳三七　三十三　淩宗

加通直常侍
江旰字奉陽濟人也祖柔之蕭齊尚書右丞叔
父革梁都官尚書旰梁末給事黃門郎因使至
淮南爲邊將所執送送鄴州司馬入館除
太尉從事中郎轉太子家令齊亡逃還建業終
於都官尚書
睦豫字道開趙郡高邑人父寂梁北平太守道
關弱冠州舉秀才天保中參議禮令歷至瀛州道
行臺郎大理正奉車都尉入館遷員外散騎常

侍尋兼祠部郎中隋開皇中卒於洛州司馬豫
宗人仲讓天保時尚書左丞
朱才字宷問吳都人蕭莊敗留鄴以才兼散騎
常侍副宷襄入朝莊敗留鄴稍遷國子博士諫
議大夫齊亡客遊信都而卒
荀仲舉字高穎川人世江南仕梁爲南沙令
從蕭明於寒山被執至顯祖王尉槩其禮之與槩
劇飲蹋鞠指至骨顯祖祖知之杖仲舉一百或問
其故苔云我鄴知許當是正疑是塵尾耳入館

一百或　北齊列傳三七　三十四　何曽

除符璽郎後以年老家貧出爲義寧太守仲舉
與趙郡李槩交歡槩死仲舉因至其宅爲五言
詩十六韻以傷之詞其悲切世稱其美
蕭愨字仁祖梁上黃侯曄之子天保中入國武
平太子洗馬
古道子河內人父起魏太中大夫道子有幹局
當官以彊濟知名歷檢校御史司空田曹參軍
自束晢等俱涉學有文詞荀仲舉蕭愨工於
詩詠愨曾秋夜賦詩其兩句云芙蓉露下落

楊柳月中疎為知音所賞

乃眷淫靡永言麗則雅以正邦哀以亡國

贊曰九流百氏立言立德不有斯文曷資刊勒

隋太子通事舍人李百藥　撰

循吏

張華原
宋世良　弟世軌
郎基
孟業
崔伯謙
蘇瓊
房豹
路去病

全齊列傳三十八　一

先王疆理天下司牧黎元刑法以禁其姦禮教
以防其欲故分職命官共理天下書云知人則
哲能官人安人則惠睿哲之君必致清明之臣
昏亂之朝多有貪殘之吏高祖撥亂反正以郵
隱為懷故守令之徒才多稱職仍以戰功諸將
出牧外藩不識治體無聞政術非唯暗於前言
往行乃至始學依判付曹聚斂無猒謠虐不已

雖或直繩終無愧畏華於歲此朝廷之大失大寧
以後風雅俱盡責官弼離嶽上下相蒙降及末年
黷貨滋甚齊氏循良如韋幹幹之徒在武平之末
能卓爾不羣斯固彌可嘉也今撰張華原等列
爵通顯別有列傳如房仲幹之屬
於循吏云

張華原字國滿代郡人也少明敏有器度高祖
開驃騎府引為法曹參軍遷大丞相府屬仍侍
左右從於信都溪為高祖所親待高祖每號令

北齊傳三十八　二　李政

三軍常令宣諭意旨周文帝始據雍州也高祖
猶欲以逆順曉之使華原入關說焉周文密有
拘留之意謂華原曰若能屈驥足於此當共享
富貴不爾命懸今日華原曰渤海王命世誕生
殆天所縱以明公其爾關右便自陳絕故使華
原銜命旨明公不以此日改圖轉禍為福乃
欲賜脅有死而已周文嘉其亮正乃使東還高
祖以華原久而不返每歎惜之及聞其來喜見
於色累遷為兗州刺史人懷感附寇盜寢息州

獄先有囚千餘人華原皆決遣至年暮唯有重
罪者數十人華原亦遣歸家申賀依期至獄先
是州境數有猛獸為暴自華原臨州忽有六駮
食之咸以化感所致後卒官州人大小莫不號慕

宋世良字元友廣平人年十五便有膽氣應募
從軍北討屢有戰功尋為殿中侍御史詣河北
括戶大獲浮惰還見汲郡城旁多骸骨移書州
郡令悉收瘞其夜甘雨滂霑時人莫不壯勞之曰知
卿所括得丁倍於本帳若官人皆如此用心便
是更出一天下也出除清河太守世良才識開
明尤善治術在郡未幾聲問甚高郡東南有曲
堤成公一姓阻而居之羣盜多萃於此人為之
語曰寧度東吳會稽不歷成公曲堤雖世良施八
條之制盜本他境民又謠曰曲堤雖險賊何益
但有宋公自屏跡後齊天祿中大赦郡先無一
囚衙門虛寂無復訴訟者其冬醴泉出於界內
及代至傾城祖道有老人丁金剛泣而前謝曰

［北齊傳三十八］
［三］
［潘正］

己年九十記三十五政君非唯善治清亦徹底
今失賢君民何濟矣莫不攀援涕泣除東郡太
守卒官世良強學好屬文撰字略五篇宋氏別
錄十卷與弟世軌俱有孝友之譽

世軌幼自嚴整好法律稍遷廷尉卿洛州民聚
結欲劫河橋吏捕案之連諸元徒黨千七百人
卿判其事為劫以之為及數年不斷及世軌為少
大理正蘇珍之亦以平幹知名寺中為之語曰
大理正蘇珍之視表見裏宋世軌時人以為
寺中二絕南臺囚到廷尉世軌多雪之仍移攝
御史將問其濫狀中尉畢義雲不送移往復不
止世軌送上書極言義雲酷顯祖引見二人
親劾世軌曰我知臺欺久卿能執理與之抗
衙但守此心勿慮不富貴義雲曰卿比所為
誠合死以志在疾惡故且一恕仍顧謂朝臣曰
此二人並我骨鯁臣也及疾卒廷尉御史諸繫
囚聞世軌死皆哭曰宋廷尉死我等豈有生路

［北齊傳三十八］
［四］
［潘正］

世良從子孝王國學涉亦好絹綵文藻形貞短陋
而好藏無人物時論甚疾之為叟孝言開府參
軍又薦為北平王文學求入文林館不遂因非
毀朝士撰別錄二十卷會平齊改為關東風俗
傳更廣見聞勒成三十卷以上之言多妄謬篇
第亢雜無著述體
郎亢基字世業中山人身長八尺美髭鬚沉涉墳
典亢長吏事起家奉朝請累遷海西鎮將梁吳
明徹率眾攻圍海西基獎勵兵民固守百餘日

北齊列傳三十八　五

軍糧且盡戎仗亦盡乃至削木為箭剪紙為羽
圍解還朝僕射楊愔迎勞之曰卿本文吏遂有
武略削木剪紙皆無故事班墨之思何以相過
後帶潁川郡積年留滯數日之中剖判咸盡而
臺報下坫允基所陳條綱餓踈獄訟清息官民
退適皆相慶悅基性清慎無所營求曾語人云
任官之所木枕亦不須作況重於此事唯顧令
寫書潘子義曾遺之書曰在官寫書票是風流
罪過基苫書曰觀過知仁斯亦可矣後卒官樞

將還遠近將送莫不攀轅悲哭
孟業字敬業鉅鹿安國人家本寒微少為州吏
性廉謹同寮諸人侵盜官絹三十匹與之拒而
不受魏彭城王韶拜定州除典籤長史劉仁之
謂業曰我處其外君居其內同心戮力庶有濟
平未幾仁之徵入為中書令臨路啟韶去殿下
左右可信任者唯有子業願專住之餘人不可
信也又典籤楊執手曰今我出都君便失援恐
君在後不自保全唯正與直願君自勉業曰有

北齊列傳三十八　六

一馬因瘦而死韶以業家貧令州府官人同食
馬肉欲令厚償業固辭不敢韶乃戲業曰卿瘦
名人也對曰業以微細伏事節下豈不能禆益
寬可損敗清風後高祖書與韶云典籤姓孟者
極能用心何不置之目前韶去典籤姓孟者君之
後為兗州臨別謂吏部崔暹曰貴州人士唯有
子業宜銓舉之他人不可信也崔暹問業君
往在定州有何政績使劉西兗如此欽歎若曰
稟性愚直唯知自修無他天保初清河王岳拜

司州牧聞業名行復召為法曹業形見短小又
謂見岳忖鄙其睄小笑而不言後尋業斷決之
處乃謂業曰卿斷決之明可謂有過軀兒之用
尋遷東郡守必寬惠著其年麥一莖五穗其餘
三穗四穗共一莖合郡人以為政化所感尋以病卒
崔伯謙字士遜博陵人父文業鉅鹿守伯謙少
孤貧善養母高祖召赴晉陽補相府功曹稱之
曰清直奉公具良佐也遷瀛州別駕世宗以為
京畿司馬勞之曰卿騁足瀛部已著康歌賢府
務勝是用相授族弟遲當時寵要謙與之察舊
同門非吉凶未曾造請後除濟北太守恩信大
行乃改鞭用熟皮為之不忍見血示耻而已有
朝貴行過郡境問人太守治政何如對曰府君
恩化古者所無因誦民為歌曰崔府君能治政
易鞭鞭布威德民無爭客曰既稱恩化何由復
威曰長吏憚威德民庶蒙惠徵赴鄴百姓號泣遮
道以弟讓在關中不復居內任除南鉅鹿守事
無巨細必自親覽民有貧弱未理者皆曰我自

有白鬚公不應不決後為銀青光祿卒
蘇瓊字珍之武強人也父備仕魏至衛尉少卿
瓊幼時隨父在邊嘗謂東荊州刺史曹芝戲
問曰卿欲官乎對曰設官求人非人求官芝異
其對署為府長流參軍文襄以儀同開府引為
刑獄參軍每加勉勞并州嘗有彊盜長流參軍
推其事所疑賊並已拷伏失物家並識認唯不
獲盜贓文襄付瓊更令窮審別推得元景融
等十餘人並獲賊驗文襄大笑語前妄引賊者
曰爾輩若不遇我好參軍幾致枉死除瓊平遷
南清河太守其郡多盜及瓊至民吏肅然無盜
止息或外境姦非輒從界中行過者無不捉送
零陵縣民魏雙成失牛疑其村人魏子賓送至
郡一經窮問知賓非盜者即便放之雙成訴云
府君放賊去百姓牛何處可得瓊不理密走私
訪別獲盜者從此畜牧不收多放散云但付府
君有鄰郡富豪將財物寄置界內曰我物已寄
蘇公矣賊遂去平原郡有妖賊劉黑狗構結徒

侶通於滄海所部人連接村居無相涂累鄰邑
於此伏其德郡中舊賊一百餘人悉充左右人
間善惡及長吏飲人一盂酒無不即知瓊性清
慎不發私書道人研為濟州沙門統貲產巨富
在郡多有出息常得郡縣為徵及欲求調度知
其意每見則談問玄理應對蕭齗研雖為債數
來無由啟口其弟子問其故研曰毋見府君徑
將我入圭門雲間何由得論地上事郡民趙頴曾
為樂陵太守八十致事歸五月初得新瓜一雙

自來送頴特年老苦請遂便為留仍致於聽事
梁上貢不剖人遂競貢新果至門聞頴瓜猶
在相顧而去有百姓乙普明兄弟爭田積年不
斷各相援引乃至百人瓊召普明兄弟對眾人
諭之曰天下難得者兄弟易求者田地假令得
地失兄弟心如何因而下淚眾人莫不灑泣普
明弟叩頭乞外更思分異十年遂還同住每
年春搃集大儒衛覬隆田元鳳等講於郡學朝
吏文案之暇悉令受書時人指吏曹為學生屋

禁斷淫祠婚喪苃苃皆教令儉而中禮又嫠陰月
預下綿絹度樣於部內其兵賦次第並立明式
至於調役車必先辨郡縣長吏常無十杖稽失
當時州郡無不遣人至境訪其政術天保中郡
界大水人災絕食者千餘家瓊普集部中有粟
家自從貸粟以給付飢者州計戶徵租復欲推
其貧粟綱紀謂瓊曰雖矜饑餒恐罪累府君瓊
曰一身獲罪且活千室何所怨乎遂上表陳狀
使檢皆免人戶保安此等相撫見子咸言府君

生汝在郡六年人庶懷之遂無一人經州前後
四表列為尤最遷憂解職故人贈遺一無所受
尋起為司直延尉正朝士嗟其屈尚書辛述曰
既直且正以定體不戀不申初瓊住清河太
守裴獻伯為濟州刺史酷於用法瓊恩於養人
房延祐為樂陵郡過州裴問其外聲祐云唯聞
太守善刺史惡裴云得民譽者非至公祐答言
若爾黃霸龔遂君之罪也後有勅州各舉清
能裴以前言恐為瓊陷遂申其枉滯議者尚其

公平畢義雲為御史中丞以猛暴任職理官忌
憚莫敢有違瓊推察務在公平得雪者甚眾寺
署臺察始員於瓊遷三公郎中趙州及河南中
有人頻告謀反前後皆付瓊推撿事多申雪尚
書省崔昂謂瓊曰若欲立功名當更思餘理仍
數雪及逆身命何輕瓊正色曰所雪者怨枉不
放友逆大憝京師喬之語曰斷決無疑蘇珍
之遷左丞行徐州事徐州城中五級寺忽被盜
銅像一百區有司徵撿四鄰防宿及蹤跡所疑
遠繫累數十人瓊一時放遣寺僧怨訴不為推賊
瓊遣僧謝曰但且還寺得像自送爾後十日抄
賊姓名及贓處所徑收掩悉獲實驗賊徒欵引
道俗歎伏舊制以淮禁不聽商販輒度南淮歲
儉啟聽淮北取糴北人饑請通糴淮南得商
估往還彼此兼濟水陸之利通於河北後為大
理卿而齊三仕周為博陵太守
房豹字仲幹清河人祖法壽魏書有傳父翼宗
豹體貌魁岸美音儀釋褐府參軍兼行臺郎中

隨慕容紹宗紹宗自云有水厄遂於戰艦中浴
井自投於水冀以厭當之豹曰夫命也在天豈
人理所能延促公若有災生恐非禳所能加
若其實無何禳之有紹宗笑曰不能免俗為復
爾未幾而紹宗遇溺時論以為知微遷樂陵太
守鎮以疑重哀矜貧弱豹階庭間靜閉囹圄空虛
郡治瀕海水味多鹹苦豹命鑿一井遂得甘泉
遇遞以為政化所致豹罷歸後井味復鹹齊武
還鄉閭自養頻徵醉疾終於家
路去病陽平人也風神踈朗儀表瓌異釋褐開
府參軍勅用土人為縣宰以去病為定州饒陽
令去病明閑時務性頗嚴毅人不敢欺然至廉
平為吏民歡服權為成安令全京城下有鄴臨漳
成安三縣董戴之下舊號難治重以政亂時難
綱維不立於臣內戚請囑百端去病消息事宜
以理抗爭要之徒雖廝養小人莫不懼其風
格亦至嫌恨自遠歘以還三縣令治術去病獨
為稱首周武平齊重其能官與濟陰郡守公孫

景茂二人不被替代發詔襃揚隋大業中卒於

冀氏縣令

列傳第三十八　　　　北齊書四十六

臨□太子通事舍人李

酷吏

邱琳

宋遊道

盧斐

畢義雲

百藥　撰

【北齊列傳三十九】　　一

夫人之性靈稟受或異剛柔區別緩急相形未
有深察是非莫不肆其情欲至於詳觀水火更

佩韋絃者鮮矣獄吏為患其所從來久矣自魏
途不競網漏寡區高祖懲其覽怠頗亦威嚴馭
物使內外羣官咸知禁網令錄邱琳等以存酷
吏懲示勸勵云

邱琳字寶安本中山土曲陽人也從高祖起義
拜為長史性嚴暴求取無猒後兼尚書右僕射
大行臺節度諸軍事珍御下殘酷衆士離心
為民所害後贈定州刺史

宋遊道廣平人其先自燉煌徙焉父季預為勃

【北齊列傳三十九】　　二

海太守弱冠隨父在郡父亡吏人贈遺一無所
受事毋以孝聞與叔父別居父為奴誣以逆
遊道誘令返雪而殺之魏廣陽王為葛
鎧曹又為定州刺史又以為府佐廣陽王深北伐請為
榮所殺元徽誣其降賊奴錄妻子遊道為訴得
釋與廣陽王子迎喪返葬中尉酈善長嘉其氣
節引為殿中侍御史臺中兵郎又為尚書令臨淮王
或譖責遊道乃執版長揖曰下官謝王瞻不謝
道孝莊即位除左中兵郎又為尚書令臨淮王
王理即日詣闕上書曰徐州刺史元孚頗有表
云偽梁廣發士卒來圖彭城乞增羽林二千以
孚宗室重臣臣告請應實所當異給武官千人
孚今代下以路阻自防遂納在防羽林八百人辭
云彊境無事乞特還家臣乔局司深知不可尚
書令臨淮王或即孚之兄子遺少省事謝遠三日
之中八度逼迫云宜依判許臣不敢附下同上
孤負聖明但孚身在任乞師相繼及其代下便
請放還進退為身無憂國之意所請不合其罪

下科或乃召臣於尚書都堂去卿一小郎憂國
之心豈厚於我覿駡溢口不顧朝章右僕射臣
世隆吏部郎中臣薛琡已下百餘人竝聞見
臣竇顗直言云臣奉國事在其心亦復何簡貴
賤比自北海入洛王不能致身死難方清宮以
迎暴賊鄭先護立義廣州王復建旗往討趨惡
如流伐善何速令得冠冕百寮既不
為臣此言或賜怒更甚臣既不侫干犯貴臣乞
解郎中帝召見遊道嘉勢之或亦奏言臣忝冠

百寮遂使一郎攘袂高聲肆言頻挫乞解尚書
令帝乃下勑聽解臺郎後除司州中從事時將
還鄴會霖雨行旅擁於河橋遊道於幕下朝夕
宴歌行者曰何時節作此聲也固大驚後神武
自太原來朝見之曰此人宋遊道耶常聞其名
今日始識其面還遊道別駕後曰神武之司州
饗朝士舉餴屬遊道曰飲高歡手中酒者大丈
夫卿之為人合飲此酒及還晉陽百官辭於紫
陌神武執遊道手曰甚知朝貴中有憎忌卿者

但用心莫懷畏景當使卿位與之相似於是啓
以遊道為中尉文襄執請乃以吏部郎中崔暹
為御史中尉以遊道為尚書左丞文襄謂遷遊
道白卿一人處南臺一人處比省當使天下肅
然遊道入省侯景錄尚書元弼尚書令司馬子
高隆之司空咸陽王坦太保孫騰司徒
如官賞金銀催徵酬價雖非掯事贓賄終定不
避權豪家又奏駮尚書違失數百條省中豪吏王
儒之徒竝鞭斥之始依故事於尚書省立門名

以記出入早晚令僕已下皆側目魏安平王坐
事亡章武二王及諸王妃太妃是其近親者皆
被徵責都官郎中畢義雲王其事有奏而禁有
不奏輒禁者遊道判下廷尉科罪高隆之不同
於是反誣遊道屬色挫辱已遂枉考舉令史證
成之與左僕射襄城王旭尚書鄭述祖等上言
曰飾偽亂真具國法所必去附下罔上王政所不
容謹案尚書左丞宋遊道名望本闕功績何紀
屬永安之始朝士散乏人之際叨竊臺郎蹀

行詔言肆其奸詐罩識名義不顧典文人鄙其
心衆畏其口出州入省歷黍清資而長惡不悛
曾無已譖毀譽由已憎惡任情比因安平王事
遂肆其褊心因報隙與郎中畢義雲遞相糾舉
又左外兵郎中魏叔道牒云局內降人左澤等
爲京畿送省令取保放出大將軍在省日判聽
遊道發怒曰往日官府何物官將此例又云
乘前旨格成何物格依事請問遊道並此旨丞
引案律對捍詔使無人臣之禮大不敬者死對

捍使者尚得死坐況遊道吐不臣之言犯慢上
之罪曰稱夷齊心懷盜跖欺公賣法受納苟苴
產隨官厚財與位積雖贓污未露而奸詐如是
舉此一隅餘詐可驗令依禮據律處遊道死罪
是時朝士皆分爲遊道不濟而文襄聞其與隆
之相抗之言謂楊遵彥曰此其真是鯁直大剛惡
人遵彥曰譬之畜狗本取其吠今以數吠殺之
恐將來無復吠狗詔付廷尉遊道坐除名文襄
使元景康謂曰卿早逐我向并州不爾他經略

殺卿遊道從至晉陽以爲大行臺吏部又以爲
太原公開府諮議及平陽公爲中尉遊道以議
領書侍御史尋以本官兼司徒左長史及文襄
疑黃門郎溫子昇知元瑾之謀繫之獄而餓之
食敝襦而死弃屍路隅遊道收而葬之文襄謂
曰吾近書與京師諸貴論及朝士卿偁於朋黨
將爲一病今卿是重舊節義人此情不可奪
子昇吾本不殺之卿葬之何所憚天下人代卿
怖者是不知吾心也尋除御史中尉東萊王道

習參御史選限外投狀道習與遊道有舊便使令
史受之文襄怒杖遊道而判之曰遊道稟性適
捍是非肆已吹毛洗垢瘡疵人物往與郎中蘭
景雲怨競列事十條及加推窮便是虛妄方共
道習凌侮朝典法官而犯道不肯曰此令科
遊道被禁獄吏欲爲脫枷遊道抗志不改
所著不可輒脫文襄聞而免之
天保元年以遊道兼太府卿乃於少府覆撿主
司盜截得鉅萬計覈吏返誣奏之下獄尋得出

不歸家徑之府理事卒遺令薄葬不立碑表不
求贈謚贈瓜州刺史武平中以子士素久典機
密重贈儀同三司謚曰惠遊道剛直疾惡如
讎見人犯罪皆欲致之極法彈糾見事又好察
陰私問獄察情摧擊嚴酷兗州刺史李子貞在
州貪暴遊道案之文襄以貞預建義勳意將含
忍恐其別有請囑文襄怒於尚書都堂集百寮
撲殺子貞又請兗州人爲遊道生立祠堂爲題曰
遊道疑陳元康爲其內密啓云子貞元康交
忠清君遊道別翊吉窴等五人同死有欣悅色
士甚鄙之然重交遊存然諾之分歷官嚴整
朝而時大納賄賂及親故之艱厄者其男女孤弱
爲嫁娶之臨喪必哀躬親襄事爲司州綱紀與
牧樂昌河西二王乘忤及二王薨每車經恤之
與頓丘李奬一面便定死交奬曰我年位已高
會用弟爲佐史令弟北面於我忝矣遊道曰不
能既而奬爲佐史河南尹辟遊道爲中正使者相屬
以衣帢待之握手歡諧元顥入洛將受其命出

七

使徐州都督元孝友與城人趙紹丘殺之遊道爲
奬訟冤得雪又表爲請贈迴已考一沉階以益
之又典尉歐絞交託歐弟粹於徐州殺趙紹後
平之彖粹首於鄴市孫騰使客呂市得錢五
百萬後聽遊道時爲司州中從事令家人作
尉粹所親於州陳訴依律判許而奏之勑至市
司猶不許遊道杖市司勒使速付騰聞大怒時
本奬二子橫訓居貧遊道後令其求三富人死
事判免之凡得錢百五十萬盡以入橫訓其使
氣黨俠如此時人語曰遊道獼猴面陸操科斗
形音識不關貌何謂醜者必無情搢紳因遊道
會容因戲之曰賢兄在門外大好人宜自迎接
爲通名稱族弟遊山遊道出見之乃獼猴衣帽
也奬與粹謝之豁然如舊昷遊道死後橫爲定州
長史遊道第三子遜爲墨曹博陵王晉記與
典籤諴共誣奏橫粹於禁所祭遊道而訴焉士遜
書臥氈如夢者見遊道怒已曰我與橫恩義汝宣
不知何共小人謀陷清直之士士遜驚跪曰不

八

敢不旬日而卒遊道每戒其子屯蹇性自如
此子孫不足以師之諸子奉父言柔和謙遜士
素沉密少言有才識中書黃門侍郎還儀同三
司散騎常侍常領黃門侍郎自處機要近二十
年周慎溫恭甚為彥深所重初祖斑知朝政出
彥深為刺史斑奏以士素為東都中侍郎李德
林白斑留之由是還除黃門侍郎共參機密
約亦為善士官尚書左丞

三百　北齊三十九卷　九　吳纘

盧斐字子章范陽涿人也父同魏殿中尚書士
性戒忍以強斷知名世宗引為相府刑獄參軍
謂之去狂簡斐然成章非佳名字天保中稍遷
尚書左丞別典京畿詔獄酷溫非人情所為無
問事之大小拷掠過度於大棒車輻下死者非
一或嚴冬至寒置四於冰雪之上或盛夏酷熱
暴之日下枉陷人致死者前後百數又伺察官
人罪失動即奏聞朝士見之莫不重跡屏氣皆
目之為盧校書斐後以謗史與本子庶俱病鞭死
獄中

畢義雲小字陶兒少鷹俠家在兖州北境嘗劫
掠行旅州里患之晚方折節從官累遷尚書都
官郎中性嚴酷事多幹了齊文襄作相以為稱
職令普勾偽官專以車輻考掠所獲甚多然大
起怨謗曾為司州吏所訟云其減截并政換
文書文襄以其推衆人怨望並無所問乃拘
吏數人而斬之因此銳情訊鞠威名曰盛文宣
受禪除治書侍御史彈射不避勳親累遷御史
中丞緬刻更切然豪橫不平頻被怨訟前為汲

北齊列傳三十九　十

郡太守君苦高啟列義雲從父兄僧明負官債先
任京畿長吏不受其屬立限切徵由此挾嫌數
遣御史過郡訪察欲相推繩又坐私藏工匠家
有十餘機織錦并造金銀器物乃被禁止尋見
釋以為司徒左長史尚書左丞司馬子瑞奏彈
義雲稱天保元年四月竇氏皇后姨祖載日內
外百官赴第吊省唯遣御史投名身遂不
赴又義雲啟二五喪婦孤貧後娶奉世安女為妻
世安身雖父服未終其女為祖已就平吉特乙

閽迎不敢備禮及義雲成婚之夕眾儲備設赶
日拜閤鳴驅清路盛列羽儀兼差臺吏二十人
責其鮮服侍從於車後直是苟求成婚誣詐上
義雲資產宅宇足稱豪室忽道孤貧亦爲矯詐
法官如此直綳焉寄又駕幸晉陽都坐判拜起
居表四品五品已上令預前一日赴南都署表
三品已上臨日署訖義雲乃乘例署表之日索
表就家先署臨日遂稱私息不來於是詔付索
尉科罪尋勅免推子瑞又奏彈義雲事十餘條

多煩碎罪止罰金不至除免子瑞從兄消難爲
北豫州刺史義雲遣御史張子階詣州采風聞
先禁其典簽家客等消難危懼遂叛入周時論
歸罪義雲云其覆執子瑞事亦上聞簡前讜賞
義雲常預從此後集見稍疎聲望大損乾明初
子瑞遷御史中丞鄭子默正被任用義雲深相
即子默祖母遂除度支尚書攝左丞子默後
左丞便解孝昭赴晉陽高元海留鄴義雲之姑
依附知其信向釋氏常隨之聽講爲此欵密相

所不至及孝昭大漸顧命武成歸彥至都武
成猶致疑惑元海遣使車迎義雲入北宮參審
遂與元海等勸進仍從幸晉陽參預時政尋除
兗州刺史給後敕吹即起本州軒即自得意
望銓衡之舉見諸人自陳逆許引接又言離別
暫時非久在州先有鏡吹至於案部行遊遂兩
部並用猶作書與元海論叙時事元海入內不
覺遺落給事中李孝貞得而奏之爲此元海漸
疎孝貞因是兼中書舍人又高歸彥起逆義雲

在州私集人馬并聚甲仗將以自防實無他意
爲人所啓及歸彥被擒又列其朋黨專擅爲此
追還武成猶錄其往誠竟不加罪除兼七兵尚
書義雲性豪縱頗以施惠爲心累世本州刺史
家富於財士之匱乏者多有拯濟及貴恣情驕
後營造第宅宏壯未幾而成閨門穢雜聲遍朝
野爲郎與左丞宋道玽道因公事忿競遊道廷辱
之云雄狐之詩千載爲汝義雲一無所苔然酷
暴殘忍非人理所及爲家尤甚子孫僕隷常瘡

夷被體有聲子善昭性至凶頑與義雲侍婢姧
通摽掠無數爲其着籠頭繫之庭樹食以犓秣
十餘日乃釋之夜中義雲被賊害害即善昭所佩
刀也遺之於善昭庭中善昭聞難奔哭家人得
佩刀善昭怖便走出投平恩野舍旦日世祖令
舍人蘭子暢就宅推之爾前義雲新納少室范
陽盧氏有色兄子暢疑盧姧人所爲將加拷掠
盧具列善昭云爾乃收捕繫臨漳獄將斬之邢
邵上言此乃大逆義雲又是朝貴不可發乃斬
之於獄弃屍漳水

列傳第三十九　　北齊書四十七

隋太子通事舍人李　百藥　撰

外戚

趙猛

妻敻

尔朱文暢

鄭仲禮

李祖昇

元蠻

胡長仁

【北齊列傳四十】　一　夫

自兩漢以來外戚之家至于有全者其傾覆之跡
逆亂之機皆詳諸前史齊氏后妃之族務自保
全唯胡長仁以譖訴貽禍餘律光以地勢被戮俱
非女謁盛衰之所致也今依前代史官述外戚
云爾

趙猛太安狄那人姊為文穆皇帝繼室生趙郡
公琛猛性方直頗有器幹高祖舉義遷南營州
刺史卒

妻敻字佛仁武明皇后兄子也父壯北魏南部尚
書敻少好弓馬有武幹為高祖帳內都督從尚破
尔朱於韓陵累遷開府儀同驃騎大將軍敻無
器幹唯以外戚貴幸而縱情財色為時論所鄙
皇建初封東安王高歸彥於冀州詔敻往平
之還拜司徒公周兵寇東關敻率軍赴援頻戰
有功擒周將楊摽等進大司馬出摠偏師赴懸
瓠敻在豫境留停百餘日侵削官私專行非法
坐免官尋授大尉薨

【北齊列傳四十】　二

尔朱文暢榮第四子也初封昌樂王其姊魏孝
莊皇后及四胡敗滅高祖納之待其家甚厚文
暢由是拜肆州刺史家富於財招致賓客飫籍
門地窮極豪侈與丞相司馬任胄主簿李世林
都督鄭仲禮房子建等深相愛狎外示杯酒之
交而潛謀逆亂自魏氏舊俗以正月十五日夜
為打竹簇之戲有能中者即時賞拜胄任胄令仲
禮藏刀於袴中因高祖臨觀謀為竊發事捷
之後共奉文暢為主為任氏家客薛季孝生高

祖問皆伏以其姊寵故止坐文暢一房弟文
略以兄文羅卒無後龍襄梁王以兄文暢事當襲
坐高祖特寬貸文略聰明儁爽多所通習世宗
嘗令音永與於馬上彈胡琵琶奏十餘曲試使
文略寫之遂得其人世宗戲之曰聰明人多不
老壽梁郡其父慎之文對曰命之脩短皆在明
公世宗愴然曰此不足慮也初高祖遺令恕文
略十死特此益橫多所凌忽平秦王有七百里
馬文略敵以好婢賭而取之明日平秦使文略
彈琵琶吹橫笛謠詠卷極使臥唱挽歌居數月
奪防者弓失以射人曰不然天子不憶我有司
秦之伏法文略嘗大遺魏收請為其父作佳傳
收論尒朱榮比韓彭伊霍蓋由是也
鄭仲禮榮開封人魏鴻臚嚴庶子也少輕險
有贄力高祖壁寵其姊以親戚被昵擢攏帳內都
督嘗執高祖弓刀出入隨從任胄為好酒不憂
公事高祖責之胄懼謀為逆賴武明妻后為請
故仲禮死不及其家

李祖昇趙國平棘人顯祖李皇后之長兄父希
宗上堂守祖昇儀容瓌麗垂手過膝睦姻好施
文學足以自通仕至齊州刺史為徒兵所害弟
祖勳顯祖受禪除祕書丞及女為濟南王妃除
侍中封丹陽王濟南廢為光州刺史祖勳性貪
慢兼妻崔氏驕豪干政時論鄙之以數坐免
官無幾幹自少及長居官匙貝因寵無可稱述歷
元蠻魏太師江陽王繼子蕭元蠻后之父世歷
光祿卿天保十年大誅元氏蕭元為藥蓍譖因
是追原之賜姓步六孤氏尋病卒
胡長仁字孝隆安定臨涇人武成皇后之兄父
延之親中書令長仁累遷右僕射及尚書令世
祖崩預參朝政封龍東王左丞鄰孝裕郎中陸
仁惠盧元亮厚相結託長仁每上省孝裕必方
駕而來省務既繁簿案堆積令史欲諮都座日
有百數孝裕屏人私話朝退亦相隨仁惠元亮
又伺間而往停斷公事時人號為三使長仁私
遊密席處處追尋孝裕勤其求進和士開深疾

之於是奏除孝裕為章武守元光等皆出孝裕
又說長仁曰王陽臥疾士開必來因而殺之入
見太后不過百日失官便代其處士開知其謀
徙孝裕為北營建德守後長仁倚親騎豪無畏
憚士開出為齊州長仁怨憤謀令刺士開事覺
遂賜死尋而後主納長仁女為后重加照諡長
仁弟等前後七人立賜王爵合門貴盛從祖兄
長粲父僧衒即魏孝靜帝之舅位至司空長粲
少而敏悟以外戚起家給事中遷黃門侍郎後

北齊列傳四十

五

下闕

主踐祚長粲被勅與黃門馮子琮出入禁中專
典敷奏世祖出與領軍婁定遠錄尚書趙彥深
和士開高文遙領軍婁連猛高阿那肱僕射唐
邕同知朝政時人號為八貴於後定達文遙詔
出唐邕專典外兵婁連猛高阿那肱別揔武任長
粲常在左右兼宣詔令從辛酉陽後主即位富
貴又為侍中長仁心欲入廁機要之地為之執政不
於春秋庶事皆歸委長粲長粲盡心毗奉甚得名
譽長仁疑長粲通謀大以為恨遂言於太后發
許長仁

其陰私請出為州後主不得已從焉除趙州刺
史及辭長粲流涕後主亦慘黙至州因沐髮手
不得舉失音卒

列傳第四十

北齊書四八

方伎

隋太子通事舍人李　百藥　撰

由吾道榮
王春
信都芳
宋景業
許遵
吳遵世
解法選
皇甫玉
趙輔和
魏寧
綦母懷文
張子信
馬嗣明

北齊列傳四十一

徐琪

一

易曰定天下之吉凶成天下之亹亹者莫善於蓍
龜是故天生神物聖人則之文神農桐君論本

草藥性黃帝歧伯說病候治方皆聖人之所重
也故太史公著龜策日者及扁鵲倉公傳皆所
以廣其聞見昭示後昆齊氏作霸以來招引英
俊但有藝能無不畢策令竝錄之以備方伎云
由吾道榮琅邪人少好道法與其同類相求入
長太山潛隱具聞道術仍遊鄴魯之間習儒業
晉陽人某大明法術乃尋是人為其家庸力無
識之者乂乃訪知其人道家符水呪禁陰陽歷
數天文藥性無不通解以道榮好尚乃悉授之

北齊列傳四十一

二

是人謂道榮去我本恒岳傔人有少罪過為大
官所謫今限滿將歸卿宜送吾至汾水及河值
水暴長橋壞舟渡艱難是人乃臨水禹步以一
符投水中流便絕俄頃水積將至天是水徐自
沙石上渡唯道榮見其如是傍人咸去水如此
長此人遂能浮過共驚異之道榮仍歸本部隱
於琅邪山辟穀餌松朮茯苓求長生之祕尋為
顯祖追往晉陽至遼山中有猛獸去馬十步所
追人驚怖將走道榮以杖畫地成火坑猛獸遽

走俄值國廢道樂歸周隋初乃卒又有張遠遊

者顯祖時令與諸術士合九轉金丹及成顯祖

置之玉匣云我貪世間作樂不能即飛上天待

臨死時取服

王春河東人少好易占明風角遊於趙魏之間

飛符上天高祖起於信都引為館客韓陵之戰

四面受敵從寅至午三合三離高祖將退軍春

叩馬諫曰比未時必當大捷遽繵其子詣王為

質不勝請斬之俄而賊大敗其後每征討其言

多中位徐州刺史卒

信都芳河間人少明算術為州里所稱有巧思

每精研究忘寢與食或墮坑坎晉語人玄弄之

妙機巧精微卷每一思沉思不聞雷霆之聲也

其用心如此以術數千高祖為館客授參軍丞

相倉曹祖珽謂芳曰律管吹灰術甚微妙絕來

既久吾思所不至卿試思之芳遂留意十數日

便云吾得之吳然終須河內葭莩灰即不動也

葭莩用其術應即便飛餘灰即不動也不為時

〔三〕
主簿

所重竟不行故此法遂絕去芳又撰次古來渾

天地動敬器漏刻諸術事并畫圖名曰器準又

著樂書通甲經四術周髀宗芳又撰歷書名

為靈憲歷筭并有頻大類小食必以朔譏摟其

甄明毎去何承天亦為此法不能精靈憲若成

必當百代無異議書未就而卒

宋景業魏末任北平守顯祖作相在晉陽景業

歷數魏廣宗人明周易為陰陽繕候之學兼明

高德政上言易稽覽圖曰鼎五月聖人君天與

延年齒東北水中庶人王高得之謹案東北水

謂勃海也高得之明高氏得天下也是時魏武

定八年五月也高德政徐之才遠勸顯祖應天

受禪乃之鄴至平城都諸大臣迫計將遠賀拔

仁等又云旦景業誤王冝斬之以謝天下顯祖曰

景業當為帝王師何可殺也還至并顯祖令景

業遇乾之鼎卦景業百乾為君天也易曰時乘

六龍以御天鼎五月卦也冝以仲夏吉辰御天

受禪或三陰陽書五月不可入官犯之卒於其

〔四〕
主簿

位昌業曰此乃大吉王爲天子無復下期堂得
不終於其位顯祖大悅天保初授散騎侍郎又
有荊次德有術數須知尓朱榮成敗又言代魏
者齊昌榮聞之故自號齊王待次德以殊禮問
其天人之事對曰齊當興東海出天子今王據
渤海是齊地又太白與月井宜速用兵運則不
吉榮不從也

——北齊列傳四十一——　　［五一］

許遵高陽人明易善筮兼曉天文風角占相逆
刺其驗若神高祖引爲館客自言祿命不富貴
之郊陰之役遵謂李業興曰彼爲火陣我木陣
火勝木我必敗果如其言清河王岳以告遵曰密
府田曹記室岳封王以此行致凶宜辭疾勿去
岳後將救江陵遵曰此好與生人
相隨不欲共死人同路還岳至京尋喪顯祖無
道曰其道語入目多折算還來吾盛此狂夫何時
當死遂布算菲滿床大言曰不出冬初我乃不見

顯祖以十月崩遵果以九月死

吳遵世字季緒渤海人少學易入恒山從隱居
道士遊戲數年忽見一老翁謂之去授君開心
符知遵世跪取呑之遂明占候後出遊京洛以易
筮知名魏武帝之將即使遵世筮之遇明
夷之資曰初登于天後入于地帝曰何謂也遵
世曰初登于天當作天子後入于地不得久也
終如其言世祖以承相在京師守自致遵世
世懷憂懼謀將起兵每宿著龜

——北齊列傳　下篇——　　［六］

其筮多
以遺詔追世祖及即祚榜其中書舍人固辭疾
趙輔和清都人少以明易善筮爲館客高祖朋
於晉陽菲有日矣遵世宗書令顯祖親卜宅兆相
於鄴西北漳水北原顯祖與吳遵世等擇地頻卜
不吉又至一所遵曰此大吉革象遵世等數十
人咸云不可用輔和少年在衆人之後進言革
卦於天下人皆凶唯王家用之大吉革象辭去
湯武革命應天順民顯祖遂登車顧去即以此

地為定即義平陵也有一父疾是人詣館別
託相知者筮之過泰筮者云此卦甚吉疾愈是
人喜出後忽謂筮者云泰卦乾下坤上然則入
土矣且得言吉果以凶問王和大寧武平中筮
後宮誕男女及時日多中遂檄通直常侍
皇甫王不知何許人善相人常遊王侯家世宗
自頴川振旅而還顯祖從後王於垂鼻淨者顯祖
人曰大將軍不作物會是道北垂鼻淨者顯祖
既即位試王相術故以帛巾袜其眼而使歷摸
諸人至於顯祖曰此是最大達官於住城王曰
當至丞相於常山長廣二王近亦貴而各私揭
之至石動筩曰此弄癡人至供膳曰正得好飲
食而已王骨為高歸彥相曰位極人臣但貴交
歸彥曰我何為又王曰不然公有又骨王謂其
妻曰殿上者不過二年妻以告合人斛斯慶慶
以啟帝帝怒召之王每照鏡自言當五死及被
刀乃謂其妻曰我今去不迴若得過日午時或當
得活既至正中遂斬之世宗時有吳士礭言而

妙於聲相世宗歷試之聞劉桃枝之聲曰有所
繫屬然當大富貴王侯將相多死其手譬如鷹
犬為人所使聞趙道德之聲曰亦繫屬人富貴
翁赫不及前人聞太原公之聲曰當為人主聞
世宗之聲不動奴猶當私揭之乃謬言亦國主也
世宗以為我輩奴猶當極貴況吾身也
解法選河內人少明相術鑒照人物皆如其言
頻為和士開縢為府參軍
魏寧鉅鹿人以善推祿命徵為館客武成親試
之皆中乃以巳生年月託為異人而問之寧曰
極富貴今年入墓武成驚曰是我寧變辭曰若
帝王自有法又有陽子術語人曰謠言盧十六
稚十四捷子拍頭三十二且四八天之大數太
上之祚不過此既而武成崩年三十二也
基母懷文不知何郡人以道術事高祖武定初
官軍與周文戰於邙山是時官軍旗幟盡赤西
軍盡黑懷文言於高祖曰赤火色黑水色水能
滅火不宜以赤對黑土勝水宜改為黃高祖遂

改為耕黃所謂河陽幡者又造宿鐵
鋌數宿則成剛以柔鐵為刀脊浴以五牲之溺
淬以五牲之脂斬甲過三十札今襄國治家所
鑄宿桑鋌刀其遺法作刀猶甚快利不能截三
十札也懷文去廣平郡南幹子城是千將鑄劍
廬其土可以瑩刀懷文官至信州刺史又有孫
正言謂人曰我貰武定中為廣州士曹閑城人
曹晉演言高王諸見阿保當為天子至高德
承之當滅阿保謂天保德昌也滅年號
承光即承之也

張子信河內人也性清淨頗涉文學少以醫術
知名恆隱於白鹿山時遊京邑甚為魏收崔季
舒等所禮有贈荅子信詩數篇後魏以太中大
夫銜之聽其時遠出不常在鄴又善易上風角
武衛奚永洛與子信對坐有鵲鳴於庭樹聞而
隨焉子信曰鵲言不善向久若有風從西南來
屢此樹拂堂角則有口舌事今夜有人喚必不
得往雖勑亦以病辭子信去後果有風如其言

是夜琅邪王五使切召永洛且云勑喚永洛欲
起其妻苦留之稱隆馬腰折詰朝而難作子信

齊七年

馬嗣明河內人少明醫術博綜經方甲乙素問
明堂本草莫不咸誦為人診候一年前知其生
死邢邵子傷寒未治自差然脈候不出一年便
死覺之晚不可治邢並待診內殿祖顯祖云子才
見我欲乞其隨近一郡勿以子年少未合剖

符讖罷能奏云馬嗣明稱大寶脈惡一年內恐死
若其出郡殴醫藥難求迸大寶未甚而亡楊令
患背腫嗣明以練石塗之便差作練石法以麤
黃色石鵝卵大猛火燒令赤內淳醋中自屑
頻燒至石盡取石屑曝乾擣下篩和醋以塗腫
上無不愈後通直散騎常侍針灸孔穴往往與
明堂不同從駕往晉陽至遼陽山中數處見旁
云有人家女病若有能治差者購錢十萬諸名
醫多尋旁至問病狀不下手唯嗣明獨治之其

病由云曾以手撫一麥穟即見一赤物長二寸
似蛇入其手指中因驚怖倒地即覺手臂疼重
漸及半身俱腫痛不可忍呻吟晝夜不絕嗣明
為處方服湯比嗣明從駕遷女平復嗣明隋初卒

列傳第四十一　　　　　北齊書四十九

隋太子通事舍人李　百藥　撰

恩倖

郭秀
和士開
穆提婆
高阿那肱
韓鳳
韓寶業

三百廿三　北齊列傳五十　一　吳明

甚哉齊末之嬖幸也蓋書契以降未之有焉心
利雖刀居台鼎之任智昏莢蒸當機衡之重刑
殘閹官蒼頭盧兒西域醜胡龜兹雜伎封王者
接武開府者比肩非直獨守弄臣且復多千朝
政賜予之費帑藏以虛行軸之資剝掠將盡繼
龜鼎之祚卜世靈長屬此滔昏無不云之理齊
運短促固其宜哉高祖世宗情存庶政文武任
寄多貞幹之臣唯郭秀小人有累明德天保五
年之後雖凤念作狂所幸之徒唯左右驅馳內

外戚狎昵其朝廷之事一不與聞火字之後姦佞
浸繁盛業鴻基以之顛覆生民免夫被髮左袵
非不幸也今緝諸凶族為恩幸傳云其官者之
徒尤是亡齊之一物醜聲穢跡千端萬緒其事
關而不書仍略存姓名附之此傳之末其帝家
諸奴及胡人樂工叩竊貴幸今亦出焉
郭秀范陽涿郡人事高祖為行臺右丞親寵日
隆多受賂遺秀遇疾高祖親臨視之問所欲官
刀啓為七兵尚書除未至而卒家無成人子弟

二十四　北齊列傳五十　二　李倍

秀忌揚愔譖貨令其逃亡秀死後愔還高祖追
後去命其子孝義與太原公已下同學讀書初
高祖自至其宅親使錄知其家資粟帛多少然
怨秀即日斥孝義終身不齒
和士開字彥通清都臨漳人也其先西域商胡
本姓素和氏父安恭敏善人稍遷中書舍人魏
考韓省書夜中與朝賢講集命安看斗柄所指安
苔曰臣不識并十高祖聞之以為滓直後為儀
州刺史士開幼而聰惠選為國子學生解悟捷

疾為同業所尚天保初世祖封長廣王辟士開
府行參軍世祖性好握槊士開善於此戲由是
遂有斯舉加以傾巧便辟又能彈胡琵琶因此
親狎崔暹謂王曰殿下非天人也是世神也王曰
卿非世人也是世神也其漸相愛如此顯祖知
其輕薄不令王與小人相親善責其戲狎過度
徙長城後除京畿士曹參軍長廣王請之也世
祖錄祚累除侍中加開府遭母劉氏憂帝聞而
悲慟遣武衛將軍呂芬詣宅盡夜扶侍成服後
方遣其日帝又遣以犢車迎士開入內帝見親
自握手愴惻下泣曉諭良久然後遣還并諸弟
四人並起復本官其見親重如此除右僕射帝
先患氣因飲酒轉大發動士開毋諫不從屬帝
疾發又欲飲士開泫下歔欷不能言帝曰卿此
是不言之諫因不復飲言辭容止極諸鄙褻以
夜繼晝無復君臣之禮至說世祖云自古帝王
盡為灰燼堯舜桀紂竟復何異陛下宜及少壯
恣意作樂縱橫行之即是一日快敵千年國

事分付大臣何慮不辦無為自勤苦也世祖大
悅其年十二月世祖寢疾於乾壽殿士開入侍
醫藥世祖謂士開有伊霍之才殷勤屬以後事
臨朋握士開之手曰勿負我也仍絕於士開之
手後主以世祖顧託深委任之文先得幸於胡
大后是以彌見親密趙郡王叡與婁定遠等謀
出士開是以引諸貴人共為計策屬太后餞朝貴於
前殿叡面陳士開罪失云先帝弄臣城狐
社鼠受納貨賄亂宮掖臣等義無杜冒死
言詞響勃無所不至明日叡等共詣雲龍門令
以陳太后曰先帝在時王等何不道今日欲欺
孤寡耶但欲酒勿多言叡詞色愈厲或曰不出
士開朝野不定叡等或投冠於地或拂衣而起
文益逼入奏之太后不聽段韶胡長粲傳言太后
曰梓宮在殯事大念遠欲韶胡長粲傳言太后
等遂並拜謝更無餘言太后及後主召見士開
開曰先帝葬宮之中待臣最重陛下諒闇始朋
大臣皆有覬覦心若出臣正是剪陛下羽翼宜

謂歡等云令士開爲州待過山陵然後發遣歡
等謂臣真出必心喜之後主及太后然之告歡
等如士開旨以士開爲兗州刺史山陵軍歡等
促士開就路士開載羨女珠簾及條諸寶物以
請定遠謝曰諸貴欲殺士開蒙王特賜性命用
作方伯今欲本別謹具上二女子一珠簾定遠
喜謂士開日遠出願得一辭觀二宮定
自安全得出實稱本意不願更入但乞王保護
遠許之士開由是得見太后及後主進說日先
帝一旦登遐臣媿不能自死觀朝貴勢欲以陛
下謂乾明臣出之後必有大釁復何面見先帝
於地下因慟哭帝后皆泣問計將安出士開日
臣已得入復何所慮正湏數行詔書耳於是詔
出定遠青州刺史責趙郡王叡以不臣之罪召
入而殺之復除士開侍中右僕射定遠歸士開
所遺加以餘珍賂之武平元年封淮陽王除尚
書令錄尚書事復本官恐得如故世祖時恬令

五

士開與太后握槊又出入卧內無復期限遂典
太后爲亂及世祖崩後彌自放恣琅耶王儼惡
之與領軍庫狄伏連侍中馮子琮御史王子宜
武衛高舍洛等謀誅之伏連發京畿軍士帖神
武千秋門外并私約束士開連前入殿其年七
月二十五日士開依式早參士開便授一函云有勅
令王向臺遣兵士防送禁於治事廳事儼遺都
督馮永洛就臺斬之時年四十八簿錄其家口
後誅儼等上哀悼不視事數日追憶不已詔起
復其子道盛爲常侍又勅其弟士伍入內省參
典機密詔贈士開假黃鉞十州諸軍事左丞相
太宰如故士開稟性庸鄙不闊書傳發言吐論
惟以諂媚自資河清天統以後威權轉盛富商
大賈朝夕填門朝士不知廉恥者多相附會甚
者爲其假子與市道小人同在昆季行列又有
一人吳曾參士開值疾醫人云王傷寒極重進
藥無效應服黃龍湯士開有難色是人云此物

六

甚易，與王不須疑惑，請為王先嘗之。一舉便盡。士開深感此心，為之強服，遂得汗，病愈。其傾朝廷也如此。雖以左道事之者，不問賢愚，無不進擢；而以正理干忤者，亦頗能捨之。士開見人將加刑戮，多所營救，既得免罪，即命諷諭，責其珍寶，謂之贖命物。雖有全濟，皆非直道云。

穆提婆，本姓駱，漢陽人也。父超，以謀叛伏誅。提婆母陸令萱，嬖，配入掖庭。後主繈褓之中，令其鞱養，謂之乾阿妳。遂大為胡后所昵愛。令萱奸巧多機辯，取媚百端，宮掖之中，獨擅威福。天統初，奏引提婆入侍，後主朝夕左右，大被親狎，遂至錄尚書事，封城陽王。令萱又使媚穆昭儀，養之為母，是以提婆改姓穆氏。及穆后立，號令萱曰太姬。此即齊朝皇后母氏之位號也，視第一品，班在長公主之上。自武平之後，令萱母子勢傾內外矣。庸劣之徒，皆重跡屏氣，為自外殺生子奉，不可盡言。晉州軍敗，後主還鄴，提婆奔投

周軍。令萱自殺，子孫大小皆弃市，籍沒其家。

高阿那肱，善無人也。其父市貴，從高祖起義。那肱為庫直，從征討，以功勤擢為武衛將軍。肱妙於騎射，便僻善事人，每宴射之次，大為世祖所愛重。又諂悅和士開，每相藝狎，士開每為世祖言，彌見親待。後主即位，累遷并省尚書左僕射。肱既為世祖所幸，多令在東宮侍後主，以太史識用尤在士開之下，而奸巧計數亦不逮士開。封淮陰王，又除并省尚書令。俊才庸劣，亦不涉文史。被寵遇，士開死後，後主謂其識度足繼士開，遂致位宰輔。武平四年，令其錄尚書事，又摠知外兵及內省機密。尚書郎中源師嘗諮肱云：「龍見，當雩。」問師云：「何處龍見，作何物顏色？」師云：「龍星初見，須雩祭，非是真龍見。」肱云：「漢兒強知星宿！」其墻面如此。又為右丞相，餘如故。周師遍平陽，後主於天池校獵，晉州頻遣馳奏，從旦至午，驛馬三至。肱云：「大家正作樂，晉州小小交兵，自更至耳。」云平陽城已陷，賊方至，乃奏知。明早旦即

欲引軍淑妃又請更合圍及軍赴晉州令肱
率前軍先進仍總節度諸軍後主謂肱曰戰是
耶不戰是耶肱曰勿戰却守高梁橋安吐根曰
一把子賊馬上刺取郎者汾河中帝意未決諸
內參曰彼亦天子我亦天子彼尚能遠來我何
為守漸妃示弱帝曰此言是也於是漸進提婆觀
戰東偏頗有退者提婆去曰大家去大家去帝
以淑妃本高梁開府笑長諫曰半進半退戰
之常體今兵衆全整未有傷敗陛下舍此安之

御馬一動人情驚亂且還安慰之武衛張常
山自後至亦曰軍尋收回其兵頓圍城兵亦不
動至尊宜迴不信臣言乞將內參住視帝將從
之提婆引帝肘曰此言難信帝遂比馳至晉
告稱那肱遣臣招引西軍入故聞奏後主本侍
中斛律孝卿撽校孝卿云此人妄語還至晉那
肱腹心告肱謀反又以為妄斬之乃顯沛還鄴
侍衛逃散唯那肱及內官數十騎從行後主走
渡太行後那肱以數千人投濟州關仍遣覘候

每奏周軍未至且在青州集兵未須南行及周
將軍尉遲迥至關時仁貴曰肱表欵周
武必仰生致齊主故不速報兵至使後主被擒
肱至長安授大將軍封公為隆州刺史誅初天
保中顯祖自晉陽還鄴愚儜阿禿帥於路中
大叫呼顯祖姓阿那環云你國是時茹茹
主阿那環在塞北強盛顯祖云難作肱字世人
討擊後亡奔者遂屬阿那肱所以每歲
皆稱為璝晉斯固亡秦者胡蓋縣定然竟冥也

韓鳳字長鸞昌黎人也父永與青州刺史鳳少
而聰察有膂力善騎射稍遷都督後主居東
年幼稚世祖簡都督二十人送令侍衛鳳在其
數後主親就眾中牽鳳手曰都督看來因此
內省機密祖珽與鳳於後主前論事班語鳳
被識數喚共戲後主即位累遷侍中領軍惣知
云強弓長才无容相謝軍國謀算何由得爭鳳
荅云各出意見宣在文武優劣封昌黎郡王男
賓之尚公主在晉陽賜第一區其公主生男昌

滿月駕幸鳳宅宴會盡日軍國要密無不經手
與高阿那肱穆提婆共慶衡號曰三貴損國
害政日月滋甚壽陽陷没鳳與穆提婆聞告敗
握槊不輟曰他家物從他去後帝使於黎陽臨
河築城成日急時且守此作龜兹國子更可憐
君臣應和若此其芽萬歲及二子姊也為此偏
官賞鳳毋鮮于段孝言之從母子姊咸蒙信並
開府儀同寶信尚公主駕復幸其宅親戚咸蒙
相參附奏遣監造晉陽宮陳德信馳驛撿行見

十一

孝言役官夫匠自營宅即語云僕射為至尊起
臺殿未訖何容先自營造鳳及穆提婆亦遣孝
言分工匠為巳造宅德信還具奏聞及幸晉陽
又以官馬與他人乘騎上因此發念與提婆並
除名亦不露其皐仍毀其宅公主離婚復被道
向鄴史部門參及後主晉陽走還被勒入內尋
詔復爵從後主走度河到青州并為周軍所獲
鳳於權要之中尤嫉人士崔季舒等冤酷皆戮
所為每朝士諸事莫敢仰視動致呵叱輒署云

狗大不可耐唯須殺却若見武職雖廝廄卒品
亦容下之仕隋位終於隴州刺史
韓寶業盧勒义祖紹竝高祖舊左右唯閹闍驅
使不被恩過歷天保皇建之朝亦不至籠幸但
漸有職任寶业至長秋卿勒义等或為中常侍
侍世祖時有曹文摽鄧長顒董亦有至儀同食
幹者唯長顒武平中任參軍相干預朝權後寶
业勤义齊紹子徵竝封王不過侵暴於後主之
朝有陳德信等數十人竝肆其奸慝敗政虐人

十二

夫金章紫綬者多帶侍中中常侍此二職乃數
十人又皆封王開府怕出入門禁往來圍死趍
侍左右通宵累日永候顔色競進諂諛其不後
言動意多會深旨戲之賞動踰巨萬立山之
積貪恣無猒狗以波斯狗為儀同郡君分其幹
禄神獸門外有朝貴憩息之所時人號為解御
廳諸閹或在內多日暫放歸休所乘之馬至
神獸門階然後升騎飛鞭竸走數十為羣馬塵

必登諸朝貴愛至唐趙略皆隱聽趨避不敢
為言高祖時有倉頭陳山堤盖晝藥劉桃枝等
數十人俱驅馳便僻頒家恩遇天保大寧之朝
漸以貴盛至武平時皆以開府封王其不及武
平者則追贈王爵又有何海及子洪珎皆為王
封王諸官者猶以宮披驅馳便煩左右漸因昵
徒胡小兒等數十咸能舞工歌亦至儀同開府
狎以至大官倉頭始自家人情寄深密及於後

主則是先朝舊人以勤舊臣之勞致此叨竊至於
胡小兒等眼鼻深嶮一無可用非理愛好排突
朝貴尤為人士之所疾惡其以音樂至大官者
沈過兒官至開府儀同王長通年十四五便假
節及通州刺史時又有開府薛榮宗常自言能使
鬼及周兵之逼言於後主曰臣已發遣合人
月將大兵在前志帝信之經古冢榮宗謂舍人
元行恭是誰家行恭戲之曰林宗家復問林宗
是誰行恭曰郭元貞父榮宗前奏曰臣向見郭

林宗從家出着大帽言莫靴挿馬鞭問臣我阿
貞來不是時羣妾多甘類此
贊曰危亡之祚居昏亂之朝小人道長君子道消

列傳第四十二　　北齊書五十

跋

是亦眉山七史之一帝紀及列傳一至二十六

涵芬樓舊藏皆宋刊元明遞修本列傳二十七

至四十二借自北平圖書館其書爲元明之際

所印遠勝於前三十四卷在今日誠僅見矣汲

古閣本文宣朝夕臨幸時下脫三百二十四

字未及繪傳而輒鐫用未下脫三百二十一字且

億入高隆之傳蓋原書適鈌二葉毛氏刊板纍

殿本對校乃時有異同大文祓井連珠曹雖云州

二葉具存與明監本武英殿傳倉孔崔羅等

率未及校訂誤相聯綴而文義遂不可通是本與

乃受山東課輸下接據法處校上尋

百餘正令諸嫗擲摔蒲調新曲招城市年少歌

北齊跋 一

傳爲娛遊諸倡家與陳元康穆子容任胄元士

亮等爲聲色之遊五十三字又文宣作相瑛嬡

補令史十餘人皆有受納下接據法處校上尋

捨之又盜官遍略一部事發十七字與殿本多

不相合然以文義核之亦未嘗不言之成理又

列傳第二十元暉業傳是本在二元淵前殿本反

之以常例言子不當先父而暉業與其祖孝友

同時被害有按殿後繼以暉業以紀事連類

而及例亦恆有按殿本是史考證多引此史通

鑑及魏周諸書館臣校刊時或未獲見是本頗

疑彼此未必同出一源故故異辭如此其多也眉

山七史此爲最遲訛文宣紀天保九年十一月丁

有勝於殿本之虞文宣紀天保九年十一月丁

西大赦內外文武普汎一大階按廢帝紀天保

十年十一月太子卽位武成紀河清元年正月

立緯爲太子其下均有內外百官普加汎級之

文蓋普汎爲當時法令習語殿本易爲並進殊

嫌臆造列傳第九斛律金傳語殿本易爲諸貴妬

人女若無寵天子嫌人措詞何等雋永殿本乃

易妬人爲入妬嫌人爲嫌之辭氣鄙倍不可方

矣列傳第十二慕容紹宗傳謂可不亦失語可

否如是也殿本乃作爾可爾不此爾朱

榮稱兵入洛欲誅百官私告紹宗曰徒中郎時暹

第二十二崔暹傳暹喜躍昇座謹奏列傳

欲謇躍其子達挐令昇座謹奏周易屈服朝貴寵

之以官喜躍者極言其喜之甚也殿本乃易躍

北齊跋 二

爲擢形容旣未曲盡卽擢字無差而擢奏亦嫌

倒置列傳第二十六楊愔傳其開府封王諸叨

竊恩榮者殿本作開封王無府字一似上文常

山王長廣王之外又增一王矣列傳第三十元

文遙傳詔特賜姓高氏籍隸宗正第依例歲時

入朝殿本易第爲子第二字以宗正子弟爲句

語已不文且文遙爲子弟命之臣豈有視

任遇益隆賜姓高氏正所以優禮老臣十頃家

如子弟之理又文遙自鄴遷洛惟有地十頃家

貧所責衣食而已殿本無而已二字語意亦欠

完足列傳第三十一崔季舒傳庶子長君尚書

右丞兵部郎中文鏡玄著作佐郎並流於遠

蓋兄弟二人同時流放於遠方惡地也殿本乃

作並流於長城是反令其兄弟同居一地非竇
逐之意矣列傳第三十四盧潛潛傳特赦潛以爲
岳行臺郎中時潛方坐譏議觀書與王松年李
庶等俱被禁止今將起用故先赦之傳與之殿本乃易
赦爲赦與上文義不貫賜休之傳誤左遷曉
散騎常侍修起居注頃之坐詔書脫誤左遷曉
騎將軍第四品故云左遷殿本乃易曉爲驃
騎將軍按魏書官氏志散騎常侍從第三品
唯有孟業宜銓舉之他人不可信也殿本乃列
十八孟業傳劉仁之謂吏部崔暹曰貴州人士
故語暹亦極專擊若如殿本所言乖其旨矣列
句作銓舉之文不可忘也於業推舉甚易

北齊跋

三

傳第三十九宋游道傳臨喪必哀躬親襄事殿
本襄作喪上文既言臨喪矣又何必重言躬親
喪事乎以上諸絛不過摘其大要其他類似者
尚不勝舉則信乎拔沙之猶可懷金也余聞人
言舊本諸史訛字較殿本爲多按殿本從監本
出明人刻書每喜竄易遇舊本不可解者即臆
改之使其文從字順然以言行文則可以言讀
書則不可卽以是書言之如列傳第二十四王
琳傳兵士透水死十二三透水殿本作投水透
投二字南北諸史往往通用王西莊備舉其例
不知者必以透爲非矣又列傳第二十五蕭放
傳慈烏來集各擄一樹爲巢每臨時舒翅悲鳴
全似哀泣家人則之則字不可解殿本易之以

伺意自了然烏知則非測之訛乎又徐之才
傳郡廨遭火之才起望夜中不著衣被紅服帕
出戾映光爲昂所見戾字殿本作戾誠極明曉
然余竊疑上句斷自出字戾或原作戾火誤併
爲戾解爲戾戶外之火其光反映似亦可通又列
傳第二十九魏收傳文襄曰使氣卿須出其短
須出其短殿本無宜適云云或使氣卿須出其短
語意固較明顯然本作魏收恃才無宜適
解語措詞隱峭耳又列傳第二十五李稚廉
傳并州王者之基須好長史各舉之
所稱三朝本已訛牙余校諸史凡遇牙字誤
者什九明監刊版時疑牙誤又時牙有
殿本仍之庸知實非半字之奪而僅爲一筆之

北齊跋

四

訛又列傳第三十七樊遜傳秦穆有道勾甚錫
手殿本作勾芒錫祥其芒形近錫與下文降
禍對舉義亦允冶紂正誠當然手字究從何來
蓋羊古通祥因羊而轉爲手則何如易手爲羊
之得反其原乎又額之推傳牽病而就路自
注時惠脚氣殿本作病疾病二字誠鮮叠用
然痼瘦氣見於爾雅安知彼時無此二字叠
用之古語乎又款一相之故人自注土納祖僕
射掌璣(璣當作機)密土納殿本
作吐納似矣然尚書舜典龍作納言夜出納
朕命土出形似故知土實出訛而非吐訛又列
傳第三十九宋遊道傳遊道從至晉陽以爲大
行臺吏部又以爲太原公開府諸議及平陽公

11-370

為中尉遊道以議領書侍御史此以議領書四
字必有脫誤殿本作遊道以為太原侍御史驟
讀之似甚順不知侍御史非外職不當冠以地
名改者見上文有太原公之稱以為其官必隸
公府但前後不接更增一為字以聯之於是遂
似遊道別舉一人以充斯字是則文義更不可
通矣魏官志有開府諸議參軍有治書侍御
史品秩相等時遊道正官太原公開府諸議當作遊道以
謂原文議上奪諸字領下奪治字當作遊道以
諸議領治書侍御史似較殿本所改為適又列
傳第四十二高阿那肱傳安吐根曰一把子賊
刺取郎者汾河中郎者二字殿本作擷取汲古
本作一擷郎擷形似故易推測者字無可比擬

北齊跋 五

毛氏去之代以一字殿本且並刪之然則可改
擷者何不可改諸且擷諸汾河語意更為完滿
此不過就文字言之而原文究為何語則不可
知矣尤有證者列傳第三十七有睦豫傳錢氏
廿二史攷異曰廣韻睦字下不云又姓它書亦
未見睦姓者然諸本皆從目旁按本傳睦豫趙
郡高邑人本書崔暹傳趙郡睦仲讓又慕書趙
收傳房延祐辛元植睦仲讓雖鳳涉朝位並非
郡高邑人亦趙郡高邑人又慕容寶傳有中書
有睦夸者亦趙郡高邑人此二傳皆作睦仲讓
史才北史此二傳皆作睦仲讓又魏書逸士傳
令睦豪汲古本亦誤作睦而監本則作睦由此
推之睦氏必為趙郡鉅族且當時人物必甚盛
竊疑睦豫當為睦豫之誤猶幸尚從目旁未改

為睦使非然者恐錢氏亦無從致疑矣古之良
史紀其所聞所見每用其當日之語言千百年
來必有變遷且書成而後去古未遠蹤跡易尋
更所難免賴有廛存之本去古未遠蹤跡易尋
審慎追求或猶可稍得其事實則即此訛誤之
字抑亦古人遺跡之可寶者也使徒就吾輩口
耳所習讀其書遇有疑義輒參已見以刪訂之
未有不失其真者不然孔子修春秋何不取郭
公夏五之文而竟加以筆削乎竊顧讀是書者
一思之也海鹽張元濟

北齊跋 六

百衲本二十四史

北齊書

撰　　者◆李百藥

發行人◆王春申

編輯指導◆林明昌

營業部兼任
編輯部經理◆高珊

編印者◆本館古籍重印小組

承製者◆辰皓國際出版製作有限公司

出版發行：臺灣商務印書館股份有限公司

23150 新北市新店區復興路 43 號 8 樓

電話：(02)8667-3712　傳真：(02)8667-3709

讀者服務專線：0800056196

郵撥：0000165-1

E-mail：ecptw@cptw.com.tw

網路書店網址：www.cptw.com.tw

網路書店臉書：facebook.com.tw/ecptwdoing

臉書：facebook.com.tw/ecptw

部落格：blog.yam.com/ecptw

局版北市業字第 993 號

初版一刷：1937 年 1 月

臺一版一刷：1970 年 1 月

臺二版一刷：2010 年 11 月

臺二版二刷：2016 年 5 月

定價：新台幣 1100 元

 ISBN 978-957-05-2531-1

北齊書 ／ 李百藥撰. --臺二版. -- 臺北市 ：
　臺灣商務，　2010. 10
　　面 ； 　公分. --（百衲本二十四史）

　　ISBN 978-957-05-2531-1（精裝）

1. 北朝史

623.6401　　　　　　　　　　　99016421